北戴河年鉴

2013

BEIDAIHE YEARBOOK

秦皇岛市北戴河区地方志编纂委员会办公室 编

方志出版社
Publishing House of Local Records

北戴河区地方志年鉴编纂委员会

主 任 委员：李学民

副主任委员：刘学彬　于凤喜　张　杰　姚　飞
王　慧　赵启伟　张军生　陈艳霞

委　　员：董晓峰　冯志远　李洋洋　李春光
田秋燕　冯　松　张东海　胡　权
张　敏　姜维秀　杜占山　王晓光
谢海龙　李　玲

《北戴河年鉴》编辑部

主　　审：于凤喜

主　　编：冯志远

副 主 编：李　扬　王英明

执行副主编：马　颖

编　　辑：朱桂新　韦　国　周晓辉　季钰斌

统　　稿：朱桂新

摄　　影：鲁国田　高春生　郑国滨　赵振辉　朱永发
提供单位：区委宣传部　区委信息化办公室

编 辑 说 明

一、《北戴河年鉴》是北戴河区人民政府主办、区政府办公室方志年鉴编辑部编纂的权威性、综合性资料书。力求全面、系统、真实的记述2012年度北戴河区经济社会发展的进程，客观反映新变化、新成就及经验、教训。为读者了解北戴河提供全方位信息，在国内外公开发行。

二、《北戴河年鉴》以马克思列宁主义、毛泽东思想、邓小平理论、“三个代表”重要思想和科学发展观为指导，坚持实事求是的原则。

三、《北戴河年鉴》以出版年号为卷次名称，逐年出版。2013年卷所收资料自2012年1月1日始至2012年12月31日止。主要记述2012年度的基本情况，兼有适当的年度对比，供读者了解区情的发展脉络。

四、《北戴河年鉴》采用分类编辑，相关或相近的部类合用，基本分为类目、分目、条目三个层次。部分类目设综述，绝大多数分目设概述。

五、《北戴河年鉴》涉及政区、机构、会议、文件、职衔等均依当年规范称谓，名称较长且重复出现者，则采用通行的简称。

六、组织机构收录范围为区委、区人大、区政府、区政协、区纪委五大班子2012年在职领导干部和其他重要部门在职正科级以上干部。所录领导人名录，年内任职的不注任离时间，年内有变化的，在姓名后括注。

七、《北戴河年鉴》所用数字一般以区统计局为主，并经统计局审核。

八、《北戴河年鉴》所用稿件、图片大部分来自各承编单位，并经单位负责人审阅、盖章；部分内容参考了《人民日报》《河北日报》《秦皇岛日报》《秦皇岛晚报》以及区委、区政府及相关部门的稿件、简报、网站等方面的信息。

中共秦皇岛市委常委，北戴河区委书记　李学民

北戴河区人民政府区长　刘学彬

12月31日中共北戴河区委十一届二次全委（扩大）会议在党政综合办公楼会议厅召开

2月15日秦皇岛市北戴河区第十四届人民代表大会第一次会议在党政综合办公楼会议厅召开

2月14日中国人民政治协商会议秦皇岛市北戴河区第八届委员会第一次会议在党政综合办公楼会议厅召开

2012年新春党政五大家领导向全区各界人民拜年

庄严肃穆的五星红旗在区党政综合办公楼广场升起

中共北京市委办公厅、中共北戴河区委建立友好合作长效机制签约仪式

戴河综合治理开发座谈会暨新华创投企业总部基地项目签约仪式

北戴河旅游协会第四届会员代表大会

首届中俄国际旅游（北戴河）交易会

驻北戴河海警支队特勤队举行主题党日活动

治安检查

飒爽英姿女民警上岗执勤

冰海日出

红日浴海

日露撒金

湿地（一）

湿地（二）

沙软潮平的东海滩

特技

静

嬉戏

一路春光

绚丽夏日

联峰秋色

冬之雅韵

2012年5月新落成的葡萄酒庄园

位于联峰路中段北侧的喜来登五星级酒店

海滨会馆

位于东经路西端北侧的宣和酒家

位于保二路的欧式建筑一角

北戴河轮滑博物馆

北戴河火车站广场

北戴河火车站夜色

为纪念1917年建站通车而制作的雕塑

流光溢彩的联峰北路

依山傍海的中海滩路

北戴河区2012年春节联欢晚会

踩高跷

2012年第六届全国少年速度轮滑锦标赛

晨　练

艺术院校学生写生

雅　致

文化下乡

北戴河老年生态供养中心

供养中心过廊

趣味活动

书法室

阅览室

2008~2012年北戴河区主要经济指标

全区生产总值

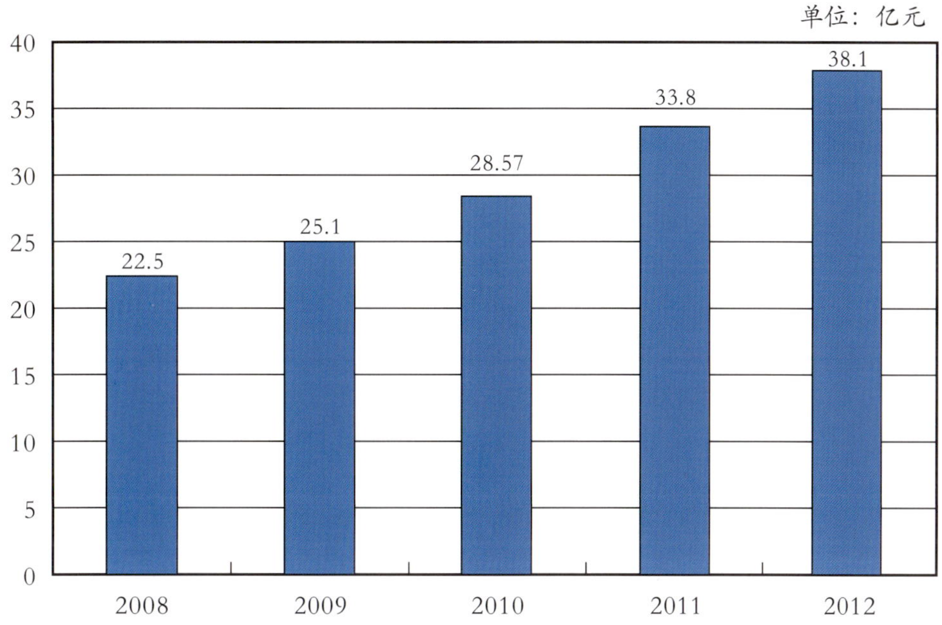

社会消费品零售总额

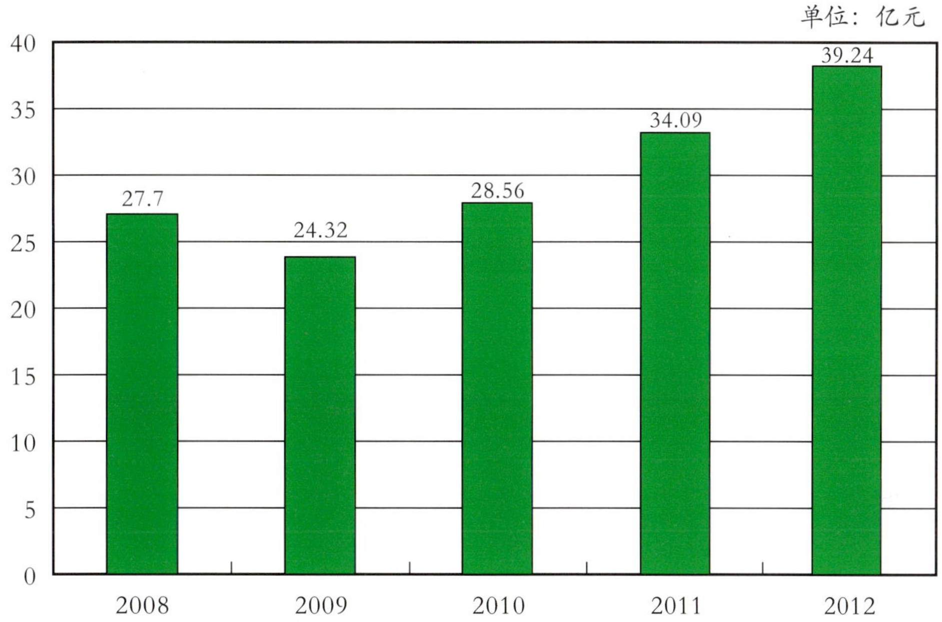

地方财政收支

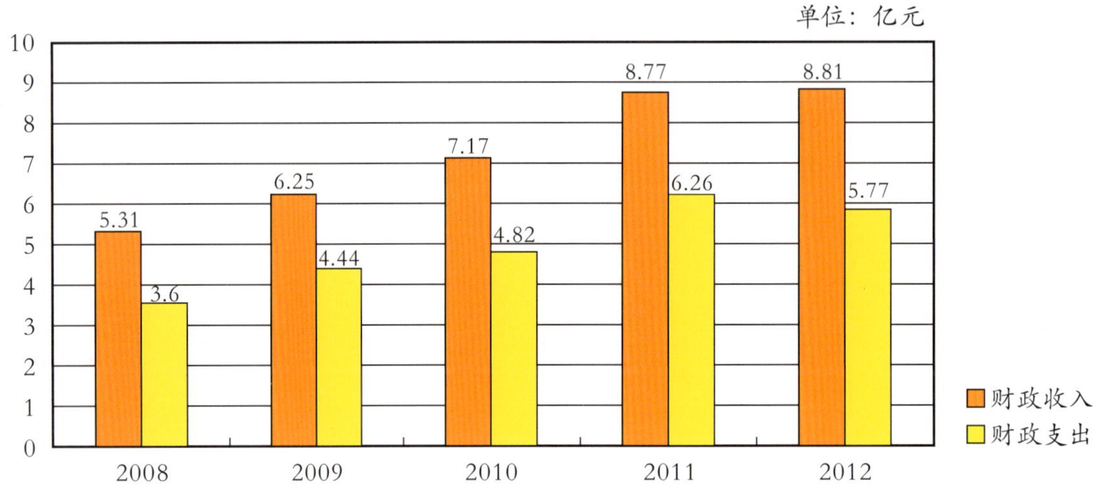

城乡居民收入

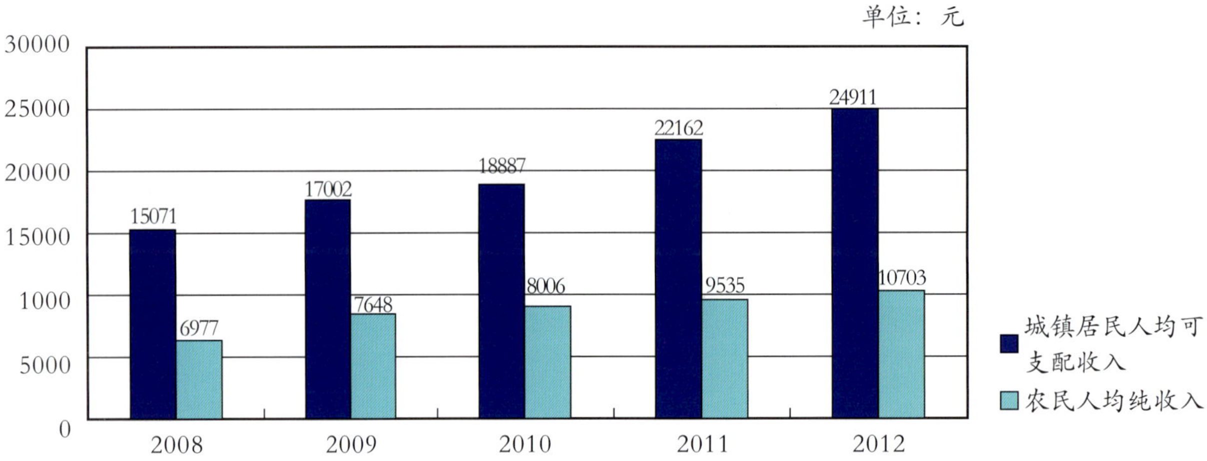

固定资产投资

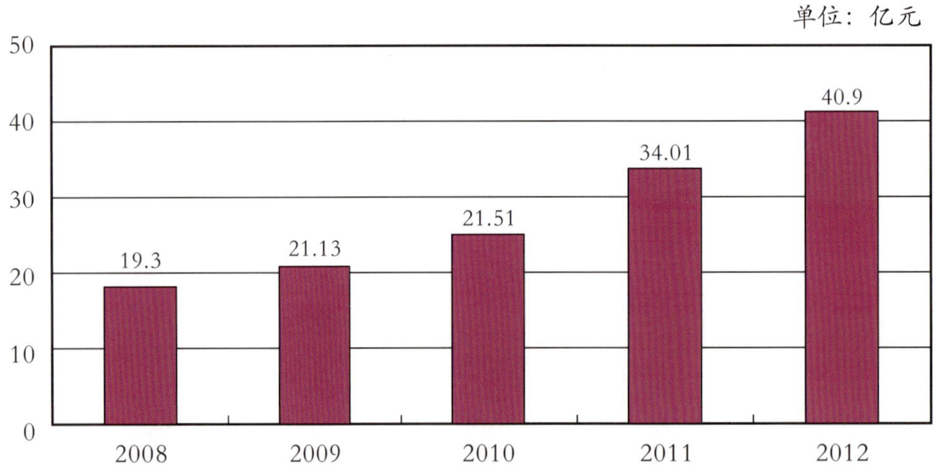

目　录

特　载

专　题

大事记

区情综述

中共北戴河区委员会

北戴河区人民代表大会

北戴河区人民政府

政协北戴河区委员会

民主党派·工商联

人民团体

法治·国防

城乡建设

旅游·度假

农业和农村经济

工 业

经济技术开发区

商贸流通业

交通·通信

金融业

财税管理

综合管理

社会事业

社会生活

镇·街道

人 物

荣誉专版

附 录

特 载

李学民在中共北戴河区委十一届二次全委（扩大）会议上的工作报告

（2012年12月31日）

这次区委全会的主要任务是，认真学习贯彻党的十八大、省委八届三次全会、市委十一届四次全会精神，报告区委常委会工作，研究部署今后一个时期改革发展和党的建设各项工作，动员全区各级党组织和广大党员、干部，进一步解放思想，开拓创新，凝聚力量，攻坚克难，加快建设“幸福北戴河”。下面，我代表区委常委会向全会报告主要工作。

区第十一次党代会以来，我们面对复杂多变的形势任务和前所未有的困难挑战，坚决贯彻市委、市政府决策部署，紧紧围绕建设“幸福北戴河”的奋斗目标，一招不让上项目、稳增长，全力以赴搞建设、促变化，真抓实干惠民生、保稳定，全区保持了跨越发展的良好势头、拼搏奋进的良好状态和团结和谐的良好局面。

一、着眼全局抓谋划，科学发展理念更加坚定

区委常委会清醒地认识到，北戴河是一个有着特殊发展要求和功能定位的城区，办好我们的事情，必须把科学发展观要求、上级精神和区情实际紧密结合起来，以改革创新的精神闯出一条适合自己的特色发展道路。我们坚持以科学发展观统领全局，认真贯彻落实省、市、区党代会精神，准确把握当前发展的阶段特征和机遇优势，不断深化区情认识，完善发展思路，进一步明确产业发展高端化、城乡统筹一体化、环境建设生态化、生活品质现代化方向，适时提出“三二一”总体工作要求，着力促进经济发展方式转变，坚持走一条以民生为导向的科学发展之路。全面实施旅游立区战略，持续大力发展高端旅游、总部经济、文化创意、高新技术四大经济增长点。我们深入开展解放思想专项教育活动，推动各级各部门对标先进、强化措施、实施赶超。及时把今年以来省市对我区的关心支持和工作要求传达到广大干部群众，切实转化为推动更好更快发展的强大动力。实践证明，区委常委会提出的一系列发展思路和工作举措符合科学发展观要求，符合省委、市委对北戴河的殷切希望，与广大群众向往幸福生活的美好愿景高度一致，有效凝聚起了跨越发展的强大合力。

二、着眼当前保增长，经济综合实力进一步增强

区委常委会认为，推动北戴河更好更快发展，务必坚持以经济建设为中心，千方百计扩大经济总量。特别是在国内外经济形势严峻、下行压力不断加大的情况下，更要牢牢把握稳中求进的工作总基调，集中精力抓重点项目、重大工程和重要举措，着力实现效益和质量的增长。

我们坚持做优存量、做活增量、做大总量并举，把项目建设、园区建设、对外开放和品牌经营作为经济工作的重中之重，严格落实责任制，组织现场观摩调度，狠抓督导检查和考核评比，全力促进项目落地和产业集聚。深入推进与国华置业、歌华集团等战略投资者的合作，华贸·企业总部区、华贸·松石滩国际球会俱乐部、文化艺术园区、乔庄度假庄园、怪楼文化艺术片区、北戴河喜来登五星级酒店等重大项目相继完成或开工建设。今年1～11月，实施千万元以上在建项目38项，完成投资32.6亿元。按照省市的总体部署，着力改善经济发展环境，认真落实民营经济扶持政策，加快融资性担保体系建设，加大企业人才培训力度，全力促进民营企业发展，聚源铝业、兰德科技等9家企业被列为全市第三批重点扶持成长型中小企业。今年前三季度，全区GDP增长7.8%，城市居民人均可支配收入18602元，农民人均现金收入10816元，分别增长11.6%和11.5%。1～11月，全部财政收入和公共预算收入分别达到8.36亿元和3.9亿元，固定资产投资39.68亿元，增长21.4%，实际利用外资3378万美元，增长2.2倍，全区经济呈现稳中向好的发展态势。

三、着眼长远促转型，产业结构调整成效明显

调结构、转方式是发展之本和强区之要。我们紧紧围绕主题主线，既立足当前保增长，又着眼长远打基础，更加注重调整结构和转变发展方式，更加注重发展速度、质量和效益的统一，更加注重改革开放创新，更加注重促进永续发展，以此夯实跨越发展的基础，增强发展后劲。

我们紧紧抓住国家级服务业综合改革和旅游综合改革试点契机，不断加快产业结构调整步伐，精心培育高端旅游、总部经济、文化创意和高新技术产业，产业结构优势更为明显。着眼破解旅游淡旺季矛盾，深入实施旅游立区战略，深度开发国内外旅游市场，实现了旅游发展与城市建设互促双赢的可喜局面。今年1～11月，全区共接待国内外游客622.33万人次，实现门票收入6899.47万元，分别增长1.09%和4.75%。主动融入河北沿海地区发展战略，依托区位、品牌、暑期等优势，吸引企业在北戴河设立地区总部、分支机构、采购中心和结算中心，今年新引进总部、商贸企业23家。加大对文化创意项目的引进和服务力度，文化产业融合创新示范平台等一批项目扎实推进，歌华营地等一批文化场馆相继建成并投入使用，总部及文化创意产业占全区财政收入的43%。积极应对国家房地产宏观调控、煤炭限价等因素的影响，围绕船运、保险代理、物流等业态，积极探索新的税收增长点。开发区成功获批省服务外包基地，成为全省20个服务外包产业基地之一。狠抓节能减排，上半年万元GDP能耗下降2.1%。

四、着眼暑期服务促发展，暑期窗口作用日益凸显

暑期工作是北戴河独有的政治责任和特殊优势，并越来越同城市发展建设紧密融合，成为牵动全局的核心工作和推动发展变化的重要平台。我们牢固树立大暑期理念，不断强化政治意识、大局意识和责任意识，全力确保高标准、高质量完成暑期服务保障任务；同时注重统筹好服务暑期和发展自己的关系，切实抓住用好暑期机遇，力促城市建设、环境面貌年年有新变化、新进步。

我们紧紧围绕省委关于“四个上新水平”和“安全稳定、海水干净、服务上乘”的要求，以空前的重视程度、投入力度和工作强度，全力做好今年暑期安全保卫、服务保障、维护稳定、基层基础和抢险救灾等工作，实现了省委、省政府“三个满意”的目标。特别是强力实施近岸海域环境综合整治，严格落实河长、片长、段长、沟（口）长负责制，对戴河、新河及时组织清淤，依法关停17家涉污企业。着眼城乡环境提升和功能完善，圆满完成沙滩恢复治理完善、联峰山景观步道改造、戴河口渔港港池清淤、北戴河医院高干病房和重症监护室改造、暑期安保技防视频监控等暑期重点工程。借助暑期工作取得历史性突破，12个借暑项目争取到位资金8446万元，省政府决定从今年开始到2015年每年向北戴河支持5000万元，今年省转移支付已到位资金2500万元。加强生态文明建设，深入开展城乡环境综合整治行动，全区25个行政村全部建成了生活垃圾收集站，在全市率先实现了垃圾收运、处置全覆盖。大力实施亮化、绿化和生态景观工程建设，城乡环境质量和文化品位明显提升。今年暑期工作在面临前所未有任务和挑战的形势下，取得了各个方面都满意的业绩，得到上级领导、中外游客、本地群众的充分肯定和普遍赞誉。

五、着眼民生促和谐，群众幸福指数不断提升

坚持以人为本，保障和改善民生，是我们一切工作的出发点和落脚点。我们始终把发展经济与造福百姓统一起来，着力解决民生问题，加强社会建设和管理，维护社会稳定和公平正义，不断提高人民群众的物质富足感、生活安全感、心灵归属感和家园自豪感。

我们紧紧围绕“幸福北戴河”建设，坚持优先保障民生事业投入，做到政策落实不折不扣、资金投入不拖不欠、各项工作不留死角。今年1～11月，区财政用于民生事业方面的投入达4.8亿元，占总支出的69.8%。加强就业公共服务平台建设，着力促进城乡居民创业就业，前三季度城镇登记失业率控制在3.01%以内。今年新开工保障性住房174套，配租配售162套，解决了426户低收入家庭住房困难。年初承诺的供暖管网改造、天然气扩户、“村村通公交”等十项民心工程全部兑现。进一步完善覆盖城乡的社会保障体系，社会保障整体水平不断提升，在全省率先引入市场机制创新五保供养模式，在全市率先实现残疾人家庭改造全覆盖。扎实推进新民居建设和幸福乡村计划，农村生产生活环境得到明显改善，我区有五个村达到省级幸福乡村示范村标准。教育、医疗、卫生、科技等各项社会事业取得全面发展，我区被评为省、市两级教育系统关心下一代工作先进集体，省级社区科普工作先进集体，全市推进义务教育均衡发展工作进步县区，学前教育发展先进县区，全国县区科技进步考核工作先进单位和全市科技工作先进集体等荣誉称号。强力推进“平安北戴河建设年”活动，坚持以群众工作统揽信访和维护稳定工作，牢牢把握“六个以”总要求，认真落实“八三”工作法，以迎暑期和党的十八大为主线，狠抓社会矛盾化解、社会管理创新和公正廉洁执法，借鉴肃宁经验创新实施“六覆盖六提升”工程，扎实开展平安城市建设，高度重视安全生产和食品药品安全，有效推动群众工作向基层延伸，总体保持了社会安全和谐稳定的良好态势。我区被评为2009～2011年度全省铁路护路联防示范区。

六、着眼文化强支撑，文化强区战略深入推进

区域发展竞争，既是产业发展和经济实力的竞争，更是精神层面和文化实力的竞争。我们深入实施文化强区战略，将其作为拉动全区经济社会发展的重要引擎。

我们坚持以建设和践行社会主义核心价值体系为根本任务，深入扎实地抓好宣传思想文化工作。加强宣传教育和舆论引导，强化对互联网等新兴媒体的管理，牢牢把握正确舆论导向。深化思想道德建设和精神文明创建活动，以“文明北戴河建设年”活动为载体，组织“爱海、敬海、护海”千人志愿者行动，组建27支、近500人的文明志愿者队伍，制止不文明行为，倡导文明新风。“北戴河文明志愿巡访队”被评为河北省优秀服务志愿组织，未淑云被评为我市唯一的“全国优秀志愿者”。注重统筹城乡文化事业发展，全力推进国家公共文化服务体系示范区创建工作，扎实推进文化馆、图书馆等文化设施建设，全面推进村居文化、企业文化、校园文化、广场文化、家庭文化和旅游文化等文化惠民工程，公共文化服务体系示范区创建工作得到国家督导组高度评价。大力发展文化产业，着力推进文化与旅游融合发展，积极开展生态文化、体育休闲文化、海岸文化等主题文化活动，谋划举办文化产业论坛、国际艺术展览等系列交流活动，怪楼文化艺术园初具规模，影响力不断提升，中央美院、天津美院、北京服装学院等名校艺术写生基地和一批艺术场馆相继落户北戴河。我区被授予河北省文化产业十强县（区）称号。紧紧围绕“魅力四季”品牌，不断丰富城市文化内涵，暑期街头音乐文化人、俄罗斯风情广场演出等品牌凸显。做大做强轮滑、观鸟、情侣狂欢节、《海上生明月》大型实景演出等节赛活动，努力打造具有国际知名度和影响力的文化品牌。

七、着眼党建固基础，党建工作科学化水平持续提升

我们坚持党要管党、从严治党，以执政能力和先进性、纯洁性建设为主线，思想上突出政治坚定、组织上突出强化基层、作风上突出联系群众、制度上突出落实到位、廉政上突出干净正派，为建设“幸福北戴河”提供有力的政治保证。

我们认真贯彻中央和省委、市委部署，继续深化“创先争优”活动，在推动科学发展、暑期服务保障、促进社会和谐、服务人民群众、加强基层组织方面取得明显成效。扎实开展加强基层建设年活动，在完成省、市“规定动作”的基础上创新“自选动作”，将帮扶范围扩展到全区所有农村、社区，帮扶工作实现了全面覆盖、整体提升，“十二项工程”全部完成，赢得了广大群众的称赞。全面实施人才强区战略，大力引进高层次创新创业人才。认真实施领导干部思想政治素质提升工程，狠抓党员先进性和纯洁性教育，大规模开展干部培训，探索建立了党建互联网、远教助学网、电化教育网和手机短信互动平台“三网一信”开放式互动平台。积极推动基层党建工作创新，探索实施非公党建“党群共建一体化”工作模式，形成以企业党组织为核心、工青妇组织为依托、党群联手推进工作的良好局面。探索推进党代表任期制工作，下发《北戴河区党代表大会代表任期制实施办法（试行）》，并相继出台10项配套制度，从制度上保障党代表作用的发挥。圆满完成村“两委”换届任务，通过“公推直选”“自荐直选”、制发规范文本、开展换届风气测评多种方式，达到了正导向、强班子、增活力、聚民心的目标。人才队伍建设、党员电化教育、加强基层建设年活动等方面的特色做法和成功经验被《人民日报》《党建》《河北日报》等媒体刊发。注重加强党风廉政建设，始终把反腐倡廉建设摆在重要位置，深入落实党风廉政建设责任制，全面推进廉政风险防控工作，扎实开展民主评议行风、专项资金治理、村财镇代管等重点工作。不断创新工作举措，深入推进农村基层党务公开和政务公开，党员代表列席镇党委会工作制度和农村党员提案制度在全省工作会议上介绍经验，廉政文化建设得到省委领导的高度评价。围绕“三重一大”等群众反映强烈的热点问题开展专项检查，建立健全纠风快速反应机制，加大案件查办力度，今年以来全区共立案8件，对涉案人员分别进行了严肃处理。支持人大和政协依法履行职责，加强新形势下的统一战线工作，重视民族宗教和对台工作，注重发挥工会、共青团、妇联等人民团体作用。加强党管武装和双拥共建工作，强化国防动员和后备力量建设。

按照市委要求，这里向全会报告今年以来区委常委会选拔任用干部情况。我们高度重视领导班子和干部队伍建设，坚持德才兼备、以德为先的用人导向，始终本着对工作高度负责、对同志高度负责的精神选拔任用干部，重品德、重实绩、重基层、重公论，切实把好选人、用人质量关。截至11月底，区委先后研究任免干部101人次。其中，提拔任职16人，平职调整73人次，到龄转任二线5人，试用期转正7人。工作中，注重深化干部人事制度改革，坚持用制度规范程序，加强对领导干部德的考核，不断扩大提名、考察和酝酿环节中的民主。注重在实际工作中锻炼考察干部，从基层一线选拔使用干部，统筹优化领导班子结构和发挥各年龄段干部的作用，加大干部交流力度。注重严格监督、严肃纪律，加强干部日常管理，完善诫勉谈话、组织函询、离任审计、信访举报及查核等制度，切实做到教育在先、警示在先、预防在先，大力营造风清气正的用人环境，着力提高干部选任工作公信度和群众满意度。

总的来看，在宏观形势异常复杂严峻的情况下，我们的各项工作取得了令人鼓舞的成绩，实现了省市“年年都有新变化、新进步”的要求，这是市委、市政府正确领导的结果，是全区各级党组织和广大党员干部群众团结拼搏的结果。在此，我代表区委常委会向在座各位同志，向全区各级党组织和广大党员干部群众，表示崇高的敬意和衷心的感谢！

在总结成绩的同时，我们必须清醒地看到，当前仍存在一些突出困难和问题，主要是产业结构调整步伐仍需加快；立区大项目还不够多；旅游淡旺季矛盾依然突出；城市规划建设与管理水平仍需提高；居民持续增收的渠道还需拓宽；改善民生任务更加繁重；加强和改进党的建设，特别是基层党组织建设的任务依然艰巨。对此，我们将不断解放思想、攻坚克难、全力破解。

各位委员，同志们：

党的十八大开启了全面建成小康社会的新征程，省委八届三次全会吹响了深入推进经济强省、和谐河北建设的新号角，市委十一届四次全会提出了加快建设“宜居宜业宜游、富庶文明和谐”滨海名城的奋斗目标。我们一定要深入学习宣传贯彻党的十八大和省委、市委全会精神，切实把思想和行动统一到中央和省委、市委的部署上来，进一步增强高举中国特色社会主义伟大旗帜的自觉性和坚定性，进一步增强贯彻落实科学发展观的自觉性和坚定性，进一步增强坚持党要管党、从严治党的自觉性和坚定性，进一步增强一以贯之地探索推进特色化科学发展新路的自觉性和坚定性，做到思想更加清醒、目标更加明确、认识更加统一、措施更加务实，以更加奋发有为的精神状态，努力开创北戴河各项事业发展的新局面。

（李学民　中共秦皇岛市委常委、北戴河区委书记）

【附注】

1. “三二一”：三个方案、两项活动、一张表格：三个方案即建设幸福北戴河、建设文明北戴河、建设平安北戴河工作方案；两项活动即把2012年作为文明北戴河建设年和平安北戴河建设年；；一张表格即抓好《2012年涉暑涉旅重点工程项目责任分解一览表》的落实。

2. “四个上新水平”：安全稳定上新水平，环境保护上新水平，城市面貌上新水平，服务保障上新水平

3. “八三”工作法：一是针对部分干部执政行为不规范、损害群众和公众利益的问题，强化科学执政、民主执政、依法执政“三个执政”。二是针对部分干部脱离群众、不会做不愿做群众工作的问题，下大力做好体察民意、改善民生、凝聚民心“三项工作”。三是针对信访问题越来越复杂、解决难度越来越大的情况，坚持领导干部公开接访、重点约访、带案下访“三访结合”。四是针对信访总量较大、部分信访案件久拖不决的问题，坚持清积案、消重案、化新案“三管齐下”。五是针对不重视来信、来电导致来访增多的问题，实行信、电、访受理“三位一体”。六是针对解决信访问题合力不足、机制不完善的问题，建立健全接访中心、信息网络、政策支撑“三大平台”。七是针对妨碍信访秩序的问题，综合运用防范、整治、处置“三种手段”。八是针对信访工作责任不落实的问题，实行领导班子“一把手”、其他班子成员、包案领导“三项问责”。

4. “六个以”：一是以落实科学发展观为统领。二是以建设和谐河北为目标。三是以实施护城河工程为抓手。四是以创新社会管理为动力。五是以加强群众工作为基础。六是以完善体制机制为保障

5. “六覆盖六提升”：即在全市农村地区推进基层党组织、群众自治组织、综治维稳组织、经济合作组织、文化组织和社会保障组织全覆盖，通过基层组织体系和运行机制建设，提升农村党组织战斗力和凝聚力、民主管理和村民自治能力、排查化解矛盾和治安防范能力、服务经济发展能力、公共文化服务能力和民生保障能力。

6. “三重一大”：重大问题决策、重要干部任免、重大项目投资决策、大额资金使用。“重大事项决策、重要干部任免、重要项目安排、大额资金的使用，必须经集体讨论做出决定”的制度

刘学彬在区十四届人民代表大会第二次会议上的工作报告

2013年1月26日

各位代表：

现在，我受北戴河区人民政府委托，向大会报告工作，请予审议，并请区政协各位委员和列席同志提出意见。

一、2012年主要工作回顾

2012年，在市委、市政府和区委的正确领导下，在区人大、区政协的监督支持下，我们圆满完成了区十四届人大一次会议确定的目标任务，坚定有力推动了“幸福北戴河”建设进程。

——产业结构持续优化，经济实力稳步增强。一是主要指标稳中有升。积极应对经济下行压力和税收体制调整影响，据测算，2012年，完成地区生产总值38.8亿元，增长10.2%；全部财政收入完成8.8亿元，公共财政预算收入完成4.2亿元，分别增长0.4%、0.2%（剔除财源政策性外移等不可比因素后分别增长23.9%、22.6%）；全社会固定资产投资完成40.9亿元，增长20.4%；城市居民人均可支配收入、农民人均纯收入达到24911元、10681元，分别增长12.4%、12.0%；城乡居民储蓄存款余额57.98亿元，增长17.4%；社会消费品零售总额38.8亿元，增长15.5%；全年接待游客678.97万人次，景区景点门票收入8206万元。二是产业升级步伐加快。狠抓高端项目建设，乔庄度假庄园、喜来登五星级酒店、华贸企业总部区、低碳环保展示中心按进度完工，华贸松石滩国际球会俱乐部完成12洞球场建设，13家休疗单位完成改造提升。怪楼文化艺术产业园区初具规模，歌华营地成为暑期文化服务新亮点，河北画院北戴河分院等一批项目建成使用，国家文化产业融合创新示范区项目扎实推进，我区被评为河北省文化产业十强县（区）。三是招商引资实效明显。深化与国华置业、歌华集团等战略投资者的合作，新华创投企业总部基地项目成功签约。年内，引进五兴船务等23家总部、商贸企业，总部及文化创意产业实现税收3.7亿元，占全部财政收入的42.0%。全年引进内资27.3亿元，增长23.4%；实际利用外资3378万美元，增长203.5%。开发区成为全省20个服务外包产业基地之一。兰德科技等9家企业被列为全市第三批重点扶持成长型中小企业，民营经济实缴税金6.5亿元，占全部财政收入的73.5%。

——城市建管高效有序，环境优势日益凸显。一是实施海域综合整治。完成戴河、新河及14条排洪沟截污清淤，依法关停17家涉污企业，严格落实河长、片长、段长、沟（口）长负责制。完成防护林建设一期任务，开展农村清洁、清洁种植和清洁养殖工程。国家级生态区创建顺利通过省级初审，湿地公园被列为国家湿地公园试点。我区被评为省级环保工作先进单位。二是完善城市基础设施。完成鸽赤路、西海滩路、联峰路东段、东西经路、朝阳路、中海滩路等道路整修完善，对城区10条道路、10个游园、沿海线景观带和环岛、桥梁等8类节点进行亮化提升。实施道路、游园、花海等18项绿化升级工程，我区被评为全国造林绿化工作先进单位。完成联峰山、鸽子窝等旅游基础设施升级，新建2个旅游咨询服务中心，新增雕塑2处、景观画40余幅。完成火车站商业街外立面景观化改造，保二路、红石路和黑石路荣获省十佳风貌街区荣誉称号。三是推进城市管理创新。推行城市综合管理包街机制，全体县级干部和部门单位1800多名职工分组，对23条道路实行分包责任制，对环境卫生、社会治安、经营秩序进行全面整治。成立暑期沿海一线工作站，及时为广大游客和群众提供优质服务。充实管理力量，严管旅游市场，旅游环境得到蒙古、俄罗斯等国驻华使节和法国记者的盛赞。

——城乡一体进程加快，城市文明水平提升。一是农村经济提质增效。实施生态旅游观光农业关键技术引进与示范等农业科技项目，组织旅游观光蔬菜品种试验，新增蔬菜品种18个，以蔬菜、花卉、苗木为主的设施农业成为种植业主导。加强乡村旅游协会管理，家庭旅馆会员户达到1749户，床位6万余张，分别增长7.0%、29.7%。及时足额发放各类涉农补贴，农村土地经营权流转率全市领先。组建博泓科技小额贷款公司，发放农村小额贷款2000余万元。二是乡村环境更加宜居。强力推进农村环境综合整治，完成西北部片区污水入网二期、污水八号泵站管线铺设和新驼峰路污水入网工程。全区25个行政村全部建成生活垃圾收集站，在全市率先实现了垃圾收运、处置全覆盖。北部新城杨各庄、拨道洼安置房一期分配到户，西坨头、太平庄、谢李庄改造有序推进。扎实开展幸福乡村创建，5个村达到省级幸福乡村示范村标准。三是文明创建扎实推进。组织“爱海、敬海、护海”千人志愿者行动，组建27支、近500人志愿者队伍，倡导文明新风，文明志愿巡防队被评为省级优秀服务志愿组织。深化旅游行业精细化服务，提升服务水平和文明素质。办好轮滑、观鸟、情侣狂欢节等大型活动，品牌影响力持续提升。

——暑期任务圆满完成，社会环境安定和谐。一是服务借暑互促双赢。按照省委“四个上新水平”和“安全稳定、海水干净、服务上乘”的要求，高标准完成沙滩恢复治理完善等23项暑期重点工程，出色完成安全保卫、市政保障、物资供应、卫生防疫等各项任务，得到中央、省市的高度肯定。充分发挥暑期优势，谋划12个重点借暑项目，争取到位资金1.23亿元。二是平安建设扎实推进。强力推进“平安北戴河”建设年活动，以加强基层基础建设为重点，落实领导包案、定期调度、倒查问责制度，下大力调处矛盾纠纷。组织5800余人治安力量，构建立体化、全时段、多层级的防控格局。抓实消防、交通、食品卫生、企业生产安全监管，有效应对历史罕见特大暴雨险情，全力维护社会安全稳定。

——社会事业繁荣发展，群众幸福指数提高。一是全力兑现为民承诺。完成426套保障性住房建设；完成东山小区5万平方米住宅楼分户供暖改造（含6000延长米供暖管网）；完成3340户城市居民天然气扩户工程。北三路北延伸、村村通公交、扩大医疗救助和临时救助范围等实事均得到落实。二是促进就业完善保障。新增就业1668人，下岗失业人员再就业855人，分别完成目标的111.2%、106.9%；失业保险新增参保1210人，完成目标的268.9%，城镇登记失业率控制在3.08%以内。推行城镇职工生育保险，对新型农村社会养老保险和城镇居民社会养老保险进行合并，基本实现城乡社会保障一体化。三是统筹发展社会事业。推进创新型城区建设，被评为全国科技进步考核工作先进县区、省级社区科普工作先进集体。推进义务教育均衡发展，完成北戴河中学风雨操场、露天操场和西山小学标准化日托园建设，被评为省市两级教育系统关心下一代先进集体。组织《海上生明月》、俄罗斯风情演出、音乐美术体育文化人等活动1000余场次，公共文化服务体系示范区创建得到国家督导组高度评价。深化医药卫生体制改革，“新农合”参合率达到98.0%。启动社区基础设施达标建设，在全省率先引入市场机制创新五保供养模式。向331名贫困重度残疾人发放生活补贴，在全市率先实现残疾人家庭无障碍改造全覆盖。我区被国家体育总局评为全民健身活动先进单位，司法宣传工作成为全省典型，计生、审计、统计、物价、档案、方志、民宗、法制、外事等工作均取得新进展。

各位代表！2012年，197件人大代表建议、政协提案全部办结，647件民情事项办复率达到100%，办理审批和服务事项3万余件。我们还通过推进廉情评估预警平台建设、政务及重点领域动态公开、工程建设领域突出问题专项治理、专项资金综合治理工作，全力打造法治高效、清正廉洁的政府形象。

各位代表！回顾过去的一年，面对来之不易的成绩，我们深深体会到，北戴河的每一个变化、每一个进步，都离不开市委、市政府和区委的正确领导，都离不开区人大、政协和社会各界的监督支持，都离不开全区人民的团结一心、奋力拼搏。在此，我代表区政府，向所有关心和支持北戴河建设与发展的同志们、朋友们，致以崇高的敬意和衷心的感谢！

在总结成绩的同时，我们也必须清醒地认识到不足和问题：经济总量偏小，财政压力较大；产业升级还需提速，城乡发展尚不平衡；城市建管仍需提质，文明程度有待提高；群众增收渠道需要拓宽，改善民生任务仍然繁重。对于这些问题，我们将强化措施，攻坚克难，真抓实干，全力破解。

二、2013年主要工作任务

各位代表，2013年，是全面贯彻落实党的十八大精神的开局之年，是实施“十二五”规划承前启后的关键一年，是加快“幸福北戴河”建设进程的重要一年。党的十八大开启了全面建成小康社会的新征程，省、市委吹响了建设经济强省和滨海名城的新号角，区委十一届二次全委会提出了“一条主线、三篇文章”的总要求，为我们进一步明确了前进方向和奋斗目标。我们有着率先发展的坚实基础，有着试点先行的重大机遇，但与此同时，我们也面临着经济下行的重重压力，面临着区域竞争的激烈挑战。我们要振奋精神，开拓进取，进一步激发发展活力，破解发展难题，努力推动政府工作实现新跨越、再创新业绩！

2013年，区政府工作的总体要求是：认真贯彻落实党的十八大以及省、市、区委全会精神，坚持以科学发展观为统领，把握“稳中求进、一条底线”的总基调，落实“一条主线、三篇文章”的总要求，解放思想，改革创新，加快结构调整，促进产业升级，优化“两个环境”，做好暑期工作，抓实民生事业，全力推进“幸福北戴河”建设，为在全市率先实现城乡一体化和率先全面建成小康社会打下坚实基础。

全区经济社会发展主要预期目标是：地区生产总值增长14%以上，全社会固定资产投资增长20%，全部财政收入增长10.2%，单位GDP能耗下降2.97%，城乡居民人均收入增长10%以上，城镇登记失业率控制在3.2%以内，人口自然增长率控制在6.3‰以内。

2013年，主要抓好以下几个方面重点工作：

（一）坚持抓升级、促转型，推动经济发展提质增速

打造总部经济高地。把做大做强总部经济作为推动城市转型的重要战略，立足区情，整合资源，选准强项，瞄准世界500强、中国500强等大企业、大集团，吸引其将研发中心、营销中心、培训中心、采购结算中心等职能总部设在北戴河，力争年内不少于5家国内知名企业分支机构入驻。加快推进总部基地项目建设，支持五兴船务、力量能源等入驻企业实现正常运营，完善鼓励总部经济发展的体制机制和配套政策，优化交通、住房等基础设施和教育、医疗等公共服务，全方位促进总部经济集群长效发展。

建设精品产业园区。加快信息产业园区招商，加强对北京微视新纪元等48家签约企业的跟踪服务，力争尽快形成集聚效应。推进怪楼文化艺术产业园区二期建设，加快艺文文化创意产业园、同道电影坊、壮阁美术馆、歌华营地配套项目进度，力争暑期前部分投入运营。全面启动国家文化产业融合创新示范区建设，打造以文化融合创新设计、国际会议展览、文化创意产业孵化等为主要内容的全国大型文化教育科技金融综合运营体。抓好华贸海滨会馆一期招商和二期开发建设，培育功能齐备的知名企业总部区。启动建设新华创投企业总部基地，力促新华水利资产管理有限公司入驻运行，建设创投企

业总部园区。推进北戴河经济开发区基础设施配套建设，北扩区域尽快达到项目摆放条件，提高园区承载能力。

加快传统产业升级。按照一产抓特色、二产抓提升、三产抓拓展的思路，加快产业高端化发展。引导传统农业向现代高效转型，大力发展生态观光、花卉苗木、蔬菜果品等特色农业和乡村旅游产业，着力打造花卉种植集散基地。改造提升传统工业产业，培育壮大新能源、电子信息、生物医药、新材料等新兴工业。搭建“智慧旅游”服务平台，加快乔庄度假庄园、喜来登五星级酒店、华贸松石滩国际球会俱乐部配套设施建设，确保暑期前投入使用，以高端项目带动旅游业转型升级。积极推进生产要素有机融合，发展金融保险、现代物流、会展商务等新兴服务业，打造现代服务业示范区。

增强财政保障能力。全力招商引税，坚持综合治税，强化重点税源管控，优化税源结构，增强财政收入的稳定性和持续性。准确把握调控政策，加大项目申报和政策性资金争取力度，增强政府可支配财力。加强国有资产运营管理，加快运作条件成熟的储备资产，确保国有资产保值增值。修改完善预算编制、政府投资项目资金管理和评审办法，规范资金使用程序，确保项目和重点部门资金使用依法有序。牢固树立过“紧日子”的思想，认真执行厉行节约的有关规定，从严控制一般性支出。

（二）坚持提品质、创文明，加速推进城乡一体进程

完善城乡载体功能。坚持规划先行，根据新变化、新要求，完善提升城乡一体发展规划。统筹完善城乡基础设施，推动水、电、路、信、气、热、垃圾处理等市政配套向农村倾斜，大力推进热电联产集中供热工程。完成鸽赤路、联峰路、东经路、育花路等道路修缮，对怪楼、鸽子窝等景区进行改造。实施游园提升、行道树更新、立体绿化、花海建设等绿化工程，打造更多高水平园艺景观。突出新变化、新创意，增设亮化精品，高标准完成海宁路等路段楼体、刘庄环岛等节点亮化提升。强力推进北部新城开发，加快车站村、杨各庄、拨道洼安置房建设，启动一期开发项目。着力抓好幸福乡村建设，积极推进赤土山、太平庄、谢李庄旧村改造，深化草厂村拆迁改造前期工作。坚持规划刚性，持续加大违法占地、违章建筑打击力度，集约高效利用土地，净化城乡发展空间。

优化城乡生态环境。深化近岸海域环境综合整治，按期完成沙滩完善治理年度任务。启动水系治理二期工程，对东坨头等4条排洪沟进行维护，铺设西北部片区污水管网，实施林海路等3条道路排水改造。完成防护林建设二期300亩造林任务。加快戴河综合治理开发，规划建设休闲文化、民俗文化等特色功能区，拓展城市发展空间。强化农村环境综合整治，开展农村“四清四化五改”活动。建设费石庄乡村旅游示范村，培育乡村游新亮点。开展陆庄、杨各庄国家级生态村创建，加强节能减排动态检查，防治大气、水体、噪音等污染，全面提升城乡生态品质。

加强城乡文明建设。探索建立文明建设常态机制，开展“学文明礼仪、做文明使者”主题活动，组织文明城区、文明村镇、社区、单位等群众性创建活动，营造争做文明市民的浓厚氛围。完善志愿服务机制，深入开展文明巡访活动。大力规范市场秩序，从严治理不文明行为，提升市民文明素养和城市文明程度。继续办好轮滑节、情侣狂欢节等活动，不断扩大城市品牌影响力。

（三）坚持惠民生、谱和谐，全面推进幸福北戴河建设

办好利民实事。（1）完成3万平方米供暖分户改造。（2）建设保障性住房2.1万平方米以上。（3）完成2000户天然气扩户任务。（4）为5个老旧居民小区安装治安技防设备。（5）建设北三路居民精品游园。（6）改造提升8个公厕和10座垃圾收集站。（7）对全区5000名服务业从业人员免费健康体检。（8）向全区农村计划怀孕夫妇提供免费优生健康检查服务。（9）达标建成

13个村级卫生室。（10）全区80周岁以上高龄老人补贴标准提高一倍。

切实保障民生。实施更加积极的就业政策，围绕产业园区、重大项目需求，引导职业院校与企业对接，实行订单式培养和合作式培训，多渠道开发就业岗位。扩大社会保险覆盖面，把应保群体纳入保障体系，建立完善社会保险关系转移接续制度。提高社会保障标准，优化城镇职工基本医疗保险待遇，确保城乡低保和优抚对象补助标准走在全省前列。依托协会组织，加强服务与管理，指导更多家庭旅馆上档升级，拓宽群众增收渠道。

推进社会事业。深入推进创新型城区建设，提高城乡居民科学素质。进一步深化中小学布局调整，加快标准化建设，促进城乡教育均衡化、特色化、精品化发展。分步推进城市社区达标建设，完善文化、卫生、体育基层服务网络，全面提高社区建设整体水平。稳定低生育水平，以提高出生人口素质为重点，不断加强人口计生工作。稳妥推进医药卫生体制改革，扎实做好“六五”普法工作。完善区、镇（街）、村（居）三级公共文化服务网络，加快建设图书馆和文化馆。关心和支持工会、共青团、老龄、妇女、儿童、残疾人和慈善事业发展，做好广播电视、外事侨务、民族宗教、修志编鉴、人防、档案等各项工作。

（四）坚持优服务、强保障，全力以赴做好暑期工作

优质服务暑期。把暑期作为牵动全局的核心工作和推动发展变化的重大机遇，全面推动暑期工作提质量、上水平。按期保质完成食品综合检验检测中心、医院应急救治平台建设等13项暑期重点工程，实施视频监控体系、治安防控立体网络等安保项目，高标准做好安全保卫、市政保障、物资供应、医疗卫生等各项服务工作，着力提高服务保障能力，确保服务暑期再上新水平。

高效借助暑期。坚持服务暑期与借暑发展并重，积极争取资金、项目、政策、人才、信息等各方面支持，将暑期优势转化为发展助力。重点做好借暑项目的前期工作，加强对已落实项目的跟踪督导和后续管理，确保借助暑期工作实现新突破。抓好国家旅游、服务业综合改革和公共文化服务体系示范区试点工作，在体制改革和机制创新上积极探索、率先尝试，着力破解政务审批、市场准入、企业融资、土地利用等方面的体制瓶颈。

维护社会稳定。深化平安建设，建立健全重大决策社会稳定风险评估机制，推进基层社会网格化管理，着力化解各类信访隐患，巩固社会稳定大格局。深入实施“六覆盖六提升”工程，狠抓基层基础建设，提升农村社会管理水平。强化食品安全、交通安全、旅游安全、消防安全跟踪监管，完善突发事件应急管理机制，加强预案体系建设和应急救援演练，全力确保社会公共安全。

（五）坚持转作风、提效能，努力建设人民满意政府

营造学习氛围。组织政府系统学习十八大精神，开展“解放思想、更新观念”活动，破除思想观念束缚和体制机制障碍。按照中央关于改进工作作风、密切联系群众的八项规定，开展党的群众路线教育实践活动，转变文风会风，用更多时间和精力抓落实。

提高行政效能。加强政务公开和政务服务，推进重点领域事项动态公开和政务互动平台建设。加强政府绩效管理，完善重大事项和重点工作跟踪落实机制。加大行政问责和政务督察力度，突出抓好重大决策部署的落实，着力改善发展环境，提高政府执行力。

推进依法行政。执行区人大及常委会的决议和决定，听取各界人士的意见和建议。严格规范行政执法行为，加强对行政审批许可行为的监督，防止行政不作为和乱作为。畅通门户网站、区长信箱、区长公开电话等问政渠道，改进群众工作方法，促进政府与公众的良性互动。

加强廉政建设。落实党风廉政建设责任制，推进惩防体系建设。加强专项资金、重点项目、应急工程招投标管理和跟踪审计，健全政府采购、重大开支和责任追究等各项制度，

提高财政运行的规范性、安全性和高效性。推进权力公开透明运行，打造阳光政府。

（刘学彬：中共北戴河区委副书记、北戴河区政府代区长）

【附注】

1. “四个上新水平”：省委、省政府提出的2012年暑期工作要求，即安全保卫上新水平、环境保护上新水平、城市面貌上新水平、服务保障上新水平。（第4页）

2. “一条主线、三篇文章”：区委十一届二次全会提出的总体工作要求，即以不断提升暑期工作水平为主线，做好总部特色文章、城乡一体化幸福文章和“三个试点”（国家旅游综合改革、服务业综合改革和公共文化服务体系示范区）政策文章。（第7页）

3. “稳中求进、一条底线”：区委十一届二次全会确定的2013年经济工作总基调，即确保稳中求进，坚守全区各项经济指标增幅不低于市定要求。（第7页）

4. “两个环境”：为建设经济强省、和谐河北，省委、省政府自2012年10月开始在全省上下组织开展“着力优化发展环境、着力优化生态环境”活动。（第8页）

5. 2013年经济发展主要预期指标绝对值：地区生产总值完成42.1亿元以上，全社会固定资产投资完成49.1亿元，全部财政收入完成9.7亿元。（第8页）

6. 单位GDP能耗：又叫万元GDP能耗，即每产生万元国内生产总值所消耗掉的能源，是反映能源消费水平和节能降耗状况的主要指标。（第8页）

7. “智慧旅游”：秦皇岛市被国家旅游局列为第二批国家智慧旅游试点城市，北戴河区在全市智慧旅游建设中被列为重要试点。北戴河区“智慧旅游”项目立足高端，采用高新技术，将建成集互联网门户、360度全景展示、手机WAP平台、手机短信互动、电话查询服务、分布式信息终端、网络视频、智能手机导游系统、电子展示屏、短信办公平台及客源分析、景区免费WIFI覆盖等于一体的综合智慧旅游平台。（第9页）

8. “四清四化五改”：农村环境综合整治活动的主要工作内容，即：清垃圾、清杂物、清残垣断壁和路障、清庭院，绿化、美化、亮化、净化，改厕、改圈、改水、改路、改垃圾处理方式。（第11页）

9. “六覆盖六提升”：为加强农村社会管理，区委、区政府决定在全区农村实施“六六工程”，即：加强农村基层党组织、经合组织、民主组织、综治维稳组织、基层文化组织和社会保障组织覆盖，切实提升农村党组织战斗和凝聚能力、服务农村经济发展能力、民主管理和村民自治能力、排查化解各类矛盾纠纷和治安防控能力、公共文化服务能力、民主保障能力。（第13页）

专题

北戴河区城乡教育高质量均衡发展

全区现有国办中小学、幼儿园12所，在校生7757人，教职工1031人，其中，农村及偏远学校4所，在校生2016人，教职工286人。近年来，北戴河区始终把教育摆在优先发展的战略地位，坚持以办人民满意的教育为根本宗旨，以全面实现区域教育高质量"均衡·特色·精品"发展为目标，以深入实施"名校、名校长、名师、名生"教育"四名"工程为抓手，统筹发展城乡教育，加大对薄弱学校的政策倾斜和扶持力度，加快迈入城乡一体教育高质量均衡发展新阶段。

高标准通过了河北省义务教育阶段教学评估，在全市城市区中率先被评为"教学评估优秀区"，荣获全市首个"河北省义务教育均衡发展先进县（区）"称号。成为全市首个通过河北省"普高"验收的县区和河北省首批综合实践活动课程实验区以及全市唯一的"河北省县域基础教育教学改革综合实验区"。连续多次被市政府评为全市"教育工作先进县区""教育综合督导评估工作先进集体""教育经费保障工作先进县区""学前教育发展先进县区"，荣获全市"推进义务教育均衡发展工作进步奖"。

一、以改革创新为动力，为教育城乡一体化均衡发展夯实保障措施

提高学校标准化、信息化建设水平。严格落实"以县为主"的教育管理体制，坚持财政拨款主渠道，逐年加大城乡教育投入。一是完善基础设施建设。2012年，投资893万元，对北戴河中学露天操场进行改造，并新建2001.67平方米风雨操场1座；投资301万元，新建西山小学标准化日托园，建筑面积1500平方米。二是更新教学仪器设备。近两年投入380余万元，为北戴河中学、教师进修学校建成高标准录播教室，完善微机教室设施，为各中小学、幼儿园更新或添置电教设备、普教仪器、玩教具、体育器材、图书等，全区所有中小学实现微机课生均1台计算机。全区所有学校图书馆均通过省一级馆认定，各校教学设备现代化水平进一步提升。

提高学校品牌化、特色化发展水平。一是努力打造特色精品名校。大力加强校园文化建设，提升学校内涵发展的核心竞争力，深入推行"一托二"的"联合校管理模式"，充分发挥联片教研优势，共享优质教学资源，各校特色办学成效显著。实验小学、育花路小学被命名为"秦皇岛市经典诵读示范校"；育花路小学和海北路小学被授予"中国轮滑运动示范学校"称号；西山小学和海宁路小学被授予"市艺体教育特色学校"称号；北戴河区铁路小卫士和交通小卫士活动受到了省道路交通安全巡查组的高度评价，蔡各庄小学荣获"全国铁路护路联防先进集体"称号，海北路小学被授予市级"交通安全教育"特色学校。同时，进一步加强与国外名校间的教育文化交流与合作，育花路小学师生已分四批赴新加坡介民小学开展教育文化交流活动。积极探索推进北戴河中学与美国索斯兰中学的联合办学计划。二是稳步推进初中课堂教学改革。北戴河区积极借鉴江苏洋思中学、山东杜郎口中学经验，不断加强课改机制建设。作为全市首个

“河北省县域基础教育教学改革综合实验区”，区财政每年安排10万元作为实验项目专项经费，现已初步形成并不断完善“培训、联动、探究、评价”螺旋上升式的实验操作模式。通过骨干引领、典型示范、以点带面，及时将实验成果应用于课堂实践，不断积累经验，寻求突破，充分发挥课堂教学的素质教育主渠道功能，努力提高教育教学质量。进一步加快三所初中的资源整合步伐，结合北部片区开发整体规划，按照省标准化中学建设要求，扎实推进新建海滨中学计划，力争实现最大程度上的教育均衡。

提高学校规模化、实力化整体水平。一是大力发展学前教育。高度重视学前教育，逐年加大投入，不断提高学前教育办学水平。以“日托园”建设为突破口，加快推进改造小学附属幼儿园为标准化日托园工作进程。目前，全区6所小学附属幼儿园全部符合城市二类园标准，蔡各庄小学、育花路小学日托园改造已完成并全面投入使用，西山小学、海北路小学日托园改造工程正在进行中。为避免小学附属幼儿园的小学化倾向，从两所省级示范园（一幼、二幼）中选派骨干教师挂职为附属幼儿园园长，植入专业幼教理念。安排资深幼教管理人员以包片方式，深入各幼儿园进行具体指导，有效促进学前教育整体水平提高。目前，全区幼儿入园率达99.10%。二是大力发展高中教育。积极推进高中新课程改革，推进素质教育。倡导教育活动课程化，注重学生自主管理，努力营造人格健全、个性完善的学生文化。全面实施学分制考核，积极开设校本课程，继续推行“学案导学”和“质疑—探究—评价—拓展”课堂教学模式。目前，北戴河中学与秦皇岛奇石艺术学校签署了共同培养高素质艺术人才的合作意向书，为推进高中素质教育的发展做出积极探索。三是大力发展校外教育。成立“青少年校外教育工作联席会”，协同区各有关部门、群众团体共同参与全区青少年校外教育工作的协调和指导。开设免费公益课程——声乐和京剧，成立童声合唱团，聘请优秀专兼职教师任教英语口语风暴、国画、陶艺等39个培训班课程，年均受训学员2000余人次。同时，在海北路小学、蔡各庄小学、西山小学创建了三所“乡村学校少年宫”，并顺利通过市级考核验收，分别被命名为市级示范单位和优秀单位。2012年9月，成立由驻区和区属各教育机构及相关职能部门组成的“北戴河区教育联席会”，加强全区各级各类教育之间的交流合作，充分发挥教育合力，为区域发展培养高素质人才。

提高学校规范化、法制化管理水平。一是加强校内安保措施。进一步加大人防、物防、技防力度，聘请专职保安人员35名，在学校重点部位安装视频监控设备和报警装置，对部分学校院墙进行加高改造。开展校内安全大检查活动，及时发现并整改各类安全隐患。强化对师生的安全教育，年均开展安全教育活动80余次，组织预案演练10余次，师生受训率100%。二是加强校园环境综合整治。严格执行党政“一把手”负总责的学校及周边环境综合治理工作领导责任制，逐级签订责任书。制定《学校及周边环境治理实施方案》《道路交通秩序综合整治工作实施方案》等文件，采取学校日巡查、月排查与教育行政部门及相关部门联查相结合的形式，进行学校安全摸底排查整治工作。协同交警部门，检查并更新了学校门前路段的警示标志牌、斑马线等安全设施。全面开展校车安全专项整治行动，安排资金64.50万元为学生租用通勤校车，对驾驶人员进行安全培训并制定严格的校车安全管理制度，与承租单位、驾驶员签订安全责任书，全力确保师生的交通安全。联合公安、工商、文化、卫生防疫、城管等部门及各村（居），大力开展校园周边环境综合治理，有效打击侵害青少年身心健康的经营行为，排查调处不稳定因素。三是加强师生法制教育。积极推进“六五”普法工作，充分发挥蔡各庄小学爱路护路小卫士和海北路小学交通小卫士的示范带动作用，开展“法律进学校”活动，以法律知识竞赛、主题研讨、论文征集等活动为载体，利用国旗下讲话、宣传栏、板报、校园广播等媒介，广泛开展法制宣传教育活动，增强师生法律意识。近年来，教育系统各校未发生任何重大安全责任事故、治安事件、刑事犯罪及群体上访事件，区教育局连续多年被授予市区两级“平安建设先进单位”称号，蔡各庄小学、育花路小学、海宁路小学、第一幼儿园、实验小学、第一中学等校先后被评为“平安建设示范学校”。

二、以队伍建设为基础，为教育城乡一体化均衡发展提供人才支撑

狠抓师德，严明师纪。先后邀请全国十佳班主任、河南省濮阳市的段惠民老师和秦皇岛市首届烛光奖得主、昌黎县靖安镇陈广福老师，为全区教师做师德报告，与会教师深受感染与触动。深入挖掘身边优秀教师崇高师德的感人事迹，通过“身边人讲身边事”的形式，引导全体教师寻找身边榜样，开展对标行动。进一步完善教师继续教育、考核评价、奖惩、督导和责任追究等机制，研究制定《北戴河区中小学教师师德考核评价方案》，严格实施“八项严禁”“十要二十不准”规范，严禁在职教师有偿家教行为，有效规范教职工言行。

注重质量，择优选聘。制定《北戴河区中小学校（幼儿园）领导干部选拔管理办法》，实行中小学校长竞争上岗机制，坚持校级干部持证上岗制度，严格落实领导干部考核任用机制，并将领导班子考核结果作为校级领导奖励性绩效工资发放依据。严把优质师资入口关，面向全国择优招聘中小学、幼儿园教师，在2011年北戴河区招聘的89名教师中，区外户籍占73%，研究生学历占10.10%，本科以上占61.80%，专科以上占100%，学历达标率100%，其中33人被派遣到农村及偏远学校任教。

提高待遇，落实政策。区财政年均安排资金40余万元，解决农村、偏远学校教师午餐及交通难题。安排教师培训经费60余万元，大力提高教师专业水平。教师绩效工资政策向农村及偏远学校倾斜，根据学校地理位置，分两个标准为海北路小学、蔡各庄小学、第三中学、海宁路小学、西山小学教师发放补贴。同时，建立完善农村学校教师评优、评先、职称晋升等优惠政策，农村学校教师职称评定每人每年加2分，进一步调动广大教师工作热情，稳定农村学校教师队伍。

专业培养，提升素质。深入实施“研训一体化”战略，通过开展远程培训等方式，大力推进教师全员培训及骨干教师、青年教师、新教师的分层培训。成立教师专业成长研究室，充分发挥研究、指导、培训和服务功能，引领教师做好职业规划。多次邀请全国知名教育专家、特级教师、优秀班主任等为全区教师做专题讲座，内容涵盖教师专业成长、课堂教学、班级管理、教师基本功四大方面。组织机关干部、中小学校部分领导、骨干教师及教研员，赴山东、山西、江西等地考察学习，参观名校，参与高端论坛。广泛开展区域教研、联片教研、校本教研活动，年均200余次。积极利用地区资源，大力推进新教师岗前集中培训和入职后长期业务培训与考核，广泛开展课题研究，进一步促进了教师的专业成长，为全面提高教育教学质量夯实人才基础。北戴河区教师进修学校被市教育局授予“教师教育工作先进集体”“县级教师进修学校建设达标校”称号，并顺利通过省教育厅验收，被认定为省级示范学校。

城乡交流，均衡师资。深入实施城乡教师交流和支教工程，扩大交流范围，延长交流时间，制定相应的优惠政策。坚持交流教师年度考核制度，积极落实《北戴河区关于做好交流教师年度考核的意见》，结果达合格以上，给予年度考核优秀奖励，在职称评定时与农村学校教师同等待遇，对“优秀支教教师”奖励500元。目前，北戴河区已有129名机关和学校干部及教师参与交流活动，在全区中小学、幼儿园及局机关搭建了科学合理的挂职、异校任职、交流、支教网络，进一步推进了城乡学校间师资力量和教学水平的均衡化发展。

三、以全面发展为导向，为教育城乡一体化均衡发展培育优秀成果

突出德育工作实效，提高学生道德水

平。深入开展经典诵读活动与校园文化建设、与学校德育活动、与学科教育的“三结合”工作，承办“省德育工作暨经典诵读现场会”，全面展示北戴河区经典诵读活动成果。开展“感恩”教育活动，邀请全国著名青年演讲家邹越为全区高中、初中和小学毕业年级学生及家长8000余人做了两场主题为“让生命充满爱”的激情演讲。加强德育队伍建设，实施青年班主任培养工程，开展德育干部分层培训，建强德育主力军。建立家庭教育研究室，召开家长学校工作推进会，夯实家庭、学校、社会“三位一体”的教育网络建设。区教育局被评为省市两级“教育系统关心下一代工作先进集体”。

丰富智美体卫活动，提高素质教育效果。创新开展科技节、体育节、读书节、艺术节“四节”活动。积极举办中小学生小论文、小发明、模型竞赛及教师作品征集大赛等各类科技竞赛活动。将艺术教育活动常态化，由课堂教学逐步拓展到校本课程、学生社团、校外教育，既重全员参与又重特长生培养。开展阳光体育活动，开设体育室内欣赏课和轮滑校本课程，发展田径、乒乓球、足球、篮球等传统体育项目，完善体育训练奖励机制。开展综合实践系列活动，在“全国基础教育课程改革实验区综合实践活动第九次研讨会”上，北戴河区2名教师分获国家级一、二等奖；在“全国综合实践活动优秀课程资源评选活动”中，北戴河区3项课程资源获国家级一等奖，5项获国家级二等奖。在各级各类综合技能素质评比中，全区获奖学生人数逐年增加。区教育局被评为“河北省社区科普工作先进集体”。

加大督导检查力度，提高教学评价实效。一是不断健全各项评价体系。认真落实学生综合素质评价、创新成果加分申报及审核制度，完善学校评价、教师评价、学生评价、学科教学评价标准，对学生的情操、知识、能力进行综合测试，对行为、习惯进行日常考察。积极探索学习能力检测方式，建立完善教学质量统一监测机制，实行“区校两级检测相结合、综合与专项检测相结合、区内教研员与区外教学专家联合命题相结合”的检测制度，积极改革试卷格式，实现“等级+评语”评价方式。二是强化督导检查职能。制定了《北戴河区中小学校发展性督导评估实施方案》，每年安排10万余元用于督导评估及奖励，配备专、兼职督学和学校视导员，积极开展每年一次的常态教学评估工作，加大过程评估和专项评估力度。2012年，全区中、高考各项指标同比2011年进一步提高，北戴河中学高考省专以上上线率100%，本科上线率59.09%，取得2005年以来最好成绩。

（稿件由区教育局提供，编者有删改）

北戴河区新民居建设和幸福乡村计划建设

调　研

2012年，北戴河区新民居建设与全省开展的幸福乡村计划紧密结合，根据《河北省幸福乡村计划》总体部署及《关于抓紧做好河北省幸福乡村计划示范点申报工作的通知》相关精神，对域内25个行政村进行筛选申报后，确定了车站村、北戴河村、古城村、西坨头村、单庄村5个村为幸福乡村计划建设示范点，并对这五个村进行重点走访调查，同时也按照幸福乡村计划建设标准，对其余20个行政村进行调研，掌握各村的工程进度及存在的问题，为今后开展工作奠定了基础。

一、基本情况

根据幸福乡村计划的总体要求，在25个行政村原有建设基础上，对25个村“山、水、林、田、村”的综合整治情况及“房、水、路、电、信、科、教、文、卫、保”十项重点建设项目完成情况进行了调查，按调查结果分为三类：一是综合整治情况及建设项目基本达到幸福乡村计划要求的古城村、西坨头村、车站村、北戴河村、单庄村等5个幸福乡村计划示范点，5个村在基础设施和公共服务建设方面均已取得实效；二是部分达到幸福乡村计划要求的，包括丁庄村、陆庄村、河东寨村、草厂村、赤土山村、刘庄村、大薄荷寨村、小薄荷寨村、东坨头村、杨各庄村、拨道洼村、太平庄村、谢李庄村、崔各庄村、费石庄村、乔庄村共16个村，上述各村先后实施了垃圾不落地、照明、有线网络、绿化美化、文化设施等工程，在一定程度上提高了村民的生活质量；三是尚未开展幸福乡村计划建设的村，包括朱庄村、苏庄村、蔡各庄村、甘各庄村4个村。

二、幸福乡村计划开展情况

为更好地完成新民居建设任务，更快地推进幸福乡村计划建设项目，北戴河区成立了工作领导小组，主管副区长牵头负责，各相关部门参与协调，两镇积极配合。区委、区政府出台了《关于做好驻区休疗单位包村帮扶工作的实施意见》，明确了新民居和幸福乡村建设的重点任务。同时为2镇和25个行政村发放了《幸福乡村计划》宣传册共35册，制作幸福乡村宣传展板5块，印发幸福乡村简介500份，充分调动了村民建设积极性。一年来，全区以打造“布局合理、设施完善、环境优美、生活便利、安居乐业、文明和谐”的“幸福乡村”为目标，大力度推进各村的改造、新建项目。

古城村。2009年，`被列入河北省省级新民居建设示范村，拆迁老旧房屋近100户，建成“5+1”村民住宅楼32栋，新建、接建2、3层别墅累计53户，拆迁村民全部得到妥善安置，此外又安置村内无宅基地村民近200户；住宅楼间空地铺设草坪7000余平方米，生活污水并入区污水管网统一处理；2012年，该村被列入河北省幸福乡村计划示范点，新建生态田园广场2个，村民中心及文化广场各1座；村内新建设备齐全的卫生所2个，村民“新农合”参合率达到96%，并建立新型农村社会养老保险制度，投保率为33%；村内正在进行电网改造升级工程，计划全部实行电卡收费制；古城村已成为全区乡村旅游业的领头人，对农家院实行统一管理、统一接待、统一分配、统一价格。

西坨头村。2009年，被列入河北省省级新民居建设示范村。目前已拆迁安置324户，建成“5+1”住宅楼19栋，2至3层双拼或联排别墅33栋及部分门市房。该村2012年被列入河北省幸福乡村计划示范点，新建450平方米的村民广场和1100平方米的新村民中心。在村南硬化路面2000余延长米；增植绿化苗木1500余株，新建花池15个；小区内安装太阳能环保路灯120盏。西坨头村公用设施基本完备，东侧有市政排污管道，西南角处有市政给水，西北角有统一供暖的锅炉房，有充足的市政电力及通信网络设施。

车站村。2009年，被列入河北省省级新民居建设示范村，规划建设了“燕兴小区”“5+1”住宅楼10栋，可容纳180户村民入住；实施了西部片区“新兴小区”建设项目，建成“5+1”住宅楼20栋，建设三期欧式别墅42栋。目前，全村共拆迁486户，建筑面积13万平方米。车站村2012年被列入河北省幸福乡村计划示范点，新建设施完善的村民活动中心和文化广场、医疗卫生室；楼区新安装健身路径40套，临街建门市房29间。在基础设施方面，水泥路面硬化达5100延长米；主要街道安装路灯150盏；栽植树木500余株。村饮用水采用城区大管网，并已完成农村电网改造升级工程。村里新建生活垃圾收集站1座，配备垃圾转运车1辆，做到生活垃圾全部集中处理。车站村商业拆迁安置项目属北戴河火车站片区改造整体工程。该项目位于北戴河火车站对面、站南大街南侧，共建设欧式风格商业楼4栋，层数5层，总建筑面积2.35万平方米。

北戴河村。2009年，被列入河北省省级新民居建设示范村，2012年，被列入河北省幸福乡村计划示范点。村内有占地2000平方米的村民中心、8000平方米的文化广场。全村已完成农村电网改造升级工程和饮用水改造建设。从2012年2月5日开始进行的戴河滩涂清淤工作已完成。全村建成“5+1”住宅楼24栋，2层别墅7排。所有楼区统一供水、供暖、供电，有线电视、宽带全部接入。

单庄村。对家庭旅馆区污水沟进行清理、盖板处理；开展北新区道路整修工程；对全村进行路灯更新和安装，做好亮化工作；综合运用一事一议、财政补贴等方式，实现村内街道路面全面硬化的目标。同时，每月为60岁以上老人发放100～150元生活补助金；村集体出资为每一位村民办理意外伤害保险及新型合作医疗保险，目前全村参保率在80%以上。

杨各庄村。在建新民居一期工程，“4+1”楼型3栋，“5+1”楼型7栋，“6+1”楼型11栋，预计年底完工；新建垃圾转运站4个，幼儿园1所，文化娱乐场所1个，配备整套健身器材。

谢李庄村。建设村级文化活动室1座，道路全部硬化。

拨道洼村。在建23栋新民居主体已竣工，相关配套设施正在施工。

甘各庄村。安排专人负责河道及沿岸定期清理工作。

三、存在的问题及下步措施

在新民居和幸福乡村计划建设中，存在部分村内某些路段的道路养护管理工作未建立专人负责制；少数村内垃圾池、垃圾桶较少现象，物业管理尚不规范；相关产业发展动力不足，除古城村和西坨头村家庭旅馆产业发展较好外，其他村产业发展规划仍需完善等问题。为此，将建立定期走访工作制度，统计汇总建设进度，协调解决建设中存在的问题;同时不断加大资金扶持力度,按照“缺什么补什么”原则，根据幸福乡村计划的要求重点建设，配套提升。

一是进一步提升幸福乡村计划建设示范点档次。古城村将对路西剩余的10户村民进行拆迁改造，新建“5+1”住宅楼5栋，在原小学等地块建小别墅7栋；将打造特色农家院、建造生态田园广场和购物点。西坨头村预计再建“6+1”住宅楼4栋，跃层2栋；如条件允许，在村南三角地拟建四层旅游度假别墅10栋，多功能酒店2栋，大型餐厅1座；并计划通过引导农民筹资酬劳方法加强村中主路、主要支路，连村路的硬化工作。车站村拟建设1200平方米的新村民中心；安装路灯20盏、摄像探头20个；建设2座垃圾转运站，同时修建2000延长米排水沟，对河边道路进行绿化。北戴河村将按照新民居建设标准再建“5+1”住宅楼4栋，预计建无公害蔬菜果品棚室20座；拟投入26万元，对村内56条街道、花园进行绿化养护；将通过一事一议、财政补贴引导农民筹资酬劳方法预计筹措15万元对村内有破损的道路进行改善亮化。单庄村将全面强化北新区及其他小区基础设施和公共服务建设配套；并协助旅馆经营户统一办理卫生证、许可证、营业执照等。

二是全面展开其他村新民居和幸福乡村计划建设。对于部分达到幸福乡村计划要求的16个村，按照“因地制宜、取长补短、专项提升、整体发展”原则，逐步完善，争取两年内基本达到幸福乡村计划要求。对于尚未开展幸福乡村计划建设的4个村，将根据村庄目前的地理位置、生态环境和基础设施现状做好幸福乡村建设规划，尽快启动幸福乡村建设计划，争取到2015年全部达到幸福乡村计划要求。

（宋琼）

北戴河区节能减排工作新进展

（2012年11月）

一、节能工作

2012年节能目标任务。根据市政府下达2012年节能减排目标任务要求，2012年我区万元GDP能耗降低率-2.97%；2012年全社会售电量增速控制在14.03%以内，全社会售电量3.29亿千瓦时；2012年规模以上工业能源消费量控制在5300吨标准煤以内，规模以上工业单位工业增加值能耗降低率-6.68%。

前三季度节能目标任务完成情况。今年上半年，我区万元GDP能耗降低率-2.10%；规模以上工业企业综合能源消费量1996吨标准煤，下降14.4%。1～9月份，规模以上工业单位产值降低率-27.6%；规模以上工业企业能源消费量3093吨标准煤，降低14.40%，为全年控制总量（5300吨）的58.40%；规模以上工业综合用电量1433.7万千瓦时，下降3.30%。我区全社会售电量完成25608万千瓦时，增长13.90%，增速低于市下达目标任务（14.03%）0.13个百分点。

主要工作措施。一是全面安排部署节能工作。为全面做好我区“十二五”期间节能减排工作，研究制定《北戴河区“十二五”节能减排工作实施方案》，与12个有关区直部门及镇街签订“十二五”节能减排目标责任书。为全面完成市下达我区的各项节能目标任务，区政府定期召开全区节能工作调度会，对全区节能工作进行全面安排部署，下发《关于严格执行我区2012年全社会用电控制指标的通知》和《关于印发〈北戴河区2012年规模以上工业企业综合能源消费量控制指标实施方案〉的通知》，把各项节能目标细化分解到责任部门，要求各相关部门落实工作举措，确保年度节能减排目标任务按期完成。区节能减排工作领导小组定期召开会议，按月跟踪反馈各项节能目标任务完成情况，及时发现问题并研究解决，推进节能工作顺利开展。二是积极完善各项节能举措。为切实完成市政府下达给我区的全社会售电量、规模以上工业综合能源消费量等目标任务，根据区情实际，将具体工作任务分解下达给相关部门，使节能工作做到齐抓共管，形成合力。①责成开发区经发局负责对13家规模以上工业企业的节能目标任务逐月进行跟踪调度，每月向区政府反馈目标任务完成情况。②责成城管局负责对全区城市亮化设施用电情况进行管理，在满足全区亮化效果同时适时适度缩短亮化时间。③责成住建局、路灯管理处负责对全区各街道路灯进行科学调度管理，在满足必要照明功能的同时适当减弱灯光亮度。④责成商务局经常性地对商场、宾馆、餐饮、休疗养院等服务场所是否采用节能灯具、空调温度设置是否过低或过高等进行检查。⑤责成教育局加强对教育系统用电情况进行检查管理，倡导全区各学校（含社会办学及各驻区高校）组织开展节能节电活动，对每个教育机构用电制定计划。⑥责成卫生局负责对全区卫生系统用电情况进行检查，对每个卫生机构用电制定计划。⑦责成机关后勤服务中心负责对全区所有公共机构（不含教育、卫生系统）用电情况进行检查，逐一制定每个公共机构用电限额。⑧两镇和两街会同电视台采取多种宣传形式，引导全民参与到节电工作中来，提高群众节能自觉性，对辖区内用电设施开展经常性检查。三是突出抓好重点领域节能。注重严把项目准入关口，把节能评估审查作为建设项目立项前置条件之一，坚决禁止高耗能项目审批；积极落实节能经费保障，全年安排节能专项资金20万元，专项用于我区节能产品购买推广、节能宣传等工作；深入实施国家服务业综合改革试点工作，大力发展以高端旅游、总部经济、文化创意等为重点的现代服务业；严格参照建筑节能标准对每项工程节能施工情况进行监督检查，确保新建建筑项目全部达到节能设计标准，执行率达到100%；做好老旧小区节能改造工作，年内完成5万平方米住宅楼分户供暖和6000延长米供暖管网改造工作；全面做好公共机构节能工作。四是强化社会节能知识宣传。认真开展节能宣传工作，尤其是组织开展好节能宣传周活动，通过发放节能宣传资料、悬挂条幅和展牌等活动，大力宣传能源常识，强化群众资源忧患意识和节约意识，进一步把节能、低碳、绿色理念转化为全民行动。充分利用推广国家财政补贴高效照明产品这一有利契机，倡导群众购买使用节能产品，今年，我区需要推广国家财政补贴高效照明产品1.70万支，目前已经全面展开。同时，为进一步扩大社会各界对节能产品使用的认识，采取对部分社区、部分居民楼道免费更换节能灯，向重点工业企业、旅游企业免费推广节能灯等措施，不断提高社会各界对节能灯的认知度，自觉选择使用节能产品。五是做好节能跟踪督导检查。由区政府督查室、发改局、统计局、电力公司等部门，加强节能目标预警监测，逐一对区内违法生产企业进行深入排查，发现一家关闭一家；对工业、商业、建筑、教育、卫生等全社会各行业进行经常性的督导检查，发现问题及时限期整改。每月向区政府反馈各项节能工作完成情况，对连续三个月未能完成目标要求的部门和企业进行通报批评。同时，实行严格问责制，把完成节能目标任务作为考核各责任部门工作业绩的重要内容之一，实行一票否决制度。对未能按照目标要求完成的，向区政府做出书面汇报并提出改进措施；对连续三个月未能完成目标要求的部门和企业予以通报批评，督促其限期整改，确保年度节能目标任务的顺利完成。

存在问题及下步措施。1～9月份，北戴河区全社会用电量完成25608万千瓦时，增长13.90%，增速低于市下达目标任务0.13个百分点，超出控制电量920万千瓦时，超出市下达控制电量的3.70%。分析原因是城乡居民用电量大幅增长，1～9月份城乡居民生活用电同比增长29%，其中：城镇居民用电增长37.20%、乡村居民用电增长14.60%；而2011年同期城乡居民生活用电同比增长5.8%、城镇居民生活用电同比增长5.70%。据电力部门提供的情况，造成今年城乡居民生活用电大幅上涨的主要原因是电力部门于2011年11月之前一直以售电代抄表的形式，特别是2010年受涨价消息的影响许多居民大量购电囤电，造成2011年度城镇居民用电量降低情况，而现在对居民用电核算方式进行了转变，不再采取以售电代抄表的形式，导致今年以来城镇居民用电形成高速增长情况，直接造成我区全社会用电量大幅增长。另外，受产业结构影响，北戴河区规模以上工业能源消费量占全社会能源消费量不足7%，节能重点在建筑、交通、商贸、公共机构等领域，但上述领域本身节能降耗空间较小，节能降耗空间受到一定程度的制约。下一步，我们将采取有力措施，确保完成年度节能工作目标任务。一是加强全社会节电工作。深入落实区政府《关于严格执行我区2012年全社会用电控制指标的通知》文件要求，城管、住建、教育、机关后勤等部门认真按照文件规定，切实做好本部门负责的节电工作；向全社会广泛宣传节电工作面临紧迫形势，动员全社会自觉行动起来参与到节电工作中来；加强与电力部门沟通协作，及时预警，采取必要措施确保全年用电目标任务的完成。二是加强主要工业企业节能降耗工作。对规模以上工业企业后三个月用能量进行指标控制，各企业月用电量达到当月限额指标，要求企业自觉全面停产，否则，将责成电力部门立即实施停电措施。对各重点企业执行用电量控制指标情况进行经常性检查，严格监控能耗指标完成情况。对三季度能耗增加产值下降、能耗增速高于产值增速或产值降幅高于能耗降幅的规模以上企业，逐一进行检查，要求各企业认真分析原因进行整改，整改不到位的由企业制定停产检修计划，拒绝整改的采取停产、惩罚性电价或限电等措施。三是实行严格的问责制。把完成节能目标任务作为考核各责任部门工作业绩的重要内容之一，实行一票否决制度。对未能按照目标要求完成的，向区政府做出书面汇报并提出改进措施；对连续三个月未能完成目标要求的部门和企业予以通报批评，督促其限期整改，以确保年度节能目标任务顺利完成。

二、减排工作

主要污染物减排目标。2012年市政府下达北戴河区主要污染物排放总量减排目标是：化学需氧量、氨氮、二氧化硫、氮氧化物4项污染物减排指标在2011年排放量的基础上净削减2.20%、3.10%、2.10%和1.50%，综合我区人口、GDP及上年排放系数等指标，核算我区四项污染物应分别完成削减68吨、10.71吨、157.67吨、27.04吨。2012年，我区水污染物减排工程主要为西古城村污水入网工程，大气污染物减排工程主要为热电联产集中供热和燃煤锅炉取缔工程。

主要工作开展及完成预测情况。一是水污染物方面。西古城村污水已全部纳入城市管网，预测可分别削减化学需氧量和氨氮27.89吨、3.44吨；2011年底，省核查组认定小薄荷寨村污水入网项目2012年应结转COD削减量为57.40吨，氨氮削减量为7.15吨，以上2项合计预测能够完成年度化学需氧量和氨氮减排目标任务。二是大气污染物减排方面。今年以来，对全区燃煤锅炉重新进行摸排建账，深入各相关单位进行动员，督促其取暖锅炉积极入网，积极协调电力、燃气单位对更换清洁能源用户予以支持配合。今年我区已拆除燃煤锅炉24台，累计53.60蒸吨，经测算分别削减二氧化硫和氮氧化物排放158.94吨、28.57吨，预测能够完成年度二氧化硫和氮氧化物减排目标任务。

主要工作措施。一是严格项目准入，控制总量。为从源头上控制污染物排放总量，我区把污染物排放总量削减指标作为建设项目审批把关的前置条件，在工作中严格执行环境影响评价和“三同时”制度，严把建设项目审批关。根据建设项目管理情况，编制公开事项、流程图、管理制度，进一步规范项目管理和审批程序。环保、发改、工商、水务、电力等部门建立审批联动机制，严禁批准高污染、高能耗的项目进入我区。强化建设项目环境监督管理，对未经批准擅自开工建设的项目，依法从严查处。今年以来，对辖区内近五年未验收建设项目进行清理检查，共清查项目129个（涉水项目58个、非涉水项目71个），其中限期验收项目106个，现已完成验收37个。二是狠抓环境整治，减少排量。积极协调推进城乡污水管网建设工程，通过扩大污水管网覆盖范围，推进农村集中连片污水入网，增加收水量，实现水污染物减排。在推进经营性燃煤锅炉取缔工作的同时，密切跟踪推进热电联产集中供热工程。加强畜禽养殖业污染治理，严格畜禽养殖业管理，严格控制养殖数量，结合近岸海域治理工作，对全区规模化养殖场的粪便贮存处理设施及污水处理设施进行治理，建设与养殖规模相适应的沼气池或防雨、防渗、防溢流粪便堆放贮存池和污水三级沉淀池，大力引导粪便农业综合利用，努力减少农业源污染物排放。三是强化减排监管，严格执法。积极开展整治违法排污企业、保障群众健康环保专项行动及近岸海域环境综合整治行动，针对不同时期突出的环境问题，开展环境执法专项检查，健全联合执法机制，严格环境执法，严肃查处屡查屡犯、恶意排污的企业。尤其是加大对全区重点区域、重点行业、重点企业的环境监管力度，对未达到减排要求的，实施限期整改。健全排污收费机制，依法、足额、全面征收排污费，切实扭转排污企业守法成本高、违法成本低的现状。我区工业企业废水全部排入污水管网，污染防治设施正常运行，无超标排污和违法排放现象。切实加大辖区工业企业巡查监管频次，今年累计监察245次，其中重点企业监察115次。四是广泛宣传教育，营造氛围。利用“6·5”世界环境日、节能减排周、世界水日等宣传活动，在加大城区宣传基础上，将重点放在基层和农村，采取多种形式，广泛宣传减排与环保政策，努力营造全社会保护环境的浓厚氛围。组织集中宣传活动3次，制作大型展牌20余块，张贴宣传条幅40条，发放宣传资料4000余份，发放环保布袋2000余个。

存在问题及下步措施。从当前全区实际情况看，三次产业结构比例由2005年的7：24：69调整为2011年的3：19：78，工业企业少、规模较小且没有高污染排放企业，污染物排放主要来源于生活污染源，所以工业企业减排基本无空间。随着常住人口和游客人数逐年增多，生活源污染物排放呈上升趋势，由于我区城市基础设施较为完备，也存在削减空间小、工程削减难度大问题。下一步，我区水污染物减排工作重点为农村生活污水入网建设，随着我区新农村建设工作不断推进，海北路沿线及城市区周边各村逐步实现污水入网，预测可完成年度及“十二五”期间水污染物减排目标任务。大气污染物减排工作重点为热电联产集中供热建设，如该工程顺利进入北戴河区并实现供热，替代燃煤锅炉，将大幅削减该区大气污染物排放量。

（稿件来源：区政府办公室）

艺术之城北戴河

北戴河区树立大文化的发展理念，从2006年起，围绕建设“世界文化名区”目标，坚持把文化艺术作为促进产业转型升级的推动力，把文化产业作为全区高端旅游、总部经济、文化创意、高新技术“四大经济增长点”之一精心培育，依靠生态环境优势，通过挖掘各类资源优势，采取规划先导、项目带动、平台搭建、服务保障、品牌打造等有效措施，强力推动文化产业发展壮大。

2011年，文化创意产业暨总部经济实现税收3.80亿元，占全部财政收入的43.60%，增长15.20%。

一、搭建文化产业发展平台

园区是产业实现集聚发展的必要条件，筑巢才能引凤。充分利用闲置资源，精心打造两个片区，三大园区，为文化创意企业提供平台，目前已有北京大陆桥、恒言投资、均衡博弈等多家文化创意企业入驻。

北戴河东部文化创意产业片区。该片区包括对奥林匹克大道公园等现有设施的开发利用，北戴河博物馆及占地6.67公顷产业园区的统一规划建设。区政府先后投资5200万元，收购了影视城和秦皇宫，整合周边资源，启动实施文化创意产业片区的规划建设工作。

北戴河怪楼文化艺术片区。该片区位于怪楼西侧，总面积约73.73公顷。一期工程已启动10.67公顷，目前已承载国家画院北戴河分院、河北画院北戴河分院、青少年国际交流中心等8个项目，总投资约6亿元。力求将其打造成集创作、展览、培训、储藏、艺术普及以及文化休闲为一体的综合性艺术产业集群。

五凤楼文化创意产业园区。五凤楼位于北京工人北戴河疗养院院内，属国家重点文物保护单位。我区租用五凤楼，对其进行内部装修，对基础设施进行改造，北京恒言投资有限公司、北京均衡博弈研究院、北京大陆桥文化发展有限公司等6家企业入驻。

雍剑秋别墅文化创意产业园区。位于联峰山公园北侧，本着“修旧如旧”的原则，对原有别墅式建筑进行保护性修复，形成与联峰山景区协调一致的新景观，宣亚国际传播集团、北京淑怡时代影视投资公司入驻。

沈钧儒、何香凝别墅文化创意产业园区。位于东经路黑龙江省干部休养所院内，我们对别墅及基地内近4000平方米的建筑进行改造，除吸引大型文化公司入驻外，还将承担创意产业的孵化功能，培育以网络、动漫为主的IT产业和文化产业。

二、承载高端文化产业项目

硅谷湾信息产业基地项目。投资4亿元，占地16公顷，主要包括研发中心、创意中心、孵化中心、培训中心、会展交流中心。

俄罗斯度假中心项目。占地5亩，以正宗俄式餐饮、俄罗斯风情歌舞演艺、特色婚礼承办等服务功能为主，对于丰富文化项目、打造特色婚庆文化品牌起到积极的助推作用。

文化创意产业研发基地项目。河北省出版集团投资7600万元，主要功能为文化创意产业研发、保护和挖掘河北传统文化，组织文化交流和文化展销等。

海上音乐厅项目。总投资5000万元，建设高水平海上音乐厅，兼具音乐会演出及影视放映功能。

《海上生明月》大型滨海情景演出项目。作为河北省第一个直接面对游客市场的大型实景演出项目，在省市各级特别是宣传文化部门的指导支持下，累计投资2780万元，经过三年的精心组织策划，取得了良好的经济效益和社会效益，品牌效应逐步显现。以上5个项目全部完成。

现代城市剧场群项目。占地8.57公顷，为中国城市创新剧场群计划之一，包括剧场区、附属配套区、露天剧场及音乐村4个区域。建成后将与国内知名专业团队合作，打造秦皇岛—北戴河主题大型城市剧目，成为北戴河新的文化地标。

北戴河国家科技展览中心项目。应用高新技术成果和节能减排技术，建设后奥运、后世博的展馆建筑典范，该项目将作为国家高新技术成果实验基地和秦皇岛市的地标性建筑。科技部计划在展览中心每年举办科技成果展示，并作为科普基地、人才培训基地和公务活动保障基地，举办各种大型会议，同时承办各层次组织的会展、交易及技术市场。

西部高端文化艺术街区项目。将创意产业融入社会，以创意设计为龙头，通过整体规划、功能定位、业态调整等措施，打造以文化创意、文化交流与展示、文化休憩为一体的创意产业街区，引驻特色创意产业，为艺术家和艺术创作提供良好的空间，为文化交流和文化展示提供集中场所，为文化鉴赏与文化休憩提供优质服务，有力地引领和推动北戴河文化产业的发展。

北戴河文化旅游体育综合开发项目。占地84.27公顷，主要打造会议会展中心、文化创意中心、运动健身中心和总部基地，兼具运动健身、度假休闲、教育培训、艺术创作等功能。

北戴河TOP 国际健康体检中心暨国际养生园项目。总投资10亿元，由健康体检中心、科学养生中心和当代科学养生培训基地等组成。以上5个项目已启动实施。

三、建设系列文化场馆

结合城区定位和产业发展方向，以文化艺术为核心推动力，挖掘历史文化内涵，注入现代时尚元素，采取政府主导、企业参与、市场运作等多种方式，建成多座兼具创作、收藏、展览、交流、研讨等众多服务功能的高品质文化艺术展馆，逐步实现文化产业化、生活艺术化、艺术生活化。

劳动人民文化宫。建于1953年3月，全国人大常委会原委员长朱德亲笔题名。按照“修旧如旧”原则，投资2000万元，实施全面改造。改造后建筑面积5454平方米，现为集展览、展示、演出、培训、电影反映等功能为一体的综合性文化场所。

北戴河博物馆。占地1.20万平方米，建筑面积4000平方米，是集展览、科研、文化服务等多种功能于一体的公益性文化展馆。按照政府兴办为主、企业投资为辅的理念，总投资1.20亿元，联合唐山亚洲古代艺术馆，在原“秦皇宫”建筑的基础上改造实施，馆藏中国、日本、朝鲜、韩国及中亚、南亚等国家的古代和现当代艺术品近万件。

轮滑博物馆。位于奥运公园内，建筑面积720平方米，投资100万元，是国内第一座轮滑专项博物馆，包括中央精品厅、世界近现代轮滑发展史、世界现代轮滑发展简史等八个陈列厅，馆藏近百份珍贵轮滑资料、轮滑展品实物200余件、各类图片500余张。2010年，央视《正大综艺吉尼斯中国之夜》栏目“轮滑挑战吉尼斯世界纪录”活动中28厘米轮滑过低杆最远距离55米吉尼斯世界纪录创造者李明芬的战服与轮滑鞋具收录其中。

鸟类博物馆。占地3.33公顷，场馆面积1900余平方米，展陈面积1650平方米，投资1900万元，是集鸟类标本收藏和多媒体展示鸟类起源、进化、发展于一体的专题科普类博物馆，分为鸟的世界、地与水鸟和动感电影体验3大展区，馆藏鸟类标本88种、恐龙骨架化石1个、恐龙蛋化石3组

体育雕塑博物馆。占地15公顷，总投资4500万元。主要景观有雕塑，大型音乐喷泉，奥林匹克浮雕墙，奥运项目单体雕塑，奥运冠军手印、足印及签名纪念碑等主要景观。奥林匹克公园内，单体雕像58件，逶迤绵延百米雕塑墙上的花岗岩雕塑记录了国际奥运会的曲折历史和历届奥运冠军的英姿，展现了中国一流的雕塑艺术。

天下馆。以青砖、工字钢、通体落地玻璃为主的中西结合的现代建筑，与后院的

百年别墅——五凤楼相互映衬，2000平方米室内开阔空间，低调奢华，大气内敛。主要经营传统法餐、意大利咖啡、英式皇家下午茶、商务酒会、主题派对、国际艺术品展览等。开馆以来，定期举办主题酒会、艺术沙龙、各类讲座，成为北戴河区文化创意园区极具文化内涵和气质的场所。

贵德艺术馆。面积3300平方米，是以著名艺术家经典作品为展示背景的公共艺术生活馆，有美术作品展览、学术交流、艺术培训、工艺美术产品研发、艺术品拍卖等功能，是由赵贵德个人出资，航海者公司主持运营的公共文化设施，展览期间，免费对外开放。

浪淘沙艺术馆。位于劳动人民文化宫西侧，建筑面积600平方米，由北戴河美鼎文化艺术发展有限公司投资建设，是集创作、展览、培训、销售为一体的艺术工作室。

百年别墅文化馆。通过对现存120幢百年别墅进行修缮和保护，借以发展与旅游产业相关联的文化创意产业，引进总部企业分支机构、会所及文化创意企业。目前，已有10多家文化企业入驻北戴河老别墅。

四、打造特色文化品牌

北戴河1898年被清政府辟为避暑区，成为中国历史上第一个由国家确定的各国人士旅游地。先后被评为首批国家级重点风景名胜区、中国优秀旅游胜地四十佳之一、首批中国优秀旅游城市。近年来，依靠生态环境优势、旅游资源优势、独特区位优势和高校资源优势，围绕“运动之春、浪漫之夏、时尚之秋、休闲之冬”四季品牌，采取规划先导、项目带动等有效措施，全力打造特色文化旅游效应。

艺术写生。依托优美的自然环境、良好的基础设施、优良的城区环境，将全区作为艺术写生基地，吸引全国高等艺术院校师生来我区创作实践。2011年，接待中央美院、哈尔滨艺术学院、河北师大等10余所院校15000余人。力争在3年内，将北戴河打造成“全国一流艺术写生基地”，使北戴河成为全国高等艺术院校写生的“天堂”。

摄影展会。依托得天独厚的自然资源、休疗单位聚集、交通便捷等优势。成功举办“鸟的天堂”国际摄影大赛，“冬韵北戴河”摄影大赛、观鸟艺术节等活动。近五年，共接待各类会议、培训（50人以上）3100批次，参会人数168万人次，实现会展经济总收入2.40亿元，利税4100万元。

爱的圣地。依托丰富的婚纱摄影资源，借势中国传统节日“七夕”节，每年有近万对情侣到北戴河区进行婚纱拍摄，随着情侣狂欢节、婚庆文化节的相继成功举办以及婚礼宫的建成，发展婚庆文化，打造“爱的圣地、婚礼的殿堂”，成为该区极具特色的文化品牌。

轮滑节。2005年以来，北戴河区将轮滑运动确定为休闲体育重点推广项目，连续举办七届各具特色的轮滑节，每年均承办全国少年速度轮滑锦标赛等国家级赛事，特别是北戴河轮滑高峰论坛、滑动五轮迎奥运、万人刷街创吉尼斯纪录、“海滨天使”轮滑向导等活动得到各界媒体的广泛关注，受到各级领导、广大市民和游客的肯定与称赞。该区被中国轮滑协会命名为轮滑培训基地、少年轮滑赛永久赛址。

铁人三项赛。2006以来，北戴河区已连续成功承办五届，赛事规模、档次和办赛水平逐年提高，被确定为该赛事的永久赛址。该赛事已经成为北戴河秋季休闲体育活动的主打品牌。

休闲养生。区内各大休疗单位的肾病治疗康复、健康体检、亚健康调理、气功康复、尘肺病专科、骨病专科等休疗养生项目在国内遥遥领先。同时，拥有“森林、海洋、湿地”3S休闲式旅游生态系统，具备“海洋、沙滩、空气、阳光、绿色”世界海洋旅游的五大要素。通过与旅游产业的有机结合，目前，已开发、包装“运动健身型”“休养康复型”“专科疗养型”等康体健身旅游产品。

五、提升城市文化内涵

建设城市精品景观。坚持城区就是大景区、大公园的发展理念，不断完善城区休闲设施，努力打造休闲、舒适的城市环境。街景特色改造。一百年前，北戴河有735幢西式别墅（目前保有135幢），涉及60余个国家的建筑风格，被称为万国建筑博物馆。为了再现当年风貌，充分挖掘、传承每条路的历史文脉，自2008年工作开展至今，北戴河区采取“政府引导、社会投资、群众参与”的方式，先后完成保二路、中海滩路、鸽赤路、西经路、火车站前商业街、海北路等13条主要街道景观整治工作，共改造街景20千米，改造建筑410栋，美化建筑立面面积35万平方米。同时，将文化元素融入到改造之中，空调外罩、墙饰挂花、门牌字匾、雕塑小品等等，全部统一设计、制作，与建筑风格协调统一。改造工程融合了北戴河“红瓦、绿树、素墙、蓝天、金沙”5大元素，突出法式、俄式、德式、西班牙式、万国欧式风情街风格，处处体现城市文化内涵，形成一街一景、移步换景、处处皆景的视觉效果。建设园林城区。坚持“城区即景区”理念，全方位绿化，本着“多物种、多层次、多色彩”原则，近年来，累计投入资金8000多万元，先后实施了老年活动中心、中海滩游园等15个游园，联峰北路、剑秋路、西海滩路等60余条道路景观和48处重要节点景观绿化提升等，栽植乔木、花灌木、花卉、垂直绿化苗木等万余株，新增园林绿地18.98公顷，公共绿地改造建设43.94公顷，形成高低错落、层次分明、三季有花、四季常青的绿化效果和“林在城中、城在绿中、人在景中”的自然生态景观。全区绿地率达到59.76%，绿化覆盖率达到59.69%，森林覆盖率达到42.50%。夏日北戴河，将为广大游客提供舒适惬意的绿色休闲空间。扮靓城市夜景。围绕“以点连线、以线织面”的思路，突出抓好“山、海、亭、线、园、塔、树”亮化。先后投资近亿元，对城区内东西经路、联峰路等主要干道，安一路、草厂中路、康乐路等小街小巷，老虎石公园、鸽子窝公园、奥运公园等景区，东山健身广场、碣石园、听涛园等休闲公园，文化宫、望龟亭、崔各庄环岛、石塘路步行街等重要节点，以及几万株树木进行高标准亮化，在不同街区形成曲径通幽、繁星闪烁、蓝色海岸、灯光璀璨的特色亮化效果。如今的北戴河夜景靓丽多姿、浪漫迷人，同时也为旅游经济的发展注入新的活力元素。优化生态环境。为充分体现自然，还原生态平衡，近年来，我区累计投资2亿元，先后完成了鸽子窝大潮坪恢复，戴河、新河河道治理，海水水质改善、湿地公园二期扩建等项目，生态环境得到改善，居住环境逐年提升。

营造城市文化氛围。为进一步提升城市品位，近年来，累计投资近千万元，实施文化小品工程。通过雕塑品文化、树干画文化、电表箱炫文化、岩彩舞文化、地面触文化、墙体观文化、城市家私感文化等多种表现形式，点点滴滴体现城市文化内涵，使广大游客、市民感受城市的文化气息。雕塑文化。在沿海、主要街道点缀造型各异的雕塑作品，有历史人物、生活小品、现代名人，还有俄罗斯风情的套娃、俄罗斯大叔等，营造独特的雕塑文化。树干画文化。组织区内艺术家、艺术院校学生，选择街道两侧和公园内的30余株树木，结合树干的自然形态绘上各种动物图案，妙趣横生，让艺术北戴河呈现在每一个城区的角落。电表箱炫文化。把一个个平常的电表箱，通过艺术家的手，变成一幅幅触手可及的艺术品。让城市增添了许多情趣。岩彩舞文化。充分挖掘艺术展示空间，利用岩画创作手段，将现代绘画艺术镌绣在礁石上，让呆板的沙滩礁石、路面礁石动起来、舞起来。地面触文化。在步行街3个重要节点绘制时尚、绚丽的3D透视画，采用当今国际流行的现代绘画样式，呈现三维立体的视觉效果。歌曲乐文化。组织全市知名文艺人才，创作北戴河歌曲7首，并进行MV制作。让外地游客从不同的视角，以文化艺术的形式感受北戴河、了解北戴河。俄罗斯风情演出。以国际文化交流为主题，通过与俄罗斯哈巴罗夫斯克芭蕾舞蹈学院合作，每年暑期期间在北戴河举办俄罗斯专场文艺演出20余场次，包括专场、中俄交流、联谊等多种形式，演员主要来自俄罗斯远东哈巴罗夫斯克、共青城、南萨哈林等城市，演出深受广大游客和当地群众的喜爱。文化人演艺活动。每年暑期，300余人组成的轮滑向导、音乐、美术、体育文化人队伍，以舞蹈、歌曲、讲故事、乐器演奏，现场绘画和太极拳、街头篮球、花式轮滑、街舞、独轮车等互动表演形式，活跃在奥运公园、石塘路商业步行街、沿海一线等30余个人员密集场所，向广大游客传递北戴河时尚、现代、浪漫、休闲的城市气息。

（稿件来源：区政府办公室）

大事记

1月

12日～16日

秦皇岛市美术书法作品晋京展在中国国家画院美术馆展出。北戴河区徐占明、黄文耕、李瑞卿、韩英河作品参加展出。

25日

区公安分局成功破获“1·22”特大杀人案。1月22日夜，东坨头村1号院发生一起命案，纪××（男，61岁）、任××（女，59岁）、纪××（男童，4岁）祖孙3人被害家中。公安干警经过三昼夜鏖战，于25日19时30分，将逃往邯郸的犯罪嫌疑人（被害人前女婿）江××在邯郸武安全鑫旅店抓捕归案，其对犯罪行为供认不讳。

是月

2012年年初，戴河镇所辖18个村，完成农村“两委”班子换届选举工作。选举产生党组织成员89人，其中，妇女委员34人，占38.20%，具有大专以上文化程度的37人，占41.57%，14名大学生村官当选为支部副书记，5名大学生村官当选为支部委员；村委委员56人，其中妇女委员19人，占33.93%，具有大专以上文化程度的13人，占23.21%，村主任18名。“两委”交叉26人，跨村担任党组织书记的2人，村书记与村主任1人兼的7人（村）。

是月

秦皇岛市西部快速路竣工通车。该路段东起海港区西环路，纵跨北戴河、南戴河、北戴河新区城市组团，全长9.78千米，于2009年10月开工建设。路宽70米，主路双向6车道，辅路为双向4车道。工程建设费用10亿元人民币,是现阶段秦皇岛市规划设计水平最高的城市快速路。

2月

9日

北戴河区与天安门地区公安分局建立区域警务合作机制。

15～17日

北戴河区第十四届人民代表大会一次会议在区党政综合办公楼3楼会议厅召开，出席会议代表133人，列席69人。会议听取和审议区长赵景阳所作的《北戴河区人民政府工作报告》、区人大常委会副主任刘海平所作的《北戴河区人大常委会工作报告》、发展改革局局长王晓青所作的《关于北戴河区2011年国民经济和社会发展计划执行情况及2012年计划草案的报告（书面）》、财政局局长高银山所作的《关于北戴河区2011年财政预算执行情况和2012年财政预算草案的报告（书面）》、法院代院长黄滨所作的《北戴河区人民法院工作报告》、检察院检察长赵振辉所作的《北戴河区人民检察院工作报告》，并形成相应决议。

21日

区公安分局经过两昼夜奋战，成功破获“2·19”北戴河北岭重大杀人案。2月19日20时许，家住北岭的靳××（男，50岁）和与其姘居的蒋××（女，29岁）被人用利器杀害于卧室内，二人身上数十处刀伤。经过市、区两级公安机关外围调查取证，锁定犯罪嫌疑人为死者之一的长子靳××。21日晚10时许，在强大的政策攻势下，靳××如实供述杀人事实。

25日

中国老年旅游联合体年会在北戴河举行，全国25个省、62个城市的百余家老年旅游联合体理事单位及国内各城市龙头旅行商参会。会上发布北戴河区为2012年中国老年旅游联合体目的地之一，春秋两季有2万名老人到该区颐养度假。

3月

31日

2012相约北戴河旅游产品推介会在北戴河新华假日酒店召开。全国15个省、市200余名旅行商代表及本地景区、休疗养院（所）负责人等300余人参加推介会。会议发布北戴河区的特色旅游资源、精品旅游线路。秦皇岛市旅游局副局长张力嵘、北戴河区政府副区长孙谓青等出席会议并致辞。推介会由秦皇岛市旅游局、北戴河区人民政府主办，北戴河区旅游局、北戴河旅行社协会承办。

4月

4日

海滨镇所辖7个村完成村党组织换届工作。选举产生党组织委员42名，含大学生村官委员（副书记）；其中，妇女委员16人，占总人数的38.10%；委员平均年龄46.10岁；委员连选连任24人，占总人数的57.14%；具有大中专以上文化程度的委员26人，占总人数的61.90%；村两委交叉任职6人（含村书记、主任一肩挑1人），占总人数的14.29%。

6日

秦皇岛市第七届中外旅行社经理联谊会在北戴河召开，国内50多个城市和俄罗斯远东、赤塔等地的500余名旅行商参加。本次会议由市旅游局、北戴河区人民政府主办，北戴河区旅游局、北戴河区旅游协会、秦皇岛招商国际旅行社承办。

27日

海滨镇所辖7个村完成村委会换届选举工作。选出村委会成员25人，其中，妇女委员9人，占总人数的36%，成员平均年龄48.80岁；在新选出的7名村主任中，连选连任的4人，占57.14%，村主任平均年龄47.70岁。

29日

国家体育总局群体司司长、中国轮滑协会主席盛志国在北戴河代表中国轮滑协会向胡建国、曾远明、鲍东东、林毅、赵荣福、于立强、赵景阳、陈平8名多年来致力于轮滑事业发展的代表颁发“中国轮滑运动开展30周年突出贡献奖”。

是日

2012 WSX（世界轮滑障碍赛）——中国首站亮相第八届运动之春北戴河国际轮滑节。瑞士、澳大利亚、法国、意大利、俄罗斯、中国6个国家和地区的100余名选手参赛，中国台北选手首次组队到北戴河参加比赛。赛事组委会邀请曾60多次获世界平地花式轮滑世界冠军的法国人圣巴斯蒂安担任裁判长，本次障碍赛更具国际性、专业性。中国台北以及内地的6名女选手参赛，打破了WSX障碍赛一直是男选手独领风骚局面。上届世界轮滑障碍赛的冠军法国特技直排轮滑爱好者安东尼出现在赛场上。中国选手张晓宇在轮滑高手云集的比赛中获第六名。

29日～5月1日

第八届轮滑节在北戴河举行。北京、天津、浙江、海口等20余个省、市、自治区的100余支代表队的700余名参赛运动员，国内外轮滑爱好者、游客及当地市民等共享这场轮滑盛事。此次庆典由国家体育总局社会体育指导中心和中国轮滑协会主办，河北省体育总会、秦皇岛市体育局、北戴河区人民政府承办。

29日～5月1日

第八届全国少年速度轮滑锦标赛在北戴河奥林匹克公园轮滑场举行。北京、天津、浙江、海口等20余个省、自治区的71支轮滑代表队406名运动员参赛。此次比赛由国家体育总局社会体育指导中心和中国轮滑协会主办，河北省体育总会、秦皇岛市体育局、北戴河区人民政府承办。

是月

北戴河区启动中英气候课堂项目，推动环保教育进学校、进课堂。该项目由英国驻华使馆和中央教育科学研究所于2010年开展，旨在提升教师讲授气候变化知识的水平，帮助12岁以上的青少年认识气候变化对生活的影响，并为他们提供进行国际交流的机会。

5月

4日

北戴河区首个青年义工组织“幸福方队”正式成立。“幸福方队”由共青团北戴河区委倡导组建，队内成员除区直机关青年党团员外，还有辖区各大中专院校师生及驻区部队官兵的参与，有11支分队、124名队员。“幸福方队”定期组织队员从事环保、扶贫、助残等公益活动。

9～10日

中国婚纱摄影行业（北戴河）海上论坛暨北戴河情海湾海景婚纱摄影俱乐部启幕仪式在怪楼酒店举行，华北、东北、内蒙古等地区主要城市的80家婚纱影楼经理160余人参加启幕仪式。

12日

2012中国•北戴河国际旅游观鸟摄影展暨全国爱鸟周活动在中国野生动物保护协会秦皇岛野生动物救护中心启动。北京、天津、辽宁、山东、河北、河南、广州、福建、湖北、香港、澳门等省市（特别行政区），英国、德国、瑞典、苏格兰、新加坡、马来西亚等国家，以及国际旅游摄影俱乐部、搜狐网等组织的观鸟拍鸟爱好者150余人参加摄影展。摄影展自5月12日启动，至11月10日闭幕。观鸟摄影展由中国野生动物保护协会、河北省野生动物保护协会、秦皇岛市人民政府主办，秦皇岛市旅游局、秦皇岛市林业局、北戴河区人民政府、中国野生动物保护协会秦皇岛野生动物救护中心、《旅游纵览》杂志社承办。

是月

2012年北戴河轮滑裁判员、教练员培训班开班授课。国内近90名轮滑裁判员、教练员参加速度轮滑和自由式轮滑培训。中国轮滑协会秘书长黄强、北戴河区副区长付红、北戴河区体育局局长崔颖出席培训班开班授课仪式。

是月

戴河镇联合区科技局为北戴河村配发域内首台“农业科技多媒体信息阅览系统”，农户不出村即可享受农业专家一对一指导、农业技术远程培训、了解最新农资信息及村务公开等信息资源。

6月

9日

秦皇岛市旅游职业教育集团2012旅游人才双选会在秦皇岛职业技术学院举行。双选会集合秦皇国际大酒店、秦皇岛海燕国际旅行社、秦皇岛祖山风景区及北京、唐山等地60余家旅游企业参加，提供就业岗位1200余个，包括秦皇岛职业技术学院、河北外国语职业学院、秦皇岛市中等专业学校、秦皇岛东方航空中等职业学校等18家高、中等职业院校旅游专业的800余名学生参与应聘，是秦皇岛市近年来规模最大、参与人最多的一次旅游人才双选会。双选会由秦皇岛市旅游职业教育集团主办，秦皇岛职业技术学院承办。

17日

由河北电视台举办的“河北电视台走基层大型文艺活动——魅力秦皇岛”，在北戴河碧螺塔公园上演，河北电视台和秦皇岛电视台近20名节目主持人及省内外著名艺人、演员联袂为观众献上精彩的文艺节目。秦皇岛市委常委、宣传部部长时晓峰，市委常委、北戴河区委书记曹子玉，市委常委、组织部部长陈书增，市中级人民法院院长闫五一观看演出。

18日

2012北戴河爱情海岸旅游婚纱摄影基地启动仪式在北戴河举行，基地外景区陆域面积70余平方千米，海域面积1.50万平方千米，并有23千米的海岸线以及占地7000平方米的欧式实景主题影棚。本次活动以“爱情海岸、度假天堂”为主题，华北、华东、中南等地区的200余家影楼经理300余人参会。

是日

第六届全国厨艺交流大会在北戴河区举行。全国32家餐饮企业近180人进行厨艺交流。

29日

国家高新技术产业开发区建设20年成就展北戴河巡回展筹备工作会议在科技部召开，科技部有关部门、河北省科技厅、秦皇岛市政府负责人参加会议。

是日

“河北高速交警总队2012年暑期安保启动仪式”暨北戴河暑期指挥调度中心落成典礼在北戴河举行。

7月

2日

中国人民武装警察部队参谋长牛志忠带领司令部作勤部副部长颜成义等一行4人，到武警河北省总队第四支队检查暑期警卫准备工作。武警河北省总队队长李志坚、政治委员宋兵役、参谋长杨福生等陪同检查。

3日

北戴河老年生态颐养中心启门迎客。首批由区民政部门供养的11名老人入住中心。该中心按四星级标准建在国家AAAA级景区集发观光园内，设有图书、书画、棋牌、医疗保健室，住宿养老条件优越。3600平方米的休闲大厅，内有瀑布、喷泉、小桥流水，还有乒乓球、台球、沙狐球、健身器材、开心大舞台，集休闲、养生、健身功能为一体。

10日

东南大学继续教育学院2012年成人教育工作会议在北戴河召开。江苏各地11个校外教学站点及本部站点的40余名代表参会。院长归柯庭、院党委书记陆海、副院长曹效英、王燕蓉参加会议。会议由书记陆海主持。

13日

河北画院国画院美术作品展在北戴河区怪楼文化产业园区开幕。展出作品包括中国画山水、花鸟、人物3个门类，该画展的开幕标志着河北画院北戴河创作中心的3000平方米展厅全面启用。省文化厅党组书记王离湘，市委常委、北戴河区委书记曹子玉，副市长邢留逮出席开幕式。

15日

以“荷风瓷韵”为主题的王加林、赵国青、辛立勇、程丽红、许来军、刘新国工艺美术大师陶瓷艺术创作展在北戴河贵德艺术馆开幕。展出梅瓶、腰鼓、瓜子瓶、瓷板等63件陶瓷艺术品。河北省老领导吕传赞、白石、郝廷华、刘作田、何少存、赵世居、吴振华、韩葆珍、宋叔华、赵铁练，市领导王三堂、朱浩文、管瑞亭、杨宏、时晓峰、曹子玉、李秦生、蔡运国、王进勤、曹艳春等参观展览。

是日

2012年度中央电视台河北记者站秦皇岛通联会在北戴河召开。该记者站自2011年成立至今，在央视《新闻联播》《东方时空》等栏目发片1100余条。秦皇岛市委常委、宣传部部长时晓峰出席会议。

是日

位于北戴河怪楼文化艺术产业园的王铁艺术馆开馆。艺术馆以建筑设计、景观设计、室内设计展览为主，绘画艺术作品展览为辅的特色展品馆，具备展览展示、拍卖、培训、研究、教学、交流等综合使用功能。秦皇岛市委副书记、市长朱浩文，市人大常委会主任管瑞亭，市委常委、北戴河区委书记曹子玉，市人大常委会副主任李秦生出席开馆仪式，并为王铁艺术馆开馆剪彩。

16日

梅墨生艺术馆开馆暨造化为师——梅墨生写生展在北戴河梅墨生艺术馆开幕，展出梅墨生写生作品70余幅。该馆位于北戴河怪楼奇园西侧文化创意产业园区内，是集书画展览、艺术研讨、书画创作、学术交流、艺术培训功能于一体的综合性艺术馆。河北省文化厅厅长张妹芝等出席开馆仪式，秦皇岛市人大常委会主任管瑞亭，中国美术学院教授、著名画家张立辰为艺术馆揭牌。

21日

国务委员兼国务院秘书长马凯，在国务院副秘书长兼国务院机关事务管理局局长焦焕成、书记鉴保卫，河北省省委副书记赵勇，公安部警卫局副局长刘希德，秦皇岛市市长朱浩文等陪同下视察武警河北省总队第四支队。

24～25日

武警部队副参谋长杨斌率工作组到武警河北省总队第四支队检查指导工作。总队长李志坚、总队副参谋长王永革、总队政治部副主任杨金屏等陪同指导。

27日

国务委员、公安部部长孟建柱，在公安部常务副部长杨焕宁，公安部部长助理兼警卫局局长刘彦平，河北省政法委员会书记、公安厅厅长张越，公安部警卫局副局长刘希德以及河北省警卫局、秦皇岛市公安局有关人员陪同下，看望武警河北省总队第四支队执勤官兵。

28日

秦皇岛·歌华营地体验中心举行揭牌仪式，河北省委副书记赵勇，文化部原部长、国家图书馆馆长周和平，省委副秘书长、省暑办主任张国发，市领导王三堂、朱浩文、杨泰安、管瑞亭、杨宏、时晓峰、曹子玉、邢留逮、闻德生，驻区单位领导白海琴、籍海平、张景龙、王东，区领导刘学彬、王玉海、严彬、姚飞、赵启伟、付红、孙谓青出席。

是日

北戴河之夏·创意河北——数字文化生活精品展系列活动在河北出版传媒集团北戴河文化创意基地开幕，全国人大常委会原副委员长许嘉璐，新闻出版社总署副署长孙寿山，河北省人大常委会副主任宋太平，秦皇岛市领导管瑞亭、曹子玉、李秦生、邢留逮，市老领导张树仁，北戴河区领导刘学彬、王玉海、严彬出席。

是日

蒋世国美术馆正式开馆。该馆坐落于北戴河区怪楼文化艺术产业园。美术馆(又名石榴馆)主体为三层建筑，是集书画展览、艺术研讨、学术交流、艺术培训、书画创作于一体的综合性美术馆。文化部原部长、国家图书馆馆长周和平，河北省人大常委会副主任宋太平，省人大常委会原副主任王加林，省政协原副主席王建忠，市、区领导管瑞亭、马宇俊、曹子玉、李秦生、王进勤、刘学彬出席。

30日

河北省委副书记赵勇，省委常委、政法委书记张越，省委常委、秘书长景春华到北戴河看望慰问政法干警和武警官兵。

8月

2日

中共中央政治局委员、全国人大常委会副委员长、中华全国总工会主席王兆国在北戴河劳动人民文化宫会见到北戴河休养的300名全国劳动模范代表。中华全国总工会副主席、书记处第一书记王玉普主持会见活动。

3日

慰问全国劳模专场联欢晚会在北戴河举行。全国五一劳动奖章获得者、国家一级演员郑咏在演唱歌曲《你胸前的奖章告诉我》，著名京剧表演艺术家、国家一级演员梅葆玖演出京剧清唱《大唐贵妃》，整台晚会歌、舞、京剧、杂技等表演形式相互穿插，部分劳模也登台献艺。

3～4日

暴雨。伴有6～7级偏南风，致使15677人受灾，倒塌房屋1间,严重损坏房屋150间，一般损坏1384间，紧急转移安置人口867人，农作物受灾面积983.37公顷，成灾面积574.68公顷，绝收面积366.92公顷。直接经济损失1.57亿元。

4日

全国31个省、市17个部门的62位优秀专家和基层一线人才代表到北戴河休假。中共中央政治局委员、中央书记处书记、中组部部长李源潮，国务委员兼国务院秘书长马凯看望休假的专家和人才代表。中组部常务副部长沈跃跃，国务院副秘书长、机关事务管理局局长焦焕成，人社部部长尹蔚民等陪同看望。

5日

中共中央政治局常委、中央书记处书记、国家副主席习近平在北戴河会见参加暑期休假活动的优秀专家和基层一线人才，向全国各条战线各个领域的专家和广大基层一线人才表示诚挚问候和崇高敬意，勉励大家为党和国家事业作出新的更大贡献，以优异成绩迎接中共十八大胜利召开。 中共中央政治局委员、国务委员刘延东，中共中央政治局委员、中央书记处书记、中央组织部部长李源潮，中共中央书记处书记、中央办公厅主任令计划，国务委员兼国务院秘书长马凯，以及中央组织部、人力资源和社会保障部负责人参加会见。

是日

河北省委书记、省人大常委会主任张庆黎，省委副书记、省长张庆伟到河北出版传媒集团北戴河文化创意基地进行调研。省委副书记赵勇，省委常委、秘书长景春华一同调研。

是日

“百鸟朝凤喜迎十八大——北戴河·中国野生鸟类摄影书画精品展”在秦皇岛鸟类博物馆开幕，展出200余幅野生鸟类摄影精品及百余幅著名书画家以鸟类题材创作的书画作品。秦皇岛市政协主席杨宏主持开幕式。全国人大常委会原副委员长许嘉璐，国家林业局局长赵树丛，中国野生动物保护协会会长赵学敏、秘书长臧春林和秦皇岛市党政领导杨泰安、管瑞亭、杨宏、马宇骏、时晓峰、曹子玉、王广新、闻德生、霍兴文、裴晓鹏、关敏、肖明地、王进勤、曹艳春、朱桂英、周卫东、李书和、范怀良，鸟网总版主段文科，以及鸟类爱好者、志愿者等出席开幕式。展览由中国野生动物保护协会、秦皇岛市政协、鸟网主办，秦皇岛市观（爱）鸟协会、飞羽视界文化传媒（北京）有限公司、鸟网北戴河联络站、中国生态书画院承办。

6～7日

武警部队司令员王建平等一行6人，到武警河北省总队第四支队检查指导北戴河暑期警卫工作。

7日

北戴河区探索创新党员信息化教育模式，在全区范围内构建起党建互联网、远教助农网、电化教育网和手机短信互动“三网一信”开放式平台，党建网络由1个区级主网站和116个基层党组织子网站构成，为基层组织建设年活动提供有力保障。

8日

全国妇联党组书记、副主席、书记处第一书记宋秀岩到北戴河区调研妇女工作开展情况。河北省妇联主席王淑玲、副主席王冬梅，秦皇岛市委书记王三堂、市政协主席杨宏陪同调研。

11～20日

“北戴河之夏·河北文化名家书画邀请展”在河北出版传媒集团北戴河文化创意基地开幕。本次展览汇集徐光耀、韩羽、王刁三、郭法曾、旭宇等30余位名家的60余幅书画作品，参加展览的作者来自文学、书画、影视、戏曲、民间艺术等多个领域。著名作家王蒙、邓友梅，国画大师王刁三，著名电影表演艺术家郭法曾等出席开幕式并参观书画展。该展览由省文联、河北出版传媒集团共同主办。

12日

北戴河中心实验站承担的“渤海溢油生态修复增殖放流项目”及公益性行业科研专项“黄渤海生物资源调查与养护技术研究项

目”，在北戴河金山嘴附近海域放流真鲷5厘米以上苗种87.79万尾，6~8厘米标志苗种23.50万尾。

14日

中共中央总书记、国家主席、中央军委主席胡锦涛在北戴河接见武警河北省总队第四支队警卫官兵，并合影留念。

14~16日

第三届A-Action青少年公益创想行动天使夏令营在北戴河怪楼文化产业园区歌华营地体验中心举行。营员由浙江、山东、江西等地的2011至2012年度A-Action天使项目团队成员组成，同时邀请香港、北京的7位资深营地策划与培训师、艺术工作者。通过游戏、形体、绘画、音乐、舞蹈、戏剧等综合创意艺术及表演手法，挖掘营员敏锐的感受力、独特的见解、团队合作、创造力以及服务社会和他人的行动力。此次夏令营是歌华营地体验中心启用以来的首场营会活动。

17~20日

2012年全国人大代表履职专题研讨班在北戴河举办。黑龙江、上海、江苏等20个选举单位的150名全国人大代表和上述选举单位代表联络机构的负责人，以及财政部、教育部、卫生部、住房和城乡建设部、银监会、民政部、国土资源部、交通运输部和商务部议案建议办理的负责人，共190余人参加履职专题研讨班。全国人大常委会副秘书长何晔晖出席开班式。研讨班由全国人大常委会办公厅举办。

18日

走进北戴河——中国美术名家作品展在龙腾书画院开幕。展览集中北京、上海、安徽、山东、福建、山西等地7位著名美术家在人物、山水、花鸟等不同门类的精品。河北省文联副主席、省美术家协会主席祁海峰与秦皇岛龙腾运输集团董事局主席石守岭为“河北省美术家协会北戴河创作基地”揭牌，至此龙腾书画院正式成为河北省美术家协会创作基地。本次展览由省美术家协会、市文联联合主办，市美术家协会、秦皇岛龙腾书画院承办。

20日

相聚戴河——中国画名家五人作品邀请展在北戴河开幕。参展的40幅作品出自河北省文联副主席、省美协主席祁海峰，省美协副主席、河北美术出版社社长曹宝泉，河北省美协副主席、河北农业大学艺术学院院长王继平，河北美协中国画艺委会副主任、河北师范大学美术与设计学院院长蒋世国，河北省美协副主席、河北画院院长张国君等5位中国画名家之手。中国美协办公室主任刘建，河北省人大常委会原副主任、省美协名誉主席王家林，省政协原副主席王建忠，省委副秘书长任国生，河北出版传媒集团董事长杜全卿，秦皇岛市人大常委会副主任蔡运国，市政协副主席闻德生，河北书协副主席、秦皇岛军分区原政委郎岗峰等出席开幕式。邀请展由河北省美术家协会、秦皇岛市文联主办，市妇联、市美术家协会、北戴河区文化局协办，市女美术家协会承办。

24~25日

武警部队副司令员戴洪生率司令部作勤部副部长颜成义等一行5人，到北戴河指导暑期警卫工作，研究明年警卫勤务建设。

29日

成立谢李庄村乡村女校，地点设在谢李庄村村民活动中心，学员为该村妇女。女校每年对学员开展4次培训，年终1次总结，遇特殊情况随时召开会议。主要聘请养殖专业户、技术人员和镇、村领导授课，授课内容为珠宝鉴定、市场营销和礼仪礼貌用语、职业道德等知识，以丰富学员的文化知识及道德素质。

是月

海滨汽车站旅游咨询服务中心和火车站旅游咨询服务中心正式投入使用。中心集旅游咨询、电子查询、虚拟景区展示等多种功能为一体，为游客提供权威的旅游信息、旅游咨询、旅游线路推介等服务。其中，海滨汽车站旅游咨询服务中心建筑面积191.19平方米，投资221.72万元；火车站旅游咨询服务中心建筑面积306.48平方米，投资243.76万元。

9月

21日

长春余香茶苑组织的“2012中秋书画家笔会” 在光明日报北戴河休养所举办。参加笔会的书画家有中国著名复合油版画家、国家高级美术师于成松，中央美院教授、国画家、文化部艺术评估委员会委员陈开民，中国美术家协会会员、国家友好画院高级画师苏继海，中国书法家协会会员、著名篆刻家杨晓存，北京市美协会员、中国工艺美术馆画家高福海，中国书法家协会理事、军旅左笔著名书法家丁广明，中国美术家协会会员、著名国画家郝嘉勇，中国油画协会会员、北京市油画协会会员卢伟，北京京师书画院绘画师、中国书画家联谊会会员俞杨，国画教师、山东省美术家协会会员韩艳平，书法、绘画、篆刻、鉴定、自由艺术家谢羽清，中国著名硬笔书法家、方正汉字字库专闫锐敏家等12位著名书画家。参与笔会的书画家创作近20幅作品。明月在海上升起时，又集体创作一幅“情满中秋”国画。

25日

华北地区省级党校图书馆数据库建设会议暨河北省党校文献信息学会年会在北戴河召开，中央党校图书馆馆长陈高桐、河北省委党校副校长刘书才出席会议。

是月

钢铁研究总院冶金工艺研究所在北戴河召开2012年度冶金工艺研究所学术会议。本次活动有16篇论文在会议上交流，内容涉及冶炼、连铸、热轧、冷轧、品种开发及热能工程等工艺，集团公司总工刘浏教授参加学术活动。

是月

北戴河2013俄罗斯客源市场预热会暨雅库兹克HIKARI公司15周年年会在北戴河召开，俄罗斯雅库特共和国雅库兹克HIKARI公司的40余名旅行商和区内海之韵旅行社、鸥鹏酒店、燕山大厦等单位代表参加会议。会议签署《2013年包机协议》，就2013年包机活动的开展及开拓俄罗斯市场等进行讨论，进一步推进了各方的深层交流合作。

10月

11日

由《大众摄影》杂志社《走基层》栏目与北戴河摄影家协会共同举办的“魅力北戴河”摄影展共收集作品400余幅，评出39幅获奖作品，展出7天，并由北戴河区政协编辑出版《魅力北戴河摄影集》。

11月

30日

秦皇岛碣石暨徐福研究会北戴河浪淘沙分会在北戴河成立，分会由7家会员单位和参加历史文化研究工作的24名会员组成。该会成立对进一步挖掘和丰富北戴河区历史文化内涵将起到积极的推动作用。

12月

1日

北戴河区“村村通公交”发车启动仪式在北戴河博物馆举行。新开通的601公交线路北戴河博物馆至河北省外国语职业学院和调整后的37路公交线路正式运营。为沿线北戴河村等7个行政村、河北省外国语职业学院、秦皇岛职业技术学院及滨海小区等居住人口2万余人出行提供方便。至此，北戴河区25个行政村实现村村通公交。市委常委、北戴河区委书记曹子玉出席启动仪式。

12日

戴河综合治理开发座谈会暨新华创投企业总部基地项目签约仪式在北戴河区举行。水利部综合事业局与北戴河区签订戴河综合治理开发备忘录和新华创投企业总部基地项目合作框架协议。市、区及驻区单位领导王三堂、朱浩文、马宇骏、曹子玉、陈庆恩、杨明信、刘学彬、王玉海、严彬、纪振勇、赵启伟、于凤喜，水利部综合事业局王文珂、郑通汉、顾洪波、火来胜及相关单位负责人出席。

19日

北戴河区残疾人联合会第五次代表大会在区党政综合办公楼二楼一会议厅召开，出席大会代表92人，其中，残疾人代表62人，占代表总数的67.39%，区直各有关单位领导23人，残疾人工作者代表7人，占代表总数的32.61%。区委副书记、政法委书记王志新，区委常委、区政府常务副区长纪振勇，区委常委、宣传部部长姚飞，区人大常委会副主任韩新民，区政协副主席卢洪文出席会议，市残联副理事长杨奎到会指导，区财政、卫生、教育、民政、劳动、税务和工会、共青团、妇联等相关单位负责人参加会议。

是年

总投资805万元的北戴河区农村垃圾转运站项目竣工。全区25个行政村均建有垃圾转运站，每村配备1台垃圾自卸车，通过村收集、镇运输、区处理的方式对各村产生的垃圾进行无害化处理，实现全区城乡环卫一体化管理。

是年

国家图书馆在北戴河歌华营地体验中心建立优秀童书专架，为青少年提供近两年出版的优秀青少年读物5000余册。内容涵盖科普、艺术、文学、英语、国学、励志、图画书等门类，总计种类达3000余种，适合6～18岁的青少年阅读。这是国家图书馆第一次在北京之外捐建少儿新书专架。

是年

北戴河区在秦皇岛市率先尝试“政府购买服务”的五保供养新模式。北戴河区有五保人员114人，有集中供养意愿的15人。区民政事业服务中心与北戴河集发公司老年生态供养中心就解决农村五保人员的集中供养问题达成托管协议，采取政府出资，企业提供衣、食、住、医、葬等服务的模式集中供养五保对象，民政事业服务中心制定服务标准，监督服务质量。及时为愿意入保、符合条件的农村居民办理入保手续，纳入五保供养范围，真正实现“应保尽保”。对符合五保条件的农村老人可以自愿选择入住老年供养中心集中供养或是居家分散供养，分散供养的五保人员按照每人每年5300元的标准补贴，以确保五保供养对象的生活标准不低于当地居民一般生活水平。

是年

秦皇岛天业通联重工股份有限公司并购意大利SELI公司股权项目获得商务部批准。天业通联公司成功收购意大利SELI公司44.14万股股份，成为SELI公司最大股东，持股32.26%，投资总额2434万美元。SELI公司是世界唯一一家既能制造生产TBM（硬岩掘进机），又能利用TBM开展隧道施工的企业，在欧洲、亚洲、美洲等多个地区都有隧道施工项目或提供TBM、盾构机等掘进设备。此次并购项目，是河北省在意大利并购的最大项目，对天业通联公司拓展欧洲及全球市场具有里程碑意义。

是年

北戴河区被中国老年旅游联合体确定为2012年中国老年旅游联合体四大目的地之一。北戴河将以休闲养生、度假观赏、异地养老、健身怡性为主题，针对老年人自身的特点，选择春秋两季北戴河区最美的特色景点，安排适合老年群体参与的旅游项目。此外，还将在老人游览过程中实时组织老年饮食讲座、亚健康治疗、太极拳养生、健康体检等，丰富老年人的旅游形式。同时还将探索推出老年人艺术过级、老年论坛、时尚老人比赛等大型活动，打造具有北戴河特色的老年品牌活动。

是年

在秦皇岛市旅游局与《秦皇岛晚报》携手推出的“心向大海，梦想成真”秦皇岛十景评选活动中，北戴河区的鸽子窝景区、联峰山景区与老龙头、天下第一关、秦皇求仙入海处、翡翠岛、祖山景区、板厂裕、长寿山、南

区情综述

自然环境

【位置面积】 北戴河系秦皇岛市辖区，位于渤海湾北岸中部，河北省东北部，地理坐标于北纬39°47′48″～39°53′17″，东经119°24′08″～119°31′58″之间。东北与海港区毗连，北、西部与抚宁县接界，东西最长11.20千米，南北最宽10.15千米，总面积72.90平方千米（此数据为2007年河北省第二次全国土地调查办公室下发辖区控制面积），海岸线23千米。区政府驻地东北距秦皇岛市中心19千米，西距首都北京约279千米。京（北京）哈（哈尔滨）铁路、G205国道从境内通过。G102国道临境，京（北京）沈（沈阳）高速公路从境北附近通过，境内建有高速公路北戴河出口至崔各庄路口连接线，是关内特别是华北连接东北的咽喉，地理位置优越。

【地形地貌】 北戴河地质构造复杂，加之外力的作用，新太古以前生成的东西方向与燕山期后生成的北北东向断裂各4条，把北戴河大地切割成许多规则的块体；25亿年前形成的新太古界变质花岗岩广泛出露，形成了境内形态多样的地貌类型。

域内北部为剥蚀平原，地势低平，略有起伏；南部为低山区，山岭连绵，群峰屹立；东北部为海积平原，分布有海生次成沙丘，局部有沿海沼泽地；西部为洪冲积平原。海拔大多在10米以下，最低海拔1.50米；最高点东联峰山，海拔152.10米。域内戴河和新河两条河流分别在西部和东部入海。海岸线东起黑河口西至戴河口，全长23千米，其中岩石岸线10.80千米，占河北省岩石岸线的52%。海域宽阔，沿岸分布着平均15米宽的绵软沙滩。

海蚀地貌。主要有活海蚀崖和死海蚀崖。其中，活海蚀崖分布在鸽子窝至金山嘴一带。伸入海中岬角的岩石受拍岸浪的拍击、掏蚀，岩石沿节理面崩塌，海岸线向陆地方向后退，一方面形成与海面大致相当的波切台，另一方面形成高达20余米的海蚀崖；死海蚀崖主要特点是形成海蚀阶地和礁石群，主要分布在金山嘴至戴河口之间的岩岸地段。

海积地貌。除滨海低平原外，还有沿海沙滩、连岛沙坝、潮坪、岩滩、河口沙嘴。

【气候类型】 北戴河区地处中纬暖温带，属半湿润、季风型大陆性气候。又因属于中国东部沿海季风环流区，受海洋调节，具有多风、湿度大、雨量适中、气候宜人的海洋性气候特点。四季分明，春温、夏凉、秋暖、冬寒。空气清新，富含负氧离子，每立方厘米达4000～7000个。

2012年气温偏低，降水异常偏多。年平均气温为9.6℃，比常年平均值低1.5℃，年极端最高气温33.2℃，出现在7月29日，年极端最低气温-18.9℃，出现在2月2日；年降水量为1234.4毫米，属异常偏多年份。

年内最为严重的气象灾害是盛汛期暴雨、台风引起的洪涝灾害，其他灾害有强降温、大风、冰雹、大雾天气和雷电灾害等，给人民生命财产带来一定损失。

冬季（2011年12月～2012年2月）平均气温-5.2℃，比常年低2.2℃，属偏冷年份。2011年12月平均气温偏低1.8℃；2012年1月偏低2.2℃；2月偏低2.7℃。

春季（3～5月）平均气温9.9℃，比常

年低0.8℃，属偏低年份。3月、4月偏低1℃左右，5月接近常年。

夏季（6~8月）平均气温22.6℃，比常年低1.1℃，属较为凉爽年份。6月、8月偏低1.3℃和1.5℃，7月接近常年。

秋季（9~11月）平均气温11.6℃，比常年低1℃，属偏低年份。9月、11月偏低1.4℃和1.3℃，10月接近常年。

2012年北戴河区月平均气温表

表1　　单位：℃

区县＼月	1	2	3	4	5	6	7	8	9	10	11	12	年均
北戴河	−7.0	−5.1	2.3	10.1	17.4	20.3	24.4	23.2	18.8	12.8	3.3	−5.7	9.6

2012年，降水量1234.40毫米，属异常偏多年份。

冬季（2011年12月~2012年2月）降水量0.9毫米，较常年偏少10.1毫米（偏少92%）。

春季（3~5月）降水量62.9毫米，较常年偏少25.8毫米（偏少29%）。

夏季（6~8月）降水量927.5毫米，较常年偏多483.2毫米（偏多109%）。

秋季（9~11月）降水量235.3毫米，较常年偏多145.0毫米（偏多161%）。

2012年北戴河区降水量表

表2　　单位：毫米

区县＼月	1	2	3	4	5	6	7	8	9	10	11	12	年均
北戴河	0.1	0.8	11.4	44.1	7.4	125.5	307.5	494.5	92.4	43.4	99.5	7.8	1234.4

本年度最长连续阴雨日数5天，最长连续无降水日数69天。

无霜期205天，初霜日10月30日，终霜日4月7日。

最大冻土深度46厘米。

结冰日数为143天。

冬季最大积雪深度为7厘米。

年日照时数2484.1小时，年日照百分率56%，属偏少年份。年平均相对湿度61%，接近常年。

年内大雾日为4天，主要集中于春季和冬季。

雷暴日28天。

年平均风速1.8米/秒，多偏西风，出现1次大风天气。

2012年，北戴河区出现的主要天气气候事件有大雾、寒潮降温、暴雨、大风、雷电和冰雹灾害等。

1. 大雾

北戴河区2012年出现大雾天气4天，分别：2月6日，3月17日，4月13日，5月1日。

2. 降温

2012年北戴河区出现中等强度以上降温天气。1月7日、11日、28日中等降温，1月21~22日强降温；2月7日、24日中等降温，2月1~2日、15日强降温；3月18日、28日、31日中等降温；10月28~29日中等降温，10月17日强降温；11月4~6日、23日、29日中等降温；12月21~23日、28~30日强降温。

3. 大风

4月27日，北戴河区出现大风天气，造成部分基础设施及设施农业遭受损失。

4. 暴雨

2012年夏季，北戴河区共出现暴雨天气6次，分别是7月10日、7月28～29日、8月1～2日、8月3～4日、8月27日。最严重的气象灾害为第10号强热带风暴“达维”（8月3～4日）引发的洪涝灾害，8月3～4日，北戴河区过程降雨量达223.80毫米。由于7月下旬、8月1～2日连降暴雨，使农田、基础设施、民房等遭受洪涝灾害，8月3～4日的暴雨降水过程中伴有6～7级偏南风，导致域内局部地区受灾严重，据区民政局调查显示：此次暴雨致使15677人受灾，倒塌房屋1间,严重损坏房屋150间，一般损坏1384间，紧急转移安置人口867人，农作物受灾面积983.37公顷，成灾面积574.68公顷，绝收面积366.92公顷。直接经济损失1.57亿元。

（齐义君）

自然资源

【土地资源】 全区土地总面积为7290公顷。土壤以棕壤为主，分布着沙质壤土和盐化潮土。农用地3561.52 公顷，占土地总面积的48.85%，其中，耕地面积848.25公顷，园地面积752.86公顷，林地面积1673.93公顷，牧草地为37.31公顷，其他农用地面积249.17公顷；建设用地3189.04公顷，占土地总面积的43.75%，其中，居民点工矿用地2802.05公顷，交通运输用地367.02公顷，水利设施用地19.97公顷；未利用地539.44公顷，占土地总面积的7.40%。

【水利资源】 北戴河地势微倾于海，地表径流迅速入海。又因北戴河地层为新太古代晚期花岗岩，为弱贫水层或无水层，水资源贫乏。水资源总量为1410万立方米，其中，地表水为1046万立方米，地下水资源量为503万立方米，重复计算量为139万立方米。人均水资源占有量为199立方米/人，低于秦皇岛市人均水资源占有量290立方米/人。降水是地表水的唯一来源。地下水资源分布不均，区域特点明显，多分布在两个断层带：戴河、新河与其他河流的沿岸及较大水库、塘坝等地下水补给排泄区内。地下水为流域积层孔隙潜水与基岩裂隙浅水，蓄水性差，没有开采价值，除部分村庄利用不稳定的流层地下水作为饮用和部分农田灌溉用水，全区用水主要靠抚宁洋河水源地和引青龙河水入境供水。

【海洋资源】 北戴河南临渤海，在海区及周边海区有鱼类68种。其中主要鱼种有：日本鲤鱼占52.60%，鲈鱼占9.40%，斑鱼祭鱼占5.80%，银鲳鱼占5.10%，绿鳍马面豚占5%，蓝点鲅占3%，牙鲆占2.70%，黄益鲽占1.10%，白姑鱼占1%。上述鱼种之和占海区鱼类生物量的85.70%。此外还有黄棘头梅童鱼、焦氏舌鳎、青鳞鱼、梭鱼、带鱼、黄鲫、孔鳐等。

无脊椎动物，主要种类为软体和甲壳类动物。软体动物中有短蛸、长蛸、日本枪乌贼、曼氏无针乌贼。甲壳类动物中有三疣梭子蟹、日本鲟、中国对虾、鹰爪糙对虾、日本鼓虾、脊尾白虾、莒氏长臂虾、脊尾褐虾、虾蛄。无脊椎动物的生物量，以三疣梭子蟹为多，占总生物量的42.90%。其次为虾蛄占22%，日本枪乌贼占14.60%，曼氏无针乌贼占6.10%，日本鲟占4.20%，短蛸占3.40%，中国对虾占3.20%，其他占3.60%；底栖生物共11类150种。其中，软体动物56种，甲壳类35种，多毛类27种，棘皮动物9种，鱼类7种，腔肠动物5种，脊索动物4种，益虫2种，星虫、帚虫、纽形动物、扁形动物、腕足类各1种。

金山嘴一带海域为高生物量分布区，海底断面生物量38.14克／平方米，生物密度428.90个／平方米。主要为文昌鱼、海豆芽、毛蚶、凸镜蛤等。在金山嘴近岸10千米一带的海底生物栖息密度高达8033个／平方米，其中98.13%为文昌鱼；在岩礁区和沙底浅海中，蕴藏海参。

潮间带生物有163种，群落以双壳类、甲壳类为多。

【植物资源】 北戴河植物区系在世界植物地理上属于泛北极植物区的中国日本植物亚区。植物起源于第三纪植物区系，未受到第四纪大规模冰川的直接侵袭，受中亚干燥化的影响也不太大，所以第三纪植物区系未遭受根本性破坏，一直保留到现在。如豆科的合欢，苦木科的臭椿，无患子科的栾树，壳斗科的板栗等，在区内都有零星分布，它们都是第三纪植物区系的直接后代。中国日本区系的特产植物，如百禾科的知母，大戟科的猫儿眼，菊科的泥胡菜等在这里均有分布。

植物有海生植物、入药植物和木本植物。海生植物中常见的有海白菜、龙须菜、昆布、海菊花等。入药植物有麻黄、荆介、麦冬、薏米等近200种，多分布在东、西联峰山，海滨林场和滨海沙滩。木本植物种类繁多、可分为43个科，共137个品种。主要有油松、刺槐、栎等，较为珍贵稀有的桑橙、牡丹、爬地柏、垂柳等，有古树298株，名木168株，稀有树木16株。其中1株国槐树龄已达599岁，属国家一级古树。

本地的地带性植被，为温带常绿针叶林和落叶阔叶混交林。此外，还分布有灌丛草坡、盐生灌丛和盐生草甸等。

【动物资源】 北戴河南临渤海，在海区及周边海域，有可供开发利用的游泳动物、底栖动物。又由于北戴河海岸与烟波浩渺的大海、绵延起伏的山脉，以及沿海的平原形成鲜明对比，有利于过路鸟的辨认，因此这里又是鸟类动物乐园。此外还有环节、软体、节肢类、兽类等野生动物。

野生动物有8个种类450余种，最为丰富的是鸟类资源，有20目61科451种，其中，国家一级保护的12种，二级保护的49种；留鸟36种，候鸟369种，是中国第一个候鸟保护区。位于赤土山附近的“北戴河湿地”，被纳入“国际湿地保护网络”，2011年被列入国家湿地公园试点，每年吸引着众多的中外观鸟爱好者，被誉为“观鸟的麦加”。

两栖、爬行类。两栖动物有青蛙、蟾蜍。爬行动物有蛇、蜥蜴、壁虎、龟等。

兽类。主要有：狐狸，冬季在东联峰山偶有，数量不多。目前，在本地常见的兽类有獾、山狸、野兔、黄鼬、刺猬、蝙蝠等。

环节、软体、节肢类。环节动物有蚯蚓、蚂蟥。软体动物有河蚌、蜗牛。节肢动物有蝴蝶、蜜蜂、野蜂、蝼蛄、螳螂、蜻蜓、蟋蟀、蚂蚁、金龟子、椿象、河虾、河蟹、蜈蚣、蚰蜒、蜘蛛等。

建置沿革

北戴河历史悠久，远在新石器时代，先民就在这块土地上繁衍生息，开始了半渔猎、半农耕的生产劳动，创造了具有明显的龙山文化特征的文明。

据史载，北戴河上古属幽州，商、周属孤竹国，春秋战国时为燕国，秦、汉、隋属辽西郡，唐为河北道营州，明、清属永平府。清光绪二十四年（1898），清朝廷将北戴河海滨辟为避暑区。

中华民国初，改属直隶省津海道临榆县。民国21年（1932）6月，北戴河避暑区改称北戴河海滨自治区。民国23年（1934）3月，北戴河海滨自治区与临榆县正式实行划界，直隶河北省。民国25年（1936）12月，改称北戴河海滨风景区。民国34年（1945）年7月，改北戴河风景区为北戴河海滨区管理局，隶属河北省公署。

1948年11月26日，中国人民解放军入境，北戴河解放。建海滨区公所，属河北省秦榆市。1949年4月28日，改秦榆市为秦皇岛市，海滨区隶属之。1954年2月，改海滨区为北戴河区至今。

行政区划

2012年北戴河区辖海滨镇、戴河镇2个镇，25个行政村（刘庄村、草厂村、陆庄村、丁庄村、河东寨村、单庄村、赤土山村、北戴河村、古城村、车站村、 西坨头村、拨道洼村、太平庄村、蔡各庄村、朱庄村、苏庄村、东坨头村、乔庄村、甘各庄村、谢李庄村、费石庄村、大薄荷寨村、小薄荷寨村、崔各庄村、杨各庄村）；北戴河区东山街道办事处、北戴河区西山街道办事处，9个社区居民委员会（育花路社区、东山社区、东经路社区、英才社区、安居社区、西山社区、剑秋路社区、平安路社区、车站社区），2个社区家委会（秦皇岛外国语学院家委会、五七一一家委会）和北戴河经济技术开发区。

人口状况

年末，全区户籍人口68890人，其中，城镇常住人口68890人，比上年末减少39人，城镇化率100%。另有常驻流动人口4723人。总人口中，男性32995人，占47.90%，女性35895人，占52.10%；18岁以下9790人，占14.21%；18～60岁46903人，占68.08%；60岁以上12197人，占17.71%。总人口中，汉族66380人，占95.87%；有满族、回族、蒙古族、朝鲜族、土家族、苗族、侗族、彝族、藏族、壮族、锡伯族、鄂温克族、黎族、达斡尔族、仫佬族、瑶族、哈尼族、傣族、布依族共19个少数民族2510人，占3.64%；超过25人的少数民族有满族、回族、蒙古族、朝鲜族、土家族5个民族，其中，满族1988人，占少数民族人口的79%； 蒙古族179人，占0.7%。2012年人口出生率9.5‰，人口死亡率4.78‰，人口自然增长率4.75‰。

宗教信仰

区内有佛教、道教、伊斯兰教、天主教、基督教等，信教者338人，有基督教福音堂活动场所1个。

历史文化

【名胜古迹】 北戴河有一碧万顷的蓝色海洋，峰峦叠嶂的绿色青山，茂密葱郁的城市森林，蜿蜒起伏的金色沙岸，白墙红顶的别墅楼房，构成了“雨水苍茫万里情”的巨幅画面。古迹有秦代的行宫遗址，明代的古刹观音寺等，并形成以联峰山、中海滩、碧螺塔、鸽子窝四大景区为特色的风景名胜网络。

鸽子窝景区。位于北戴河海滨东北端，因鸽子窝公园而得名。景区内除鸽子窝公园外，还有野生动物园、奥林匹克大道公园、怪楼奇园等景观。

碧螺塔景区。位于海滨东南端，与鸽子窝景区相连，因碧螺塔公园而得名。主要景观有碧螺塔公园、金山嘴、南天门、秦皇行宫遗址、游览码头等。

中海滩景区。与北戴河海滨中心相连，东起海滨七桥南路，西至平水桥，以沿海多游园和海浴场为特色，以老虎石景点为中心，南面是一望无垠的大海，北面是绚丽多姿的楼阁亭榭，站在海岸高大的岩石上，可南观大海，西眺联峰山。主要景点有老虎石公园、平水桥公园和滨海绿带。

联峰山景区。西起戴河入境发端，东至平水桥，主要景观有东联峰山，西联峰山，集发农业示范观光园。景区以登山览胜，林中探幽，赏花垂钓为特点。景区东部怪石林立，掩映在苍松翠柏中的石洞，千姿百态，骆驼石、卧牛石，石石怪异；通天洞、桃源洞、老虎洞，洞洞新奇。

【老别墅群】 “层楼近水倚群峰”讲的是

北戴河别墅的诗境。蓝天绿树映衬下的红顶、素墙、太阳台构成北戴河别墅群独特的建筑风格，以此而闻名中外，且具有很强的观赏性。

北戴河的别墅始建于清光绪十九年（1893），首由英国传教士史德华开其端，至光绪二十四年（1898）清政府辟为避暑区后，外国人及中国的官僚政客则纷纷来此建屋，别墅楼房从西山到东山连缀成片，至1948年北戴河解放，已达719幢，居中国所有避暑别墅区第二位。

北戴河的别墅在布局上十分注意与自然环境融合与协调，一般别墅只占用地总面积的15%左右，或依坡就势，或取“悬”用差，依联峰之势，透迤海岸，此所谓“层楼近水倚群峰”。且各个别墅互不相连，中间以绿地花木相隔，围墙高仅至膝，成为意趣自然的庭院，具有浓厚的田园情调。

这些别墅的显著特征，依山面海，疏密有致，山巅、海边、峰回路转之间，斜坡溪涧之旁，诸多别墅，掩映在苍松翠柏之中，其建筑风格迥异。中国建筑多以石为墙，深宅大院，繁荫巨干，香花绿地，以保自然之本色；西式别墅屋必有廊，廊必深邃，以蔽骄阳，多以刺槐、刺松、侧柏为墙，墙高及肩，不碍远眺。

漫步别墅石径小路，既可领略中国浓郁的园林风韵，又能欣赏西方庭院的色彩，给人以美的享受。加之今日中国园林式别墅和现代新建单元式别墅拔地而起，使北戴河的建筑名闻遐迩。

北戴河别墅的另一个特征是名人别墅多。民国7年（1918）第一次世界大战后，中国的官僚政客，到北戴河疗养的日益增多。袁世凯、周学熙、朱启钤、张作霖、张学良、吴鼎昌、段芝贵、傅作义、孙科、顾维钧等都曾来北戴河并建或购有别墅。当地曾流传着一首民谚，叫“吴家楼、段家墙、霞飞馆的大草房”。吴家楼坐落在东联峰山下，其主人吴鼎昌（1884～1950）浙江吴兴人，时任北洋政府中国银行总裁、财政部次长，后任南京国民政府实业部部长、贵州省主席，民国37年（1948）任蒋介石总统府秘书长。段家墙，指段芝贵（1869～1925），安徽合肥人，北洋政府时曾任东三省巡按使，北京京畿警备司令，定国军前敌总指挥，别墅及院墙位于中直北戴河服务局院内。霞飞馆位于联峰山莲花石公园内，现已无存。北戴河每一幢历史别墅都有一个动人的故事。

【名人名迹】 北戴河古属碣石地域，自春秋战国以来，燕昭王、秦始皇、汉武帝、魏武帝、唐太宗等8位皇帝都曾折腰巡幸，裹足驻跸。嬴政、曹操、李世民等又都触景生情，面海抒怀，分别留有《碣石门辞》《观沧海》《春日观海》等遗篇佳作。

北戴河在中国现代旅游史上有“开山鼻祖”的美誉，被人们称为中国旅游业发展的“摇篮”。早在20世纪20年代，就曾被誉为“东亚避暑地之冠”，成为中国著名的四大避暑区之一。当时北戴河拥有世界上最时髦、最新奇的休闲方式，其中海水浴、网球竞赛、仕女骑驴踏青、夜晚莲花石舞会是“最前卫、最流行”的旅游项目。众多名人云集北戴河：康有为、徐世昌、张学良、朱启钤、周学熙、顾维钧、梅兰芳、徐志摩、吕碧成；英籍女作家韩素音、著名记者和作家海伦·斯诺以及司徒雷登、赫德、费正清等都曾在这里尽情享受休闲的快乐。

毛泽东主席说：“北戴河的空气、阳光、大海最是吸引人”。 从20世纪中叶，党和国家领导人开始到北戴河办公休息。他们在这里商讨国内外大事，接见外国党领导人、国家元首、外交使团，以及中国的知名人士和劳动者中的优秀代表，几乎所有的中央领导人都曾到过北戴河。毛泽东、朱德、陈毅、叶剑英、郭沫若等，在此写下不朽之作。其中毛泽东主席生前10次到北戴河，他的一首《浪淘沙·北戴河》竟成为千古绝唱。

据不完全统计，自新中国成立以后，有来自世界各地的近百位外交使臣、外国党的主席、国会、参议院议长、国家元首等贵宾到过北戴河；美国纽约州立大学石溪分校杨振宁教授、美国哥伦比亚学院李政道教授、美国麻省理工学院丁肇中教授、美国加州理工学院马库斯教授和美国马普学会生物物理研究所米歇尔教授5位诺贝尔奖获得者以及菲尔茨奖获得者、美国哈佛大学丘成桐教授等，在2000年8月同期到北戴河并受到党和国家领导人的会见；南非大主教德斯蒙德·图图也曾到过北戴河，而且他是第一个访问中国的南非宗教界领导人。

悠久的历史，旖旎的风光和众多的名胜古迹，吸引着百余位中国的政界精英、优秀的作家、诗人到北戴河并以他们特有的感悟书写出200余篇诗词、散文，为北戴河区人民留下宝贵的精神财富。

组织机构

【中共北戴河区委及工作部门负责人】

书　记　曹子玉（12月免）
　　　　李学民（12月任）
副书记　赵景阳（6月免）
　　　　刘学彬（6月任）
　　　　王志新（6月任）
区委常委　曹子玉（12月免）
　　　　李学民（12月任）
　　　　赵景阳（6月免）
　　　　刘学彬（6月任）
　　　　王志新（6月任）
　　　　张立星
　　　　纪振勇
　　　　张　杰
　　　　姚　飞
　　　　王　慧（女）
　　　　赵启伟
　　　　陈秋华（挂职）
　　　　于凤喜（挂职）
区委委员（按姓氏笔画排序）
　于凤喜　王　慧（女）　王玉海
　王志新　王希江　卢洪文　冯志远
　任立民　刘卫平　刘学彬
　齐淑丽（女）　纪振勇　孙谓青
　严　彬　李学民　李韶云　张　杰
　张　敏　张立星　周向东　周金捍
　赵启伟　赵国祥　赵振辉
　赵景阳（6月免）　姚　飞
　曹子玉（12月免）　裴永新　裴耀辉
区委候补委员（按得票多少排序）
　姜维秀　李运臣　杜占山
　董　菲（女）　冯　松
区委办公室主任　赵启伟
组织部部长　王　慧（女）
宣传部部长　姚　飞
统战部部长　卢洪文
老干部局局长　赵景新
党校校长　王　慧（女 兼）
信访局局长　任立民
机要局局长　李增光
区委保密委员会办公室主任、保密局局长　李增光（6月任）
区信息化办公室主任　李春兰（女）
区暑期工作领导小组办公室主任　杨世滨（6月任）
区委农工委书记　王玉海（兼）
机构编制委员会办公室主任　孙秀琪（女）

【区委派出机构负责人】

中共北戴河经济技术开发区工作委员会
书　记　裴耀辉（1月免）
　　　　刘学彬（1月任）
副书记　任　晨
中共北戴河区区委直属工作委员会
书　记　徐　斌
中共北戴河区休疗旅游工作委员会
书　记　胡　权
中共北戴河区西山街道工作委员会
书　记　杜占山
中共北戴河区东山街道工作委员会
书　记　姜维秀

【北戴河区人民代表大会常务委员会及工作部门负责人】

人大常委会主　任　高连永（2月免）

王玉海（2月任）
副主任　刘海平
崔文智（2月免）
韩新民　曹艳红（2月任）
张军生（2月任）
人大常委会委员（按姓氏笔画排序）
王启辉　未淑云（女，蒙古族）
李志强　李铁林（满族）
李淑花（女）　李集周　张继宏
赵桂珍（女）　晁建东
郭文香（女）　董晓峰
办公室主任　李铁林（7月免）
董晓峰（7月任）
代表科主任　李铁林（7月任）
教科文卫委主任　卢志民
财经委主任　高劲松
法工委主任　赵永军

【北戴河区人民政府及工作部门负责人】

区　长　赵景阳（6月免）
刘学彬（6月任）
副区长　纪振勇
于凤喜
李海泳（6月任）
周向东
李韶云
付　红（女）
孙谓青
董立宏
裴耀辉（挂职）
忻妙新（挂职）
区政府办公室主任　冯志远
区突发公共事件应急委员会办公室
主　任　杨洪哲
发展改革局局长　王晓青（女）
人口和计划生育局局长　贾志勇
国有资产经营公司总经理　韩英山
审计局局长　刘卫平
财政局局长　高银山
统计局局长　张东海
机关后勤服务中心主任　赵英士
教育局局长　冯　松
旅游局局长　胡　权
旅游促进中心主任　胡　权
物价局局长　闫文章
政务服务中心主任　张建华（6月免）
张志军（6月任）
食品稽查大队队长　张志云
广播电视台台长　李文彬
文化广电新闻出版（版权）局局长
李春光
农牧局局长　李运臣
水务局局长　颜二林
园林局局长　赵国祥
民政局局长　张寅生
住房和城乡建设局局长　张　敏
城市管理局局长　张　利
环境保护局局长　李宝明
卫生局局长　陈春华
交通运输局局长　齐淑丽　（女）
人力资源和社会保障局局长
田秋燕（女）
安全生产监督管理局局长　毕青春
科学技术局局长　张新志
商务局局长　苏　勤
供销社书记、主任　徐庆荣

【政协北戴河区委员会及工作部门负责人】

政协主　席　严　彬
副主席　孙爱忠（2月免）
陈艳霞(女)
杨振久
卢洪文
高银山（2月任）
政协常委（按姓氏笔画排序）
王文义　王树忠（蒙古族）　王智华
田欣华（女）　刘立辉　刘润秋
李　伟（满族）　李文彬　杨国栋
张志强　张振江　周学年
孟香爽（女）　傅德礼　薛　伟
行政办公室主任　冯志远（2月免）
李洋洋（2月任）
委员工作委员会主任
周学年（6月任）

提案委员会主任
孟香爽（女，6月任）

【中共北戴河区纪律检查委员会及工作部门负责人】

区委常委、区纪委书记　张　杰
区纪委副书记、监察局局长　张　毓
区纪委副书记　王笑杰（女）
纠风室主任　侯静元
检查室主任　孟祥勇
信访室主任　马文刚
区纪委常委（按姓氏笔画排序）
马文刚　王笑杰(女)　张　杰
张　毓　孟祥勇　侯静元
区纪委委员（按姓氏笔画为序）
马文刚　王笑杰（女）　左德成
任　晨　刘卫平　齐淑丽（女）
张　杰　张　毓　孟祥勇　赵志伟
侯静元　贾志勇　高新荣　曹印武
曹晓军　程黎明　谢海龙

【北戴河经济技术开发区及工作部门负责人】

开发区管委会主　任　裴耀辉
副主任　丁新杰
王立刚
王贵君（2月任）
王晓青（9月任）
投资促进局局长　左德成
综合办公室主任　苏万峰（7月免）
财政局局长　张海燕（7月任）
经发局局长　孙立新

【法治国防系统工作部门负责人】

北戴河区委常委、政法委书记
刘学彬（2月任，6月免）
王志新（6月任）
北戴河区委政法委副书记、区综治办主　任　刘益深
北戴河区检察院检察长　赵振辉
北戴河区法院党组书记、院长　黄　滨
北戴河区公安分局局长　李海泳
北戴河区公安分局政委　李宪友
北戴河区司法局局长
闻振生　(7月免)
苏万峰　(7月任)
武警河北省总队第四支队支队长
刘文喜
武警河北省总队第四支队政治委员
宋胜昔
北戴河边防派出所所长　岳旭光
北戴河边防派出所教导员
孙海涛（5月免）
杨　勇（5月任）
北戴河消防大队大队长　刘文跃
北戴河消防大队教导员　李　强
海警支队特勤队队长　靳　雳
海警支队特勤队教导员　张　凡
北戴河区人民武装部部长　卢彦昌
北戴河区人民武装部政治委员　张立星
北戴河区人民防空办公室主任
张　敏（兼）

【人民团体系统工作部门负责人】

北戴河区总工会主席　张军生
共青团北戴河区委书记　董　菲（女）
北戴河区妇联主席　袁利梅（女）
北戴河区科学技术协会主席　张新志
北戴河区残联理事长　王巧燕（女）
北戴河区文学艺术联合会主席　李春光
北戴河区工商业联合会主席
田欣华（女）
北戴河区工商业联合会党组书记
李　军

【镇街道办事处工作部门负责人】

北戴河区海滨镇党委书记　周金捍
北戴河区海滨镇党委副书记、镇长
王晓光
北戴河区海滨镇人大主席　李志强
北戴河区戴河镇党委书记　陈自彬
北戴河区戴河镇党委副书记、镇长
谢海龙
北戴河区戴河镇人大主席

李淑花（女）
北戴河区东山街道办事处主任　姜维秀
北戴河区西山街道办事处主任　杜占山

【省、市主要驻区单位负责人】
中国银行北戴河支行行长　韩卫红
中国工商银行北戴河支行行长　夏　群
中国农业银行北戴河支行行长　赵　霞
中国建设银行北戴河支行行长　王启滨
交通银行北戴河支行行长
张宏斌（1月免）
董继红（1月任）
商业银行北戴河支行行长　邸贵宝
中国人民财产保财险股份有限公司北戴河支公司经理　廉　静
中国人寿保险股份有限公司北戴河支公司经理　侯忠朴
河北财达证券有限责任公司秦皇岛海宁路证券营业部经理　郭永广
北戴河区邮政局局长、书记
王照亮（12月免）
刘庆华（12月任）
中国移动通信集团河北有限公司北戴河分公司经理　费立军
中国电信北戴河分公司经理
赖昱霖（3月免）
秦　敏（3月任）
中国网通北戴河分公司经理　郭浩然
秦皇岛电力公司北戴河供电分公司经理　马凤来
秦皇岛北戴河供水总公司经理　马超群
河北广电网络集团秦皇岛渤海在线北戴河分公司经理　顾　东
秦皇岛燃气总公司北戴河公司经理　公佩山

【垂直管理机构负责人】
秦皇岛市质量技术监督局北戴河区分局局长　王墨江
秦皇岛市北戴河区工商行政管理局局长　于智勇
国土资源局秦皇岛市北戴河区分局局长　张　宽
秦皇岛市规划局北戴河区分局局长　王希江
北戴河区国家税务局局长
田印书（6月免）
杨　禹（6月任）
北戴河区地方税务局局长　赵长吉

国民经济和社会发展

【概况】　2012年，全区生产总值完成38.10亿元，比上年增长8%。其中，第一产业实现增加值1.20亿元，比上年增长3.80%；第二产业实现增加值7.20亿元，比上年增长5.90%；第三产业实现增加值29.70亿元，比上年增长8.60%。三次产业之比为3：19：78。人均地区生产总值380575元（常住人口计算），比上年增长8%。财政总收入完成8.81亿元，比上年增长0.40%，一般预算收入4.22亿元，比上年增长0.20%。居民生活进一步改善，收入稳步提高，城乡居民本外币储蓄存款达57.98亿元，比上年增长17.40%；城市居民人均可支配收入24911元，比上年增长12.40%；农民人均纯收入10703元，比上年增长12.20%。

【农业】　2012年，完成农业总产值1.20亿元，比上年增长3.80%。粮食播种面积523公顷，比上年减少42公顷；油料播种面积74公顷，比上年增加2公顷。全年粮食、油料类总产量完成4541吨、221吨，比上年分别下降13.70%、7.50%。全年完成肉类产量531吨、禽蛋类产量1248吨，比上年分别下降17.30%、11.40%；蔬菜产量25053吨、奶类总产量2113吨、水产类产量709吨，比上年增长3.30%、3.50%和56.20%。

加大对农业农村的投入，落实各项惠农政策。全年农村用电量7573万千瓦时，比上年增加1113万千瓦时；年末，农业机械总动力达到18157千瓦，比上年减少506千瓦；农业化肥施用折纯量420吨，比上年减少65

吨；农田有效灌溉面积1370公顷。

【工业】 全年实现全部工业增加值3.91亿元，比上年增长5.10%。其中，规模以上工业企业实现增加值3.30亿元，增长5%；实现利润1亿元，比上年增长427.60%。规模以上工业企业综合能源消费量4300吨标准煤，下降7.80%，规模以上工业企业万元增加值能耗为全市最低水平。金风帆、聚源铝业等9家企业被列为全市第三批重点扶持的成长型中小企业。兰德科技自主研发的基于物联网技术港口输煤设备在线监测系统研发及产业化项目获得省级高新技术专项资金支持300万元。

【固定资产投资】 全社会固定资产投资完成40.90亿元，增长20.40%，完成全年计划的100.40%。千万元以上在建项目49项，完成投资34亿元，完成市定目标的112.70%。组织实施市重点建设项目4项，完成投资3.10亿元，完成市定目标的108.90%。华贸企业总部区、低碳环保展示中心等项目建成投入使用；喜来登五星级酒店、华贸松石滩国际球会俱乐部、乔庄度假庄园、信息产业园区一期主体完工；北部新城项目杨各庄村和拨道洼村安置房建设顺利；国家文化产业融合创新示范区、戴河综合治理开发、新华创投企业总部基地等项目顺利签约。谋划启动财政优惠政策等重点借署项目12项，争取到位资金1.23亿元。

【交通运输】 公路通车总里程83.10千米，客运出租车453辆，旅游出租车247辆，货运出租车990辆。公共汽车线路8条。5路、6路、15路、22路、37路、601路汽车在区内运行。全年公路客运量完成229万人次，基本与上年持平；客运周转量完成4122万人公里，比上年增长0.02%；全年公路货运量完成152.7万吨，比上年增长0.30%；公路运输周转量完成3818万吨公里，比上年增长0.30%。铁路年发送旅客296万人次，客运收入1.68亿元。

【邮电通信】 全年完成邮电通信业务收入1.16亿元，比上年增长7.80%。互联网年末达到18867台，移动电话年末达到109371万部，分别比上年增长9%和9.10%。

【旅游】 全年接待游客678.97万人次，比上年增长0.32%，其中，入境游客3.61万人次，比上年下降7.19%；景区景点门票收入8206万元，比上年增长4.90%。旅游服务接待水平进一步提高，投资4.50亿元实施鸽子窝、联峰山等旅游景区改造和欧鹏酒店等休疗单位上档升级工程，新建旅游咨询服务中心2座，新增三星级旅游饭店1家，四星级旅游饭店2家。乡村旅游示范村建设步伐加快，投资1500万元实施费石庄村旅游步道、桃林观光采摘、农家乐等特色乡村旅游项目。旅游协会作用不断增强，召开2012年家庭旅馆从业人员培训会，参训人员达2000余人次，覆盖10余个村。举办中国老年旅游联合体年会暨“颐养·北戴河”产品发布仪式和走进北戴河旅游促销活动，北戴河区成为2012年度中国老年旅游联合体四大目的地之一。承办和参与各类旅游宣传推介活动，强化北戴河品牌影响力。

【国内贸易】 全年实现社会消费品零售总额39.24亿元，比上年增长15.10%。私营企业1091户，比上年增加139户；个体工商户8656户、从业人员18045人，分别比上年增加1954户、4121人。

【对外及对外省市经济】 全年批准内资项目28个；引进内资27.28亿元人民币，增长23.40%；实际利用外资3378万美元，增长203.50%；一般贸易及三资企业出口总值1736万美元，增长17.90%。开发区获批省服务外包基地，成为全省20个服务外包产业基地之一。总部及文化创意产业快速发展，新引进总部、商贸企业23家。怪楼文化艺术产业园区一期投入使用。总部及文化创意产业实现税收3.70亿元，占全部财政收入的42%。

【民营经济】 2012年，北戴河区民营经济增加值实现25.44亿元，比上年增长7.90%，占全区GDP的67.50%；实际上缴税金完成6.48亿元，比上年下降7.10%，占全部财政收入的73.26%，民营从业人员2.80亿元，比上年增长19.08%，占二、三产从业人员的52.77%，实现出口交货值1736万美元，比上年增长17.90%。其中，年营业收入2000万元以上的规模以上民营企业13家，实现营业收入19亿元，占全区民营经济17.60%；实缴税金2709万元，比上年增长42.65%，占全区民营经济4%。

【金融财政】 2012年，金融市场运行平稳。全区金融机构各项存款余额80.57亿元，其中城乡居民储蓄存款余额57.98亿元，分别同比增长4.50%和17.40%。各项贷款余额36.66亿元，同比增长35.90%。

【社会事业】 科技。实施创新型城区建设，制定《2012年建设创新型城市工作实施方案》，投资50万元实施农业科技信息服务体系建设、大功率LED灯散热技术及新产品研发等重点科技项目4项。10项科技成果获市科技进步奖，其中，4项成果获市科技进步二等奖，6项成果获三等奖。实施区级科技计划项目11项，其中应用技术研发项目3项，技术成果示范推广项目8项，投入科技资金50万元。组织申报2012年度市级科技计划项目33项，其中，指导计划项目31项，指令计划项目2项，获市科技资金支持10万元。

教育。2012年高考省专以上上线率100%，本科上线率59.10%，分别比上年提高0.60%和6%，取得2005年以来最好成绩。全区幼儿入园率达99.30%，学前一年入园率达100%，在规范化幼儿园就读幼儿占接受学前教育幼儿总数的74.50%。市委、市政府授予北戴河区“推进义务教育均衡发展工作进步奖”。减免城乡中小学生“一费制”费用209万元，资助高中贫困学生35.80万元。投资1400万元实施北戴河中学风雨操场、露天操场和西山小学标准化日托园等基础设施建设，全区教育教学条件进一步改善。减免城乡中小学生“一费制”费用226万元。

文化。做好两镇综合文化站建设，以资源整合的方式，加强“农家书屋”建设，为全区25个村添置图书。举办系列书画摄影作品展。秦皇岛歌华营地、河北画院北戴河分院、蒋世国美术馆、梅墨生美术馆和王铁艺术馆5家艺术机构投入运营。2012年接待国家级、省级等重要政治活动、会议、培训，承接大型文艺演出17场，阳光大厅举办摄影书画作品展3次。北戴河电影放映队全年在全区25个行政村免费放映公益电影300余场。在文化宫数字电影厅（与全国同步）放映数字电影近百场。至年末，全区有线电视模拟用户6202户，有线电视数字用户21489户，入网率共达到93.60%，比上年增长4.40%。北戴河区被授予河北省文化产业十强县（区）称号。

卫生。推进医药卫生体制改革，农村三级卫生服务网络和城市社区卫生服务机构逐步完善，全区25个行政村共35009人自愿加入新型农村合作医疗，参合率96%，其中，民政部门资助参加合作医疗1281人，参合率为100%。全区合作医疗筹资总额为1015万元。针对老年人保健，实行65岁及以上老年人登记管理，开展健康危险因素调查，提供疾病预防、自我保健及伤害预防、自救等健康指导，累计建档348人。加强传染病防治，开展新生儿访视及儿童保健系统等管理，免费婚前医疗检查291对。投资210万元实施北戴河医院高干病房和重症监护室改造，暑期医疗保障能力进一步加强。实施餐饮服务行业“明厨亮灶”示范工程，全区食品安全水平得到有效提升。

体育事业。以中国轮滑运动开展30周年及以“滑美呈现、悦享轮滑”为主题的第八届轮滑节为契机，承办系列轮滑品牌活动，拓展北戴河区体育品牌内涵。在2012年7月7日举办的中国体育彩票石家庄电视塔轮滑大赛上，北戴河轮滑队以9金4银1铜的成绩获金牌总数和团体总分双第一的好成绩。年内举办中小学生轮滑、篮球、足球、乒乓球、象棋、围棋等多项赛事，并参加国家、省、市等各项赛事，有效促进全区学校体育活动蓬勃发展。

【居民生活和社会保障】 按照全区城市化的理念，建立健全覆盖城乡的社会公共服务体系，城乡居民收入保持较快增速。城市居民年人均可支配收入24911.27元，比上年增长12.40%；人均消费性支出17120.30元，比上年增长25.30%。农民年人均纯收入10702.61元，比上年增长12.20%；人均生活消费支出6952.78元，比上年下降12.20%。

社会保障体系日臻完善。全年新增就业1668人，完成全年目标任务的111.20%，其中，下岗失业人员再就业855人、就业困难人员（包含4050人员）再就业314人，分别完成全年目标任务的106.90%和104.70%。城镇登记失业率控制在3.08%以内。企业养老保险新增覆盖人员1433人，完成全年目标任务的183.70%。失业保险新增参保人员1210人，完成全年目标任务的268.90%。覆盖城乡的社会保障体系进一步完善，在全省率先引入市场机制创新五保供养模式，在全市率先实现残疾人家庭无障碍改造全覆盖。

中共北戴河区委员会

重要决策

【开展基层建设年活动】 2月20日，中共北戴河区委印发《关于开展加强基层建设年活动的实施意见》。全面贯彻中央和省、市委决策部署，深化拓展“创先争优”活动，促进各级各部门强化基层基础工作。

【建设文明北戴河】 2月27日，中共北戴河区委、北戴河区人民政府印发《建设文明北戴河实施方案》。全区经济社会发展和文明城市建设并辔而行，旨在提升全区软环境管理水平，进一步提高市民整体素质，营造“健康有序、诚实守信、幸福和谐北戴河”的社会氛围。

【建立党政廉政建设责任制】 3月2日，中共北戴河区委办公室、区人民政府办公室印发《2012年党风廉政建设和反腐败工作任务分工》。实行党风廉政建设责任制，是加强党的执政能力建设、巩固党的执政地位的一项长期性、基础性的制度，是坚持“党要管党、从严治党”，深入开展党风廉政建设和反腐败斗争的重要制度保障。严格按照党风廉政建设责任制要求，提高责任意识，强化责任追究。

【推进法制教育】 3月6日，中共北戴河区委、北戴河区人民政府印发《北戴河区法制宣传教育第六个五年规划（2011～2015）》。指出法制宣传教育是全面落实依法治国方略，推进“法治北戴河”建设的一项基础性、先导性工程。开展全民法制宣传教育，对于全区贯彻落实“十二五”经济社会发展规划，全面推进“平安北戴河”“幸福北戴河”建设具有重要的保障和助推作用。

【建设“幸福北戴河”】 3月12日，中共北戴河区委、北戴河区人民政府印发《打好跨越攻坚战，建设幸福北戴河行动纲要（2011～2015年）》。全面落实区第十一次党代会提出的打好跨越攻坚战，建设“幸福北戴河”奋斗目标，积极构建以旅游业为核心的现代产业体系，促进经济发展方式转变，保障和改善民生。

【海域环境治理】 3月26日，中共北戴河区委、北戴河区人民政府按照《河北省北戴河及相邻地区近岸海域环境综合整治行动计划（2012～2014年）》和《秦皇岛市北戴河及相邻地区近岸海域环境综合整治工作方案》统一部署，印发《北戴河区近岸海域环境综合整治实施方案》。旨在加快完成区近岸海域环境综合整治，有效改善区域生态环境质量。

【在全区开展厉行节约活动】 5月7日，中共北戴河区委办公室、区人民政府办公室印发《关于做好2012年厉行节约工作的通知》，全力建设节约型政府、节约型机关、节约型单位、节约型社会，集中财力办大事，促进全区经济社会更好更快发展。

【加强农村工作】 7月2日，中共北戴河区委、北戴河区人民政府印发《关于进一步加强农村工作的意见》。以全面贯彻落实中央、省、市农村工作会议精神和区委、区政府关于建设“幸福、平安、文明”北戴河的总体部署，结合农村“两委”班子换届后的新形势和新要求，切实将建设社会主义新农村的各项任务落到实处，进一步促进农业增效、农村发展、农民增收，加快农村全面小康和现代化建设步伐。

【包村帮扶工作】 7月7日，中共北戴河区委办公室、区人民政府办公室下发《关于做好驻区休疗单位包村帮扶工作的实施意见》。进一步贯彻落实区委、区政府《关于统筹城乡发展推进城乡一体化的意见》，加快推进全区城乡一体化进程，结合省、市“幸福乡村计划”的建设要求，密切驻区休疗单位与各村联系，改善农村生态环境，提高农民素质和生活质量，促进全区农村经济社会与驻区休疗单位共同发展、共同进步。

【实行公共决策人口和计划生育初审制度】 8月31日，中共北戴河区委办公室、区人民政府办公室印发《关于实行公共决策人口和计划生育初审制度的意见》。深化人口和计划生育综合改革，按照市委办公厅、市政府办公厅《关于实行公共决策人口和计划生育初审制度的意见》的要求，区委、区政府决定在全区实行公共决策人口和计划生育初审制度。

【农村环境综合治理】 10月22日，中共北戴河区委办公室、区人民政府办公室印发《北戴河区农村环境综合整治工作实施方案》。旨在着力改善发展环境和生态环境、改善农民生产生活条件和增加农民收入，加快推进社会主义新农村建设，进一步保护和改善农村环境，推动全区幸福乡村建设步伐。

【加强统一战线工作】 11月16日，中共北戴河区委印发《关于进一步加强统一战线工作的若干意见》。全面加强新形势下全区统一战线工作，充分发挥统一战线的作用，团结凝聚更广泛的社会力量。

【改善发展环境】 12月7日，中共北戴河区委、北戴河区人民政府印发《北戴河区关于着力改善发展环境的实施方案》和《北戴河区关于着力改善生态环境的实施方案》。为深入贯彻落实科学发展观，牢固树立发展环境是第一竞争力的理念，着力破解发展环境中的突出问题和关键环节，按照省、市关于着力改善发展环境的总体部署和“近期求突破、中期上台阶、三年结硕果”的战略要求，以政务环境务实高效、政策环境公开透明、市场环境公平有序、法治环境公平正义、政治环境风清气正、社会环境安定和谐为重点，全面优化软硬发展环境，为建设“幸福、文明、平安”北戴河奠定坚实基础。

（刘春梅）

重要会议

【区委常委会议】 2012年共召开11次区委常委会议。

2月1日，召开十一届第9次区委常委会议，市委常委、北戴河区委书记曹子玉主持会议。研究《区政府工作报告》；研究《北戴河区2011年国民经济和社会发展计划执行情况暨2012年计划草案的报告》；研究《打好跨越攻坚战建设幸福北戴河行动纲要（2011～2015年）》；研究《2012年北戴河区政府预算（草案）》及《北戴河区2011年财政预算执行情况和2012年财政预算草案的报告（书面）》；听取区人大党组关于十四届人大一次会议筹备情况的汇报；研究区八届政协委员、常委建议名单；听取区政协党组关于召开八届政协一次会议有关事项的汇报；研究北戴河区《关于推进廉政风险防控工作的意见》。

2月27日，召开十一届第10次区委常委会议，市委常委、北戴河区委书记曹子玉主持会议。研究干部问题；传达全市北戴河及相邻地区近岸海域环境综合整治动员大会精神，研究北戴河区贯彻落实意见；研究部署全国“两会”期间北戴河区信访稳定工作；区纪委传达学习胡锦涛、贺国强在第十七届中央纪律检查委员会第七次全体会议上的讲话和张庆黎在省纪委八届二次全会上的讲话及臧胜业在省纪委八次全会上的工作报告，市纪委十一届二次全会精神，研究北戴河区《2012年党风廉政建设和反腐败工作任务分工》；副区长于凤喜传达学习全省农村工作会议精神；传达学习市“两会”精神；研究北戴河区《2011年度落实党风廉政建设责任制和推进惩防体系建设的情况报告》；研究北戴河区“贯彻落实省第八次党代会精神重点任务责任分解表”。

4月12日，召开十一届第11次区委常委会议，市委常委、北戴河区委书记曹子玉主持会议。孙谓青传达贯彻市旅发委第十一次全体（扩大）会议精神；曹子玉传达贯彻2012年省暑期工作领导小组第一次会议精神；研究高尔夫球场土地事宜；研究火车站片区拆迁回收土地处置问题；研究北戴河火车站片区改造项目天洋地产公司垫资费用事宜；研究《北戴河区社会治安综合治理委员会更名为北戴河区社会管理综合治理委员会的通知》；研究《区委、区政府关于表彰2011年度平安建设先进单位、先进个人的决定》；研究区人大、政府换届后政府工作部门行政正职安排方案。

4月19日，召开十一届第12次区委常委会议，市委常委、北戴河区委书记曹子玉主持会议。研究区委、区政府《关于落实省委第三巡视组巡视工作反馈意见的整改方案》；研究区委、区政府《关于进一步加强农村工作的意见》。

6月4日，召开十一届第13次区委常委会议。研究干部问题；研究区委常委工作分工。

6月21日，召开十一届第14次区委常委会议。曹子玉传达贯彻省委、省政府主要领导在北戴河暑期准备工作汇报会上的讲话和省委主要领导对北戴河区暑期准备工作的批示及全市暑期工作再动员再部署广播电视大会精神；研究北戴河区信访稳定工作；研究北戴河区《关于建立实施党政领导干部直接联系农户制度的通知》和《关于做好驻区休疗单位包村帮扶工作的实施意见》；研究北戴河区包街综合整治活动方案；研究北戴河区2012年暑期工作动员大会筹备事宜；研究区政府招待所资产整体出让事宜；研究北戴河区人事代理工作事宜；研究北戴河区招聘教师工作事宜；研究干部问题。

9月3日，召开十一届第15次区委常委会议。刘学彬传达贯彻2012年省暑期工作总结表彰暨2013年暑期工作安排部署会议和市暑期工作总结部署暨市旅发委第十二次全体（扩大）会议精神。

10月9日，召开十一届第16次区委常委会议。研究2012年暑期工作总结表彰有关事宜；研究2012年为北戴河添光彩先进个人表彰暨文明志愿者服务先进集体、先进工作者和先进个人表彰事宜；研究2012年暑期一线党建工程先进个人表彰有关事宜；研究2012年北戴河区军转干部安置方案。

11月8日，召开十一届第17次区委常委会议。研究部署中共十八大期间北戴河区信访稳定工作事宜；研究区委、区政府《关于着力改善发展环境的实施方案》；研究区委、区政府《关于着力改善生态环境的实施方案》；研究区委贯彻《中共秦皇岛市委关于进一步加强统一战线工作的若干意见》的实施方案；研究《北戴河区党代表大会代表任期制实施办法（试行）》；研究干部处分事宜。

11月30日，召开十一届第18次区委常委会议。王志新传达学习省委副书记赵勇在省委管理干部学习贯彻中共十八大精神集中轮训动员会上的讲话精神；传达学习市委书记王三堂到北戴河区调研时的重要讲话精神；安排区委全委会、区委理论中心组学习会暨县级干部务虚会准备及总结2012年工作，谋划2013年工作事宜；环保局汇报农村环境综合整治工作进展情况及下步重点工作；研究2011年度科级领导班子和科级领导干部考核情况。

12月12日，召开十一届第19次区委常委会议。听取区委十一届二次全会筹备情况汇报；研究《中共北戴河区委十一届二次全会工作报告(讨论稿)》和《中共北戴河区委关于认真学习宣传贯彻党的十八大和省委八届三次全会、市委十一届四次全会精神的决议(讨论稿)》；研究机构编制有关问题。

【全区性会议】 1月31日，市委常委、区委书记曹子玉主持召开海水综合整治工作调度会，区领导赵景阳、纪振勇、赵启伟、于凤喜、李韶云及相关单位负责人参加会议。

4月13日，市委常委、区委书记曹子玉主持召开区暑期工作领导小组2012年第一次会议，区党政班子成员和各暑期工作领导小组成员单位主要负责人参加会议。会议传达学习了近期省委、省政府和省暑期工作领导小组会议精神。曹子玉就进一步贯彻落实好省暑期工作指示要求提出具体要求。

5月10日，召开治理招手揽客、欺客宰客问题调度会。市委常委、区委书记曹子玉主持会议，区领导赵景阳、纪振勇、于凤喜、周向东、孙谓青、李海泳及相关单位负责人参加。会议研究讨论了治理招手揽客、欺客宰客等暑期顽疾的办法。曹子玉就进一步治理招手揽客问题提出具体要求。

5月14日，召开全区农村工作会议，市委常委、区委书记曹子玉，区领导王玉海、严彬、纪振勇、于凤喜、曹艳红、陈艳霞及相关单位负责人参加。曹子玉就进一步做好农村工作提出具体要求。

5月14日，市委常委、区委书记曹子玉主持召开暑期准备工作调度会，迅速贯彻落实市领导杨泰安、马宇骏到北戴河区调研暑期准备工作时的重要讲话精神，区领导赵景阳、纪振勇、赵启伟、于凤喜、周向东、李韶云、孙谓青、李海泳、高银山出席会议。曹子玉就进一步加快推进各项涉暑重点工作提出具体要求。

5月21日，召开区党政联席会议。市委常委、区委书记曹子玉主持会议，专题研究并原则通过了《北戴河区落实赵勇副书记调研暑期准备工作讲话精神责任分解表》。曹子玉就进一步落实赵勇副书记讲话精神，扎实推进暑期各项准备工作提出具体要求。

5月25日，召开近岸海域环境综合整治工作推进会，区领导刘学彬、纪振勇、于凤喜、李韶云、孙谓青及相关单位负责人参加。刘学彬就进一步扎实做好近岸海域环境综合整治工作提出具体要求。

6月5日，召开信访稳定工作调度会，区委副书记、政法委书记王志新主持会议，区领导于凤喜及相关单位负责人参加。王志新就做好当前和暑期信访稳定工作提出具体要求。

6月25日，2012年暑期工作动员大会在劳动人民文化宫召开，市委常委、区委书记曹子玉，区委副书记、代区长刘学彬等区几大家成员，中直机关事物管理局北戴河服务局、国务院机关事务管理局北戴河服务局、全国人大北戴河培训中心、中央军委办公厅北戴河办事处、河北省北戴河管理局等驻区单位主要负责人，市暑办主要负责人，全区副科级以上干部，政法、住建、园林、卫生、交通等系统相关人员，工作在暑期一线的部分公安民警、交通民警、城管队员，各镇街全体工作人员，各社区、农村两委班子成员和治保主任，各行业驻区单位、休疗单位、驻区部队主要负责人，各旅游景点、旅行社负责人，各生产性企业负责人和经营户代表、出租车司机代表等参会。曹子玉在讲话中就做好2012年暑期工作提出具体要求。

7月1日，召开暑期工作部署会，市委常委、区委书记曹子玉主持会议，全区县级干部及相关单位主要负责人参加会议。会议传达中办暑期工作协调会和全省暑期工作动员大会精神。曹子玉就进一步做好暑期各项工作提出具体要求。

7月2日，区委副书记、政法委书记王志新主持召开全区处理信访突出问题及群体性事件联席会，区领导纪振勇、于凤喜出席及相关单位负责人参加会议。会议传达7月1日市委常委、区委书记曹子玉在暑期工作部署会上的重要讲话精神，听取与会单位重点信访案件处理解决及信访苗头隐患排查情况汇报。王志新就进一步做好今年暑期信访稳定工作提出具体要求。

7月6日，市委常委、区委书记曹子玉主

持召开党政联席会议，总结分析暑期以来工作开展情况，安排部署下步重点工作。

7月16日，市委常委、区委书记曹子玉主持召开党政联席（扩大）会议，全区重点涉暑涉稳单位负责人参加。会议传达省、市暑期维护稳定工作调度会精神。曹子玉就贯彻落实省、市有关会议精神，进一步做好北戴河区暑期安全稳定工作提出具体要求。

7月23日，市委常委、区委书记曹子玉主持召开暑期调度会，传达学习省委副书记赵勇在省暑期工作调度会上讲话精神和市委书记王三堂等市领导对做好暑期工作的讲话精神，区委、区人大、区政府、区政协班子相关领导及相关单位负责人参加会议。曹子玉就贯彻落实好各级领导讲话精神，进一步做好暑期高峰期各项工作提出具体要求。

7月28日，市委常委、区委书记曹子玉主持召开暑期转段工作会，区委、区人大、区政府、区政协相关领导及相关单位负责人参加会议。会议传达学习当日召开的中办暑期工作会议精神和省暑期工作会议精神，全面总结进入暑期以来各项工作开展情况，安排部署暑期最高峰的重点工作。

8月3日，市委常委、区委书记曹子玉主持召开加强沿海浴场防汛和环境卫生管理工作调度会，区领导刘学彬、张立星、纪振勇、赵启伟及相关单位负责人参会。曹子玉就进一步加强沿海浴场环境卫生管理工作提出具体要求。

9月24日，市委常委、区委书记曹子玉主持召开专题会议部署国庆期间各项重点工作，区委、区人大、区政府、区政协班子成员及相关单位负责人参会。会议传达省、市维护稳定工作电视电话会议精神。曹子玉就进一步做好国庆期间的各项工作提出明确要求。

9月28日，市委常委、区委书记曹子玉主持召开近期重点工作调度会，全区副县级以上领导干部参加会议。会议传达全市经济形势分析调度会议精神，分析全区经济工作形势，安排部署第四季度经济工作任务。曹子玉就进一步做好后三个月重点工作提出具体要求。

10月1日，市委常委、区委书记曹子玉主持召开国庆期间重点工作调度会，区党政班子成员参加会议。会上，曹子玉认真分析国庆期间工作形势，听取与会人员关于国庆期间工作开展情况汇报，并就进一步做好国庆期间各项重点工作提出具体要求。

10月12日，在劳动人民文化宫召开2012年暑期工作总结表彰暨2013年暑期工作安排部署大会，市委常委、区委书记曹子玉，区几大家领导，国管局等驻区单位的主要负责人，市暑办负责人，全区副科级以上干部，重点涉暑单位中层以上干部，工作在暑期一线的部分公安民警、交通民警、城管队员，驻区部队、行业驻区单位的主要负责人，旅游景点、旅行社、开发区企业的负责人，各村（居）党支部书记、主任以及个体工商户代表，受表彰的各类先进代表等共计850余人参加会议。曹子玉在讲话中全面总结暑期工作，对第四季度至2013年暑期前的工作提出明确要求。

11月22日，召开区委理论中心组学习（扩大）会议，市委常委、区委书记曹子玉主持会议，区委理论中心组成员、副县级以上干部及相关部门负责人参加会议。会议传达中共十八大和十八届一中全会精神、习近平总书记题为《紧紧围绕坚持和发展中国特色社会主义学习宣传贯彻党的十八大精神》的理论文章以及省委书记张庆黎、市委书记王三堂关于学习贯彻中共十八大精神的讲话精神。曹子玉就学习贯彻中共十八大精神进一步做好年底前至2013年暑期前的各项工作提出具体要求。

12月31日，在区党政机关综合办公楼三楼会议厅召开中国共产党北戴河区第十一届委员会第二次全体（扩大）会议。主要议程：学习贯彻中共十八大和省委八届三次全会、市委十一届四次全会精神；听取区委常委会工作报告；审议通过《中共北戴河区委关于认真学习贯彻党的十八大和省委八届三次全会、市委十一届四次全会精神的决议》。

区委办公室工作

【概况】 2012年，区委办公室紧紧围绕区委中心工作和整体部署，以服务为根本、以创新为动力，尽心当参谋、尽职抓协调、尽责强保障，做好各级领导考察、调研、接待服务工作，完成各项工作任务。全年起草、修改、整理各类综合材料160余篇，完成文字工作量300余万字；接收上级文件1000余份，下发文件180余份，传阅区委主要领导指示500份；组织区委常委会、区委常委（扩大）会等各类会议100余场次。编制《北戴河旅游休闲指南》，为游客服务。

【调研工作】 围绕项目建设、招商引资、基层基础、农民增收、文化建设等重点工作开展专项调研，全年编写、上报各类调研文章10余篇，其中《大力推进文化建设的实践与思考》一文在省委办公厅综合与调研刊物第46期刊发。完成市委办公厅下达的为《稳步发展的秦皇岛》一书提供相应材料以及资料征编等工作，得到肯定性评价。

【督查工作】 围绕中心工作抓督查，围绕区委重大决策及工作部署开展督办检查；对春节、“五一”等节日期间工作运行情况进行督查；做好领导批示和交办事项100余件，确保事事有着落，件件有回音。会同区纪委、区政府成立联合督导检查组，对近岸海域环境综合整治、城市环境秩序等重点暑期工作进行日巡查，督促完成领导交办事项1000余件，办结率100%；编印《联合督查快讯》25期、《督查工作快报》20期，协调解决各类问题500余件。第一时间协调解决答复外网“书记信箱”以及来信、来电事件100余次。

【信息工作】 始终坚持将提质量、出精品作为信息工作的主攻方向，对上加强沟通联系，积极反馈北戴河区的重点工作成效、亮点工作特色；对下加强信息调研约要，不断提高信息的可读性、参考性。全年上报各类信息（不包含互联网信息）1130余篇（条），被各级信息刊物采用185篇（条），其中，长篇信息13篇，得到张庆黎、聂辰席等省领导的批示；经省委信息中心转报，被中央办公厅单条采用信息3篇。全年编发《北戴河信息》128期，其中收录信息904条；《要情快递》5期；编发《互联网信息（舆情专报）》3期。省、市信息采用情况（重点联系点）综合排名，区委信息中心工作位居全省前列、全市第一。

【文秘工作】 全年起草、修改、整理各类综合材料160余篇，完成文字工作量300余万字。健全完善文件档案管理制度，严格规范文件收发、登记、传递、立卷、归档和销毁程序；严格执行文件定期分类整理立卷存档，确保文件档案齐全完整。全年接收上级文件1000余份，下发文件180份，传阅区委主要领导批示1500份，确保公文办理的科学规范和及时有序。按照会前准备、会间调度、会后整理3个阶段做好会务筹备和服务工作，全年组织区委常委会、区委常委（扩大）会等各类会议100余场次。

【保密工作】 以确保暑期和中共十八大期间的安全保密为重点，加强宣传教育，突出技术防范，深入执法检查，促进整改落实，确保全区良好的安全保密环境。开展保密普查工作，建立涵盖辖区国家秘密、涉密人员、涉密载体等保密工作信息的保密管理数据库；在保密普查工作领导小组基础上，完善区委保密委员会；配齐配全各机关单位专兼职保密干部及保密基础设备，建立保密管理制度。开展“保密宣传月”活动，以悬挂宣传横幅、设置展板、专题文艺演出、发放《刊授教材——保密教育专刊》、制发“保密事项提示卡”等形式，全面提高广大干部保密意识；开展普法宣传活动，发放《中华人民共和国保密法》手册和保密提醒20条等宣传资料。在抓好中高考、节假日及重点部门部位等常规保密检查的基础上，突出抓好保密大检查和网络清理检查，增强各单位保密防范能力和水平。全年未发生泄密事件。

【机要工作】 围绕密码通信主体工作，结合中央、省、市有关文件规定，全面加强密码管理，圆满完成各项工作任务。严格执行电报传输办理程序，落实领导责任制，明确“第一责任人”和“具体承办人”，及时、准确、优质办理每份电报。全年收发各类电报800余份，未发生失泄密和工作责任事故。针对暑期集中办公模式，指派专人24小时处理暑期专报、办理相关批示，共出专报59期，送阅400余人次，无错办、漏办，确保保密、及时、准确。开展岗位练兵，筑牢工作基础；更新工作用机、网络密码机等技术设备，增强保障能力。

政务信息化管理

【电子政务安全顺畅】 发挥外网桥梁作用，完善门户网站功能，优化网站结构，强化网民留言、意见征集等互动交流类栏目的办理回复。制作基层建设年、《北戴河2012》电子书等专题栏目。2012年，网站发布各类新闻4500余条，受理书记、区长信箱留言21件，网民留言95件，办结率100%，点击量达88万余次。优化内网服务功能，在机关信息网站增设机关信息化、学习课堂、艺术天地等栏目，充实网站内容，提升网站的趣味性和实用性；优化OA办公平台功能模块定制、电子邮件等功能，完善设计缺陷，消除安全隐患，提升公文传输效率，全年OA平台收发电子公文500余份，短信提醒2000余次。严格遵从保网络运行、保网络安全、保信息安全、提高应急能力的“三保一提”原则，对全区网络与信息安全进行建设管理，全年未发生网络事故。

【为经济和社会发展服务】 承担领导汇报、暑期服务、会议展示等重大事项多媒体的设计制作、演示播放以及影像拍摄存档工作，完成《北戴河（2012）》《暑期接待手册》等多项设计制作工作。拍摄照片3万余张，设计制作多媒体600余幅，使用图片3000余张。

信访工作

【概况】 2012年，全区信访工作主动排查化解群众的矛盾纠纷和信访隐患，确保暑期等政治敏感期的社会稳定，营造和谐稳定的社会环境。

重新制定区联席会议议事规则。每月定期例会一次，暑期和重大敏感期启动日报告、日调度机制，对突发重大信访问题集体研究。区委、区政府印发《关于开展领导干部大接访活动的实施方案》，建立督导检查和责任追究的机制。区党政主要领导每月接访一次，其他领导每周轮流安排接访，重大敏感期每天安排1名区党政领导接待群众来访。区领导接待日安排做到面向群众公开、事前书面提示、当日短信电话提醒。领导干部接访活动做到“五有”（有影音资料、有接访记录、有解决意见、有跟踪督办、有办结反馈）。建立健全“五步联动”（挂牌交办、联席会商、领导包案、集体研究、协调上级）。处置重大信访问题机制。完善定期督查、专项督查、重点督查的工作机制和电话催办、实地查办、会议督办等工作措施。对涉及群众切身利益的热点难点问题、影响面大的重大信访事项和国家及省、市交办的信访案件进行真督实查，做到“事事有回音，件件有着落”。

【群众信访】 全年，接待受理区内信访323批1549人次，同比下降48.40%和43.60%，其中，集体访77批1179人次，同比下降42.90%和41%；发生市级以上访13批253人次，同比下降71%和49.40%，其中，到市集体访9批186人次，赴省集体访1批21人次，进京个体访5批7人次，进京非正常访2批39人次；依法行政拘留违法上访人员4

人，劳动教养1人。

【联合接访中心工作】 完善联合接访中心服务功能，新增设群众谈心室，安排1名心理专业人员负责信访群众心理疏导工作。在北戴河门户网站建立信访“绿色通道”，降低群众信访成本和社会管理成本，确保民情、民意传递的快捷通畅。启动实施信访网络化一期工程，与国家和省、市局信访网络系统对接，上级交办案件和上报情况信息实现网络化传输管理。建立“1+10”工作模式，信访局与区“两办”督查室、人大信访科、纪检信访室、群工办、民情办、区长热线电话、书记区长信箱、涉法涉诉中心、民事调解中心密切联系、协调联动，及时全面地了解掌握群众的诉求问题和热点难点，对突出重大问题定期沟通会商，提出解决意见和预警性信息，为解决群众疑难和消除越级访隐患起到积极作用。依托镇街群众工作站，进一步整合镇街维稳工作资源，形成群众工作站、信访办、综治办、司法所“四位一体”的大调解工作格局。

【矛盾排查及案件办理】 开展大排查、大调处活动，深入基层了解摸清矛盾纠纷和不稳定因素，把问题发现解决在基层。区、镇（街）、村（居）三级分别建立信访排查工作网络，实现网络全覆盖。排查工作坚持日排查、周汇总、月调度制度，突发重大问题隐患做到随发现、随报告、随研究、随部署。在各级人大、政协“两会”、暑期、中共十八大等重点时段前，集中开展横向到边、纵向到底的三级大排查活动，并逐一进行分类梳理排队，对重大和较大隐患建立信访台账，切实做到情况清、底数明。结合全区开展的基层建设年活动和“六六”工程，区领导组织带领包村（居）单位，对全区25个行政村和11个社区调研走访、帮扶解困，真正把群众的问题解决在基层，化解在萌芽状态。修改完善《接访工作流程》《信访首接首办责任制》等规章制度，规范初信初访受理工作。对一些比较复杂的初信初访问题根据案件性质和涉及范围，组织牵头部门和相关单位逐一进行会审，制定解决工作方案，明确责任分工，有效提高办结率。对领导批示、转办的重要信访件，安排专人进行跟踪督办，保证办案工作质量，最大限度减少“案了事未了”的发生。3月中旬开始，开展以“清积案、消重案、化初案”为主要内容的百日攻坚活动，把重大信访隐患尽最大可能消除化解在暑期前。对梳理出的老案、积案、钉子案、骨头案逐一明确包案领导和责任单位，规定时间倒排时限加以解决。区财政拿出100万元用于解决信访疑难案件，积极争取中央和省、市专项资金55万元。截至12月底，解决信访疑难案件13件。

（王向阳）

纪检监察工作

【概况】 2012年，北戴河区纪委、监察局深入实施党风廉政建设责任制，认真解决损害群众利益以及重点领域、关键环节的腐败问题，健全和完善惩防体系建设，为促进全区经济社会跨越发展和建设幸福北戴河提供有力保证。年内，全区立案8件，结案8件，涉案8人。其中，开除党籍、行政开除1人，留党察看2年1人，留党察看1年3人，党内严重警告1人，党内警告1人，免予党纪处分1人，挽回经济损失37.02万元。

【惩防体系建设】 印发《关于推进廉政风险防控工作的意见》《推进廉政风险防控工作规程》。全区70余家单位制作《职权目录》和《权力运行流程图》，查找出风险点1000余个，各项内容已在北戴河区党务公开网上公开。推行“居财街代管”工作模式。在普遍推行村财镇代管的基础上，在街道办事处实施对社区财务委托街道代管新模式，从源头上堵塞管理上的漏洞。与区检察院在两镇建立预防教育工作站，将两镇领导干部、基层站所负责人、农村两委干部全部纳入教育管理范围。

构建具有北戴河特色的宣教格局。先后打造集发观光园、西坨头村、鸽子窝公园、安居社区等廉政文化示范点，拍摄有区域特色的廉政文化专题汇报片，组织排演廉政节目，在全社会营造廉荣贪耻的浓厚氛围。5月31日，省委常委、省纪委书记臧胜业到安居社区调研，对北戴河廉政文化工作给予高度评价。加强对党员干部的廉政教育，抓好廉政准则等党纪法规的学习宣传，组织对16名拟提拔干部进行党纪政纪法规考试。

加大宣传报道工作力度。年内在市级以上新闻媒体发稿46篇，在省、市纪委刊物刊发调研文章5篇、信息30篇。办好“沧海扬帆树清廉”清风博客，健全反腐倡廉网络舆情信息收集、研判、处置和网上舆论引导机制，全年上报市纪委网评文章125篇。

【基层党风廉政建设】 2012年，对全区65个科级领导班子及227名科级领导班子成员2011年度落实党风廉政建设责任制情况进行考核，并将考核结果作为干部推荐选拔任用和年终考核奖惩重要依据。印发《2012年党风廉政建设和反腐败工作任务分工》，对党政领导班子党风廉政建设和反腐败工作任务进行细化分解，确立38项主要任务，分解落实到17位党政领导班子成员，26个牵头部门和47个配合部门，细化各单位各部门的任务和目标，做到责任到人、目标明确。

农村“两委”班子换届督导工作 对换届选举各项环节实施全程指导和监督，确保全区25个行政村顺利完成农村“两委”班子换届工作。加强村务监督委员会建设，实现组织、办公场所、牌子和公章“四有”。2012年，各村监督员共列席村“两委”会议30余次，监督重大事务事项近20项，审核集体财务收支4253.90万元，提出意见建议30余条，参与调处矛盾纠纷30余次。

党务公开 统筹公开内容，确定262项公开项目，编制《党务公开流程图》。全区有68个机关、27个镇村、11个街居、14个学校、4个行业驻区单位、18个企业党组织，全部按照示范点要求高标准开展工作，基层组织党务公开面达到100%。以戴河镇为示范，在农村基层党组织中率先建立党员代表列席镇党委会工作制度，以车站村为示范，推行农村党员提案制度，促进基层重要事务决策的民主化、科学化。这两项创新举措，在全省党务公开和基层重要事务规范化管理工作会议上介绍经验。

政务公开 2012年全区各部门召开会审会180次，议定事项312项，召开乡镇议事会62次，议定事项44项，涉及人民群众切身利益的问题召开听证会4次。区政务公开网公开人事任免、政府采购、实事工程等信息12类，35家单位实现网上政务公开，10家单位设置电子显示屏。在开通区长公开电话的同时，在政府门户网上开通“区长信箱”“百姓声音”等民情工作受理渠道，受理事项办复率100%，满意率99%。

【监督检查】 加大对重大决策部署贯彻落实情况和政治工作纪律执行情况的监督检查力度，对区、镇、村三级执行换届工作进行监督检查，确保换届环境风清气正；开展执行工作纪律和落实暑期工作任务情况的督查检查，在全区开展“治庸提效能、服务促发展”活动，提高机关服务效能；积极参与基层建设年活动的督导检查，确保活动取得实效；汲取青龙“3·26”交通事故教训，加强载客车辆管理；规定10人以上的外出考察学习活动必须报区纪委监察局备案；全程监督区公安分局人事代理人员招聘工作，确保“阳光招考”。

【查办违法违纪案件】 2012年，全区纪检监察机关接到信访举报16件，信访按期办结率100%，保持零重访。全区立案8件，结案8件，涉案8人。其中，开除党籍、行政开除1人，留党察看二年1人，留党察看一年3人，党内严重警告1人，党内警告1人，免予党纪处分1人，挽回经济损失37.02万元。认真做好案件统计资料的录入、审核、汇总、上报和分析工作，掌握案件查办的动态情况，为领导和上级机关提供快捷、准确的信息服务。协助案件检查部门剖析典型案件，加强对基层办案工作的指导，有效发挥查办案件的治本功能，提高办案综合效果。

【工程建设领域突出问题专项治理】 2012年，对13项造价500万元以上的建设项目进行专项治理。严格工程建设领域行政权力运行流程，纠正工程建设领域不规范问题6个。制定《关于工程建设项目实行廉洁承诺责任书制度的规定》，开展工程建设领域行政权力运行风险评估管理工作，找准可能产生腐败的风险点，逐一制定防范措施。规范工程招投标管理，现场监督招投标活动37项，中标价1.74亿元。

【专项资金综合治理】 对2011年度社会保险基金、社会救助基金、社会福利基金3类专项资金进行重点审计。对2011年度退耕还林补助、科技专项资金、农机补贴3类专项资金进行重点检查，涉及资金1048.48万元。以深化专项资金监控系统平台建设为切入点，将全区各类专项资金统一纳入监控系统平台监管范围，加大监控力度，建立健全专项资金监管使用长效机制，确保各类专项资金在阳光下运行。

【民主评议政风行风】 开展"关注民生、优化环境"问计于民万人问卷调查工作。在全区95个单位、7个行业协会开展以"优化发展环境，服务和谐北戴河"为主题的民主评议活动。调整民主评议代表库，把涉及民生的45家直评单位和窗口单位纳入评议范围。治理中小学乱收费及教师有偿家教，建立健全教师从事有偿家教单位监督管理制度、违规处罚制度，约束教师严格遵循教育教学规章，规范教学行为。整合纠风工作热线，实行24小时电话值班，建立健全纠风快速反应机制。积极协调相关部门开展治理公路"三乱"、纠正医药购销和医疗服务中的不正之风、强农惠农资金检查等专项工作，均取得较好成效。

【三类事项办理】 印发《关于对行政审批"三类事项"办理情况进行检查的通知》，成立由效能办、政府法制办、政务服务中心、国土局、住建局等单位人员参加的检查小组，对全区具有行政审批职能的部门和单位2011年第三季度以来办理情况进行检查。召开专题培训会，对进驻政务服务中心单位的主管领导和工作人员进行培训，确保"三类事项"办理规范。建立政务中心办件公众查询系统，实现进厅部门和网络报件部门的进厅事项、服务内容、办理依据、办理程序、承诺时限、办理结果和收费标准等全面公开。

【干部队伍建设】 在全区纪检监察系统开展以"讲学习、比奉献、树清廉、扬正气，做保持党的纯洁性表率"为主题的学习教育活动。组织60余名专兼职纪检监察干部参加中纪委北戴河培训中心有关课程学习。组织机关干部投身到市容环境综合整治、包街执勤等暑期重点工作中。做好机关保密、档案管理、服务接待、老干部管理等工作。健全乡镇纪检组织建设，落实中纪委、监察部《关于加强乡镇纪检组织建设的指导意见》，选拔推荐两名政治过硬、公正廉洁、熟悉农村工作的优秀年轻干部担任两镇专职纪委书记。各镇纪委均达到办公用房、牌子、办案设备等"八有"要求标准。加强对镇街纪委班子建设的管理工作，建立不定期汇报制度、年度考核制度、镇案区审制度、述职报告制度等日常工作机制，确保年度工作任务落实。完善执法执纪、安全保密、外出执行公务等纪律保障措施，规范纪检干部执纪行为。发挥纪工委监察分局职能作用，检查基层单位开展反腐倡廉建设情况，通过列席所辖部门班子会议、开展日常监督和不定期督导等形式，促进各部门严格按制度依法行使权力。落实巡查工作制度，组织对区计划生育局开展工作巡查。对2011年已巡查的3个单位落实整改情况开展"回头看"，促进整改措施落实到位。

（齐海兰）

组织工作

【概况】 2012年，以迎接中共十八大为主题深化“创先争优”活动，推进窗口单位和服务行业为民服务“创先争优”，开展以形象亮化、服务优化、考核量化、党群联动为主要内容的“三化一联”主题活动，石塘路市场服务中心党支部被省委创先争优活动领导小组授予全省为民服务创先争优群众满意窗口荣誉称号。放大暑期一线党建工程品牌效应，在全区开展四个上新水平暑期创先争优活动，该经验在省组工信息和《创先争优活动简报》刊发。

在省定10%重点帮扶村基础上，将帮扶范围扩展到全区所有农村、社区，县级领导“十个一”基层联系点，指导各区直单位与农村、社区建立帮建关系，选派64名优秀科级干部和83名年轻后备干部驻村帮扶，形成全覆盖的帮扶工作网络。推进村街道路硬化、环境综合整治规划、发展一村一品致富产业等“十件实事”，根据群众意愿启动实施新民居建设、村“两室”改扩建、绿道建设、河塘清淤、组建农民专业合作组织等一批“自选动作”，群众满意度测评结果为100%。《北戴河区努力提升群众幸福指数》经验材料在《党建》杂志刊发。

【干部人事制度改革】 推行《股级干部竞争上岗工作流程》，建立党群系统一般人员信息库和全区科级后备干部信息库，确保选用干部资料翔实准确。制发《关于加强党群系统股级干部任免工作的通知》，对20名股级干部的任免进行审批。加大干部交流力度，对重要岗位干部、同一职位和同一单位任职时间较长的科级领导干部进行摸底调研，根据干部特点有针对性地进行交流。

【干部队伍建设】 按照中央、省、市关于做好地方人大、政府、政协换届工作的文件精神，在换届人事安排工作中，统筹谋划，及早部署，突出政策原则、职数设置和领导班子配备三个重点，完成换届人事安排任务，班子结构进一步优化。按照省、市委组织部关于开展县乡干部身份专项核查治理工作的要求，对公务员及参照公务员法管理单位干部431人、事业单位干部114人的干部身份进行专项核查，对区人社局和教育局管理的1855名干部身份核查工作进行业务指导和督导检查，完成全区干部身份专项核查的造册登记、自查自纠和检查整改工作，并代表全市成功迎接省委督导组的督导检查。根据《关于建立科级干部健康档案的实施方案》要求，组织352名科级干部进行健康体检，建立健康档案和温馨提醒制度。制定《“大组工网”系统管理员岗位职责》《“大组工网”安全保密制度》等规章制度，顺利通过市委组织部的检查验收。

【干部监督管理】 向全区党组织下发《关于开展“党内干部监督法规学习宣传月”活动的通知》，学习宣传党内干部监督管理和干部选拔任用工作的有关法律法规。落实《关于建立整治用人上不正之风工作联席会议制度的暂行办法》。坚持以《关于进一步加强干部监督工作的意见》《关于进一步从严管理干部的实施意见》为指导，强化领导干部的日常监督。落实《科级党政领导干部年度经济责任审计暂行办法》，对3名科级领导干部进行离任审计。经区委常委会研究决定，由区纪委、区委组织部对16名新提拔干部进行党纪、政纪知识考试。对27名干部进行出国（境）政审。

【干部选拔任用】 2012年，任免干部101人次，其中，提拔干部16人，平职调整73人次，到龄转任二线5人，试用期转正7人。落实《关于建立选派年轻干部实践锻炼制度的意见》，推行一线培养选拔管理干部工作机制，开展年轻干部到村居、企业、重点项目、拆迁、信访“五个一线”挂职锻炼活动，3名干部因实绩突出被提拔交流到重要领导岗位。

【干部考核】 完善《科级领导班子和领导干部年度分类考核评价办法》，细化考核评价对象分类，完善考核指标设计，将“打好跨越攻坚战，建设幸福北戴河”、优化“两个环境”等重点工作纳入考核评价指标体系。对69个科级单位（65个科级领导班子）、225名科级领导干部及全区党群系统机关事业单位工作人员的2011年度工作进行全面考核。

【人才工作】 组织区内成长型企业高层经营管理者赴清华大学企业高层经营管理者培训基地进修，邀请北京特级教师对教育系统业务干部进行专题培训，选派医疗技术骨干到北京三级甲等医院跟班学习，邀请河北科技师范学院等高校专家教授实地指导农业技术。建立“院校——基地”人才对接机制，与中国科学院国家技术转移中心、河北科技师范学院等院所、高校签订技术合作协议，推进兰德科技、金风帆电子等公司与中科院的合作项目，组织区相关单位到河北科技师范学院考察黄粉虫养殖项目，建立“人才—项目—产业”联动开发机制，精心打造“一个片区、四大园区”文化创意产业园，集聚大批高层次文化创意人才。开展“科技大集”“送医下乡”“我为北戴河科学发展献一策”等活动，积极为各类人才施展才华、献“技”出力搭建舞台；大力扶持“旅游观光蔬菜种植”“贵妃鸡生态养殖”“病虫害生物防治”等科技示范项目，发挥科技人才引领示范作用。

【党员干部教育培训】 全年举办各类培训51期，培训各级干部3012人次。开展基层干部科学发展和社会管理主题培训，全面实施科级干部能力提升、科员（职员）素质提升、专业技术骨干知识更新、农村（社区）基层干部“富脑充电”、自主创新能力提升、自主培训全员覆盖、送教下乡资源共享的“七大培训工程”。开展“借力”培训，组织党政“一把手”、新提拔科级干部、纪检监察干部及选调生、大学生村官参加全国政协第83期干部培训班、中纪委纪检监察综合业务培训班、中央国家机关各部门机关服务局人事处长岗位培训班、人民日报社2012年国内分社管理培训班。开展“对标”培训，组织乡镇干部赴海南省凤凰镇槟榔村、桂林、江苏省华西村等地学习乡村旅游业、现代农业发展思路；组织城管、城建、旅游、规划、文化等部门“一把手”赴台湾学习考察城市建设、高端旅游发展模式；组织组工干部赴湖北红安县、夷陵区、百步亭社区等地学习干部管理、基层党建等成功经验。推行“理论+实践”培训模式，结合基层建设年活动，选派64名副科级以上领导干部和83名年轻后备干部到基层一线实践锻炼。通过知识答题、知识竞赛、下发中共十八大精神解读光盘、组建中共十八大报告会宣讲团等形式，组织各级党员干部学习中共十八大精神。开展组工干部“业务大练兵”活动，邀请市委组织部各科室负责人讲解干部选拔任用、公务员法、干部监督、党委换届等业务知识。

【基层组织建设】 通过“公推直选”“自荐直选”、制发规范文本、开展换届风气测评等方式，加强对换届工作的指导监督，完成村“两委”换届各项工作任务。将东山社区“一统四联”共驻共建模式在全区社区逐步推广并进一步拓展外延，挖掘驻区企业资源，实现借力发展，提升服务功能。探索实施非公党建“党群共建一体化”工作模式，建立工作联动、综合考核、领导联系、结对帮扶等机制，形成以企业党组织为核心、工青妇组织为依托、党群联手推进工作的良好局面，该工作经验在《河北组工通讯》刊发。

创新实施农村“三位一体”选拔培养工程，将农村好青年、入党积极分子和后备干部三支队伍进行整合，经公开报名、民主测评、组织审定产生培养对象，力争把其中符合条件的青年入党积极分子发展成党员，把政治素质过硬、有组织领导能力的青年党员培养成农村干部。在全区推行党员“七权七责”工作机制，强化党员主体意识和责任意识，戴河镇车站村党员干部参与“8·3”抗洪救灾抢险先进事迹先后在《人民日报》《河北日报》进行报道。建立大学生村官“三测一评”（班子满意度测评、群众公认度测评、组织认可度测评和自我评价）日常管理量化考核体系，创新开展“五个一”主题实践活动，工作经验在《河北日报》和《燕赵都市报》刊发。探索建立“三网一信”党员信息化教育平台，工作经验在《人民日报》刊发。

探索推进党代表任期制工作。以区委名义下发《北戴河区党代表大会代表任期制实施办法（试行）》，出台党代表提案提议、询问质询、调研视察等10项配套制度，与试行办法组成“1+10”制度体系，从制度上保障党代表作用的发挥。指导全区所有镇街村居普遍建立党代表工作室，将区镇两级党代表特别是区直单位“一把手”编排到基层党代表工作室定期驻室办公，力争把基层基础工作抓实、抓好、抓出成效。

【党员电教及远程教育】 做好“创先争优”和基层建设年活动的影音素材拍摄搜集工作，拍摄制作《征程》《党徽在暑期一线闪光》《幸福快车》《满园春色添新绿》等7部具有时代特征、反映本地党建成果和先进人物的精品专题片。制作课件《无线路由器在农村家庭旅馆的应用》，深受家庭旅馆经营户好评。“三网一信”党建工作平台作为2012年亮点工作全面向辖区村居推开，《北戴河区创新党员信息化教育模式》一文在《人民日报》刊发，并被多家网站转载。5月上旬，省委组织部巡视员李新维，市委常委、组织部部长陈书增，中组部党员教育中心处长张克与参加全省远程教育示范培训班的学员200余人参观北戴河区远程教育终端站点建设情况，对于积极利用远教网络实用课件和红色露天剧场服务家庭旅馆业发展、提升村民素质等特色做法给予充分肯定。以此次观摩活动为契机，全区加强各基层远教站点软硬件建设和制度建设，积极推进示范站点、优秀管理员、学用标兵选树工作。2012年，重点补充党史知识、先进典型、反腐案件、政策法规、红色影片等党性教育电教片，将全国党员教育电视片观摩交流活动影片复制下发各“电教超市”、网点，有效地充实基层党组织的“库存”。

（刘 金）

【老干部工作】 2012年，全区有离休干部63人，其中，本地离休干部46人，易地安置17人；享受副地级2人，县级8人，享受县级27人，其他26人。全区有退休干部800人，其中县级实职24人。向各级报刊投稿30余篇（条），编辑《老干部工作简报》8期，《关工委工作简报》13期。接待老干部来信来访25人（次），信访办结率100%。

老干部政治待遇　每月5日定期组织老干部学习。定期或不定期向老干部通报全区经济发展与经济运行情况。召开党代会、人代会、政协会及其他重大会议，邀请离退休干部50人次参加，老干部提出意见与建议10余条。组织老干部70余人实地参观滨海大道改造、海岸线景观建设和栈桥连通工程、保二路、联峰路等路段街景改造、新民居建设、道路绿化亮化等北戴河区30余项重点工程项目建设，了解北戴河区的发展和城市建设、工农业生产情况，拓宽老干部们的视野。为全区离退休干部征订《人民日报》《河北日报》《秦皇岛日报》《老人世界》等刊物。

老干部生活待遇　多次协调社保所、财政局及各相关单位，解决企业离休干部健康费、护理费、书报费、各类奖金6.2万元，落实遗属生活补助4.50万元。全年进行家庭服务16人次，医疗服务30人次，送药140人次，处理善后事宜8人次，特困帮扶2人次，帮扶资金6000元。年初，走访慰问97名离休、县实职退休干部，为生活困难的党员老干部及部分遗属，送去200～500不等的慰问金，全年慰问金共计2万余元。看望生病住院老干部20余人次，去世善后4人次，为老干部上门送药240余次。全年家访4次，涉及老干部110人次，中秋节、老人节、春节慰问老干部290人次，发放各种慰问品价值5万余元。

发挥老干部在关心教育下一代工作中的作用　区关心下一代工作者队伍中集聚100余名老干部、老战士、老专家、老教师、老劳模。年内，全区关工委报告团做报告41场，受教育者达5万人次，78名老同志担任校外辅导员，创办家长学校49所，培训家长2万人次，有39名老同志与后进青少年结成对子，成立帮教小组70余个，帮教失足青少年73名，举办普法讲座20余场，受教育青少年5万人次。

丰富老年人晚年生活　组织老干部参观重点项目3次，“七一”、春节组织文艺演出2次，老人节举办文体比赛3场，参加人员89人。开办老年大学专业班4个，毕业学员156人。举办家长学校讲座15场。利用老干部活动室,开展老年麻将、棋牌、老年书画、老年舞蹈等活动。

（袁芳）

【党校工作】　区委党校有工作人员3人，其中，常务副校长1人，理论教员2人。2012年，区委党校教育培训主要是围绕区委中心工作展开，配合、参与组织部、宣传部、区直工委等部门做好全区党员干部培训工作。4月26～28日，对全区250名入党积极分子进行培训，区委党校教师担任部分内容主讲。联系协调教师为基层单位授课培训5场次。及时更新“北戴河区委网上党校”主体内容，专栏内容，专题活动与时俱进。在网上党校开辟“创先争优做先锋，服务暑期促发展”主题活动专栏；开设“学习中共十八大精神”专栏，其中，选编中共十八大报告解读16期，学习贯彻中共十八大精神专刊7期；编发刊授教材12期，其中中共十八大报告学习专刊3期；配合区纪委做好反腐倡廉宣传工作，针对时事热点问题，及时撰写网评文章。参加市委各部门与市委党校组织的学习中共十八大精神专题培训、省宣讲团宣讲培训3期，在“火红七月话党建活动”有奖征文中荣获三等奖。

（张艳英）

宣传思想工作

【概况】　2012年，全区宣传工作围绕科学发展的主题，发挥宣传思想工作的先导和服务作用，组织区委理论中心组进行集中学习5次，举办干部培训班11期，培训干部2000余人次。领导干部人均完成学习笔记2万字，撰写心得体会10余篇。全区在各级各类媒体共发稿1626篇（幅），其中，省级以上媒体发稿354篇（幅），新华社发通稿26篇。围绕“善行河北”主题，打造具有地方特色的文明品牌，为建设“幸福北戴河”提供强大的思想保证、舆论支持和文化条件。

【理论教育】　2012年，区委理论中心组学习坚持一个时期一个主题，在结合区情实际深入调查研究基础上，确定“科学发展观”、改善“两个环境”、加快转变经济发展方式、加快文化体制改革、加强党风廉政建设、普及“六五”普法知识、学习宣传贯彻中共十八大精神等10题。结合基层建设年、“创先争优”“千名书记讲党课”“双争双促”等主题实践活动，推动理论学习向纵深发展，真正做到党的政策惠及人民群众的根本利益，围绕树立和落实科学发展观，按照“联系实际、推动工作”的要求，紧密结合实际，组织调研，提出科学发展新思路、好建议，使广大干部进一步增强运用理论解决实际问题的能力。同时定期对干部学习笔记进行批阅和通报，并就学习内容进行理论考试2次，强化学习效果。

【宣传工作】　2012年，利用报纸、电视、电台、网络、微博等各类媒体资源，大力宣传全区学习贯彻落实中共十七届六中全会、中共十八大等会议精神的工作思路、工作目标，以及招商引资的优惠政策和良好的投资环境。结合“走基层、转作风、改文风”活动，围绕城市建设、近岸海域治理、两个环境建设、党风廉政建设、“创先争优”、基层建设年、“惠在何处、惠从何来”等主题，组织新闻工作者深入基层一线，推出一批生动鲜活的报道。在《北戴河新闻》中开设“四个上新水平　暑期创先争优”“科学发展　重在基层”“综合整治环境　建设幸福乡村”等专栏20个，以新闻视角把区委的决策转化为广大干部群众的共识和行动。围绕全区高端旅游、总部经济、文化创意、高新技术“四大产业”，以及高端项目建设，策划、采写《北戴河提升软、硬件设施服务中外游客》《北戴河：大旅游格局初步形成》《文化艺术助推北戴河经济转型升级》等多篇事关全局、展示成就的深度报道。做好品牌活动宣传。借力“运动之春、浪漫之夏、时尚之秋、休闲之冬”四季品牌活动举办之际，邀请《人民日报》、新华社、《光明日报》《体育报》等40余家国内知名媒体走进北戴河采访报道，仅“五一”轮滑节和2012中国北戴河第四届情侣狂欢节活动就刊发新闻稿件54篇，网络发稿或转载150余篇。

提升舆论引导水平　依托北戴河门户网站《今日北戴河》《本地风光》《热点关注》等栏目，图文并茂介绍北戴河区资源优势、投资环境、风土人情、经济建设发展等概况，网站年点击率达到88万次。组织专人密切监控网络负面舆情信息，采取疏堵结合战略，适时组织网评员、网管员发帖、跟帖、回帖、沉帖，变被动为主动，占领舆论至高点。仅暑期期间就编辑制作舆情专报16期，回复网民有关咨询数十次，网络跟帖回帖500余条。积极配合全市首届网络文化节活动，编发短信1200余条，上传图片500余幅，首发原创诗歌散文等上百篇，录制歌曲、微电影数十首（条）。

媒体交流　区委宣传部通过《人民日报》、新华社、《工人日报》等驻区媒体休疗养院所等渠道进一步强化联系，促成记者在各类会议外对北戴河的其他采访和发稿。年内，接待包括中国记协、全国网络记者河北行、全国知名博客专家河北行以及《人民日报》、新华社总社等在内的16家媒体180余位记者或家属。邀请市两报两台以及驻秦皇岛媒体走进北戴河，围绕绿化美化、环境保护、夜景亮化、基层建设年等诸多亮点展开宣传。

【精神文明建设】　2012年，全区围绕“善行河北”这一主题，打造具有地方特色的文明品牌，建设文明北戴河。起草《关于加强文明北戴河建设的意见》《关于开展文明北戴河建设年活动的实施方案》《2012年精神文明建设月主题实施方案》《深入推进文明北戴河建设手册》等文件。结合学雷锋、文明祭扫等活动，制定《学雷锋活动安排意见》《关于开展“移风易俗、文明祭扫”活动的通知》《倡导文明祭扫　建设文明北戴河》倡议书等，让精神文明建设有章可循。

全国文明城市测评工作　对照全市创建文明城市任务分工及测评标准，逐条细化分解，整理搜集创城档案材料5000多份。8月18日，召开创建全国文明城市迎检暨2012中国·北戴河第四届情侣狂欢节工作部署会，会上对创建全国文明城市、未成年人思想道德建设工作、先进市迎检工作和第四届情侣狂欢节活动进行安排部署，全区40多家涉及迎检相关责任部门和情侣狂欢节活动执行单位主要负责人参会。

“三大文化”建设　开展“三大文化”建设。抓“心海”文化——敬畏大海，保护大海，解决全区的环境问题。组织开展“海之行”志愿者行动，发放可降解塑料袋，发放宣传手册，每周3次捡拾海边垃圾，为净化沙滩、美化环境做贡献。抓暑期文化——通过教育引导，规范秩序，解决招手揽

鸽子窝公园栈道

客、欺客宰客等诚信、文明、秩序问题。认真开展包街巡查活动，结合全区暑期工作安排，在联峰北路大薄荷寨路口至东软路口区域进行每天上午、下午、晚间的巡查活动，治理招手揽客、举牌揽客等不文明行为，保持执勤区域的旅游秩序井然、环境卫生干净。抓生活文化——弘扬传统文化，树立文明新风，解决公民素质及形象问题。重点在社区开展“温馨服务站”建设，打造文明社区；在农村广泛开展文明生态村创建工作，推进“书香村庄”、典型示范村等创建。

“北戴河的骄傲”评选　围绕“做文明北戴河人、创文明北戴河区”这一主题，开展“为北戴河添光彩”“五好”（好父母、好儿女、好商户、好居民、好村民）和道德模范评选。几年来，评选出“为北戴河添光彩”先进个人2700余人，五好典型150人，市级道德模范及道德模范提名奖人员21人，未淑云荣登2011年7月中国好人榜，2012年全国优秀志愿者，苏卫东、任广振、赵淑英、谢国炎4位居民荣获市级“平民偶像”称号。

“品味北戴河”　让文化底蕴更具深厚推进文化兴区创建进程，分别邀请唐山、北京、青岛、威海等地专业人士，制作反映北戴河的皮影、评书、沙画、动漫等专题宣传片，通过多种艺术形式，宣传推介北戴河。由各级文明单位成员组成的100余人网络文明传播志愿者队伍通过开通微博、撰写博客、论坛发帖等途径，积极张扬文明北戴河的光鲜色彩。2012年，发布宣传、推介文明北戴河建设的积极消息150余条。组织学校专业教师，专门绘制50余张各类不文明现象的漫画，在电视台进行循环播放。

文明生态村创建　围绕文明生态村创建，抓好典型示范村和提档升级村创建，巩固提高“文明生态区”创建成果。确定车站村为2012年市级典型示范村，北戴河村、小薄荷寨村为提档升级村。根据各村实际，合理实施道路硬化、村庄绿化、街院净化和村民中心、村民公园等项目建设，村庄环境明显改善，科学、文明、健康的生活方式在农村群众中逐渐形成，同时为以上各村争取上级扶持资金27万元。11月，在全省“推进农村生态文明建设”现场观摩会上，各地市文明办主任到车站村、北戴河村、古城村参观，各级领导对全区的文明生态村创建工作给予高度评价。

推进文明乡风建设　在加强十星级文明农户评选、完善红白理事会、禁赌会作用等常规机制同时，深入开展优秀传统文化进农村活动。发挥村民文化广场和村民中心作用，引导村民开展文体活动，倡导新风。北戴河、古城、西坨头、小薄荷寨、车站等村，每天晚上到村民广场参加活动人员超过千余人。

学雷锋志愿服务　3月，开展学雷锋“及时雨在行动”志愿服务活动。制发《学雷锋活动安排意见》。3月5日，在党政综合办公楼前组织全区机关干部举行升旗仪式，区委副书记刘学彬带领全体人员庄严宣誓，励志向雷锋同志学习。组织高校学生志愿者开展“学雷锋精神、展志愿风采”环保登山活动。各志愿队伍主管部门，制定详细的工作计划，到空巢老人家中、养老院和公共场所开展各类帮建和慰问活动200余次。

志愿巡访活动　整合各类志愿者队伍，由区文明委命名文明单位先锋、青年创业、巾帼奉献、美德少年、党员先锋、积极青年、文明村民、幸福居民、道德模范、警花志愿者等27支志愿者队伍。7月18日，区主要

北戴河轮滑向导队上街服务中外游客

领导在文化宫为文明志愿者队伍授旗。7月15日开始，27支志愿队伍，400名志愿者统一着装，每天从早9点到晚10点活跃在“四线”（沿海路、保二路、海宁路、剑秋路）和“四面”（中直、国办、省办、草场以南）范围内，重点针对道路沿线两侧的停车场、海鲜大排档、烧烤店、饭店、家庭旅馆等场所，向广大市民和游客发放区文明办印制的《美丽的北戴河名片》《深入推进文明北戴河建设手册》《致司机朋友的一封信》《致广大游客和市民的一封信》，劝阻“袒胸露背”、举牌招手揽客等各类不文明行为，提示涉旅行业从业人员文明诚信经营，号召全民共建文明北戴河。暑期期间，文明志愿者上岗执勤4000余人次，发放各类资料3万余份，劝阻各类不文明行为300余人次。

“我们的节日”主题活动　开展“我们的节日——春节”主题活动。利用两节期间，开展向道德模范、“五好”典型拜年走访、慰问交流、座谈联欢等活动，大力宣传他们的先进事迹和崇高品德。在集发生态观光园举办“集发春节庙会”活动。元宵节期间，组织各级文明单位和行业主体举办秧歌锣鼓闹新春活动。

“我们的节日——清明”主题活动。组织全区各级文明单位干部、职工开展文明祭扫巡访活动，对不文明祭扫行为进行温情劝阻，印发《倡导文明祭扫　建设文明北戴河》倡议书5000份。组织城管、环卫、镇街等部门在主要交通路口设立焚烧桶，制定预发方案，保护环境。谋划起草《关于开展“移风易俗、文明祭扫”活动的通知》，按照北戴河区地图区域分布情况，将全区划分成45大片区（村域、居域、景点、景区由所辖单位和直属部门负责），依次进行数字定点安排，实行网格化管理，60家市、区级文明单位分别负责划定区域，实现不文明祭扫情况的全面监管，有效避免火灾等情况发生。

打造爱情圣地擦亮“中华爱情节”品牌　举办“我们的节日·七夕”第三届中华爱情节暨2012中国·北戴河第四届情侣狂欢节。围绕中共十八大、善行河北、绿色环保、文化兴区等主题，打造“爱的圣地——北戴河”品牌。省委宣传部副巡视员、文明办副主任梁志忠，市委常委、宣传部部长时晓峰，市政协副主席闻德生，市文明办主任申哲、副主任李国平，共青团市委副书记赵秀茹，北戴河区党政班子主要领导参加活动。区直单位、村居民代表、志愿者以及全国各地的游客1000余人见证百对情侣的结婚盛典。《人民日报》、新华社等全国20余家重量级媒体宣传报道此项活动。

【文化产业】　2012年，文化产业取得突破性发展，北戴河区成功入围河北省首批文化产业“十强县”。春秋两季，河北农业大学、齐齐哈尔大学艺术学院、北京林业大学动画系、天津美术学院和河北师范大学、天津工业大学、天津科技大学设计学院等10余所高校的近2万名师生到北戴河区采风写生。由北戴河艺术写生基地办公室编印的《北戴河艺术写生作品集》集中收录、展示了13所高等艺术院校的160幅写生作品精品。

按照《河北省“十一五”乡镇综合文化站建设实施方案》文件精神，投资30余万元，为农村和社区文化活动室配备乐器、音响、电视、DVD机等130余种文化活动器材，新建海滨镇、戴河镇综合文化站2个。“两节”期间，举办2012年春节联欢晚会、文化庙会、秧歌拉街表演、城乡文化汇演、文化下基层等服务活动。举行“浪漫之夏”中俄文艺汇演12场次，《海上生明月》大型实景演出40余场次，接待中外游客15万人次。举办2012迎春书画展、“迎国庆、十八大”美术、书法、摄影展、中国秦皇岛·韩国清州书画作品交流展等各类艺术交流活动，展出美术、书法、摄影等作品近200幅。

【未成年人思想道德建设】　组织文化、工商、城管部门，对校园周边娱乐场所进行专项整治，重点清查中小学校校园周边200米范围内网吧关闭情况，保持对网吧接纳未成年人违规行为进行严厉查处的高压态势，严厉查处妨害未成年人身心健康出版物。成立

"五老"网吧劝导队，宣传青少年网络文明公约，增强未成年人自我保护意识。加强各中小学校的安全教育与管理，从构建平安教育、优质教育、温暖教育、阳光教育四个方面入手，在临街中小学、幼儿园附近，设置交通标志标线和其他交通安全设施。在地处交通复杂路段的小学、幼儿园上学放学时，有专人维护校园门口道路的交通秩序。

"做一个有道德的人"活动　组织"童心向党"歌咏活动，全区未成年人积极演唱爱国歌曲，参与全省"童心向党"歌咏活动网上展播。开展"网上祭英烈""学雷锋、修善行、做三好"等道德实践活动。树立未成年人先进典型，开展"美德少年"评选，秦宝怡等15名少年获秦皇岛市"阳光·美德少年"荣誉称号，陶玥竹、陶明琪两名同学已推荐至省级评选。

乡村少年宫建设　海北路、西山、蔡各庄乡村学校少年宫建设顺利通过全市检查验收。海北路小学选送的节目参加全市乡村学校少年宫建设成果展示暨未成年人心理健康辅导中心揭牌仪式。海北路小学乡村少年宫项目，争取到中央彩票公益金20万元。

（李敬坤）

机构编制管理

【概况】　2012年，北戴河区机构编制委员会办公室内设综合股、业务股2个股室，核定行政编制4名；下设1个事业单位——区事业单位登记管理中心，核定事业编制4名，实有在编4人。全年向区机构编制委员会提出有关机构编制方面初审意见24项，其中23项在区机构编制委员会会议或区委常委会会议上获得通过。

【机构编制实名制管理工作】　为推进编制使用核准制度规范化管理，制定与制度配套的工作流程图，分别建立《各单位用编请示登记台账》《编制使用通知单登记台账》《人员编制使用卡登记台账》《出编情况登记台账》《入编情况登记台账》5类台账，明晰办理流程，完备办理手续，从源头上控制机构编制，优化人员编制和财政支出结构。

实名制信息核查工作。从2012年3月起，历经自查清理、核实查验、整改规范、评估验收四个阶段，对全区49个机关单位、135个事业单位、3495名人员信息全面审核，分单位建立自查及核查工作档案109卷，圆满完成机构编制实名制信息核查工作。

【编制使用核准制度】　自2012年3月份起，在全区推行编制使用核准制度，实行用人单位提出申请、机构编制部门核准、组织人社部门办理录用手续、财政部门核拨经费、发放工资的全程管理模式。编办开具编制使用通知单22份，人员编制使用卡57份。

【事业单位规范工作】　清理规范期间，收到请示方案40份，调研座谈主管部门10个，下属事业单位24个。对2个单位进行整合撤并，对90个事业单位职责、内设机构进行科学界定和明确规范，对5个名称不规范单位进行更名。

【事业单位登记管理工作】　2012年，全区登记事业单位69个，进行变更登记40个。应年检单位59个，年检合格单位59个，年检合格率100%。对167个单位上报的668份年统材料进行收集、录入、排序、编码、装订，按时保质完成年统工作。

【中文域名注册管理工作】　成立由部门领导负总责的专项工作领导小组，安排具体人员负责域名注册工作的技术指导、问题解答、督促协调和汇总上报，确保域名注册工作有条不紊。转发省编办《关于加快推进"政务"和"公益"中文域名注册管理工作的通知》，召开域名注册操作人员业务培训会、基层单位主管领导域名注册工作推进会，部署域名注册相关内容，此项工作覆盖全区184家机关事业单位。制定《中文域名注册登记工作流程图》，明确全区域名注册适用范围，收费标准，有关规则和审核程序。全区注册单位已达到176家，注册率为95.60%。被省编办评为2012年“河北省中文域名注册管理工作先进集体”。

（郑莹莹）

统一战线工作

【概况】 2012年，组织全区各民主党派、工商联、无党派代表人士和社会各界的统战成员，以集中学习、座谈、研讨等形式，学习中共十八大会议精神。健全统战宣传网络，畅通统战信息渠道，宣传党的统战方针、政策，注重调查研究，加强联络，反映情况，扩大统战工作影响。做好统战对象先进人物事迹宣传。全年上报信息和宣传稿件16篇。对区人大、区政府、区政协领导班子换届人选进行协商，确保换届工作顺利圆满完成。

【多党合作与政治协商】 开展区级党员领导干部与统战成员交友联谊活动。制定《关于在区级领导班子中党员领导干部开展同心教育实践深化交友联谊活动的实施方案》，建立交友联谊工作制度，促成区级党员领导干部与29名统战成员结成交友对子。深入到两镇、两街和民主党派的基层支部，开展全区统战工作调研活动，以走访、座谈等形式，多次和镇、街主要领导、主管领导、统战干部、统战成员进行交流，了解基层统战相关情况。11月，区委常委会研究通过《关于进一步加强全区统战工作的意见》。

【民主党派工作】 组织民主党派、无党派人士和其他统战成员围绕全区改革开放、经济建设、社会发展等全局性和战略性问题开展考察和调研，组织各民主党派、工商联和社会各界人士开展专项视察、外出考察和调研活动4次，统战成员向区委、区政府提出提案、建议等45个。

【非公有制经济人士工作】 对非公有制经济人士开展爱国主义、社会主义和法律法规及职业道德教育。组织和发动全区非公经济人士参与光彩事业，为社区医疗中心、青龙县和北戴河区的学校捐款、捐物，王文义等非公经济人士还供养近10名困难家庭子女读书。“八一”之前，区工商联组织民营企业家开展拥军优属慰问活动。积极创造条件，协调各方面关系，帮助非公有制经济人士解决生产经营中的实际问题。组织区工商联会员企业开展对接活动，即：对接社区，服务居民；对接企业，互相帮助，共同发展；对接高校，为企业创新发展服务；对接开发区，为企业招商引资服务。组织民营企业家赴秦皇岛经济技术开发区、青龙经济技术开发区进行考察，为企业融资、找项目，促科技进步，谋更大发展。区工商联同河南范县、清丰县工商联缔结为友好商会，双方在旅游经济方面达成合作意向。发挥工商联网络宣传优势，积极宣传报道区工商联会员企业，展示会员风采，及时将党委和政府的有关政策和法规传达给会员，区工商联被省工商联评为“河北省工商联成长型网站运行单位”。

【民族宗教工作】 组织从事镇（村）、街（居）宗教工作的基层干部进行重点培训，提高业务能力和水平。组织全区宗教干部赴山东进行宗教工作专项考察，学习掌握对宗教场所及涉外宗教管理等方面的经验，以提高处理复杂宗教事务的能力。坚持与宗教代表人士联系、交友、走访慰问制度，帮助宗教团体解决实际困难。拨出资金为基督教教堂修建道路，方便信教群众出入教堂。8月，香港基督教乐团到北戴河区福音堂演出。加强对北戴河福音堂的协调管理，督促并帮助健全完善教堂管理组织，逐步完善财务、外来教士、外来信众的管理工作。进一步落实宗教部门派驻宗教场所联络员制度，在基督教福音堂设立联系员办公室。

【对台工作】 继续做好“三胞”眷属的思想政治教育工作，协调解决其生产、生活中的困难和问题。做好招商引资牵线搭桥工作，在“三胞”眷属中开展“五个一”活动，即向海外亲友“发一封信、打一个电话、传递一个信息、联系一个项目、引进一笔资金”，拓展招商引资途径，为经济建设服务。5月，区台办参加秦皇岛市对台经贸考察，加强对台湾经济社会发展情况的了解，适时宣传推介，北戴河区投资环境和招商项目，取得预期效果。全年接待台胞和眷属8人。

（宁　萌）

工委工作

【区委直属工委工作】　2012年，北戴河区直工委所属基层党组织50个，其中，党总支7个，党支部80个。党员1406人，其中，女性党员498人，35岁以下党员312人，大专以上学历党员952人，少数民族党员47人，在职党员1050人，提前离岗、离退休党员356人。

思想政治建设　采取专家授课、专题讲座、参观考察等形式，重点突出中共十八大精神、机关党的建设、创新社会管理等知识培训，增强培训的针对性和实效性。开展学习中共十八大精神宣讲活动，通过集中学习、专题培训、讨论交流、打造亮点等多种形式，将党员干部的思想认识统一到中共十八大精神上来。开展“火红七月话党建”有奖征文活动。成立积极青年志愿者队伍，参加全区文明寻访活动，义务为暑期游客服务，其中3人获得北戴河区志愿服务先进个人。开展“创新组织生活、践行暑期先锋”主题实践活动，发挥组织生活在党员经常性教育中的重要作用。通过党建QQ群、飞信平台、党务公开网等载体抓好干部在线学习。

文化活动　在1200余名党员中开展“好书伴我行”读书系列活动。春节前夕，组织100余名党员开展沙滩徒步走活动，被河北省电视台宣传播报。组织百名党员开展“学雷锋，在国旗下宣誓”“火红七月”征文、参观省“创先争优”成果展等活动，丰富全区党员干部的业余生活。

组织建设　印发《发展党员“十八有”培训教材》，组织专人编写党务工作流程图。全年发展党员11名，24名同志被吸收为中共正式党员。开展加强基层建设年活动，抽调2人入驻赤土山村，做好驻村帮扶工作。开展创建“五型”（学习型、服务型、创新型、廉洁型、和谐型）机关活动，提升机关干部服务项目的能力、争取外部资源的能力、城市管理的能力、行政协调的能力、化解社会矛盾的能力、应对处置突发事件的能力。贯彻落实中央《党和国家机关基层组织工作条例》、省委实施办法和市委实施细则，举办专题讲座、知识竞赛，建立机关基层党组织的活动经费。出台区直工委系统建立创先争优长效机制方案。开展暑期创先争优活动。实施“堡垒先锋示范工程”，开展各种活动，打造国税局、园林局、石塘路市场等先进典型，推进服务型机关建设水平。强化党建带工建、团建、妇建，充分发挥群团组织的积极作用，工会、团委、妇联等支部组织开展“工人先锋号”“巾帼文明岗”和“青年文明号”等活动。“七一”前，评选表彰20个先进基层党组织，30名优秀党务工作者，59名优秀共产党员。全面推行星级管理模式，规范支部工作流程，工委为各支部统一制作党务工作流程展板。落实三会一课制度，开展“创新组织生活、践行暑期先锋”主题实践活动。加强分类指导和跟踪服务，严格执行机关基层党组织按期换届选举工作流程，配齐配强基层党组织专（兼）职

书记和委员。指导环保局、司法局、商务局、节水办党支部4个党支部换届和改选工作。推进机关民兵预备役的整组工作，共完成4个分队157人整组任务。组织预备役队伍操练和实兵演练，接受省军区领导检验，受到各级领导充分肯定。做好2012年度冬季征兵工作，有24名（其中8名女兵）优秀青年应征入伍。

作风建设　健全反腐败领导体制和工作机制，严格落实领导干部个人重大事项报告制度、党务政务公开、内部审计等各项制度。保持党的纯洁性，加强对党员干部警示教育，开展区直机关学习实践雷锋精神活动、义务植树等活动。推进“人文关怀、生活救助、技能培训、创业扶持”四位一体的党内关爱工程，不断深化“干部下基层”、“进千家、走万户、听民情、解民忧”等活动，为困难群众和困难党员送信息、送技术、送资金、送温暖。以落实党员知情权、参与权、选举权、监督权为重点，不提高党员对党内事务的参与度，切实保障党员民主权利。拓宽党内交流沟通和意见表达渠道，规范党务公开内容、程序和方式，制作党务公开栏，成立党务公开办公室，向全区公布公开电话，及时接受群众监督指导。积极稳妥推进机关党组织领导班子公推直选试点工作、党员“七权七责”（七项权利，即方针政策知情权、党内活动参与权、评先选优提名权、积极分子推荐权、意见建议表达权、重大事项审议权、党务政务监督权；七项责任，即政策法规宣传责任、组织决定执行责任、群众致富帮带责任、社情民意反馈责任、矛盾纠纷化解责任、遵纪守法自律责任、党内团结维护责任）工作、党员定期评议等制度，进一步完善党员信息库建设，认真做好对生活困难党员、老党员的走访、慰问和帮扶工作。

（高海英）

【开发区工委工作】　2012年，北戴河经济技术开发区工委紧紧围绕经济发展中心工作，抓招商、促开放，着力转变经济发展方式，优化发展环境，加强和改进党的建设，扎实推进思想建设、队伍建设、作风建设、廉政建设和非公企业党建工作。开展“喜迎十八大、争创新业绩”主题活动，组织机关、企业党员学习贯彻中共十八大精神。开展“干部作风建设年”等系列活动，严格执行“廉政准则”，完善党风廉政建设责任制，全年未发生违法违纪行为。

基层党建工作　开展“双争双促”“创先争优”活动，树立企业党员模范先锋岗11个。龙聚森公司被评为市创业先锋，明珠、淇鑫、天洋私企老板获市优秀民营企业家称号。加强非公有制企业党组织建设，实现非公企业党组织“应建尽建”，新建非公有制企业党支部1个，发展党员86人。

打造和谐稳定开发区　落实《打好跨越攻坚战，建设幸福北戴河行动纲要》，开展“平安北戴河”建设年和“文明北戴河”建设年活动；落实安全生产一票否决制，实现安全生产零事故；推进警民共建、警企合作，开展矛盾纠纷排解，做好防汛工作；开展基层组织建设年活动，选派精干人员进驻车站社区，定点帮扶、排解矛盾、维护稳定。

群团建设和社会事业发展　组织企业工人参加“五一”劳动节大合唱等全区活动，开发区工会获市级“先进职工之家”荣誉称号。推进节能减排，加强节能管理，严格实行排污入网，提倡清洁生产，完成市、区节能减排目标任务。

（王　丰）

【区农工委工作】　2012年，全区农村工作以农村环境综合整治为契机，推进幸福乡村建设、调整农业产业结构、全面开展基层建设年活动、优化山区综合开发项目等，把率先实现城乡一体化、率先全面建成小康社会作为目标，开创农村工作新局面。

加快小康建设　对全区25个行政村实际建设情况进行调查，按照现有基础、村庄区位特点和资源条件做好规划；为2镇和25个行政村发放《幸福乡村计划》宣传册35册，制作幸福乡村宣传展板5块，印发幸福乡村简介500份。做好2012年度市级农业产业化扶持项目申报工作，为秦皇岛市北戴河海鳌之鲜食品加工厂、秦皇岛龙聚森食品有限公司和秦皇岛铭源农业开发有限公司3家龙头企业争取市级产业化专项资金16万元。年初，安排区级专项资金50万元用于对全区农业产业化项目进行扶持。优化山区综合开发示范区内土地利用、释放示范区内主导产业效能。

山区综合开发　2012年，争取市级扶持资金25万元用于山区综合开发项目建设。重点发展4个项目，总投资6.52亿元，完成投资4.97亿元，其中集发农产品标准化生产示范基地和集发老年生态颐养中心2个项目竣工。集发老年生态颐养中心建有客房和集休闲娱乐、健身康体为一体的室内综合活动中心，被授予"河北省休闲养生旅游示范基地"称号。在建项目：北戴河乔庄度假庄园已完成投资2.20亿元；北戴河莲蓬俱乐部项目，总投资3亿元，建设18洞国际标准高尔夫球场及球场会所等配套设施，已完成投资2.45亿元。其他项目：新民居建设项目，示范区内的7个村已全部开展新民居建设，村内公共交通、电网、通信、通邮、水网等基础设施齐备，各村都建有医疗室、超市等，改善农民生活居住条件；家庭旅馆项目，陆庄村家庭旅馆从过去几十家增至2011年的176户，有床位8000余张，仅旅馆一项村民创收600余万元。

基层建设年工作　由农工委负责协调区、镇党政主要领导干部直接联系农户制度，完善驻区休疗单位包村联系点制度。农工委为基层建设年责任单位，在2012年获"北戴河区开展加强基层建设年活动先进帮扶单位"称号。

农村政策调研　全年形成8篇调研报告，其中《新民居暨幸福乡村计划建设情况调研报告》及农业产业化建设情况调研报告被上级机关评为2012年优秀论文。帮助北戴河村申报成为幸福乡村计划建设示范点后，为其争取幸福乡村专项资金23万元。

（宋琮）

【区休疗旅游工委工作】　2012年，休疗旅游工委系统所辖33个党组织，有中共党员951名。年内，指导9个党组织换届选举，1个党委变更为党总支。在"创先争优"活动中，充分发挥党组织的战斗堡垒作用和共产党员的先锋模范作用，涌现出5个"先进基层党组织"，2名"优秀党务工作者"，7名"优秀共产党员"。

开展"创先争优"活动　根据休疗系统实际情况开展读书活动，一名党员一面旗帜，设立党员先锋岗和党员服务台，开展党员义务奉献活动，开展"三项教育"（党的光辉历程教育、党的光荣传统教育、党性党风党纪教育）活动，开展旅游行风建设活动，推行精细化、细微化服务、创建一流队伍、争做文明标兵创先争优"八项"活动。

加强基层党组织建设　抓好基层党组织换届选举工作，把好党务干部的选配关。年内1个党组织变更（由党委变更为党总支）。工委及时对基层党组织的换届选举、委员增补、健全组织进行指导和帮助，对选举增补工作进行认真审批。4月，配合区委组织部，组织多家休疗系统35名入党积极分子培训。涌现出5个"先进基层党组织"，2名"优秀党务工作者"，7名"优秀共产党员"。庆祝中国共产党成立91周年，7月1日组织党员开展党员义务奉献日活动。完善党员信息库工作，对全系统党员信息进行重新登记录入。推行党务公开，将党务和工委工作进行公开。

党风廉政建设落实到位　推进反腐倡廉建设，强化监督，促进廉洁从政和依法办事。在党风廉政建设上健全监督管理机制，实施重点工作和重要岗位的责任制，促进干部队伍的廉洁高效。汛期，组织休疗系统广大党员和群众捐款2.14万元。党员佩戴党徽上岗，自觉接受广大人民群众和服务对象的监督。在接待服务窗口设立党员先锋岗和党员服务台。开展理论、学外语、懂服务、知礼仪等旅游服务业优质服务培训。参加全区《党员领导干部廉洁从政准则》《学习贯彻党的十八大精神》知识竞赛。

（任苗洁）

北戴河区人民代表大会

区人民代表大会会议

【北戴河区第十四届人民代表大会】 2月15～17日，在区党政综合办公楼三楼会议厅举行。出席会议代表133名，妇女代表27名，占代表总数的20.30%；非党代表20名，占代表总数的15.04%；少数民族代表10名，占代表总数的7.52%；大专文化程度以上的代表93名（其中研究生学历10名），占代表总数的69.92%；高中以下的代表40名，占代表总数的30.08%。连选连任的代表70人，占代表总数的52.63%。列席69人。会议听取和审议刘海平代表第十三届人大常委会所作的《北戴河区人大常委会工作报告》、赵景阳所作的《北戴河区人民政府工作报告》、王晓青所作的《关于北戴河区2011年国民经济和社会发展计划执行情况及2012年计划草案的报告（书面）》、高银山所作的《关于北戴河区2011年财政预算执行情况和2012年财政预算草案的报告（书面）》、黄滨所作的《北戴河区人民法院工作报告》、赵振辉所作的《北戴河区人民检察院工作报告》，并形成相应决议。

2月17日，召开北戴河区第十四届人民代表大会第一次会议，选举产生新一届区政府和区人大常委会组成人员。王玉海为北戴河区第十四届人民代表大会常务委员会主任，赵景阳为北戴河区人民政府区长，黄滨为北戴河区人民法院院长，赵振辉为北戴河区人民检察院检察长。刘海平、韩新民、曹艳红、张军生为北戴河区第十四届人民代表大会常务委员会副主任，纪振勇、于凤喜、周向东、李韶云、付红、孙谓青为北戴河区人民政府副区长。未淑云、李志强、李铁林、李淑花、李集周、张继宏、陈永祥、赵永军、赵德全、袁利梅、晁建东、徐占明、高劲松、董菲、董晓峰、程淑颖为北戴河区第十四届人民代表大会常务委员会委员。

区人大常委会会议

【第十三届人大常委会第三十三次会议】 2月7日召开，高连永、刘海平、崔文智、韩新民、王启辉、未淑云、李志强、李淑花、李铁林、李集周、张继宏、赵桂珍、晁建东、郭文香、董晓峰出席会议，列席会议的有人大党组书记王玉海，党组成员曹艳红、张军生，区人民检察院检察长赵振辉，区人民法院代院长黄滨，区委组织部和人大机关各委室负责人。会议研究通过王玉海补选为市十二届人大代表。会议研究通过关于召开十四届人大一次会议的有关事项和区人大常委会工作报告。

【第十四届人大常委会第一次会议】 4月16日召开，王玉海、刘海平、韩新民、曹艳红、张军生、未淑云、李志强、李铁林、李淑花、李集周、张继宏、陈永祥、赵永军、赵德全、袁利梅、晁建东、徐占明、高劲松、董晓峰、董菲、程淑颖出席会议。区委书记曹子玉，区政府区长赵景阳，政府常务副区长纪振勇，区人民法院院长黄滨，区人民检察院检察长赵振辉，人大机关各委室负责人列席会议。

会议研究通过代表资格审查委员会组成人员，研究区人大常委会2012年工作要点；通报区人大代表杨立民涉嫌贪污事宜；对第十四届区人民政府组成人员进行任命：任命冯志远为区人民政府办公室主任、王晓青为区发展改革局局长、冯松为区教育局局长、张新志为区科学技术局局长、张毓为区监察局局长、张寅生为区民政局局长、闻振生为区司法局局长、高银山为区财政局局长、田秋燕为区人力资源和社会保障局局长、李宝明为区环境保护局局长、张敏为区住房和城乡建设局局长、齐淑丽为区交通运输局局长、李运臣为区农牧局局长、李春光为区文化广电新闻出版（版权）局局长、陈春华为区卫生局局长、贾志勇为区人口和计划生育局局长、刘卫平为区审计局局长、毕青春为区安全生产监督管理局局长、张东海为区统计局局长、胡权为区旅游局局长。

【第十四届人大常委会第二次会议】 6月5日召开，王玉海、刘海平、韩新民、曹艳红、张军生、未淑云、李铁林、李淑花、张继宏、陈永祥、赵永军、袁利梅、徐占明、高劲松、董晓峰、董菲、程淑颖出席会议。区政府代区长刘学彬，常务副区长纪振勇，区委组织部部长王慧，区人民法院院长黄滨，区人民检察院检察长赵振辉，政府办、组织部和人大机关各委室负责人列席会议。会议免去赵景阳北戴河区人民政府区长职务，免去李海泳北戴河区政府副区长（挂职）职务，任命刘学彬为北戴河区人民政府副区长、代理区长，李海泳为北戴河区人民政府副区长。

【第十四届人大常委会第三次会议】 7月26日召开，王玉海、刘海平、韩新民、曹艳红、张军生、未淑云、李志强、李铁林、李淑花、李集周、陈永祥、赵永军、袁利梅、晁建东、徐占明、高劲松、董晓峰出席会议。政府常务副区长纪振勇，副区长孙谓青，法院院长黄滨，检察院检察长赵振辉，政府有关部门主要负责人和人大机关各委室负责人列席会议。特邀李成、陆绍增两位人大代表列席常委会。会议决定免去董晓峰区人大代表人事工作委员会主任职务，免去李铁林区人大办公室主任职务，免去闻振生区司法局局长职务，任命董晓峰为区人大办公室主任，李铁林为区人大代表人事工作委员会主任，苏万峰任区司法局局长。会议听取和审议了区政府关于食品卫生工作情况报告。

【第十四届人大常委会第四次会议】 8月31日召开，王玉海、刘海平、韩新民、曹艳红、张军生、未淑云、李志强、李铁林、李淑花、李集周、陈永祥、赵永军、袁利梅、徐占明、高劲松、董晓峰、董菲出席会议。区政府副区长周向东，检察院检察长赵振辉，法院副院长赵志伟，政府有关部门主要负责人和人大机关各委室负责人列席会议。会议听取和审议了区政府《关于2011年财政决算情况的报告》，听取和审议区政府《关于2011年区本级财政预算执行情况的审计报告》，听取和审议区政府《关于2012年1至6月全区国民经济和社会发展计划执行情况的报告》，听取和审议区政府《关于2012年1至6月全区财政预算执行情况的报告》。

【第十四届人大常委会第五次会议】 11月27日召开，王玉海、刘海平、韩新民、曹艳红、张军生、未淑云、李志强、李铁林、李淑花、李集周、陈永祥、赵永军、袁利梅、徐占明、高劲松、董晓峰、董菲出席会议。政府常务副区长纪振勇，副区长于凤喜、李韶云，检察院检察长赵振辉，法院副院长赵志伟，政府有关部门、两镇的主要负责人和人大机关相关委室的负责人列席会议。会议研究通过《关于调整代表资格审查委员会部分组成人员的决定（草案）》，研究通过《代表资格审查委员会关于暂时停止杨立民执行代表职务的报告》，听取和审议区政府《关于推进城乡教育均衡发展工作情况的报告》，听取和审议区政府《关于节能减排工作情况的报告》，听取和审议区政府《关于土地开发利用情况的报告》，听取区政府《承办代表建议情况的报告》，听取和审议区政府《关于改善民生、为民办实事情况的报告》。

【第十四届人大常委会第六次会议】 12月11日召开，王玉海、刘海平、韩新民、曹艳红、张军生、李志强、李铁林、张继宏、陈永祥、赵永军、袁利梅、徐占明、高劲松、董晓峰出席会议。区委副书记、代区长刘学彬，法院院长黄斌，检察院检察长赵振辉，政府有关部门的主要负责人和人大机关相关委室的负责人列席会议。会议听取和审议区政府关于预算调整情况的报告并批准这个报告。

区人大常委会主要工作

【概况】 2012年，区人大常委会严格依法办事，认真履行职责，召开常委会7次，主任会议9次，组织视察调研11次，到相关单位走访53次，听取区政府、区检察院、区法院专项工作报告11项，提出审议意见57条，完成年初确定的各项目标任务。

【代表工作】 注重加强自身建设与代表主体作用的发挥，密切与代表联系，完善和改进工作方式方法。注重提升代表履职能力，在加强各种培训的同时，为代表订阅人大报刊，印发学习资料，开展代表收藏展、作品展等活动。向驻区单位代表的上级主管部门发送《代表当选告知函》，开展“先进代表团和优秀代表”评选活动，组织代表参与各项社会公益事业，捐款捐物2万余元，建立“常委会组成人员联系代表，代表联系选民”的工作制度。邀请人大代表列席区人大常委会、主任会议，组织代表参加专题调研工作。听取区政府关于代表建议落实情况的汇报，向区政府交办代表建议80件，办结率100%、代表满意和基本满意率100%。

【依法行使监督权】 北戴河区人大常委会主要采取听取汇报、组织视察检查和调研等形式，对区政府、区检察院、区法院涉及政治、经济、文化、教育、卫生等各个方面内容进行监督。年内，召开常委会议7次，主任会议9次，听取和审议关于食品卫生工作、城乡教育均衡发展工作、节能减排、土地开发利用、为民办实事等工作报告11项，提出意见建议57条；组织视察、检查、调研11次，内容涉及旅游、教育、开发区建设、食品安全、医院、绿化、全民健身、土地、社会保险法、重点项目重点工程等诸多方面。

【依法行使人事任免权】 按照法律规定，区人大常委会认真做好人事任免工作，坚持任前法律知识考试、提请机关到会介绍情况、拟任命人员自我陈述、无记名投票、颁发任命书等制度。年内，依法任免国家机关工作人员23人。

【法律监督】 开展视察检查、调研和评议等活动，保障法律法规的贯彻实施，促进执法机关严格执法、公正司法。举办法律知识培训班3次，在每次执法检查和监督工作开展前，对相关参与人员进行专题法律知识培训。专题听取检察院、法院工作情况汇报，组织人大代表视察、检查检察院、法院内部监督机制建设，组织人大代表开展旁听和评议庭审活动，评议法官、检察官、律师7人次。常委会对《中华人民共和国社会保险法》《旅行社管理条例》《中华人民共和国村民委员会组织法》的贯彻落实情况进行检查。注重普法工作，组织代表调研2次，推进法制宣传教育，促进“法治北戴河”建设。

【处理来信来访工作】 注重人民群众来信来访工作，对于群众的每个问题，常委会都认真对待，转交督办，要求承办部门件件有落实，事事有反馈。年内，受理群众来信17件，接待群众来访23批、34人次，提供法律咨询服务11人次。

【人大代表变更】 区人大代表赵景阳、马昌利因工作原因调离北戴河区，代表资格自行终止。区人大代表杨立民因贪污罪被北戴河区人民法院判处有期徒刑十年六个月，根据《中华人民共和国全国人民代表大会和地方各级人民代表大会代表法》第四十八条之规定，经2012年11月27日区十四届人大常委会第五次会议通过，决定暂时停止杨立民执行北戴河区人大代表职务。2012年实有人大代表131人。

区第十四届人民代表大会代表

（按姓名笔画为序，131人）：

丁茂春　马超群　王文玺　王玉海
王秋菊（女）　王晓臣　王晓光
王晓青（女）　王　慧（女）
未淑云（女、蒙古族）　冯利辉
冯　松　冯树坤（女）　母四川
朱凤霞（女）　朱新生　刘兰山
刘　伟　刘利燕（女、满族）
刘学彬（蒙古族）　刘　秦（女）
刘海平　刘振田　刘海复
刘海燕（女）　刘　新
齐忠怀（满族）　江秀山
孙晓华（女）　孙景余
纪振勇　杜占山　杜宪忠　杨　文
杨立民　杨占武　杨加胜　杨　武
杨明信（满族）　杨　玲（女）
杨家平（满族）　苏文庆　苏君柱
李文侠（女）　李天宝　李　成
李志国　李克梅（女）　李志强
李春华　李春兴　李徊林
李铁林（满族）　李海泳
李淑花（女）　李梦群（女）
李集周　李智勇　严　彬
肖海东（女）　员　杰　宋胜昔
宋振平　宋福贵　张凤华（女）
张军生　张　利　张秀云（女）
张志田　张志加　张学军　张洪华
张洪萍（女）　张继宏　张　敏
张福利　张德开　陆绍增　陈山河
陈永祥　陈自彬　陈金富
陈秋华（满族）　陈　敏　陈维生
范彦杰（女）　岳彩合
金国胜（满族）　金树学　金　晶
周建华　周金捍　单士忠　单建军
胡　权　胡荣田　赵永军
赵　伟　赵庆国　赵洪岐　赵振辉
赵德全　侯亚东　姜维秀　秦宝军
袁利梅（女）　晁建东　徐占明
徐庆荣　郭　权　高劲松
高树萍（女）　高银山（满族）
唐国柱　黄　滨　曹子玉
曹志明　曹艳红（女）　韩月萍（女）
韩新民　董晓峰　董继新
董　菲（女）　程香女（女）
程淑颖（女）　谢明琪　谢海龙
蔡文利　裴世保　裴耀辉　薛洪滨

（周春梅）

北戴河区人民政府

重要会议

【区政府常务会议】 2012年，区十三届、十四届政府召开5次常务会议。

1月18日，区十三届政府召开第37次常务会议。研究人事任免问题。

3月9日，区十四届政府召开第1次常务会议。学习贯彻省、市农村工作会议精神；研究《关于发展设施农业相关建议的报告》；研究《北戴河区农田水利建设规划（2010～2020年）》；研究《关于创建国家公共文化服务体系示范区的实施意见》及《奖励政策》事宜；研究《关于建立综合治税大格局的实施意见》。

4月12日，区十四届政府召开第2次常务会议。研究人事任免问题。

7月14日，区十四届政府召开第3次常务会议。研究人事任免问题；研究安全生产工作事宜；提出做好暑期工作的几点要求。

11月3日，区十四届政府召开第4次常务会议。研究《北戴河区城市社区基础设施达标建设实施计划（2012～2014年）》；研究北部片区经济适用房和限价商品房销售事宜。

【区长办公会议】 2012年，召开6次区长办公会。

1月18日，召开区长办公会。研究太平庄村与园艺场土地纠纷历史遗留问题；研究提高环卫工人补贴事宜；研究环保展示中心项目事宜；研究总部大厦建设事宜；研究《2012财政预算草案的报告》；研究2012年为民办实事项目；研究《2011年政府工作报告（征求意见稿）》；研究春节安全生产事宜。

2月8日，召开区长办公会。部署近期重点工作；研究2012年暑期重点工程事宜。

3月9日，召开区长办公会。研究文化馆建设事宜；研究杨各庄河道改造工程有关事宜；研究进一步做活做强天鹅堡特色商业街事宜；研究2012年暑期前市政工程建设事宜；研究老驼峰路污水管网建设事宜；研究补缴社保基金事宜；对高尔夫球场土地、火车站片区拆迁收回土地处置、火车站片区改造项目天洋地产公司垫资费用、赤土山村已拆迁户信访等事宜进行研究。

4月1日，召开区长办公会，研究办理单庄小区75户拆迁安置房产权手续事宜。

6月9日，召开区长办公会。研究《北戴河区2012年人事代理人员招聘方案》；研究招聘教师事宜；研究2012年西山小学新建幼儿教学楼及北戴河中学操场改造事宜；研究区政府招待所资产整体出让事宜；研究北部片区限价商品房销售价格确定事宜；研究2012年保障性安居工程廉租住房、公共租赁住房建设事宜；研究《我区集中供养对象供养方案》事宜；研究区政府领导分工调整事宜。

11月3日，召开区长办公会。通报2012年度主要经济指标完成工作情况；研究以原房产管理局和原文化教育局用地补充抵押向银行贷款事宜；通报2012年度为民办实事工作进展情况；研究暑期应急工程有关事宜；研究北戴河莲蓬俱乐部有限公司认养林地相关事宜；部署安全生产及冬季护林防火工作；研究国华置业扶持政策事宜；研究免费师范毕业生就业事宜；研究提高医疗保险待遇及合并实施新型农村和城镇居民社会养老保险事宜；研究刘庄商业中心顶层造型房抵顶工程款事宜。

（宋丽娜）

【全区性会议】 1月11日，召开全区2011～2012年度森林防火工作会议，区长赵景阳，副区长李韶云出席会议，区森林防火指挥部成员单位主要负责人，两镇主管副镇长，重点部门和单位有关负责人以及各村党支部书记、村委会主任参加会议。会上，赵景阳代表区政府与责任单位代表签订工作责任状，李韶云通报全区2010～2011年度森林防火情况，赵景阳就进一步做好森林防火工作进行安排部署。

1月12日，召开2012年春节期间烟花爆竹管理工作调度会。副区长孙谓青主持会议，区安监、公安、工商、质监、交通、城管、供销、住建、园林及各镇街相关负责人参加会议。会议传达全市烟花爆竹安全工作会议精神，通报了全区今年烟花爆竹零售行政许可申请受理及零售摊位设置工作进展情况。孙谓青深入分析了全区安全生产形势，对2012年春节期间烟花爆竹安全监管工作进行周密部署。

2月17日，召开全区消防工作会议，副区长周向东主持，区消防安全委员会各成员单位、各公安派出所、各重点监管单位和企业主要负责人参加会议。会议传达2月10日全市消防工作会议精神，通报了2011年全区消防安全工作情况，深入分析当前消防安全工作面临的严峻形势，并对全年重点工作进行部署。

2月22日，召开北戴河国际青少年文化交流中心项目协调会，副区长付红主持会议，区发改局、住建局、规划局、园林局、文广新局、工商局、国土分局、供电公司、排水管理处等相关部门和单位负责人以及北京歌华集团相关人员参加会议。会议传达市长朱浩文、市委宣传部部长时晓峰、区委书记曹子玉和区长赵景阳在歌华集团设计汇报会上的讲话精神，并到项目现场实地考察，就项目相关细节问题进行对接。

3月31日，召开文化艺术片区艺术馆开放相关事宜协调会。副区长付红主持会议，区住建局、文化局、园林局、规划局及河北画院、王铁艺术馆、蒋世国美术馆、梅墨生艺术馆、歌华集团相关负责人参加会议。会议就园区内规划路修建和整个园区绿化问题进行研究部署，并到现场实地查看、对接相关问题。

4月17日，召开2012年运动之春第八届轮滑节相关工作调度会。副区长付红主持会议，区委常委、宣传部部长姚飞出席会议，区委办、政府办、体育局、城管局、教育局、文广新局、旅游局、电视台、供电公司等相关部门和单位负责人以及中北米高体育用品有限公司、新广研广告公司相关负责人参加会议。会议就轮滑节期间各项准备工作进行部署。

4月19日，召开北戴河旅游协会第二次会长会议暨旅游市场秩序整治工作调度会，副区长孙谓青主持会议。区旅游协会及各分会、区交通、公安、物价、城管、卫生、农牧、地税、工商等相关单位负责人参加会议。会上，区旅游协会及各分会汇报协会成立以来相关工作开展情况，旅游局就旅游市场秩序整治工作汇报相关方案和工作。孙谓青充分肯定旅游协会换届以来的工作，就当前旅游工作和旅游市场秩序整治进行部署。

5月8日，召开全区安全生产暨打非治违专项行动动员大会，区委副书记、区长赵景阳，副区长李韶云、孙谓青，区政协副主席、财政局局长高银山出席会议。区安委会成员单位和区属重点企业主要负责人参加会议。会议对2011年度安全生产先进单位、先进个人进行表彰，区长赵景阳代表区政府与区安委会主要成员单位代表签订2012年度安全生产责任状，并就做好全年安全生产工作作重要讲话。

5月14日，召开治理渔船非法载客工作调度会，区委常委、副区长于凤喜主持会议。区农牧局、城管局、旅游局、广播电视台、公安分局、边防派出所、海事处等部门相关负责人参加会议。会议分析当前渔船非法载客整治工作面临的重点和难点问题，逐项研究解决措施。就做好下一步工作，于凤喜提出具体要求。

5月23日，召开全区规范旅游市场秩序

暨旅游安全法律法规培训动员大会。副区长孙谓青出席，区安监局、旅游局、城管局、食品稽查大队、公安消防大队、工商局等负责人及相关部门负责人参加会议。旅游局传达规范旅游市场秩序和安全生产工作具体方案，安监部门就旅游行业安全监管和培训提出具体要求，行业单位代表分别表态发言并现场签订相关责任书。孙谓青对提升旅游从业人员素质，强化标准化建设，加大执法查处力度，加强市场规范整治等方面进行部署和动员。

6月6日，区委副书记、代区长刘学彬召集区水务、城管、环保、住建及两镇主要负责人，就有关工作召开现场会，区领导纪振勇、于凤喜、李韶云参加会议。刘学彬一行实地察看了区内重点排污企业关停、河道治理、污水管网施工、沟渠治理等方面工作进展情况，现场与各主管部门签订《关停违法违规排污企业和环境卫生整治攻坚战目标责任书》。就进一步做好全区相关工作，刘学彬提出具体要求。

6月13日，召开全区财税工作调度会。区委副书记、代区长刘学彬主持会议，区委常委、常务副区长纪振勇，政府副区长、开发区管委主任裴耀辉，政协副主席、财政局局长高银山出席会议。区政府办、财政局、国税局、地税局等单位的有关负责人参加会议。刘学彬听取了区财政局、国税局、地税局关于全区1～5月财政收支和税收完成情况报告，对当前财税形势进行客观分析，就进一步做好全区财税工作提出明确要求，确保圆满完成全年财税目标任务。

6月26日，召开集中整治医疗广告类非法出版物专项行动部署会议。副区长付红出席会议，区政府办、文广新局、工商局、卫生局、城管局、教育局、交通局、公安分局、电视台等相关部门和单位负责人参加会议。会议就开展集中整治医疗广告类非法出版物专项行动进行再动员、再部署。

6月28日，召开站前广场综合秩序整治调度会。副区长周向东出席会议，区交通局、戴河镇、交警五大队、车站派出所相关负责人参加会议。会议通报了6月27日晚秦皇岛电视台《今日报道》栏目曝光火车站停车场综合秩序混乱情况，针对曝光的站前停车秩序混乱、家庭旅馆黑车揽客、出租车管理不规范以及市民不文明行为等问题，进行认真研究，并提出具体整改意见。

6月29日，召开北戴河区2012年暑期安全生产暨防汛抗旱工作会议，区委副书记、代区长刘学彬主持会议。区委常委、副区长于凤喜，副区长孙谓青出席会议。区安委会各成员单位主要负责人参加会议。于凤喜安排部署暑期防汛抗旱工作，孙谓青安排部署暑期安全生产工作。

7月6日，召开暑期食品安全工作调度会。副区长孙谓青主持会议，区卫生局、商务局、农牧局、园林（林业）局、食品稽查大队、疾控中心、工商局、质监分局等部门和单位相关负责人参加会议。会议听取食安委办各成员单位关于暑期食品安全工作汇报，并就相关问题作了具体安排。

7月7日，召开暑期安全生产工作调度会。副区长孙谓青主持会议，区安监局、旅游局、城管局、文广新局、交通局、住建局、质监分局、公安分局、两镇、两街等部门和单位相关负责人参加会议，会议听取区安委会部分成员单位暑期安全生产工作汇报，就存在问题和暑期安全生产工作进行安排部署。

7月26日，召开全区防汛工作紧急调度会。区委常委、人武部政委张立星，区委常委、副区长于凤喜，副区长李韶云，区政协副主席、财政局局长高银山出席会议，区防汛抗旱指挥部成员单位主要负责人参加会议。会议听取水务部门有关未来天气趋势及汛期以来全区防汛工作汇报。于凤喜就做好防汛相关工作进行安排部署，提出具体要求。

8月7日，召开紧急调度会议，就海蜇蜇伤防范和救治工作进行安排部署。副区长孙谓青主持会议，区卫生局、北戴河医院主要负责人参加会议。北戴河医院通报近期全区海蜇蜇伤病例救治及预防措施落实情况，孙谓青要求，卫生部门要认真查阅调取相关历史资料，积极与具有相关处置经验医院进行沟通联系，进一步优化治疗方案，确保海蜇蜇伤病例的救治效果。

8月15日，召开北部片区、太平庄村拆迁改造工作调度会。区委副书记、代区长刘学彬主持会议，副区长孙谓青出席会议，区政府办、戴河镇及项目工作组负责人参加会议。孙谓青通报区委、区政府关于调整北部片区、太平庄村拆迁改造项目工作组成员方案，并就继续加强北部新城项目建设，推进太平庄村、杨各庄村、拨道洼村、车站村拆迁改造工作提出具体意见。

9月27日，副区长孙谓青主持召开全区旅游市场整顿暨食品安全工作会议，区旅游发展委员会成员单位及区食品安全委员会各成员单位负责人参加会议。会议就旅游市场整顿专项行动和食品安全工作进行专题部署。会后，孙谓青带领旅游、消防、工商、公安、卫生等部门和单位负责人到家惠超市、石塘路市场、老虎石浴场、望海楼外楼饭店、深海展销厅就旅游市场秩序及食品安全工作进行专项检查。

11月14日，召开全区2012～2013年度森林防火工作会议。区政府副区长李韶云、孙谓青出席会议，区森林防火指挥部成员单位主要负责人，两镇镇长、主管副镇长，重点部门和单位有关负责人以及各村委会主任参加会议。会上，李韶云代表区政府与责任单位代表签订责任状，孙谓青传达“全市秋冬季森林防火动员暨培训会议”精神。会议就进一步做好森林防火工作进行安排部署。

12月13日，召开农村环境综合整治工作调度会，区委常委、副区长、区农村环境综合整治工作领导小组组长于凤喜主持会议，区领导小组成员单位相关负责人参加会议。于凤喜详细听取各单位工作开展情况汇报，对前期工作给予肯定，针对存在问题提出具体解决意见。

为民办实事

2012年《政府工作报告》确定的10件为民实事，除2项建筑工程年内不能完工，其余8项全部完成。

【发展高效设施农业】 安排专项资金100万元，用于奖补发展高效设施农业。5月21日，下发《关于发展设施农业的奖励补助办法（试行）》，明确规定新建设施蔬菜、花卉苗木及果品基地、新建蔬菜、花卉苗木及果品标准示范园、蔬菜、花卉苗木及果品服务体系建设等奖补标准和申请程序。集发公司已按照要求建成高标准日光温室6栋，甘各庄村4栋5000平方米温室正在进行基础建设。

【推进城乡环卫设施一体化】 在陆庄村、丁庄村、崔各庄村等25个行政村建设垃圾转运站25个，于6月末建成并投入使用。

【扩大医疗救助和临时救助范围】 对未纳入低保范围的边缘户予以救助，重点为因病致贫、因病返贫且又不符合低保、五保标准要求的群体。全区共有36名符合条件人员得到救助，共发放救助金13.98万元。

【东山小区供暖管网改造】 完成东山小区老旧住宅楼片区5万平方米住宅楼分户供暖和6000延长米供暖管网改造，供暖期前完成。

【保障性安居工程】 建成二期经济适用房和廉租房294套，启动2012年100套公共租赁房和60套廉租房建设。保障性住房二期工程于2011年5月开工建设，占地1.91公顷，总建筑面积30330平方米，总投资9803.60万元，共建住宅楼6栋。其中：实物廉租住房2栋，“6+1”层，162套；经济适用住房2栋，“6+1”层，132套；限价商品住房2栋，11层，132套，年底前全部完工。实物廉租住房已经完成分配，经济适用房、限价商品房完成申购，年末完成分配。

2012年，计划建设保障性住房174套（比市政府下达的160套目标任务增加9%），总建筑面积8680平方米，总投资2660万元。其中：廉租住房72套，“6+1”层，建筑面积3590平方米，投资1100万元；公共租赁住房102套，“6+1”层，建筑面积5090平方米，投资1560万元。项目建议书及可行性研究报告立项审批、环境评价报告、规划选址意见书、用地规划、土地预审等各项手续均已办理完成。10月26日开工。

【北三路延伸】 北三路北延伸道路，位于信息产业园东侧，与大薄荷寨村相临。全长约580米，路宽5米。于6月末完工。

【城市居民天然气扩户】 继续实施城市居民天然气扩户工程，完成二期3340户扩户任务。天然气扩户工程共涉及滨海小区、育花路二区、百花小区、安居小区等7个片区。

【公交“村村通”】 辖区25个行政村中有崔各庄村、费石庄村、乔庄村、丁庄村、朱庄村、苏庄村、北戴河村7个村未通公交，为确保早日实现“村村通公交”，11月中旬，区政府、市交通局、市公交总公司、区交通运输局专题就“村村通公交”线路运营方案、开通时间等事宜进行认真研究。年末25个行政村全部实现公交“村村通”。

【街巷改造】 2012年，计划完成春花路、育花路、北二路、朝阳路4条背街里巷改造工程。朝阳路改造长度300米，5月4日开工，6月末完工。育花路和北二路原计划秋季进行改造，但因市城管局将其列入2013年雨水改造项目，故道路改造工程将与雨水改造同步实施。春花路改造因年内不具备施工条件，也将于2013年一并实施。

【文化建设】 原计划建设单一的文化馆，因建设内容、规模、选址等相关事项重新调整，拟建成集文化馆、图书馆等功能于一体的综合性文体中心，概算投资增至3000万元，建筑面积约3200平方米。方案设计已完成，年末开工。

（张磊）

区政府办公室工作

【概况】 2012年，区政府办公室围绕全区中心工作，认真践行科学发展观，尽心尽职当参谋，统筹全局抓协调，优质高效强保障，各项工作实现新提升。

暑期工作 暑期前协助相关领导统筹安排食品安全、物资供应、市政保障、近岸海域综合整治等涉暑工作，协调解决存在问题，切实做好基础保障。暑期期间，坚持每天对市容环境、城市绿化、亮化、美化等工作进行督导检查，特别加强与区纪委、区委督查室联合督导检查，发现问题及时督办落实。暑期后，对暑期工作中存在各类问题逐项进行梳理，结合借鉴各地城市建设管理、旅游服务、产业发展等方面好经验和新举措，为下一暑期年度工作提高提出合理建议。

会议活动 为确保年初人大、政协“两会”，暑期动员，暑期总结表彰，安全生产等重大会议成功举办，办公室配合相关部门和单位，精心准备，周密部署，认真做好会议所需文稿起草、会务组织等工作。做好区政府常务会议、区长办公会议议题收集和会务组织工作，并提出工作建议，供领导决策参考。2012年，召开政府常务会5次、区长办公会7次、全区性大型综合会议12次、其他各类中小型专题会议50余次、迎接省、市各级督导检查汇报会20余次。举办“运动之春”第八届轮滑节开幕式。

公务交流服务 2012年，承担全国政协海洋环境调研组、文化部公共文化服务体系示范区创建工作督导组、韩国西归浦市中学生访问团、日本中学生友好访问团、水利部、歌华集团等重要公务交流活动100余批次、730余人次服务任务。

基层建设年活动 深入刘庄村开展基层建设年活动，制定帮扶计划。对家庭旅馆经

营者进行业务培训，提高其守法经营意识和电脑操作水平；提供档案用具，完善村内档案管理；购买劳动工具，开展村容村貌集中整治；走访慰问老党员、困难户；为村征订党报党刊，丰富群众文化生活；加大信访隐患排查，做好重点时期重点人员稳控工作。聘请义务监督员，将活动内容向村民公示，接受群众监督。

【文秘工作】 2012年，起草、修改、整理各类材料570余篇，300余万字，为领导决策和推动工作提供高质量文字服务。严格履行收文登记、传阅、交办及发文审核、签发等公文处理程序，全年共处理上级来文1965件，下级请示报告654件，群众来信和领导批示171件，制发区政府和区政府办公室文件256件，利用市、区电子公文交换平台接收、上报、下发各类文件1032件，均做到及时、准确、规范，无错发、无遗失。严格按照保密要求妥善处理三密文件，全年无泄密事件发生。

【信息工作】 2012年，编发《政务快报》112期，刊发各类信息1000余条；上报市政府信息600 余条（篇），被市政府刊物采用100余条（篇）。上报省政府信息80余条（篇），被省政府信息刊物采用8条（篇）。经省政府办公厅整理， 2条信息上报国务院办公厅。政务信息工作获市政府系统“信息工作先进单位”称号。

【政务督查工作】 在《政府工作报告》决定事项、“为民办实事”、暑期工作及项目建设等重点工作督查中，严格落实责任制，及时进行任务分解，制定督查方案，明确目标，定期跟踪进度。在督查过程中，将解决问题和提出合理化建议作为工作重点，坚持督导与服务相结合，提升督查权威和效果。2012年，编发《政务督查专报》8期、《联合督查快讯》20余期、其他各类专刊20余期。区政府督查室被市政府办公厅授予“督查工作先进单位”荣誉称号。

【提案工作】 制定《2012年区人大代表建议政协提案办理要求》，从办理流程、工作措施、落实效果等九个方面对承办工作进行明确规定。制发“代表建议、政协提案办理情况登记表”“承办单位答复行文格式”“办理征询意见表”等8种制式表格。注重在方法创新上下功夫，采取联合调研、现场办理、召开座谈会或“面对面”答复、“面对面”征求意见等“开门办理”方式，提高承办工作水平。2012年，承办省级政协提案2件，市级人大代表建议4件、政协提案7件；承办区级人大代表建议80件、政协提案106件，规定时限内答复率、走访率、办结率、规范化率、满意率均达到100%。区政府被评为全市政府系统承办工作优秀单位。

【民情工作】 2012年，区民情办公室（区长公开电话办公室）共受理民情事项647件，其中，区长公开电话594件、网民留言53件，办复率100%。承办省网络问政平台留言4件、市企业家服务热线暨市长公开电话、“1890”政务服务热线交办卡13件，办结率100%。收到群众感谢来电、来信共30件次。区民情办公室被秦皇岛市机关效能建设领导小组办公室授予2011～2012年度“五星级服务窗口单位”荣誉称号，被市政府市长热线评为“2012年度优秀电话承办单位”。

【民族宗教工作】 健全民族宗教工作网络，严密各项工作措施。准确把握民族宗教领域不稳定因素，妥善处置1起非法宗教集会活动。加强基督教福音堂规范管理，确保严格按照相关程序要求组织开展活动。组织相关部门对辖区22家清真食品经营单位和大专院校清真餐厅开展专项检查。开展“民族团结月”活动，收集各类作品30余幅，部分作品在全省获奖。落实各项民族政策，为34名应届少数民族考生办理加分手续，为符合条件6名居民更改民族成分。

【法制工作】 2012年，完成全区30个行政执法单位60余宗行政处罚案卷检查，逐宗作出评查意见。完成全区34个行政执法单位2012年度行政执法案卷、罚没票据、罚没物资登记造册、罚没物资处理、罚没物资收缴情况检查。对36个行政执法部门488名行政执法人员持有的执法证件进行年度审核检验，受理行政复议案件1起。加强规范性文件管理，严格按照省、市相关规定，向市政府及时报备2012年规范性文件2卷，完成规范性文件清理，保留24件，修改3件，废止13件。

【信息公开工作】 严格按照《北戴河区政府信息公开实施细则》《政府信息公开保密制度》等制度要求和《北戴河区政府信息公开指南》等规定，加强信息公开工作管理。增设政府信息公开法制专栏，方便群众获取政府公开信息。及时更新政府本级和区属各部门公开信息，指定专人负责系统日常维护，确保政府信息公开平台良好运行。2012年，累计主动公开政府信息1400余条，未发生泄密事件。

【外事工作】 2012年，办理随团出国考察手续4批次，高标准接待日本、韩国、美国、南非等外事人员15批、100余人次，推动对外交流合作实现新发展。

（司杰、田甜、刘晓航、张明霞、王伟、王力强、柳志军、刘海滨）

【应急管理工作】 修订完善《北戴河区人民政府突发公共事件总体应急预案》《北戴河区海上搜救应急预案》《北戴河区海域油污防控预案》等各类预案百余件。编印《北戴河应急知识读本》。对辖区内危险化学品、交通安全等44个重点防范企业和重大危险源进行逐一排查，对可能引发突发公共事件的风险隐患，开展风险评估，及时研究制定应急预案和防范措施。2012年，组织森林防火、人员密集场所消防、海上救援等演练13次，发布不同等级预警信息87次、6000余条，成功处置各类突发事件10余起。

【政府采购工作】 2012年，发挥政府采购政策功能，坚持依法采购、强化监督、规范操作。开展政府采购专项执法检查，加强对部门采购、工程采购监管，对协议供货、定点采购进行探索尝试，扩大政府采购范围和规模。年内，政府采购规模达到17984万元，节约资金1024万元，同比增长14.90%。

充实专家库资源。与市财政部门专家库实现资源共享，专家库资源涵盖暖通设备、工程建设、网络设备、办公家具等20余类专家，共计550余人，进一步规范评审专家抽取、审核和管理等工作，做到每个项目论证专家和评标专家绝不重复。

以国有资产信息化网络管理系统为手段，实现国有资产管理与政府采购行为有效对接，采取政府采购管理与国有资产管理信息共享等方式，从源头入手完善政府采购项目审批，不仅实现政府采购从“有序无度”向“有序有度”方向转变，而且有效避免盲目购置、重复购置等浪费资源现象，大大提高资金使用效益和政府采购效率。

在政府采购实施过程中建立有效监督机制，杜绝暗箱操作，招标文件上网公示。施行招标信息公开、招标文件、中标结果、采购合同备案制度。对采购方式变更严格要求，凡是达到公开招标限额项目，因特殊原因需要变更方式，严格按市财政局关于非公开招标方式审批程序进行审批管理；20万元以下项目一般采用竞争性谈判方式，发布公告至少7天，变更采购方式需区财政局和监察局审批。

贯彻落实财政部关于采购环保标志产品、节能产品、自主创新产品相关规定，严格执行强采制度，优先采购在《节能产品清单》和《环境标志产品清单》的产品，在政府采购招标过程中特别要对节能产品、环保标志产品给予优惠政策，按照相关文件要求对招标文件进行规范，在评标办法中明确优惠条款。对纳入强制采购目录项目严格把关，不符合要求的采购计划一律做退回处理。

（周永勃 周慧敏）

人事工作

【机关事业人员管理】 2012年，全区有公务员519人（包括两街、两镇政府系统人员），参照公务员管理事业人员59人，事业单位人员2775人，其中，管理人员438人、专业技术人员1785人、工勤技能人员552人。通过省、市、县、乡四级联考，全区共招录公务员5人，其中，园林局2人，统计局普查中心3人。对全区机关、事业单位一般工作人员进行年度考核，其中，机关134人参加考核，优秀21人；机关工勤人员106人参加考核，优秀14人；事业2679人参加考核，优秀411人。完成全区机关事业单位管理人员与工勤技能人员首次聘用工作，其中，机关129人，事业936人。

【专业技术人员管理】 2012年，全区专业技术人员评审、初定247人，其中，高级职称33人、中级职称85人、初级职称129人。年内，全区事业单位有专业技术人员1785人，其中：教育系统1116人、卫生系统339人、其他部门330人。按照专业技术职称分高级职称209人，中级职称762人，初级职称814人。

（张晓华）

政务服务工作

【概况】 北戴河区人民政府政务服务中心进驻22个职能部门，涉及190项行政许可、非行政许可和便民服务事项。中心主要办理国内外投资者在北戴河区申请投资经营性项目等相关行政主管部门的审批及审核上报，核发各种审批文件、证照，办理相关经济组织和居民申领有关证照，同时还受理有关咨询和投诉。是集咨询、行政许可、收费、管理、协调和监督为一体的政务综合服务机构。中心建有对外办事窗口30个，采用敞开式对外服务，并设有电子触摸屏、饮水机、书写桌椅等设施，为服务对象提供必备实用办事环境和配套商务、金融等服务机构，方便企业和群众办事。全年，中心办结各类审批和服务事项2.29万件，比上年增长29.60%，收储金额3300余万元，收到表扬信105封。评选出国土分局窗口、质监分局窗口、交通局窗口为年度文明示范窗口。被秦皇岛市创建青年文明号活动组委会授予“2012年度青年文明号”光荣称号，被市政务服务中心授予“全市政务服务系统2012年度信息工作先进单位”称号。

【项目审批服务】 推进事项进厅。年度内区工商局企业年检事项进厅办理，同时进驻4名工作人员；区住建局将继承与赠与登记和交换房屋登记2项事项放入中心住建局窗口办理，目前进驻事项由原来的8项增加到10项。规范“三类事项”办理程序。配合区纪委监察局、区政府法制办对全区具有行政审批职能部门的审批卷宗进行为时一个月的专项检查，及时纠正超时限审批，申请、审批、许可时间倒置，卷宗涂改，卷宗目录不规范等问题。对发现问题部门下发限期整改通知书并组织召开“三类事项”规范办理培训会。建立事项办理外网公开查询系统，按照办事企业和群众实际需求，通过对相关系统模块进行升级改造，将内网政务服务信息管理系统与中心互联网网站依托市政务服务中心网闸实现技术对接，实现办理事项全面公开。在全市率先实现区、镇街两级办理事项在网上“六公开”。办事群众可在中心网站实时查询所办事项当前办理状态及办理结果，全程网上监督，使企业和办事群众得到更加快捷、方便、公开服务。投资6万元完善音视频监控系统，增加网络视频服务器。做好建设项目领办工作。提前介入，为投资者提供“一对一”全过程审批指导和引领服务，为投资者节省时间、提供方便。中心还设立领办代办服务窗口，根据服务对象自愿委托，提供有关政策、收费、办事流程等方面咨询服务和代办服务，拓展中心服务渠道。开启绿色通道。系统研究办理事项前置条件和手续，对手续繁琐事项做出再造审批流程，简化审批环节、提高审批效率等提速增效新举措，对程序性事项在材料齐全情况下，可先批复后补签，进一步提高窗口办事效率，行政效能得到明显提高。

【便民利企举措】 发挥窗口集中、工作人员集中优势，对群众急需办理事项推行三种服务，即延时服务、预约服务和上门服务。完善《公共卫生安全应急预案》《群体性事件应急预案》《火灾事故应急预案》等应急预案。定期组织与办事群众密切联系的窗口单位开展行业风采展示。

【镇街政务服务中心建设】 召开四级政务服务体系联网审批推进会。按照市政府《关于加快乡（镇、街道）、村（社区）政务服务体系建设的通知》精神，制发《北戴河区进一步加强和规范镇（街）、村（社区）政务服务体系建设的实施方案》，召开推进镇（街）、村（社区）政务服务体系建设工作会，要求各镇街结合自身工作实际制定本中心实施方案。深入镇（街）村（社区）服务室了解硬件配置情况、代办员工作情况和档案归档情况，全面掌握基层工作状况；为各镇街中心全部配齐办公设备，为各便民服务室均落实1间固定办公用房，配齐办公设施；统一制作门牌、公开栏及工作台账。全区4个镇（街）政务服务中心共进驻工作人员67名，进驻审批及服务事项29项；34个村（社区）便民服务室共有代办员57名，代办事项16项。配合市中心在区中心、西山街道中心、东山社区安装远程监控摄像头，便于市中心及时掌握基层便民服务情况；配合市中心县区指导处完成市中心与区中心、西山街道中心、东山社区便民服务室的网通神眼视频系统连接，通过腾讯视频对话系统、好视通视频平台实现市中心与北戴河区三级政务服务体系音视频通话。会同区纪委监察局对2镇2街34个村（社区）便民服务室建设情况和工作开展情况进行全面检查。通过检查和整改，与市中心构建良好四级政务服务网络，确保政务服务全区覆盖。

（张志娟）

机关事务管理

【概况】“北戴河区机关后勤服务中心”于2012年12月12日更名为“北戴河区机关事务管理局”。负责党政机关综合办公楼内40余家机关单位安保、卫生、会议、维修等后勤保障工作及全区公共用能机构日常节能减排工作。

【日常服务】 严格落实24小时值班、定期检查、按期保养、以旧换新和维修登记等各项工作制度，全面及时做好水、电、空调、电梯等各方面维护维修工作。加强职工食堂管理，严把采购、入库、出库、加工检验等多道关口，确保就餐绝对安全；不断丰富和变换菜肴品种，减少浪费环节，进一步稳控销售价格，做到方便实惠、物美价廉。加强政府广场管理，对广场喷泉、电路、灯具、音响等用电设备进行全面检查和维修，及时更换彩灯、射灯，刷新车位线、道路标线和护栏，更换破损地砖，清理花坛及周边环境，做好广场美化亮化工作。做好办公楼整体保洁工作。严格按照卫生工作标准，对楼道、电梯间、会议室、卫生间、垃圾道等重点部位做到全天候保洁。稳步开展会议服务、文件印刷、报刊投递等各项日常服务工作，年内接待大、小型会议400余次，各类文件印刷万余份，报刊投递日发行量均在千份以上。

【安保工作】 从加强对全体保安人员思想教育工作入手，克服麻痹思想、明确分工要求，逐级落实责任，健全专项应急预案，确保安全保卫工作不出疏漏。加强巡逻、登记工作，严格落实24小时值班和电子监控工作制度，加强进出办公区域人员、车辆控制能力。重点对办公楼消防电子报警系统、消防栓系统、自动喷淋系统、防烟排烟系统、应急疏散系统进行全面检查和试用，各项消防设备设施运行正常，灭火器压力合格，疏散通道畅通，确保办公楼整体消防安全。

【节能工作】 2012年，全区统计在册的公共用能机构共90个，建筑面积18.29万平方米，用能人数4350人，公车306辆。用能结构主要体现为污染型用能向清洁型用能的逐步转变过程。按照省、市公共机构节能工作统一部署，全力做好全区公共机构节能工作。加强全区节能降耗检查力度，针对存在问题制定整改措施，同时做好全区公共机构能耗情况统计、核实、上报工作，及时为上级科学决策提供可靠依据。从自身做起，加强对耗能末端监管控制，严抓车辆用油、维修、办公耗材申领、职工食堂成本核算工作，加强对各类可能发生浪费环节管理，不断健全节能制度。年内煤、水、柴油、液化气人均消耗量大幅减少，电力、天然气、汽油人均消耗量小幅上升，全区人均能源消耗量比2011年度人均值整体下降3%以上，圆满完成“十二五”节能规划分解任务。

（王 欢）

地方志工作

【年鉴编纂工作】 3月，区委办、政府办联合制定《关于做好〈北戴河年鉴〉编纂工作的通知》和《北戴河年鉴（2012）》编纂工作方案，下发至有编辑任务单位、人民团体和驻区单位，并落实到具体负责人和撰稿人。为做好《北戴河年鉴（2012）》编纂工作，区地方志办公室召开编辑人员会议，传达贯彻省、市地方志工作会议精神、学习外地先进经验。学习有关年鉴编纂业务知识，对《北戴河年鉴（2011）》进行回顾，查找不足，提高编辑人员业务知识水平。在此基础上设置出篇目：特载·专题、大事记、区情综述、中共北戴河区委、北戴河区人民代表大会、北戴河区人民政府、政协北戴河区委员会、民主党派·工商联、人民团体、法治·国防、城乡建设、旅游·休疗养、农业和农村经济、工业、经济技术开发区、商贸流通业、交通·邮电、金融业、财税管理、综合管理、社会事业、社会生活、镇·街道、人物、荣誉专版、附录26个类目、130余个分目和660余个条目。

【志书、年鉴发行工作】 《北戴河志（2011）》年内发行、销售、交换20余册。《北戴河年鉴（2011）》年内发行200余册。分别完成《河北年鉴（2012）》《秦皇岛年鉴（2012）》中北戴河区部分撰稿任务。为省、市、区内外有关单位和个人提供查询、阅览、摘抄，提供信息、文字资料、图表、照片等30余份（次）。

（韦 国）

档案管理

【概况】 2012年，区档案馆紧紧围绕全区中心工作，坚持档案工作为经济建设服务，为社会发展服务，为人民群众服务，认真履行档案事业行政管理和档案保管利用两大职能，有效促进档案法制建设、资源建设和信息化建设良性发展。组织档案员参加业务培训，提高档案队伍整体业务素质。

【机关事业单位档案工作】 区档案馆指导有条件的区属20家单位实行档案计算机管理，完成档案文件级录入及全文扫描工作。按照《机关文件材料归档范围和文书档案管理期限规定》对党政机关、社会团体归档范围及保管期限进行重新上报，根据各单位出具的分类大纲、文件归档范围和保管期限表进行现场审查和修订，机关档案工作水平得到大幅提升。全区立卷归档合格率达到96%。

【农村档案工作】 全区2个镇25个行政村均建有档案室，年内，区档案馆进一步加强村级档案工作指导监督，结合全省开展的“基层组织建设年”活动，针对农村档案员工作特点，进行一对一业务知识培训，明确各村专人分管，落实专室、专柜等相关设施，并为帮扶村提供部分档案装具，做好档案收集、整理归档工作。

【档案接收与利用】 对全区2007年以前产生档案进行接收进馆工作，接收档案732卷2947件。并利用馆藏档案编写《北戴河区大事记》《北戴河区经济活动汇编》《政府工作报告汇编》《国民经济和社会发展规划汇编》《人大常委会工作报告汇编》等编研材料12册，方便利用者查阅。

【档案执法检查】 7月22日～8月20日，区档案馆联合区人大、区政协、区政府法制办公室深入城区乡镇、街道、社区及企事业单位进行档案执法检查，重点检查档案管理机构设置和规章制度建设情况、档案安全保管工作情况、档案集中管理及文件材料归档工作情况等。对存在问题，提出整改意见，并进行督促检查，在一定程度上遏制个别单位不重视档案工作现状。

【档案信息化建设工作】 档案馆数字化工作按照“随收随整随录”原则，将收集进馆的每一件档案及时安排人员进行规范化编目录入及全文扫描，所有进馆档案均实现计算机检索。至年末，累计完成扫描104万页，新增目录3万条，累计19万条。在网站管理方面，明确专人负责，新增多项专栏，每日内容得到有效更新。提供在线开放档案目录查询服务。将达到开放年限经过鉴定档案目录放在网站上提供查询，实现档案信息社会共享。政务信息公开中心严格执行《现行文件报送制度》和《政府信息公开条例》，采取按季度报送制度，接收文件2811件，依托区档案馆添置的触摸屏和软件，高标准建好政务公开信息平台，通过政务信息集中采集和集中提供，有效地面向社会，服务百姓。

（姚海鹏）

政协北戴河区委员会

政协全体委员会议

【政协北戴河区第八届委员会第一次会议】 2月14日～16日在区政府综合办公楼三楼会议厅召开。应出席委员105名，实际出席委员104名。特邀区委、区人大、区政府、区纪委和人武部的领导，区公安局、检察院、法院以及行业驻区单位主要负责人和原区政协主席、副主席出席会议，各镇、各街道、区直各部门主要领导列席会议。市委常委、区委书记曹子玉代表中共北戴河区委作重要讲话。

会议听取并审议通过政协主席严彬所作的《中国人民政治协商会议秦皇岛市北戴河区第七届委员会常务委员会工作报告》，听取审议并通过政协副主席杨振久所作的《中国人民政治协商会议秦皇岛市北戴河区第七届委员会常务委员会提案工作报告》。全体委员列席北戴河区第十四届人民代表大会第一次会议。听取并讨论《北戴河区人民政府工作报告》，讨论《北戴河区人民法院工作报告》《北戴河区人民检察院工作报告》《北戴河区2011年国民经济和社会发展计划报告情况及2012年计划草案的报告》《北戴河区2011年财政预算执行情况和2012年财政预算草案的报告》。

会议通过政协北戴河区第八届委员会第一次会议政治决议。选举产生区政协第八届委员会主席、副主席、秘书长和常务委员。选举严彬为政协北戴河区第八届委员会主席，选举陈艳霞、杨振久、卢洪文、高银山为政协北戴河区第八届委员会副主席，选举李洋洋为政协北戴河区第八届委员会秘书长，选举孟香爽、王智华、杨国栋、张振江、刘润秋、周学年、李伟、张志强、薛伟、田欣华、李文彬、王树忠、刘立辉、王文义、傅德礼为政协北戴河区第八届委员会常务委员。

【区政协第八届委员会组成】 区政协第八届委员会由中国共产党、民革北戴河支部、民盟北戴河总支、民建北戴河总支、民进北戴河工委、农工民主党北戴河支部、九三学社北戴河支社、工商联、无党派人士、人民团体、“三胞”眷属、基层社会管理组织、农林、经济、休疗旅游、金融保险、公安消防、环保城建交通、教科文卫体、民族宗教20个界别组成。

【区政协第八届委员会委员构成】 区政协第八届委员会委员110人，拟任委员105人（暂空5人），七届委员会留任委员65人，新委员40人，特邀列席委员5人。委员中，中共党员45人，占委员总数40.91%；非中共委员60人，占委员总数54.55%；上届保留委员65人，占委员总数59.09%；新提名委员40人，占委员总数36.36%；女委员26人，占委员总数23.64%；少数民族委员10人，占委员总数9.09%；大专以上文化程度的102人，占委员总数92.73%，其中，硕士以上学历14人；年龄结构：50岁以上的15人，占委员总数13.64%，40～49岁的51人，占委员总数46.36%，20～39岁的39人，占委员总数35.45%，委员的平均年龄44岁。

区政协常委会会议

区政协第八届委员会常委21人，其中，中共党员10人，占常委总数的47.62%，非中共人士11人，占常委总数的52.38%。

【政协第七届委员会常务委员第二十四次会议】 2月3日召开，会议由政协主席严彬主持。审议关于召开政协八届一次会议的决定；审议通过新一届政协委员、参加单位构成情况及常委会组成人员名单；审议通过区政协八届一次会议有关事项；审议区政协七届委员会常务委员会工作报告及区政协七届委员会常务委员会提案工作报告。

【政协第八届委员会常务委员第一次会议】 3月13日召开，会议由政协主席严彬主持。通报调整区政协机关内设机构情况，提案办公室更名为提案委员会，委员工作办公室更名为委员工作委员会，增设法制和民族宗教委员会和社会事业委员会；通报区政协主席、副主席分工情况；研究通过增补八届区政协委员，增补顾东、高丽杰（女，蒙古族）、于志勇、陈国刚、高春华、郭一心为八届政协委员；研究聘任区政协副秘书长、各委员会副主任和委员事宜；审议通过区政协2012年工作要点；审议通过区政协提案工作实施细则。

【政协第八届委员会常务委员第二次会议】 10月31日召开，由区政协主席严彬主持。学习中共中央办公厅、国务院办公厅《关于进一步加强人民政协提案办理工作的意见》精神；听取徐福研究会筹备情况汇报；听取各委员活动组"一对一"帮扶活动开展情况汇报；听取政府2012年为民办实事提案办理情况汇报。区政府副区长李韶云及有关部门负责人列席会议相关议题。

区政协主要工作

【政治协商】 区政协八届一次全会期间，利用政协全委会议，组织委员对政府工作报告和其他报告进行协商讨论，就经济结构调整、旅游立区战略、重大项目建设、城乡一体化进程等重大问题，建言献策，提出意见建议100余条，为区委、区政府决策部署提供依据。区政协常委会分别就城市建设、环境治理、医保统筹、住房保障等重要问题，开展专题协商，并切实抓好协商意见落实。区政协各专委会坚持协商活动经常性，积极与相关部门开展对口协商活动，就文体活动开展、民族宗教工作、家庭旅馆建设、小区物业管理和治安防范等议题进行协商建言，推动相关工作落实。

【参政议政】 选择影响和制约北戴河区科学发展的综合性、全局性课题，以常委会、主席办公会等多种协商调研形式，开展调查研究，提出意见建议。就旅游经济发展、文化建设、小微企业发展、交通管理、城镇居民养老等课题开展专题调研，形成《强化旅游软硬件建设 促进旅游业快速发展》《关于公共文化服务体系建设情况的思考》《关于暑期交通路段拥堵状况的思考》等10余篇调研报告和专题建议，得到区委、区政府领导高度重视，其中部分建议已经在实际工作中得到采纳和落实。

【民主监督】 围绕人民群众普遍关注的热点、难点问题，运用提案、调研、视察等形式，开展咨政监督活动。出台《提案工作实施细则》，就提案撰写、审查、办理等作出明确规定，使提案工作更加规范有序。对14件优秀提案和5家提案办理先进单位进行表彰，促进提案和提案办理质量提高。八届一次会议以来，收到委员提案114件，立案108件，全部办结，委员满意率和基本满意率达到100%。组织委员深入基层调查研究，收集涉及教育、医疗、就业、社会保障等方面信息30余条，为党委政府了解掌握群众意愿提供依据。就重点项目进展、旅游服务业发展、食品安全监管、中小学及幼儿园标准化建设等情况，组织委员进行监督视察，提出意见建议，促进相关问题解决。支持鼓励政协委员担任政府职能部门行风评议员和特邀监督员，积极参与执法执纪监督和民主评议活动，促进部门工作开展。

【政协委员变更】 八届一次常委会增补顾东、高丽杰、于志勇、陈国刚、高春华、郭一心6人为区政协委员，至2012年末，有委员111人，特邀列席委员5人。

政协委员名单

（111人，按姓氏笔画排序）
于志勇　卫丽敏（女）　马海明
王　东　王　芳（女，满族）
王　青　王　惠（女）　王文义
王文胜　王东升　王有奇
王树忠（蒙古族）　王铁军　王鸿雁
王雅婷（女）　王智华　王墨江
井赞泉　公晨艺　计春江
艾　琳（女）　卢玉平　卢洪文
田　宏（女）　田欣华（女）
田春来　白　鹤　冯树合
师建国（满族）　朱　红（女）
朱晓东　刘　明　刘立辉
刘艳红（女）　刘艳柱　刘润秋
刘景平　刘锁华　刘渤江　严　彬
李　扬（女）　李　伟（满族）
李　伟　李　军　李　强　李文彬
李其滨　李宝明　李治国　李建春
李春兰（女）　李洋洋　李霄霏
杨　宏　杨立更　杨仲秋　杨国兴
杨国栋　杨振久　杨静媛（女）
肖　敏（女）　吴庆红（女）　谷平海
邸贵宝　宋汝位　张东海　张志强
张振江　张家祥　张海燕（女）
张盘成　陈国刚　陈秋菊（女）
陈艳霞（女）　采蓉梅（女）
周学年　周维忠　郑国滨
孟香爽（女）　赵长吉　赵国祥
赵洪辉　侯忠朴（女）　逄忠利
姚占来（满族）　顾　东　高志强
高丽杰（女，蒙古族）　高春华
高银山（满族）　郭　晨　郭一心
郭永广　郭红娟（女，满族）
姬献平（女）　黄　伟
曹晓军（满族）　崔　颖（女，满族）
崔兆文　崔国利　商洪林　梁军涛
蒋玉斌　蒋丽艳（女）　韩英山
韩英河　傅德礼　管　茁
滕运林　潘颖丽（女）　薛　伟
特邀列席委员（5人，按姓氏笔画排序）
王　铁　冯　军　李　蘅（女，满族）
张秀兵　徐轶尊

（赵　爽）

民主党派·工商联

民主党派

【中国国民党革命委员会北戴河区支部】（以下简称民革北戴河支部）有党员27人，年内新发展党员2人，1人调出。其中，有副主任医师职称的4人，教授职称的2人。主委：张振江，男，全国政协管理局副处长；副主委：采蓉梅，女，北戴河二中高级教师；逄忠利，男，北戴河医院副主任医师。支部党员中有1人为区政协常委，7人为区政协委员，在区政协会上，提交提案19份。支部组织党员开展两次集中理论学习活动，学习中共十八大会议精神；春节期间慰问80岁以上老党员2人。

【中国民主同盟北戴河区支部】（以下简称民盟北戴河支部）有盟员20人，年内新入盟3人，去世1人。其中，有副主任医师职称的4人，主任医师1人，高级工程师1人。主委：刘润秋，男，北戴河二中高级教师；副主委：吴庆红，女，北戴河医院儿科主任，副主任医师；宣传委员：韩英河，男，北戴河专家休养所；组织委员：杨力伟，男，北戴河国税局开发区分局副局长。支部盟员中有1人为区政协常委，2人为区政协委员，在区政协会上，共提交提案8份。支部组织全体盟员学习讨论中共十八大全会精神。刘润秋、韩英河2位盟员，在区政协组织的义务帮教活动中，义务授课45节。刘润秋、吴庆红、韩英河3位盟员积极参加区政协组织的为期5年的帮扶贫困户活动，每人认领帮扶1户贫困户，已捐钱、物价值1000余元。韩英河盟员还参与区许福研究会，为家乡文化建设贡献力量。

【中国民主建国会北戴河区总支委员会】（以下简称民建北戴河总支）现有会员31人，年内新入会4人。总支委员会于11月24日召开民建秦皇岛市北戴河第四届总支委员会第一次会议，选举周学年、李新、潘颖丽、王晓永、王超、王九凌为总支委员。总支主任委员：周学年，男，区政协委员工作委员会主任；副主任委员：李新，男，保险公司副经理；潘颖丽，女，区计生局。会员中区人大常委1人，区政协常委1人，区政协委员5人，在区政协会上，提交提案7份。其中《关于对农村卫生所和农村赤脚医生加强管理的意见》《关于北戴河通往海港区快速路的几点意见》《关于我市旅游一卡通的几点建议》《关于省际、市际和县级公路两旁绿化带的几点意见》等社情民意受到区领导的高度重视。总支积极组织会员进行理论知识学习，学习中共十八大会议精神，并组织会员开展各项活动。3月20日，在鸽子窝公园举行《观海咏诗，爱祖国》活动。6月1日，到西河南村对朝鲜族小学进行慰问捐赠活动，会员们捐赠1000余元现金和部分学习用品。

【中国民主促进会北戴河区工作委员会】（以下简称民进北戴河工委）有2个支部，会员33人。工委主委：李伟，男，秦皇岛广播电视大学北戴河分校校长；工委副主委兼第一支部主委：郭晨，男，秦皇岛广播电视大学北戴河分校教务主任。第二支部主委：冯树合，男，北戴河区联峰山公园管理处副主任。会员中区人大常委1人，区政协常委1人，区政协委员4人，在区政协会上，提交提案27份。8月，第二支部组织会员到戴河镇古城村，对“农村基层公共服务平台建设”进行调研，冯树合执笔的关于“农村基层公共服务平台建设”的调研报告，被民进省委采纳；11月6日，举行民进北戴河2012支部换届大会，赵琳当选第二支部副主委；11月28日，组织领导班子全体成员深入学习贯彻中共十八大精神。会员未淑云被秦皇岛市精神文明建设委员会授予秦皇岛市十大志愿服务标兵荣誉称号。第二支部主委冯树合被民进市委评为参政议政工作先进个人，未淑云、姚占来被评为社会服务先进个人，赵琳被评为宣传、信息工作先进个人。

【中国农工民主党北戴河区支委会】 （以下简称农工党北戴河支委会）有党员11人，其中，有主任医师职称2人，副主任医师职称4人。支委会于9月份进行换届选举，主任委员：王晓臣，男，北戴河医院医保科主任；副主任委员：李春风，女，国家电网北戴河疗养院内科主任；卫丽敏，女，北戴河医院肿瘤科主任，原主委薛伟任农工党秦皇岛市第五届委员会副主委。支委会党员中有区人大代表1人，区政协常委1人，区政协委员1人，在区政协会上，提交提案5份。5月，支委会全体党员与市第一医院、市中医院部分党员联合到卢龙县段家沟村开展联合义诊、送医送药下乡活动；薛伟组织农工党秦皇岛市医药卫生委员会的专家党员多次前往榆关、杜庄2个卫生院进行新知识讲座并辅导临床操作；参加政协“一帮一”活动，组织部分党员到北戴河区陆庄村帮扶对象家开展帮扶活动；在“重阳节”看望退休老党员，送去慰问品；11月，组织全体党员学习中共十八大相关文件精神。由薛伟撰写的社会主义核心价值体系征文入选省委统战部《践行社会主义核心价值体系》论文集、撰写的其他多篇信息被《农工冀讯》采用刊登。

【九三学社北戴河区支社】 （以下简称九三北戴河支社）有社员23人，年内，新发展社员1人，社员中有高级工程师职称的9人，副主任医师职称的2人。主委：张志强，男，北戴河区工程质量监督站站长；副主委：蒋玉斌，男，北戴河冰都工贸公司总经理；张东明，女，秦皇岛职业技术学院外事办副主任。社员中1人为区政协常委，3人为政协委员。在政协会上，共提交提案7份。11月，组织全体社员学习中共十八大会议精神；积极响应九三学社市委号召，全体社员为青龙希望小学捐款1400元；4位区政协委员积极参加区政协所在小组的“五个一”活动，积极捐款，参加帮扶、义诊和慰问困难户等活动；蒋玉斌为区妇幼保健站捐赠空调1台，为区老年活动中心捐赠乒乓球台1张；北戴河支社为离退休老社员订阅《益寿文摘合订本》和《生活文摘报》。

（宁　萌）

北戴河区工商业联合会

【概况】 2012年，北戴河区工商业联合会有会员270余人，其中，非公有制经济代表人士120余人，基层分会组织2个。区工商联引导和带领会员，围绕区中心工作，服务大局，不断提高履职能力。开展小微企业“保生存谋发展”调研。深入区属企业及相关部门单位，开展调研，及时形成情况报告。为提高民营企业管理者综合能力，于5月举办民营企业家培训班，近100人参加培训。解决民营企业融资难问题；关爱老会员，两节期间，对原工商业者老会员进行走访慰问。

【参政议政】 区政协聘任部分民营企业家在区政协任有关职务。及时了解并反映非公有制企业要求、建议和呼声，对区委、政府研究制定的有关发展非公有制经济的政策、措施，提出建设性意见。组织工作人员，对区招商引资、企业改制、城市建设等进行专题调研，听取广大会员意见、建议和诉求，积极帮助会员协调解决实际困难和问题；会员中人大代表、政协委员共撰写政协提案和人大代表建议28份，其中《加强民营企业文化建设》提案，被评为2012年度区政协优秀提案。

【光彩事业】 组织引导会员开展“千家民企进老区帮万户光彩示范行动”活动，10余名民营企业家会员到帮扶对象革命老区青龙县祖山镇花厂峪村，为该村困难家庭200名村民缴纳农村合作医疗保险费1万元。“六一”儿童节，组织区民营企业家代表，联合团区委、区妇幼保健站到蔡各庄小学开展慰问活动。为15个教学班送去收录机等价值3000余元的学生用品，向5名困难学生每人发放300元慰问金。11月，联系省市工商联和明日之星科技有限公司，为区贫困学生捐助护眼仪、明日之星掌上学习机等价值15万元学生用品。“八一”建军节，区工商联组织部分民营企业家，先后到区武装部、驻区武警部队慰问。发挥政协委员作用，20余名政协委员积极参加“帮扶”活动，送去3万余元慰问金和慰问品，为部分困难家庭提供就业岗位。组织民营企业进社区活动，宝顺集团、冰都公司为社区服务中心捐赠牙科专用椅医疗设施、空调等价值20余万元物资。

【联谊工作】 区工商联利用暑期各种资源和优势，接待到访的甘肃嘉峪关，河南省濮阳市、县工商联，哈尔滨南岗区工商联。暑期后，组织部分民营企业家走访成都市工商联、眉山市工商联、黑龙江省哈尔滨市工商联，内蒙古自治区包头市工商联和江苏省华西村等经济发达地区。围绕培育新的经济增长点，拓展非公经济发展领域，组织非公经济人士赴先进地区进行实地考察，参加商贸洽谈会，学习外地招商引资、小商品经济发展新模式、高起点规划和城市建设等先进经验。

（郑铁桥）

人民团体

北戴河区总工会

【概况】 2012年，全区基层工会组织310家，其中，新建工会组织18家，工会会员1.70万人，新增会员272人，职工入会率100%。区总工会开展“面对面、心贴心、实打实服务职工”活动和职工建功立业活动，协调稳定劳动关系。倡导勤奋劳动、诚实劳动、创新劳动风尚，构建和谐劳动关系。全心全意服务职工，保障和改善职工民生。推进基层组织建设，提高工会工作水平。区总工会被秦皇岛市总工会评为“工会工作先进单位”“工会法律工作先进单位”称号、并获得工会信息、统计工作和经审工作先进单位称号；被区委、区政府授予“平安建设先进单位”“2011～2012年度文明单位”称号。7月29日～8月3日，协同有关单位圆满完成全国总工会组织的300名全国劳模到北戴河区休养的接待任务。区总工会被市总工会授予“全国劳模接待工作先进单位”称号。

【维护职工合法权益】 加强职工服务中心规范化建设，健全完善工作制度，拓展救助领域。发挥在社会管理创新中的协调、服务和监督作用，坚持政府联席会议、劳动关系三方协商会议制度。以协调劳动关系为重点，建立健全劳动争议预防、预警和调处机制，协助政府妥善解决和处理企业与职工的劳动关系矛盾。提高企事业单位以职代会为基本形式的厂务公开、民主管理制度的建制率，保障职工群众在企事业管理中的知情权、参与权、表达权、监督权，有力推动基层民主政治建设。指导职工与企业签订劳动合同，大力推进平等协商集体合同制度。11月，开展“法律知识进企业”活动，在集发公司开办法律讲堂。

【促进劳动关系和谐稳定】 建立区、乡镇（街道）、村（社区）、企业四级联动的工作网络。以“工资集体协商攻坚年”活动为主题，以“工资集体协商百日行动”为抓手，确保完成工资集体协商工作三年规划，实现建制率、规范率、履约率共同提高。加大劳动关系预防力度，在企事业单位开展以“沟通互信、合作共赢”为主题的“工会与行政沟通对话”活动，促进企业和职工相互理解，以理性有序方式解决问题、化解矛盾。完善协调劳动关系三方机制和组织体系，履行好工会“第一知情人、第一报告人、第一协调人”职责。加强企业劳动争议调解组织建设，建立高素质调解员队伍。加强与劳动人事仲裁机构和法院的协调联动，处理解决好各类劳动争议。开展“六五”普法宣传，对工会干部和广大职工进行普法培训。全区建立劳动关系和谐企业30家，劳动合同签订率达99%以上，99家25人以上企业签订独立的集体合同和单项合同；向职工分发《中华人民共和国工会法》《中华人民共和国劳动法合同法》《中华人民共和国安全生产法》等宣传资料、宣传小册子1000余份。

【帮扶解困】 职工服务中心实现由单一的求助困难职工向服务全体职工转变，开通“12351”职工服务热线。组织开展“职工互助一日捐”暨职工大病医疗互助活动。全区参与大病医疗互助职工5860人，收到互助金29.30万元。在全区各类企业特别是中小企业和农民工集中企业全面推进职工就餐、居住、健康保障、文体活动条件“四提升”

计划。利用中央和省财政帮扶专项资金，以失业人员和农民工为重点，与有关部门开展“春风行动”“阳光就业行动”等活动，全年实现培训500人次。深化金秋助学全程育才活动。资助困难职工大学生子女18名，发放助学金2万元。继续实施关爱职工系列帮扶项目。继续做好职工白内障光明项目，开展工会会员非工伤意外伤害及家庭财产（火灾）损失两项免费保障工作。为9名白内障患者进行术后申报救助，申请救助金6400元。强化对困难职工常态化帮扶服务。全年累计慰问、帮抚困难职工183人（含临时救助5人），发放慰问金、帮抚金9.56万元。免费为38名困难女职工参投保额2万元的“女性安康保险”；暑期期间走访、慰问城管局、联峰山公园、鸽子窝公园、聚源铝业等工作在一线的广大职工，送去价值2000余元的慰问品。

【技术创新】 开展各类劳动竞赛和职工技能比赛，将学习培训、岗位练兵和技术比武有机结合。动员和组织职工开展以“抓提升、强服务、保安全、做贡献”为主题的四大劳动竞赛。开展小革新、小发明、小改造、小设计、小建议“五小”活动，深化职工先进工作法、十佳合理化建议、十佳创新成果和节能减排成果四大评选活动。全年参赛企事业单位260家，提出合理化建议461条，对标竞赛8次，技能比赛、岗位练兵2600人次。5月，联合区旅游局等相关单位，开展家庭旅馆从业人员培训、旅游行业精细化服务培训，培训人员近500人。

【思想政治工作】 加强和改进职工思想政治工作，开展“创建学习型组织，争做知识型职工”，创建“职工之家”“工人先锋号”等活动，及“喜迎十八大、岗位立新功”“劳动创造幸福”等系列主题教育活动。实施职工素质工程，开展金牌工人、能工巧匠评选活动，组织多种形式技能大赛。3~4月，按照“面对面、心贴心、实打实服务职工活动”实施方案要求，深入聚源铝业公司、宝顺公司、阀门厂、海建公司等单位，召开由企业负责人、工会干部、部分职工参加的座谈会，了解企业发展现状、存在困难和职工生产工作、劳动保护、各种福利待遇等情况，做好服务职工群众工作。4月26日，区委副书记刘学彬，区政府副区长忻妙新，区人大常委会副主任、工会主席张军生走访全国劳模李集周、赵国珍，市级劳模李春海、张运江。

【文体活动】 1月，区总工会、区体育局联合开展冬泳表演、职工趣味运动会等“迎新年”系列体育活动。3月，在联峰山公园举行“幸福我先行”庆“三八”女职工登山比赛，78支代表队的1046名女职工参加。4月，在劳动人民文化宫举办“幸福大家唱”庆“五一”国际劳动节职工合唱比赛，11支参赛队近500名职工参赛。5月，举办“幸福一瞬间”职工摄影比赛，24幅作品获奖。12月，联合中共北戴河区休疗旅游工作委员会在休疗养院职工中开展卡拉OK、球类、棋牌类趣味体育竞技活动，全区共有300余人参加比赛。

（王会恩）

共青团北戴河区委员会

【概况】 2012年，全区有直属团组织27个，团员3800余人，团干部115名。农村团组织建团率100%，国办学校建团率100%。团区委围绕党政中心工作，服务青年，服从大局，加大教育青年力度，提高青少年思想道德素质，深化党建带团建工作，加强团的基层组织建设，全区共青团事业稳步健康发展。年内，11个市级青年文明号集体全部通过验收。北戴河煤矿工人疗养院专科被评为省级青年文明号集体；北戴河煤矿工人疗养院团支部获得省级“五四”红旗团支部称号、李小波获得首届“秦皇岛市青年创业奖”、岳亮等17人获得首届“秦皇岛市农村好青年”称号；宋瑜等4人获市级“新长征突击手”称号；张晨光等5人被评为秦皇岛市优秀共青团干部；塔林夫等9人被评为秦皇岛市优秀共青团员；万晓坤获得“秦皇岛市十大青年风尚人物”提名奖等。

【组织建设】 夯实团建基础。深化“敬、精、静、净”四字要求和“五个一”要求（每个团组织都有一套翔实的团建工作台账，每个基层团委形成一份团建调研报告，每个基层团委书记挂钩一个“团建联系点”，每个团干部记好一本团建工作笔记，每个月上报一次团建工作开展情况）。主动与党组织联系，共建、共用党员远程教育网络平台、办公场所、活动中心等各类阵地，优化基层团建环境。在基层组织建设年活动中，团区委为平安路社区36名纳入低保范围居民及部分特困家庭送去慰问物品。年初，北戴河团区委开通新浪微博和腾讯微博，利用微博发布信息200余条，听众达到766人。团区委完成村级组织换届选举工作，通过换届真正把优秀人才选进村级班子。

【学校团队工作】 推进少先队“六小建设”。开展“小手拉大手，共建生态家园——‘五个一’环保主题教育活动”。组织少先队员与家长一起共读环保知识图书，组织各学校开展交流分享会，交流读书心得和学习收获，把生态环保意识、节能减排知识等传递给学生家长；下发致全体学生家长的“小手拉大手，共建生态家园”倡议书；组织高年级学生到社区清扫街道、捡白色垃圾、开展亲子体验活动等；评选出一批环保小卫士，佩戴团区委颁发的“绿色小天使”标志，在校内设立环保行为监督岗，监督校园内及校园周边环境卫生；组织举办环保作品设计与制作大赛，评选出优秀作品在学校进行集中展示、宣传。开展中小学生暑期社会实践活动。组织“小导游快乐行”，为游客提供导游服务，向个体经营者发放《公民道德纲要二十条》，捡拾路边垃圾，协助管理路边停放车辆。组织师生走进“郭文香老年公寓”、离退休老教师家中，听老党员、老战士讲述抗美援朝故事，并为他们清扫卫生、表演精彩节目、送上祝福。开展“铁路小卫士”活动，进行爱路、护路知识宣传，定期巡查铁路干线。组织小记者团走进军营，参观营房，学习叠被子，观看、采访、赠送慰问品，为武警官兵送上节日祝福。

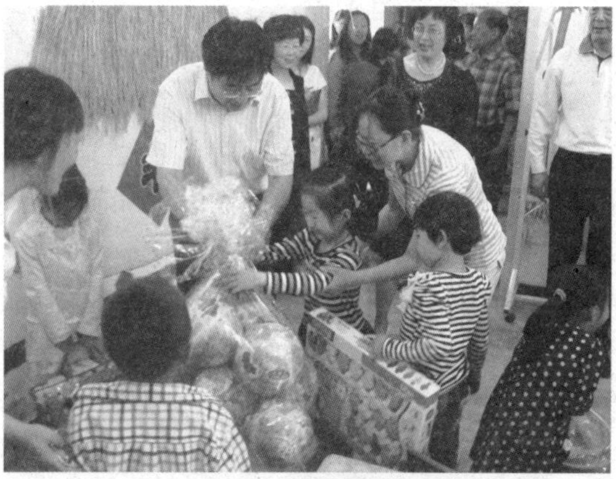

北戴河区领导到区幼儿园进行慰问

【希望工程】 团区委联合区工商联和区妇幼保健站到蔡各庄小学开展“六一”爱心慰问活动，为孩子们赠送学习用品，为5名家庭贫困的孩子每人送上300元助学金，区妇幼保健站的医生们免费为60余名同学进行体检。确定西山街道的赵淑英和区水务局的陈玉磊2位爱心人士为蔡各庄小学2名品学兼优、家庭贫困的同学送上每人500元的助学金，并表示要一直资助其至成才。团区委为1名高中毕业生争取到“圆梦工程”助学金5000元。

【青年志愿者服务】 5月4日，成立“幸福方队”义工组织，这是北戴河区首个青年义工组织，已组建11支分队，队员124人。团区委定期组织队员从事环保、扶贫、助残、赛事服务等公益活动。5月8日，《秦皇岛日报》头版对“幸福方队”义工组织进行宣传报道。组织青年创业、青年奋进、青年争先3支志愿者队伍，履行暑期文明巡访职责及重大活动志愿服务工作。为保护戴河的生态平衡，6月14日，在北戴河村戴河沿岸开展“为戴河添活力”鱼苗放养活动，团区委机关、“幸福方队”义工组织、大学生志愿者以及村民志愿者等30余人参加活动，分批次将30万尾鱼苗放入河中。

【青少年合法权益和维权工作】 加强学校、家庭、社会三方面联动，形成“三位一体”法制教育网络。在中小学普遍开设法制课，将法制教育与培养学生成才有机结合起来；以家长会、联谊会等形式，开展“小手拉大手”活动，提高家长法制意识和教育方法，耳濡目染宣传守法意识。强化社区预防功能，抓好校园周边整治，感化、挽救问题青少年。开展预防青少年违法犯罪宣传活动，引导全社会关心未成年人健康成长。

志愿者上街宣传

【青年小额贷款邮储项目】 北戴河团区委深化与邮储银行北戴河支行合作，继续开展“‘贷动青春’青年小额贷款邮储项目”工作，印发3000余份“‘贷动青春’青年小额贷款邮储项目”宣传文件到镇、街进行发放，贷出47笔共375万元扶持青年就业创业。

【青年示范岗】 团区委在全区青年商户中开展“共青团示范岗”创建活动，2012年，在集发观光园新增10户“共青团示范岗”青年商户。“爱心驿站”继续传递爱心，为游客热情服务。非公企业宝顺集团被评为“青年文明号创建单位”。

【青少年思想政治工作】 以10月13日少先队建队日为契机，各小学围绕“纪念少先队建队63周年”开展主题升旗仪式和“我为队旗添光彩”等活动。5月4日，召开“北戴河纪念建团90周年暨‘相约青春’主题活动”。全区基层团干部、驻区高校、武警官兵以及全区各部门、各行业团员青年代表500余人参加活动。

（董菲）

北戴河区妇女联合会

【概况】 2012年，北戴河区妇联始终坚持以人为本，以联系妇女、服务妇女、维护妇女儿童合法权益为根本任务，谋求工作新思路、新举措，为全年工作开创良好局面。区妇联被评为“秦皇岛市平安家庭创建工作先进集体”“秦皇岛市实施妇女儿童发展规划先进集体”“走进基层、走进妇女——妇联干部一联五贴心扎根工程先进集体”，并在“迎赛事、讲文明、树新风秦皇岛市妇女健身展示活动”中获优秀组织奖。

【维权工作】 区妇联在“三八”国际劳动妇女节期间，开展维权周活动，年内，接待妇女群众来信来访11件，均给予协调解决。6月，省妇联副主席王冬梅，权益部部长郭丽萍、副部长李彦玲，办公室主任科员刘涛，市妇联主席孙雪莲、副主席杨绍玲、权益部部长韩秋博一行10余人到戴河镇西古城村，视察妇女信访代理工作开展情况，区人大常委会副主任张军生陪同参加此次活动。11月6日，举办“喜迎十八大、家庭法律知识竞赛”，全区两镇两街及教育系统共8个家庭参加竞赛。

【“星级”文明家庭创建活动】 星级文明

家庭创建，是北戴河区开展多年的一项群众性精神文明创建活动。在层层评选表彰基础上，区妇联在“三八”妇女节对全区11个星级文明标兵户进行表彰。

【巾帼建功活动】 2012年，区妇联“巾帼文明流动岗”活动以“创先争优、服务暑期”为主题，通过定期进行检查、表彰，让流动岗真正发挥示范带动作用。7月24日，省妇联副主席郭俊苓一行到北戴河区调研检查妇女创业、就业工作，市妇联主席孙雪莲、副主席陆闺男、区人大常委会副主任张军生陪同调研。郭俊苓一行首先视察戴河镇谢李庄村乡村女校，对乡村女校建设以及发挥作用情况进行详细了解，对该村乡村女校所取得成绩给予肯定。并在谢李庄村委会会议室与20余名区、镇、村主要负责人、妇联干部以及妇女创业就业典型召开妇女创业就业座谈会。

【“双学双比”活动】 巩固巾帼乡村旅游示范户创建成果，全方位展现巾帼风采。8月8日，全国妇联党组书记、副主席、书记处第一书记宋秀岩，省妇联主席王淑玲、副主席王淑梅、范文平，市妇联主席孙雪莲、副主席杨绍玲、陆闺男、侯奎然一行到戴河镇西古城村视察该村妇联工作。宋秀岩参观了该村的“妇女之家”、妇女信访代理室，西古城村妇代会主任就该村“妇女之家”创建、妇女维权、妇女创业、妇女业余文化生活等工作做简要汇报。宋秀岩对该村各项工作给予充分肯定，对“妇女之家”创建等妇联工作提出指导性意见。

【贫困母亲救助】 1月11日，区领导高连永、严彬、王玉海、于凤喜、李海泳、周向东、付红、卢洪文等分别到特困母亲刘雅娟、张艳红和特困儿童周恩思、姚惠君家中，进行慰问。区妇联到帮扶对象刘庄村特困母亲郝桂琴、单淑兰、陈淑玉家中进行走访慰问。自2004年成立救助特困母亲及儿童基金以来，有506名特困母亲、447名特困儿童得到救助，基金累计资助达到12.95万元。

【少儿工作】 举办关注儿童成长心理健康教育报告会。5月，区妇联与区教育局联合邀请《知心姐姐》杂志“关注孩子心灵的成长”全国巡回报告团在区家庭教育指导站——育花路小学举办家庭教育报告会，育花路小学各年级的200名家长参加活动。5月30日，区领导先后到蔡各庄小学日托式幼儿园、育花路小学日托式幼儿园、第二幼儿园、第一幼儿园进行慰问。团区委、区妇联、区教育局、区关工委办公室联合对203名好少年、好儿童等各类先进进行命名表彰。

【宣传教育工作】 “三八”期间，在区电视台开设节日专栏，对王敏等文明家庭标兵户事迹进行连续报道。举办北戴河区庆“三八”表彰暨建设幸福北戴河文艺汇演，来自全区各界妇女代表近500人参加活动。区住建局市政维修管理处女子测量组等19个三八红旗集体、孙静等54名三八红旗手、西山街道办事处妇联等6个先进妇联组织、徐桂珍等10名优秀妇联干部、王爱珍家庭等10个星级文明家庭标兵户以及西山街道安居社区妇女之家等10个优秀妇女之家受到表彰。

【预防出生缺陷工作】 全区自2006年2月全面推行免费婚检以来，指定区妇幼保健站为婚检定点单位，每对新人所需212元检查费用全部由区财政承担。截至2012年，区财政拨付专项婚检补贴56万元。婚检率由2006年的1%持续增长至2011年的91%，疾病检出率5%左右。6月，区妇儿工委办公室将预防出生缺陷挂图发放到区人民医院及妇幼保健站进行宣传，12月，在区妇联干部中举办预防出生缺陷知识答题。两镇两街以及各基层妇联在节假日利用板报、橱窗、广播等方试在辖区宣传，普及预防出生缺陷等相关知识。

【落实省妇女信访代理工作会议精神】 提高各级信访代理员有效维护妇女儿童合法权益能力和水平。5月，区妇联举办妇女信访代理工作推进暨信访代理员培训会，来自各镇街、机关企事业单位、社区村妇联干部和信访代理员60余人参会，海港区法院民一庭庭长杨超做以“立足本职、服务大局，做好妇女信访代理工作”为主题的专题培训。

【谢李庄村乡村女校】 成立于2012年8月29日，地点设在谢李庄村民活动中心，学员为该村妇女。建校宗旨为推进乡村旅馆饭店及乡村旅游等顺利打入市场，进行珠宝鉴定、市场营销、礼仪礼貌用语、职业道德等方面培训。授课者为养殖专业户、技术人员和镇村领导。乡村女校每年对学员开展4次培训，年终1次总结，遇特殊情况随时召开会议。

（曾 媛）

北戴河区科学技术协会

【概况】 2012年，北戴河区科协有专业科协组织4个，会员4000余人，有专业合作社2个。实施《全民科学素质行动计划纲要》，宣传科技政策法规，开展科普工作。普及城乡科学技术知识，发放科技信息资料、书刊，抓好农村实用技术培训，提高全民科技素质和农民科技致富水平。开展申报省、市级“金桥工程”和“益民行动计划项目”工作。

【科普工作】 5月，区科协在戴河镇北戴河村建立科普惠农服务站，安装触摸式一体机。在触摸一体机上安装专门面向农村农业信息综合服务系统，方便农民对农业生产和经营信息查询，学习农业技术知识，拓展科普功能，促进农民增产增收。为戴河镇车站村购买价值6000余元科普图书500余册。4～5月，组织区“海悦心理卫生服务中心”在2个街道办事处、3个社区开展了3场题为“心脑血管疾病中的心理因素”的心理健康讲座，有近300人聆听讲座和接受心理咨询辅导。邀请新浪高考指导专家庞国良到北戴河高中为高考毕业生和家长进行高考志愿填报指导。组织49人科普志愿者队伍，进行登记注册，上报市科协。制作科协工作宣传折页。推荐5名科普讲师为市科普讲师团成员。组织15位来自区各行业的科技工作者代表，参加市第八次科协代表大会。

【科普项目申报】 社区科普益民行动计划项目　在2011年东山街道积极申报河北省“社区科普益民行动计划”项目基础上，2012年再次申报，于10月份获“河北省社区科普益民计划”专项资金5万元。

金桥工程项目　申报省级金桥工程项目1项，为“基于物联网技术的港口输煤设备在线监测系统”；申报市级金桥工程项目2项，为“大功率LED灯散热器新产品开发”和“北戴河区科普惠农服务中心建设”。

【青少年科技活动】 3月29日，主题为“太空城”的科技节幼儿组“科幻画”比赛在青少年校外活动中心举行。全区小学附属幼儿园和一幼、二幼的5～6岁儿童49名小选手参赛。8名选手获一等奖，12名选手获二等奖，20名选手获三等奖。

3月30日，在青少年校外活动中心举办中小学生科学幻想画和信息技术优秀作品征集大赛。142名优秀选手参赛。科幻画16名选手获一等奖，24名选手获二等奖，40名选手获三等奖。信息技术8名选手获一等奖，12名选手获二等奖，19名选手获三等奖。

10月18日，北戴河区第十二届青少年科技节展评作品竞赛在青少年校外活动中心举行。本次竞赛包括学生小论文、小发明、科技实践活动、教师科教制作、科技发明、科技教育方案6个项目。全区中小学的120名中小学生、80名教师的219件作品参加比赛。实验小学刘以诺、周博谦，育花路小学于建涛，蔡各庄小学马皓原，西山小学陆鑫玉，海北路小学宋玉英，北一中单童，北三中孟月、杨澜，海北路小学教师张颖、段丽琴、张秀兰、刘放，蔡各庄小学教师郭磊，西山小学教师周彤彤，实验小学教师刘蕊、李长慧，海宁路小学教师刘雅芳，西山小学教师张琳，北二中教师刘利分获6个项目一等奖。

10月19日，北戴河区第十二届青少年科技节模型竞赛在青少年校外活动中心举行。本次竞赛包括橡皮筋动力直升机、空气动力船和空气动力圆周车3个项目，63名中小学生参加比赛。海北路小学庞怀舟，海宁路小学李明洋、夏乾坤，实验小学赵子均，蔡各庄小学李家宁，北二中李思哲、闫玉、熊晟旭，北三中付尧、马红阳，北一中冯樊分获3个项目第一名。

（孙 洁）

北戴河区文学艺术联合会

【文学创作】 2012年，李春光编著的《北戴河老别墅》荣获"文艺繁荣奖"暨"文艺精品创作年"优秀作品民俗类一等奖；卢立明编著的《潮过痕迹》荣获小说类三等奖；孙振彦创作的《七色海》荣获散文类三等奖；于红艳创作的《北戴河的柔软时光》荣获散文类三等奖；戴红梅创作的《彼岸莲花》荣获散文类三等奖；李文斌编著的长篇小说《黑白劫》由作家出版社出版发行。

【音乐创作】 海滨镇刘庄村演出队参加由河北省委宣传部、河北省文化厅主办的非物质文化遗产演出，获得好评。由胡新海作词，王俊峰作曲的男声通俗歌曲《书香》、卢兆平编导的舞蹈《清风白莲》获得第十届燕赵群星奖。

4～6月，由胡新海作词，王俊峰作曲的男声通俗歌曲《跟我去放牧》获得中国音乐杯原创音乐大赛银奖。8月，胡新海作词、王俊峰作曲并演唱《书香》获得由中国音乐家协会主办的"成才之路"演唱二等奖。

11月，郑琳词、王俊峰作曲并演唱《老人是咱家中宝》在河北省委宣传部、省文化厅、省老龄委主办的孝亲敬老大赛中获得创作奖和演唱三等奖。

【书画作品展】 1月12日，秦皇岛市美术书法作品晋京展在中国国家画院美术馆展出。美术家徐占明、黄文耕，书法家李瑞卿、韩英河作品参加展出。

【魅力北戴河摄影展】 10月，由大众摄影杂志社走基层栏目与北戴河摄影家协会共同举办的"魅力北戴河"摄影展共收集作品400余幅，评出39幅获奖作品，展出7天，并由北戴河区政协编辑出版《魅力北戴河摄影集》。

（徐占明）

法治·国防

政法工作

【概况】 2012年，全区政法工作以“平安建设年”活动为抓手，坚持深化依法治区，推进社会管理创新，有效解决安全稳定重点、难点问题，夯实基础、建强队伍、制定措施、健全机制，推进“打好跨越攻坚战，建设幸福北戴河”活动向纵深发展，确保暑期和中共十八大期间社会稳定，进一步提升人民群众安全感和幸福指数，为经济社会发展创造良好法治和治安环境。区综合治理办公室被省综治委授予全省“平安基层创建先进集体”称号，被市政法委、市妇联授予“平安家庭创建活动先进集体”称号，北戴河区综合治理委员会铁路护路工作办公室（护路办）被省护路办授予“平安铁路示范段创建活动先进集体”称号，北戴河区被省政府授予“全省科技防范示范县区”称号，区综治办副主任张占华被省“两个环境”建设领导小组授予“全省两个环境建设先进个人”称号、被市综治委授予“市级铁路护路联防工作先进个人”称号，区政法委周卫华、曹志民被市政法委授予“政法综治宣传工作先进个人”称号。公安机关破获各类案件124件，抓获刑事犯罪嫌疑人125人；检察机关依法批准逮捕各类犯罪嫌疑人43人，提起诉讼94人；法院受理一审、二审案件900件，结案900件，结案率100%；全区治安案件发案1903件，查处1569件，查处率82.45%。

【社会治安综合治理】 开展“平安建设年”活动，制定《平安建设年活动实施意见》《关于建设平安北戴河的实施方案》《北戴河区平安建设年重点任务分解及工作进度表》，提出平安建设年“1+4”工作举措，召开全区平安建设年活动动员部署会议，组织5次调度会议。对全区各职能单位开展平安创建工作进行不间断地督导检查，下发《平安建设年活动专刊》4期，及时通报各单位活动开展情况。

公安机关“除恶治痞”专项行动成效明显。公安分局制定《关于开展“除恶治痞”专项行动实施方案》，召开全体民警大会进行集中动员部署，成立“严打办”，确定工作目标，将各项任务指标分解到刑警大队、治安大队和6个派出所，拿出10万余元专项经费作为表彰奖励基金，对单位进行量化考核排名，并对工作成绩突出的民警进行政治奖励。利用广播、电视、召开群众座谈会、设置宣传点、悬挂条幅等形式宣传行动情况，公开举报电话，设置案件线索举报箱7个；走访单位215家，群众8500余人次。

公安分局围绕区情实际，确定9类需要重点摸排案件，即：随意动刀伤人案件，故意殴打他人案件，砸车砸店等毁财案件，各类违规收取停车费、摊位费等“保护费”案件，欺行霸市、垄断经营案件，非法讨债案件，涉足暴力拆迁案件，干预基层村干部换届选举案件以及其他流氓痞霸案件。包括已破案件、未破案件、调解案件、私下解决未报警的案件。确定7种需要重点摸排人员，即：因上述案件受过打击处理人员；实施过上述行为，但已私下解决，未受到打击处理人员；无正当职业、被有一定资金实力企业主笼络在身边的闲散人员；歌厅、酒店、足疗店、洗浴及私营企业私自雇佣的闲散保安人员；吸毒人员；无正当职业的外地暂住人员；准备参与农村“两委”班子成员竞选，且受过行政拘留以上打击处理人员。经过前期摸排，梳理出各类案件线索69条，重点人员148名，其中，随意动刀伤人案件10条，故意殴打他人案件35条，砸车砸店等毁财案件11条，各类违规收取停车费、摊位费等“保护费”案件4条，涉足暴力拆迁案件1条，干预农村选举案件1条，其他流氓痞霸案件7条。继公安分局迅速侦破“1·22”“2·19”重大杀人案后，又相续破获2起涉恶涉痞案件。“除恶治痞”专项行动，公安分局共行政拘留和处罚寻衅滋事、殴打他人、携带管制器具、吸毒、赌博、扰乱单位秩序等违法人员18名，刑事打击处理犯罪嫌疑人29人次。

【维护社会稳定】 区委常委会、党政联席会研究稳定工作，确保对重大、不稳定问题随时跟进。区委、区政府印发《关于建设平安北戴河的实施方案》《关于开展平安北戴河建设年活动的实施意见》。6月21日，召开区委常委会，传达贯彻省委书记张庆黎对暑期工作的指示精神，认真听取信访稳定工作汇报，对排查梳理出的重点信访案件重新调整县级包案领导。做到抓早、抓实、抓细，发现一个化解一个，坚决防止小事拖大，不把问题带进暑期。

区联席办对全区排查出的信访问题进行认真梳理和分析研判，对重点信访问题，均落实县级包案领导和责任、稳控单位，区委专门印发《2012年重点信访问题县级领导包案责任分解表》，对老问题的包案领导进行调整充实，对新问题明确包案领导，强化信访稳定工作机制。全面实行重大节日和敏感时期信访稳定工作“日碰头、日报告、日分析、周调度”制度。各镇街、各重点单位每周召开班子会议，研究分析安全稳定工作，分析研判安全稳定舆情，使维稳工作各项措施落到实处。

强化情报信息工作机制。发挥情报信息主导作用，在全区1000余家休疗单位（个体旅馆），特种行业，25个村和9个社区居委会物建情报维稳信息员2660余人。坚持每周进行情况分析，对各类情报信息及时跟进、核查、研究判断。在部分村村民上访问题，渔民、涉军、涉核、移民、民办教师、银行协解等特殊群体和农村“两委”班子换届选举等重大问题上及时收集整理研判信息，确保全区各项工作顺利开展。开展网上舆论引导工作。按照省、市维稳办要求，区维稳办组织政法部门10名精干网评员，启动网上舆论引导工作。网评员先后在人民网、腾讯网、凤凰网等大型网站上，用一句话或一个观点对“万名干部下基层”“聂树斌”案、“29岁县长”任命是否符合程序以及“三鹿奶粉事件被免官员复出”问题进行评论、引导。以普通网民身份在网上发帖40条，所发表对上述问题的看法、观念，得到网民注意，为正确看待上述问题起到一定舆论效果。

开展大排查大调处“百日攻坚”活动，调处化解矛盾纠纷隐患。4月，在全区开展区、镇(街)、村(居)三级大排查大调处“百日攻坚”活动，对各类矛盾纠纷问题进行全覆盖排查。

结合基层建设年活动开展“三抓一保”工作，对全区存在的不稳定因素进行地毯式排查。重点排查企业改制，征地拆迁，涉军、民办教师等特殊群体和上访老户等信访问题，重新建立台账，实行动态跟踪，并逐一进行分析研判，把不安全稳定隐患解决在萌芽状态。全区梳理排查出暑期重点信访问题28件，全部落实涉案单位责任人、稳控单位责任人和县级包案领导。制发《北戴河区群体性事件隐患特殊群体及重点人员排查稳控工作实施方案》，明确对特殊群体和重点人进行排查稳控目标任务，对排查出来的18名各类重点人员逐一见面，进行危险评估，制定严密稳控方案。开展涉法涉诉信访案件“百日攻坚”活动。政法各部门共摸排涉法涉诉信访案件21件。其中，已息诉信访案件10件、终结信访案件2件、办结信访案件4件、引入程序中信访案件5件，调处化解率100%。在全区政法机关开展领导干部接访培训活动。政法机关领导干部作为“三个一”活动主体，每人要包一件信访案件化解，交一个上访群众朋友，帮扶一个困难信访群众家庭。

启动暑期信访稳定工作机制，维护暑期社会安全稳定。6月25日，召开全区暑期工作动员大会，全面启动暑期工作机制。区联席会议启动四项暑期工作机制，即“日报告、日接待、周调度、特殊问题随时研究”机制。有效控制局面，防止发生非访等影响暑期安全稳定问题。暑期期间，该区组织数百名机关干部、教师及青年志愿者上街，使防范工作做到无缝隙、无盲区，及早发现并快速处置影响安全稳定问题，确保实现暑期安全稳定“零事件”工作目标。

中共十八大安保工作。印发《关于扎实做好党的十八大安全保卫工作集中开展五个专项行动》的实施意见，在全区集中开展矛盾纠纷排查调处、重点人教育稳控、情报信息搜集研判、严打整治、护城河“固堤防漏”五个专项行动，采取强有力措施，切实抓好维护稳定工作。开展以清查流窜犯、在逃犯为重点的集中搜捕统一行动。3天出动警力258人，审查各类人员729人，检查车辆103辆，检查出租房屋250家，工地6个，商业门店59家，各类场所82家。抓获涉嫌开设赌场和涉嫌抢劫的网上逃犯各1人；抓获利用汽车车锁电子干扰器盗窃车内财物的犯罪嫌疑人1人。深入辖区“九小场所”和人员密集场所开展集中错时消防安全拉网式检查，检查宾馆、饭店、网吧、银行、歌厅及其他各类商业门店79家，发现并现场整改火灾隐患8处，下发限期整改通知书4份。加强危爆物品管理。对具备私存、私制枪支弹药、爆炸物品、烟花爆竹场所、部位，逐一进行地毯式、滚动式、全方位排查。对2家使用、保存剧毒和放射性物品单位和2家涉枪单位安全管理落实情况进行检查，严格督导落实各项安全措施。制发《“十八大”期间武装巡逻方案》，抽调警力51名，分9个巡逻组，配备制式警车8辆，全天候在北戴河区社会面开展武装巡逻和盘查检查工作。启动治安检查站二级勤务模式。在滨海大道、北戴河高速口设置2个治安检查站，按照“逢车必查、逢疑必查”原则，核发“河北省进京车辆安检证”。坚决防止危险品、危险人员途经北戴河流入北京。确保中共十八大期间铁路沿线治安稳定，特别是会议代表往返的绝对安全，制定《铁路护路联防工作方案》，抽调警力24名，制式警车3辆，全天候做好铁路沿线治安防控工作。强化情报信息工作机制。区公安分局网安大队强化网上负面有害信息巡查，有针对性地加强对社会热点、敏感问题，特别是涉及中共十八大问题、本地易引发媒体炒作问题的导控。采集相关网上各类信息4200余万条，其中舆情信息20余万条，总结提炼出重点舆情220余条。

【队伍建设】 以核心价值观教育实践活动为抓手提升政法队伍政治素质。制定出台《北戴河区政法系统深入开展政法干警核心价值观教育实践活动实施方案》，在政法网站上开辟《核心价值观教育实践活动信息专报》。组织观看纪念雷锋影片、电影《郭明义》。组织政法部门干警走进社区和学校，发挥专业特长，广泛开展义诊、法律咨询、禁毒宣传和便民服务等社会公益活动。制定《北戴河区政法系统学习宣传贯彻党的十八大精神活动方案》，组织开展中共十八大报告和党章知识答题活动。落实党风廉政建设责任制。健全完善政法系统党风廉政建设各项规章制度，全面贯彻落实中央、省政法委禁令、约章、纪律和各项规定等，开展政法系统干警教育整顿工作。政法系统各部门层层签订党风廉政建设目标责任状，层层分解落实目标任务。通过政务网、电视台、报刊等媒体，采取新闻和稿件等形式积极宣传全区政法工作，在国家级媒体刊稿50篇、省级54篇、市级23篇。

（郭石城）

公安工作

【概况】 2012年，北戴河公安分局列编

267人，实有258人，有20个科室，6个派出所，6个治安检查站，17个社区警务室。坚持打造“全国一流城市分局”的目标，围绕服务暑期，推进平安建设年活动，适时开展除恶治痞、打击刑事犯罪、打击经济犯罪破案会战、打击盗窃电动车专项行动等战役。年内，刑事发案437起，比上年下降24.50%，破获121起，抓获各类犯罪嫌疑人123人，短时间破获“1·22”“2·19”两起社会反映强烈重特大杀人案和抓获涉案金额巨大合同诈骗案的网上逃犯。电动车被盗案比上年下降72.30%，居民区入室盗窃案比上年下降58%，暑期中易发的浴场拎包、涉车侵财和宾馆盗窃3类案件同比分别下降70%、70.60%、20%。

【维护社会治安】 按照“北戴河区内网格化布防、暑期安保核心区内网格化布警”思路，构建以“六张网立体防控、六大防区布防、六经六纬布警”“四个六”为核心的整体防控总格局。投入各类治安防控力量1970人，其中，警力806人、群众力量1164人。实施立体防控。搭建以“空中有视频监控网，地面有网格巡控网，行业有纵深管控网，预警有情报信息网，‘打现’有专业打击网，社会有群防群治网”的社会面立体防控“六张网”，形成“立体化、全时段、多层级”立体防控格局。实现网格布警。在“面”上形成以6个派出所辖区为安保防控主阵地的“六大防区”；在“线”上采取的是“六经六纬布警”，即以东海滩路、鹰角路等南北方向主要道路构成“六道经线”，以中海滩路、东西经路等东西方向主要道路构成“六道纬线”，将全区社会面细化为20个防控单元，部署巡逻车和巡逻民警。在“点”上有17个社区警务室、20个流动警务工作站、234个视频监控点以及近百个武警、公安民警执勤哨位，实现“全覆盖、全管控、全过滤”。提升科技含量。依靠“全省路面动态科技防控工程”专项资金投入，新建高清视频终端50个，使重点部位监控探头数量达到234个，每0.30平方千米1个，并在二、三级图控平台实行24小时专人值守。及时发现并指挥社会面值勤警力处置警情140余起，提供案件线索40余条。加强阵地掌控。近年来北戴河区旅馆业数量从2009年的1115家增至2012年的2268家。依托治安防控网络，实现对宾、疗、招和家庭旅馆规范管理。全年累计采集旅客信息近175万条，处罚违规旅馆114家，停业整顿19家，从中抓获网上逃犯15人。强化噪声管控。依托整体防控网络，有效落实各项噪声管控措施。暑期前即完成外挂音响清除、大型犬只清离、婚宴场所禁炮等噪声源整治工作。暑期期间，通过在北戴河区数字旅游网开辟宣传平台、协调3大通信运营商播发提示短信、在高速公路收费站发放提示卡、旅店签订入住提示单和摆放提示台签等措施，进行全方位宣传告知。暑期、国庆节等重要时期组建专业队伍，在重点部位坚持24小时值守，取得近年来最好的禁噪整治成效。

【打击刑事犯罪】 年初，破获“1·22”“2·19”两起社会反响强烈的重特大杀人案；暑期前，成功侦破上级督办的中纪委培训中心职工被伤害案；相继破获艾欣超市门前个体摊位被砸和沿海一线涉车侵财、拎包扒窃等受群众关注的各类刑事案件共121起；打掉包括1个在北戴河、海港2区撬盗居民区下房100余次和盗窃饭店客人卡内近20万元现金在内的各类犯罪团伙5个。抓获各类犯罪嫌疑人123人，其中包括涉案金额高达100余万元的特大抢劫案网上逃犯和诈骗113万元的北戴河犯罪嫌疑人等50名网上逃犯。

运用信息化科技手段，服务侦查破案。情报部门通过技侦、监控和各类信息系统获得线索协助破案22起，抓获逃犯22名；网安部门利用网侦手段摸排各类案件线索、情报247条，协助破获刑事、治安案件43起，抓获各类违法犯罪人员42人，其中，网上逃犯28人，包括协外抓捕逃犯12人。年内，连续开展“除恶治痞”“夏季清剿”“破案会战”“打击盗窃电动自行车专项行动”等严打整治攻坚战。其中，经侦大队负责的“打击经济犯罪破案会战”，立经济犯罪案件25起，破案11起，打击处理人数33人。

食品药品安全管理大队积极探索新警种业务工作模式。向全区大型餐饮单位下发《关于严厉打击食品领域违法犯罪行为告知书》300余份，走访约谈相关负责人近50人次，会同区卫生防疫部门联合检查各类餐饮企业230家，成功捣毁1个非法加工洗涤灵“黑作坊”，收缴成品洗涤灵800千克。

制定《北戴河公安分局重特大刑事案件侦查处置规范》，预审大队受理案件29起，提请批准逮捕15起、18人，移送审查起诉18起、20人，每宗案件均事实清楚、证据确实充分、定性准确。法制大队全年审核行政案件85起，行政拘留76人；审核刑事拘留案件44起、65人；移送审查起诉65起、81人；审核取保候审案件35起、52人；办理强制隔离戒毒8人；所有案件全部网上办理，所审案件程序合法，法律手续完备，无行政复议、行政诉讼案件和违法违纪问题发生。

【创造稳定社会环境】 暑期，对涉及15个省、市和地区的41批、166人次外来访民全部做到及时妥善处置。8月4日，受“达维”台风影响，持续强降雨引发几十年一遇的汛情和险状，分局迅速启动应急机制，救助被困危难群众156人、车辆24辆，转移受灾群众2300余人，处置树木倾倒、围墙坍塌、电表爆燃等险情140处。妥善处置“6·26”交通肇事案死者家属到事故现场祭奠，单庄家庭旅馆经营户、日租房经营户聚集阻路，北京英良建材装修公司38名工人聚集楼顶索要工程款等多起可能引发群体性事件隐患。强化网络舆情导控，利用互联网舆情监测系统逐层过滤信息5700余万条，其中，舆情信息24万余条，报送舆情信息837条，省级采用382条。及时发现职业技术学院学生王某发表激进言论、境外媒体网站连续发布多篇上海访民文章等重点舆情，为科学决策提供信息支撑。

【队伍建设】 开展“政治建警、文化育警、爱心暖警、条令治警、培训强警、基础固警、考核励警”七大精品工程。成立健走（登山）、硬笔书法、乒乓球、摄影、足球和音乐爱好者协会，开展3次不同形式的登山健走比赛，举办书画艺术讲座，开展书法、绘画、摄影作品展览。编制《暑期安全保卫工作手册》，撰写各类信息、简报、汇报454篇，被上级采用转发208篇。政工部门撰写各类政工信息114期，被省市媒体刊发22篇。自主创办5刊《浪淘沙》警刊，筹办2012年暑期安保成果展，制作《强警之路和谐之光》宣传片。开展暑前纪律作风教育整顿活动，以条令治警实现队伍全年的零违纪。年内，有23个集体受到上级记功和表彰，分局被评为省级暑期安保先进单位，记功和受到表彰的个人达到113人次。

（刘　畅）

【交通秩序管理】 交通保卫　加强恶劣天气交通管理，严格执行冰雪天气交通疏导方案，做到24小时路面不失控。将7家旅游客运公司（秦皇岛红日旅游客运有限公司、秦皇岛海彤客运有限公司、北戴河大金龙旅游汽车有限公司、北戴河君安旅游客运有限公司、秦皇岛金象雨汽车客运有限公司、秦皇岛海龙客运有限公司、秦皇岛市旅游汽车有限公司）和2个出租车协会（北运出租车公司协会、渤海出租车公司协会）作为工作重点，4次组织所属驾驶员学习、观看春运安全资料片，发放宣传材料。加大对酒后驾车、超员超载、农用车违法载人的治理力度，消除事故隐患，确保春运期间道路安全畅通。

完成暑期和国庆节期间的交通安保工作　按照网格化勤务管理模式，制定大队长包中队，中队包区域，民警包路段、包岗位的责任制，与各参暑单位签订安全责任状，悬挂宣传标语10幅，发放暑期通告600余份，深入沿街247家休疗、单位、酒店、商店及个体旅店，发放禁止在人行道、机动车道停放机动车通告500余份，召开车管干部座谈会2次，宣教民警深入到海北路沿线10个村庄及单位，开展交通安全宣传教育。对全区34个停车场摸清底数，详细掌握1661个停车泊位具体情况；在海宁路、老虎石、刘庄单庄旅馆区、鸽子窝公园等游客车辆密集点段加大交通疏导。保证反恐处突警力。加强值班备勤，每天保证1支10人的应急处突警力，其他民警24小时值班备勤，随时做好处置各类突发事件的警力准备。7～8月，处罚各类违法行为7008起（现场处罚1082起、非现场处罚5926起），记1294分，暂扣机动车103辆，清理处罚乱停乱放车辆360辆次，确保道路顺畅。

确保中共十八大期间社会治安秩序稳定　大队出动警力2850人次，车辆280辆次，纠正各类交通违法行为1342起，其中，酒驾12起、涉牌涉证113起，暂扣车辆97辆，高速入口警务站和鸽赤路警务站共检查车辆1878辆，排查人员3348人。

专项整治行动　在辖区开展以整治超员、超速、超载、疲劳驾驶为重点的“三超一疲劳”专项整治行动。查处各类交通违法行为31783起，记分12453分，扣留机动车839辆，暂扣驾驶证70本，收缴非法装置17套，对153名严重违法驾驶员一次性记满12分。

驾驶人交通安全管理　加强辖区中小学生交通安全管理，预防重特大道路交通事故发生。召开辖区现有26辆接送学生车辆驾驶人见面会，对人、车进行重新摸排登记，进行交通安全教育，提高安全意识，确保学生交通安全。

开展“牵手平安行”活动　辖区有旅游客运车辆233辆（不包括6辆私人旅游客车），数量占全市旅游客运车辆的二分之一，将7家旅游客运公司和2家出租车协会的233辆旅游客运车辆和233名驾驶员的牵手任务按照每名岗勤民警5辆车、5名驾驶员，每名机关民警4辆车、4名驾驶员的标准分解细化到大队每名民警，开展面对面、人盯人式管理。每名民警人手一本牵手工作台账，从源头上预防重特大交通事故发生。

2012年，大队被省交管局评为“2012年全省交警系统暑期安保工作先进集体”，汽车站交通岗被评为市级“青年文明号”，1人被省厅荣记个人二等功，13人被省局评为“暑期安保”先进个人，6人被市公安局荣记个人三等功，4人被市公安局嘉奖，20人被评为暑期工作先进个人，1人被区委区政府评为“暑期安保”工作模范，5人被评为先进个人。

（卢　陈）

检察院工作

【概况】　2012年，北戴河区人民检察院自觉践行“强化法律监督，维护公平正义”检察工作主题，坚持“服务发展、维护稳定、强化办案、提升能力”的工作思路，忠实履行宪法和法律赋予职责，各项检察工作取得新进展。全年受理审查各类案件142件、470人，其中：批准、决定逮捕35件、40人，提起公诉81件、99人，立案侦查贪污贿赂犯罪案件5件、8人，渎职侵权犯罪案件1件1人，受理信访、举报20件322人。所有审查逮捕案件准确率为100%，无错诉、漏诉，无违法、超期和无无罪判决案。在国家、省、市级媒体发表稿件53篇，有多篇调研文章获省级奖。被省检察院评为“计财装备工作先进单位”称号。

【刑事检察】　全年受理审查批准逮捕案件43件、55人，批准、决定逮捕35件、40人；受理审查起诉案件93件、115人，提起公诉81件、99人。工作中始终保持对严重刑事犯罪高压态势，依法对严重暴力犯罪、“两抢一盗”、危害公共安全以及“黄、赌、毒”等犯罪进行严厉打击。注重办案社会效果，以减少社会对立、促进和谐为根本目的，正确把握宽严相济刑事政策，健全轻微刑事案件快速办理机制，结合办案开展释法说理、心理疏导、调解和解工作，将化解矛盾融入执法办案各个环节。全年对涉嫌犯罪但无逮捕必要的11名犯罪嫌疑人依法不予批准逮捕，对3起轻微刑事案件民事赔偿问题促成和解。

【控告申诉检察】 坚持把排查、预防和化解社会矛盾纳入执法办案各个环节，不断完善办案风险评估预警和检察长接待、定期下访、联合接访等制度，对群众来信来访做到事事有回音，件件有答复。年内开展“包、交、帮”（即：包一件疑难涉法涉诉信访案件、交一个上访朋友、帮一户上访家庭）活动。全年依法妥善处置各类信访、举报20件、322人，未发生非正常访和涉检访。

【贪污贿赂检察】 依托侦查一体化优势，整合办案资源，突出办案重点，转变侦查理念，坚持办案工作重心前移，强化案件初查工作，完善初查措施，规范初查程序。全年共初查各类职务犯罪线索7件，立案侦查贪污贿赂犯罪案件5件、8人，移送起诉5件、7人，已做有罪判决4件、4人，为国家挽回经济损失200余万元。

【渎职侵权检察】 围绕民生领域渎职侵权犯罪易发多发部位，查办危害民生民利的渎职侵权犯罪案件。查渎职犯罪案件线索5件，其中立玩忽职守案1件1人。

【预防职务犯罪】 开展检察建议、犯罪分析、预防咨询等工作，结合办案向相关单位发出检察建议86份，向社会提供行贿犯罪档案查询服务91件次。撰写《北戴河区惩治与预防职务犯罪情况年度报告》。深化涉农检察工作，会同区农村工作委员会、发展改革局、财政局等13部门联合签发《关于落实在查办和预防涉农惠农领域职务犯罪工作中加强协作配合的决定》，建立联席会议制度。延伸法律监督触角，分别在两镇设立“预防教育工作站”，开展送法进农村活动。组织各村书记、主任及镇机关干部近50人到冀东监狱开展警示教育。

【诉讼监督】 强化诉讼监督优化司法环境。将有案不立、有罪不究、违反程序、量刑不当等问题作为监督重点，全年纠正违法2件，发出检察建议2份。推进量刑建议、检察长列席审判委员会等工作，切实增强刑事审判监督实效。拓宽民事行政审判监督视野，探索监督方式、加大监督力度。在刑罚执行监督中，监督相关部门对59名监外执行人员实行有效监管，其中2名有违法行为监外执行人员被依法及时收监。

【队伍建设】 开展政法干警核心价值观主题教育实践活动，教育引导干警弘扬光荣传统、坚定政治方向、践行群众路线。加强领导班子建设，落实党组中心组学习、民主集中制、监督约束机制，院领导班子多年被区委评为“优秀科级领导班子”。强化岗位练兵，加大对年轻干警和专业人才的培养力度，鼓励全员参加各种形式的业务培训。强化自身监督制约，认真开展执法检查，加大督察力度，有效提升检察机关执法公信力。

（陈萍媛）

法院工作

【概况】 2012年，北戴河法院受理审判、执行等各类案件989件，审（执）结934件，审限内结案率100%。其中，受理刑事案件77件，审结75件，审结率97.40%，对86人做出有罪判决；民商事案件762件，审结737件，审结率96.72%；行政诉讼案件5件，审结5件，审结率100%；刑事再审案件1件，审结1件；民事再审案件1件，审结1件；执行案件144件，执结116件，执结率80.56%，实际执结标的额1156万元，执行标的到位率84%。没有超期审理和超期羁押现象发生。对办公用房进行维修改造，增加1个审判庭和15间办公用房，满足正常办公办案需要。投资40余万元，为每间办公室配备空调、碎纸机、打印机，更换部分电脑，购置录音录像设备和各种警用设备，配备安检扫描仪和门禁系统，防止审判秘密泄露，保障机关和庭审安全。

【刑事审判】 准确把握宽严相济的刑事政策，严把案件事实关、证据关、程序关和法律适用关。受理刑事案件77件（含刑事再审案件1件），审结75件，结案率97.40%。对86人做出有罪判决。加大调解力度，刑事附带民事案件收案11件，调解成功并自动履行8件，刑事附带民事调解率达到73%。

【民商事审判】 重视农民工劳动争议及农村土地承包合同纠纷调解工作，审理涉及农村土地承包、农民工劳动争议案件82件，以调解和撤诉方式结案69件，调撤率84%，且劳动争议案件已全部督促履行到位。在审理家庭、继承纠纷案件过程中，注重保护老人、妇女、儿童合法权益，力促案结事了、家庭和睦。审理此类案件156件，其中，调解结案83件，撤诉48件，调撤率达到84%。将审理机动车交通事故责任纠纷案件落脚点放在案结事了、履行到位上，所审理的此类案件自动履行率继续保持在80%以上。依法审理金融、投资、商贸、物流、消费等合同纠纷案件，保障和服务经济结构优化和调整。依法审理建设工程、商品房买卖、物业管理等房地产纠纷案件，促进房地产市场规范发展。

【行政审判】 坚持"监督与支持并重"正确履行审判职能，促进"官民"关系和谐及行政管理水平不断提高。审查行政非诉执行案件14件，结案率100%，其中，准予执行13件，不予受理1件。2012年，区法院就审理交通事故等人身损害赔偿案件中发现的医疗证明不规范等问题提出司法建议，得到有关部门高度重视，促进医疗机构管理水平提高。

【执行工作】 建立纵向专题汇报制度和横向沟通协调机制。对影响重大、矛盾突出、可能影响稳定的案件及时向区委、区人大进行专题汇报，与相关部门积极沟通，执结此类案件3件，执行标的额达50余万元。借助公安机关、镇（街）、村(社区)的信息资源和片区管理优势，与其建立横向沟通协作机制，确保被执行人躲藏时能及时掌握其行踪，通过此种方式，共查找到被执行人10余人。开展反规避执行专项活动，深化执行快速反应机制，探索执行实施新模式。利用信息网络平台，提高远程指挥、监控、协调能力，增强对突发事件快速处置能力。关注民生类执行案件，加大保护弱势群体力度。

【申诉工作】 处理申诉案件4件，其中，复查驳回刑事申诉1件，另有3件民事申诉案件经过复查和法律解释劝导，当事人撤回申诉。

【立案、信访工作】 发挥诉讼服务中心窗口服务和导诉功能，热情接待，文明执法，全年接待到院咨询1300余人次。开展信访积案化解工作，因人因案制定化解方案。加强风险评估预防机制，信访风险评估情况随案移送，对办案各环节进行信访等级评定和风险提示，信访办逐月统计通报情况，从源头上预防和减少涉诉信访案件。全年处理市政法委、市中院交办重大信访稳控案件6件，组织举行信访案件听证会1次，处理化解上级督办信访案件11件。向市政法委、市中院、区人大、区政法委、区信访局等部门上报信访材料、汇总信访信息和通报案情等110余篇。

【审判监督工作】 制定《案件审理流程管理规程》《庭审考核办法》《案件质量评估办法》《两评查工作实施意见》等有关审判管理制度。开展"两评查"工作，对庭审情况和裁判文书进行全面评查，将评查结果记入个人司法档案，提高司法水平，保障审判质量。加强审判委员会建设，总结审判实践经验，研究新情况，解决新问题，提高判案正确率，减少错案发生。审判委员会委员不定期进行庭审观摩，对审判员、书记员开庭情况进行评比打分，并记入个人司法档案。

【司法为民举措】 印制诉讼风险提示和诉讼常识，为当事人提供法律援助、案件查询、判后答疑等各种司法服务，努力把接待窗口建成“为民之窗、文明之窗、和谐之窗、公信之窗”。落实司法为民宗旨，为家庭困难的当事人减、缓、免诉讼费7万余元。

【法院文化】 开展“聚焦公正司法”集中宣传月活动，在全院开展新的刑事诉讼法、民事诉讼法培训，外派专人进行专门业务培训5人次；组织人民陪审员培训1次，参与庭审活动140余人次。从“法的内涵、院的特色、文化品位”入手，设立室外宣传橱窗，打造室内“文化走廊”，创办《莲花》月刊，营造浓厚文化氛围。全年编发各类信息、简报、工作研究、案例分析79期，区级媒体采用7篇，在市级以上新闻媒体发表各类稿件15篇。

【接受社会监督】 认真接受人大监督，自觉把审判工作置于党委领导和人大监督之下，及时向人大常委会汇报工作情况。邀请人大代表、政协委员开展庭审评议和信访、执行听证等活动，在5月开展的庭审评议活动中，区人大常委会主任王玉海亲自参加并对庭审活动进行点评。在人大开展的司法机关内部监督制约机制建设视察检查工作中，内部监督制约机制建设得到人大代表肯定。

（赵 琳）

司法行政工作

【概况】 2012年，全区司法行政工作以政法队伍核心价值观教育实践活动、基层建设年、文化建设年活动为契机，整合资源，创新载体，突出特色，开展普法依法治区、民调、社区矫正等司法行政工作。全年排查各类矛盾纠纷342起，调解成功323起，调解成功率94%；印发《星火月刊》2.40万册；开展法治讲座23场，组织法治文艺演出5场；发放各种宣传材料10万余份，解答法律咨询5000余人次。办理司法鉴定案件36件，无投诉。

【普法工作】 2012年，区司法局下发《北戴河区法制宣传教育第六个五年规划》《北戴河区农村法制宣传教育活动的工作方案》《关于开展“深化‘法律八进’服务科学发展”法制宣传教育主题活动的通知》等文件，规范该区普法依法治理工作，加强对普法工作日常督促和指导。全年印发《星火月刊》2.40万册，发放各种宣传单10万余份，现场解答法律咨询5000余人次。

开展“法律八进”（进机关、进单位、进农村、进社区、进学校、进家庭、进企业、进市场）活动。向全区领导干部下发各种学习辅导材料2000余册。组织36名县级领导干部和3000名科级以下干部参加法律知识考试；组织全区农村干部法制教育培训班，各镇、村干部、大学生村官200余人参加培训。深入12个行政村，开展以“法律送进家，服务你我他”为主题的法制讲座，发放宣传册、宣传单2万余份；深入北戴河区集发公司，开展“送法进企业”普法讲座，80余名职工参与此次活动。以镇、街为依托，面向广大居民下发《中华人民共和国物权法》《中华人民共和国婚姻法》《中华人民共和国继承法》等法律法规1万余份，开展法制讲座23场，组织法制文艺演出5场。在“12·4”全国法制宣传日，区司法局联合30余家单位开展了一场以“弘扬宪法精神，服务科学发展”为主题的宣传活动，接待咨询人数2500余人次，发放普法宣传资料1.50万余份。建立鸽子窝法治文化公园，成立鸽子窝法制宣传服务站。内设置27块法制宣传展牌，形成40余延长米法制宣传长廊，通过漫画、知识窗、法律问答等多种形式普法、宣法。

【人民调解】 开展人民调解化解矛盾纠纷专项攻坚活动。排查出各类矛盾纠纷342起，调解成功323起，调解率100%，调解成功率94%，无民转刑案件发生。分别在三角地广场、海滨汽车站开展《中华人民共和国人民调解法》专题宣传活动。区司法局在农村两委班子换届结束后，及时对25个行政村的民调组织进行重新选举调整。5月，组织村居干部民调工作培训班，各村两委班子调委会成员及各司法所工作人员和司法社工参加培训。抓好民调各项工作的制定落实，按照村（居）每天一排查，镇（街道）每周一排查、全区每月一调度要求，有针对性地开展矛盾纠纷大排查，提高调解工作效率，为维护基层稳定发挥积极作用。

【安置帮教工作】 2012年，全区“两劳”释解人员总数113人，全部为刑释人员。年内释解人员23人，帮教率100%，无重新犯罪。区司法局组织相关部门对全区刑释解教人员进行调查摸底，了解其基本状况，详细掌握思想动态，有针对性地开展工作，及时更新刑释解教人员管理平台相关信息。区安置帮教培训基地共接收安置帮教对象36人。

【社区矫正工作】 社区矫正工作始于2007年，矫正对象有缓刑、假释、管制及保外就医4类，5年来共接受社区矫正人员185人，解除矫正118人，2012年年底社区在册矫正对象67人。全部矫正人员无脱管、漏管现象发生。采用“三结合”（个别谈话与集中学习培训相结合，定期汇报谈话与不定期考察评审相结合，矫正工作者直接教育与社会志愿者、亲属经常性帮教相结合）方式，提高日常教育工作水平。建立信息平台，了解矫正对象的生活、工作动态，有针对性地加强教育管理。对社区矫正对象严格按要求建立书面档案资料，定期汇报资料、活动交流材料、集中教育、公益劳动管理资料；对假释人员及时进行资料衔接，建好个人档案。加强监管，准确掌握矫正对象动态信息。强化电子信息平台建设，为矫正对象全部配发定位手机，要求随身携带，同时将矫正对象信息录入电子系统，在省内实行动态监控和管理，实现社区矫正管理现代化。

【法律援助工作】 以“法律援助为民服务创先争优年”活动和“法律援助案件质量提升工程”活动为契机，从加大宣传力度，规范审批手续，提高办案质量入手，提升全区法律援助工作整体水平。全年办理民事法律援助案件130件，开展法律援助宣传，法律咨询，送法进社区、进镇村10场次，解答法律咨询2000余人次，发放宣传资料2万余份。

【律师工作】 2012年有海滨律师事务所1个，执业律师3名。全年代理案件14件，承办法律援助刑事案件2件；担任常年法律顾问12家。严格规范律师事务所行为，积极指导海滨律师事务所开展工作，定期开展执业大检查活动，监督检查律师执业情况。认真执行律师收费标准，增强收费透明度。律师事务所2012年无投诉事件发生。

【公证工作】 北戴河公证处进一步完善公证告知书、公证书证词，使告知事项更明确，笔录更规范，证词更贴切。全年办理各类公证事项536件，在质量联查中未出现任何错证、假证和质量问题。采用电话预约、下乡办证等方式为当事人提供方便。全年下乡办证40余次。2012年，公证处被秦皇岛市机关效能建设领导小组评为“2011～2012年四星级服务窗口单位”。在全市公证联查中，以好的办证质量和档案管理水平获得满分。

（王仲玲）

驻区部队

【中国人民武装警察部队河北省总队第四支队】 中国人民武装警察部队河北省总队第四支队（以下简称第四支队），主要担负北戴河的安全保卫任务。

2012年，坚持抓思想铸忠诚、抓班子带队伍、抓能力务中心、抓基层打基础、抓纪律正风气，各项建设稳妥推进，连续30年完成暑期警卫任务，连续12年实现“三无”，连续9年被总队评为基层建设先进支队。在9月1日召开的暑期总结表彰大会上，有12名暑期先进个人和13名立功受奖官兵获得支部颁发奖章、证书和奖品。支队在“三史”知识竞赛中获武警总部优秀组织奖，政治处被表彰为“党建带团建先进政治机关”，司令部被总队评为“先进司令部”，一大队被河北省总队评为“基层建设先进大队”，五中队被评为“基层建设标兵中队”，二、三中队被评为“基层建设先进中队”。一中队班长姚亮亮被省总队评为第五届燕赵武警“十佳卫士”，一中队排长何杰被总队评为“十大训练标兵”。

班子建设　严格落实中心组学习制度，支队党委分别在总队一线指挥部培训、团以上干部理论轮训和中共十八大精神学习研讨会上发言。特别是针对任务拓展，拟制“八个谋发展”的构想，确保部队建设正确方向。抓好民主集中制学习和总队“三个规范性文件”落实，党委议政议事能力明显提高。抓好“讲政治、顾大局、守纪律”教育，开展领导干部廉政承诺活动，班子成员精神状态、能力素质、

武警四支队党委二次全体扩大会议

工作作风进一步增强。

思想政治工作　狠抓赞颂科学发展成就教育和“三学四反五热爱”（即：学光荣传统、学首长业绩、学条令条例；反渗透、反心战、反策反、反窃密；爱祖国、爱中国共产党、爱人民、爱警卫事业、爱中央首长）教育，做好意识形态工作，确保官兵听党指挥、忠诚可靠。开展“三史”活动，加强警营文化建设，举办“兵与梦”文艺汇演，反映官兵忠诚于党、无私奉献的精神。做好心理调适、法律服务和任务中政治工作，为完成任务提供强大动力。

科学练兵　狠抓新兵训练和基础训练，年终考核取得全优成绩。坚持重点投入、重点加强，执勤信息化建设取得新突破，装备建设全面升级。革新勤务专项训练，加强“三员一兵一组一队”（即：作战勤务值班员、领班员、网络查勤员、执勤哨兵、三人应急小组、中队应急小分队）协同处置训练，组织多批次、全方位模拟执勤和红蓝对抗训练，部队遂行任务能力明显增强。注重全员发动、全程聚焦、全力以赴，出色完成暑期警卫、备战涉日维稳和中共十八大安保任务。特别是支队连续30年完成暑期警卫任务，受到总部、总队表扬，其做法以内参形式呈送中央首长，胡锦涛主席亲切接见官兵并合影留念。

基层建设　狠抓一线指挥部建设，指导帮建作用进一步增强；开展纲要培训、“三帮一提高”活动，基层自建能力进一步提高；重视强化各级组织功能，对基层主官进行优化组合，干部“三力”问题有效缓解；注重抓好经常性基础性工作落实，严格实施周查月考季评，部队基础更加牢固。原一支队一大队被总队评为基层建设先进大队，支队五中队被评为基层建设标兵中队，二、三中队被评为基层建设先进中队。

青龙县山林大火机动增援　4月9日，秦皇岛市青龙满族自治县马圈子镇碾子沟村发生山林大火，四支队根据秦皇岛市政府要求，经请示总队批准后，参加此次山火扑救战斗，支队组织300人兵力，出动车辆14辆，行程148千米到达青龙县城防火联合指挥部，担负机动增援任务。

上级领导视察指导工作　2月21日，武警部队后勤部部长杨士武、副部长沈金伦一行5人到支队检查指导工作，杨部长先后检查支队勤务值班室、作战室、荣誉室、体育活动室、会议室，观看了支队建设汇报片，听取支队工作汇报，与支队全体机关干部合影留念。对支队老机关家属院搬迁工作作出重要指示。

5月17日，河北省委副书记赵勇在总队长李志坚、省委副秘书长王国发、秦皇岛

市委书记王三堂、市长朱浩文等陪同下，到支队检查指导北戴河暑期准备工作。赵勇副书记一行察看了四支队机关营区建设，检查作战勤务值班室，听取支队暑期准备工作汇报，观看了支队建设录像片，参加了警地领导座谈会，并与支队机关干部合影留念。针对2012年特殊的政治背景和暑期形势，赵勇结合省委提出的北戴河暑期“4个新水平”，围绕4个方面作了重要指示。

7月2日，武警部队参谋长牛志忠带领司令部作勤部副部长颜成义等一行4人，在总队长李志坚、政治委员宋兵役、参谋长杨福生等陪同下，到支队检查北戴河暑期警卫准备工作。牛志忠深入5处执勤目标、4个执勤中队，实地检查一线部队暑期警卫准备工作，亲切看望执勤官兵。每到一处目标都查部署、上哨位、看设施，亲自指导勤务部署、执勤训练、“四防一体化”建设等工作。

7月21日，国务委员兼国务院秘书长马凯，在国务院副秘书长兼国务院机关事务管理局局长焦焕成、书记鉴保卫，河北省委副书记赵勇，公安部警卫局副局长刘希德、秦皇岛市长朱浩文等陪同下视察支队。马凯秘书长察看了支队作战指挥中心，听取了作战指挥、自动化办公、通信系统功能介绍，了解了执勤信息化建设情况，观看了支队建设基本情况汇报片。秘书长马凯就支队前期完成暑期警卫任务情况给予高度评价。

7月24～25日，武警部队副参谋长杨斌率总部工作组到支队检查指导工作。总队长李志坚、总队副参谋长王永革、总队政治部副主任杨金屏等陪同。副参谋长杨斌对支队担负的中共中央直属机关事务管理局北戴河服务局等外围警卫区逐区域、逐目标、逐哨位进行勘察鉴定，实地查看勤务部署、技防设施和信息化建设情况，深入哨位亲切慰问一线执勤官兵。副参谋长杨斌对支队深入贯彻落实各级首长关于北戴河暑期警卫工作重要指示所采取的工作措施，以及前期任务完成情况给予充分肯定。

7月27日，国务委员、公安部部长孟建柱，在公安部常务副部长杨焕宁，公安部部长助理兼警卫局局长刘彦平，河北省政法委员会书记、公安厅厅长张越，公安部警卫局副局长刘希德以及河北省警卫局、秦皇岛市公安局有关领导陪同下，亲切看望担负支队执勤官兵。部长孟建柱深入执勤中队勤务值班室、班排宿舍、餐厅，查看执勤信息化建设、部队生活设施和后勤保障情况，亲切看望一线执勤官兵，并与官兵合影留念。部长孟建柱对部队官兵良好的精神风貌、严谨的作风纪律、整洁的营区环境和规范的内务秩序给予充分肯定，高度评价支队前期所完成的暑期警卫任务情况。

8月6～7日，武警部队司令员王建平率司令部办公室主任彭小国、司令部作勤部副部长颜成义等一行6人，到支队检查指导北戴河暑期警卫工作。王建平一行深入外围警卫区、中浴场，逐哨位实地查看勤务部署、信息化建设，详细了解部队建设和官兵工作、生活情况，观看支队建设基本情况汇报片，查看机关营区建设、支队警史馆和特种车辆装备情况，并与官兵合影留念。王建平对支队前期工作所采取的措施和任务完成情况给予充分肯定，对一线执勤官兵良好的精神风貌、昂扬进取的工作状态和不怕疲劳的顽强作风给予高度评价。

8月14日，中共中央总书记、国家主席、中央军委主席胡锦涛亲切接见支队警卫官兵，并合影留念。

8月24～25日，武警部队副司令员戴洪生率司令部作勤部副部长颜成义等一行5人，深入北戴河执勤一线，指导暑期警卫收尾工作，研究2013年警卫勤务建设。戴洪生一行深入外围警卫区、中浴场等执勤点实地察看了勤务部署、技防设施和信息化建设，详细了解了部队建设和官兵思想、工作、生活情况，并与官兵合影留念。戴洪生对支队面对特殊形势所采取的超常举措，以及前期任务完成情况给予充分肯定，对执勤官兵良好的精神风貌、不怕疲劳的顽强作风给予高度评价，并就做好暑期后期工作进行具体指导。

（彭国华）

【秦皇岛市公安局北戴河分局北戴河边防派出所】 北戴河边防派出所，辖区海岸线西起戴河口东至狼牙桥，全长21.10千米。负责北戴河区丁庄村、陆庄村、河东寨村、草厂村、刘庄村、单庄村、赤土山村、崔各庄村8个行政村的渔民管理工作，同时担负中共中央直属机关事务管理局北戴河服务局等驻区几大家浴场的暑期安全保卫任务。2012年，边防派出开展创建模范党组织生活活动，倡导新时期文化警营建设，加强辖区社会面管控，提高部队正规化管理水平和官兵能力素质，完成以边防业务为中心的各项工作任务。被北戴河区政府表彰为暑期工作先进单位，1人荣立三等功，1人被市局表彰为暑期工作先进个人，1人被省委、省政府表彰为抗洪抢险救灾先进个人。

抓政治建警，铸牢官兵思想根基 以创建活动为引领，开展忠诚教育，利用“党课教育、党团日活动、‘三互’（互帮、互学、互教）小组”这三个平台，扎实推进政治工作，分别结合“两个意见”暨党性剖析整改活动，开展党性剖析座谈讨论会；设立“学雷锋党员先锋岗”，组织党员深入黑石窟、金山嘴停泊点为渔船民开展集中办证签关便民服务；在“民主集中制”专题教育活动和“党内人人平等”大讨论活动中，组织官兵收看相关专题讲座，提升党员官兵对党内根本原则认识与了解。

思想建设工作 落实部、局《经常性思想工作制度》，挑选思想素质好的党员作为骨干队伍，从健全思想汇报、思想分析、谈心访察入手，开展经常性思想教育活动，共计开展个人心理疏导活动20余次，召开谈心交流会8次。以文化育警为辅助，组织官兵开展棋牌、电子竞技、桌游、警地篮球赛等文体活动，参观爱国主义教育基地，开展唱红色歌曲、看红色电影、读红色书籍等系列活动。支部牵头制作暑期专题电子杂志《2012北戴河——荣誉之夏》。

暑期安全保卫工作任务 做好调研摸排，对勤务海域从陆地到海上进行全方位拉网式大排查，对码头、停泊点及各类船舶底数逐一核对，登记造册。特别是辖区周边海域，涉及重点区域、重点人群、重点行业、重点问题等进行集中梳理，指定专人，限时定责。年内，组织警力1372人次、车辆226辆次，走访相关单位10余家，入户调研260余人次，检查各类船舶210艘，渔船民132人，清查海上游乐场所等重点部位5个，开展安防、法律知识宣传30余次。

爱民固边工作 加强爱民固边模范码头建设与矛盾纠纷排查化解，维护辖区稳定。5月，与北戴河区政府、农牧局联手共建北戴河区渔船民联谊会，并同北戴河区农牧局等部门建立联勤执法长效机制。自5月起，每个周六、日，包含“五一”“十一”等法定节假日，每日派驻4名官兵，在非法载客现象突出的黑石窟、金山嘴等处进行全天集中检查。出动警力128人次，车辆50辆次，处罚私拉游客渔船7艘次，劝退游客私家违规动力艇2艘次，教育相关责任人18人次。5月，北戴河区社会治安综合治理工作将边防派出所“平安边海防”创建方案纳入考核目标，并由区委、区政府印制下发各部门；与北戴河区国土资源局海监大队，成立海巡行动组，对违规扇贝养殖展开全年整治。海上巡逻132小时，81人次，租用（出动）船艇海巡35艘次，处置相关违规船舶3艘，教育相关责任人8人次。暑期期间，联合北戴河区农牧局于西港码头设立24小时执勤点，出动警力126人次，与农牧局相关力量以部门联合巡逻执法形式展开联合巡查30余次，对休渔期违反噪音治理相关规定船舶进行严肃查处。临危受命，抗洪抢险，7月31～8月4日，秦皇岛市普降大暴雨，抚宁县多村受灾，灾情危急。3次出警，在东河南大庄村、圈里村、孟庄村多地执行抗洪抢险任务。从8月2日凌晨1时至8月4日18时历时近70小时的抗洪抢险任务中，出动警力56人次，车辆4辆次，装填沙袋821个，转移受灾群众146人，解救受困群众16人，疏导车辆6辆，修筑防波堤10米，堵塞溃坝30米，帮助群众转移财产物件60余件，帮助群众挽回经济损失15万余元。

部队正规化建设　强化日常管理，贯彻条令条例，加强纪律作风建设，狠抓部队的管理教育和安全防事故工作，创新推出“12345”管理模式，保证“四个秩序”正规。固化暑期制度，铸就绝对稳定的特殊时期管理，暑期期间第一时间建立起由“所领导全面管控，分队长负职务责任，一般官兵负岗位责任”的三级责任体系，开展官兵思想教育整顿活动5次，实现勤务组织与教育整顿“两不误、双促进”。支部制定《北戴河所正规化管理绩效考核办法》，于10月开始试行。

贴近实战，做好处突演练　3～10月，组织25次关于营区反冲撞、反翻越、枪库遇袭等应急处突演练。7月13日，与北戴河海事处、浴场管理处等部门在老虎石公园海滩举行联合海上救生演练，海上救生力量之间协作能力得到加强，警地联动机制运转更为顺畅。做好暑期安保工作，支部在各执勤点设立“党员流动服务站”，树立亲民安民的良好执法形象。东山旅游码头一线的执勤民警就长城号游轮监护出航255班次，监护警力累计621人次，为超过15万人次游客保驾护航，暑期期间未发生安全事故。暑期期间，7个勤务点服务游客超过30万人次，累计做好人好事568件，为游客找回丢失财物8件，价值1.20余万元，找回走失儿童16人，海上救助6起10人次，出动警车116辆次、滚动警力1032人次执行各类勤务任务411次，其中警卫任务7次。

（陈 钢）

【秦皇岛市北戴河区公安消防大队】　北戴河消防大队辖六中队和特勤一中队，负责北戴河区消防监督检查和灭火救援工作。消防安全重点单位128家，市政消火栓147个，消防水鹤15座，消防站2个。有执勤车辆12辆，2辆抢险救援车、5辆泡沫消防车、4辆水罐消防车，1辆登高平台、1辆沙滩摩托车、6辆细水雾消防摩托车、2辆巡逻车、1辆消防宣传车。辖区2个中队共接出警303次，出动车辆449辆次，出动警力2977人次，抢救被困人员49人，抢救财产价值11.71万元。

联峰山园林防火工作　指导园林局和森林防火大队，成立防火工作领导小组，制定防火方案。对联峰林区防火工作进行研判，针对发现问题提出林区内消防车道和火灾监控探头覆盖范围小，消防水源盲点多，园林防火大队消防车辆老化，扑火工具短缺等问题，谋划治理改进措施。

构筑消防安全防火墙工程　大队结合日常消防监督管理工作实际，加强对重点单位开展“四个能力”建设的检查指导，加强对人员密集场所一般单位“四个能力”建设的督导培训。经复查消防安全重点单位“四个能力”复验达标率达到100%。

火灾隐患排查　开展“清剿火患”战役，以及易燃易爆场所、高层及住宅小区、“打非治违”、市政消火栓等各项专项治理活动，并加大“96119”热线宣传和实施力度，完善火灾隐患举报投诉机制，做到检查到位、宣传到位、整改到位、执法到位、安全防范到位。全年检查单位5230家，发现和整改火灾隐患2.77万处。开展网格化管理工作，以乡镇、街道为基准划分出4个“大网格”，以行政村和社区为基准划分出36个“中网格”，以居民楼院、村组、小单位、小场所为基准划分出2678个“小网格”。针对北戴河区家庭旅馆众多，分布集中，建筑结构大多相似的特点，推行“十户联防”制度。7月，召开“户籍化”管理工作会议，推动全区重点单位落实“三项报告”备案制度，互联网社会单位消防安全信息系统的落实及运行。

宣传教育和消防培训　针对休疗单位、宾馆酒店等从业人员消防培训课件，开展灭火疏散演练，培训5000人次。7～8月，组织“人人参与消防、共创平安和谐”志愿者消防宣传系列活动。发放各类宣传资料2.38余万份，招募消防安全志愿者2244人。

（马 琳）

【河北省公安边防总队海警支队特勤队】 特勤队担负着东起东山旅游码头，西至西港防坡堤沿岸海面的警卫任务。2012年，特勤队被公安部边防管理局授予“先进基层党组织”称号，被河北省暑期工作领导小组授予“2012年度河北省暑期工作先进集体”称号，被河北省公安厅授予“先进基层党支部”称号，被河北省公安厅政治部授予“五四红旗团支部”称号，被北戴河区委、区政府授予“2012年度暑期工作先进单位”称号；左鹏作为全省现役部队唯一获“河北省优秀共青团员”称号者并出席省表彰大会。

班子建设 对官兵关心关注的事项广泛征求意见并进行公开，重大事项全体党员投票表决，增强班子公信力和决策力。暑期前及时召开专题民主生活会，增强班子凝聚力和战斗力。在暑期工作中，重新划分16个党小组，确保组织单元始终延伸至警卫第一线，实现警卫任务中的组织全覆盖。7月1日，开展“用忠诚向党旗报告，用行动向十八大献礼”主题党日、“保暑期、保十八大”共产党员签名等活动。开展“一区一艇一队”活动，叫响“用党性和生命确保我的责任区不出现任何问题”的口号，评选先锋艇，成立党员突击队，带领全体官兵完成各种急难险重任务，此活动得到支队认可并进行推广。

海上训练

暑期安全保卫工作 1～2月，开展冬训大练兵活动。3～6月，做好船艇维护保养、吊装下水和训练工作。部署“打牢基础，百日强化训练迎暑期”活动，提升官兵军事业务技能。在北戴河暑期海上警卫任务中，完成“忠诚7号”海上处突演习。

特勤队在北戴河暑期海上警卫工作中，共计警卫列名对象256人次，总航时9800余小时，总航程2.53万余海里，出动警力1.44万余人次，驱赶船只340余艘，打捞漂浮物570余件，赤潮预警5次，完成警卫勤务187次，救助海上遇险游客13人，打捞溺水游客尸体1具，解救陷入沙滩车辆17辆。被省公安厅评为暑期工作先进集体，被北戴河区委、区政府评为暑期工作先进单位。完成国庆北戴河暑期海上安保、中共十八大安保等安保任务，得到中共中央办公厅、河北省、秦皇岛市等各级领导肯定。

思想政治工作 开展“践行核心价值观，喜迎党的十八大”主题教育活动，结合特勤任务实际，开展“强化‘四个意识’，绝对听党指挥，争做履行使命的忠诚海警卫士”暑期专题教育。通过开设官兵讲坛，培养出以王景烨为代表的一批“小教员”。组织开展“庆八一相声小品晚会”、中秋篝火晚会等符合特勤官兵实际的文体活动，在暑期安保各个阶段，邀请部队和地方心理咨询师到特勤队开展各种互动活动，增强官兵自我心理调适能力，全年开展大型心理互动活动5次，邀请各级心理咨询师8人到部队开展心理咨询125人次。打造有海警特色的忠诚文化营区环境，将励志标语、官兵执勤照片等展现出来，形成营院忠诚文化、走廊忠诚文化等系列警营文化。发挥靳雳、肖万河、王培亮等老典型作用，培树谷雨、张鹏飞等新特勤典型，确保典型带动作用更加明显。

正规化建设 作为河北海警标杆单位，将正规化建设作为立队之本，投资2万余元对物品进行统一，规范的行李库房投入使用。对官兵队列、擒敌、警务实用技能以及体能等必修科目进行训练。针对船艇保养和使用中存在的突出问题，专门印制“安全警示卡”发放到每名官兵手中，同时在码头显著位置、船艇驾驶舱等处张贴，随时进行警醒。在船艇吊装上岸后，着手规范船艇标识，确保责任明确、摆放有序。特勤队承担部、局摩托艇驾驶员培训班任务。在抗击

"达维"台风任务中，特勤官兵出警迅速、处置果断，得到秦皇岛市长朱浩文、市委副书记杨泰安称赞。

重视部队安全工作，在人、车、枪、船、酒、密、网等各个环节全力消除各种安全隐患。自筹资金2000余元为木栈道安装防火器材箱，对网络进行每日检测，确保不发生失泄密事件。

爱民固边　开展"三访三评"大走访活动，群众工作取得新突破。加强应急处突演练，做好营区安全防控工作。清明节期间，对北戴河海域"三无"船只和盗采海砂船进行全面清查，出动船艇23艘次，警力76人次，检查出海船舶38艘次，排除安全隐患5起，解决矛盾纠纷7起，发放传单105份，确保北戴河海域平安和谐。5月，特勤队纳入北戴河综治成员单位，与北戴河公安分局治安大队建立信息资源协作机制；走访驻地附近边防派出所等，建立互信互通协作机制；走访葡萄岛工程、金梦海湾工程施工现场，了解掌握周边海域工程详细资料；加强与北戴河海事局、渔政处、国土资源局联系，确保海上信息资源分享；对驻地河口、码头渔民进行走访，宣传法律知识，发放宣传资料，得到渔民认可和称赞。

8月4日，河北省政府防汛工作组在检查滦河口泄洪工作返回途中，遭遇道路冲毁，受阻于秦皇岛市翡翠岛附近，特勤队受命遂行出色完成从海上接应工作组任务。

10月，执行国庆安保任务、打击海上盗砂、治理海上噪音，检查船只172艘次，渔船民483人次，确保北戴河海域和谐稳定。

（张瑞峰）

人民武装工作

【概况】　2012年，开展"讲政治、顾大局、守纪律""赞颂科学发展成就、忠实履行历史使命"主题教育活动。民兵整组训练中，深入基层民兵连、到训练第一线，以多种形式开展政治教育。结合平时的工作将意识形态、安全保密、安全管理常识、形势任务等教育与经常性思想工作有机融合，制成小卡片、口袋书，加强纪律教育。严格对照各类规章制度，落实人员、印章、微机、文电、存储介质等管理要求。落实军区安全隐患排查治理"八个方面"要求。部党委统一安排部署，逐项逐条对照上级考评细则抓好贯彻落实。暑期针对军区保卫部检查中指出问题，制定整改落实措施，坚决彻底整改。建立群防群治预防管理体系。协助地方党委政府做好暑期安全稳定工作。开展"百日安全评比竞赛"、安全隐患排查治理以及"迎暑期、树形象、保安全"等活动，采取悬挂倒计时警示牌，签订安全保密责任书和保证书等活动，强化干部职工安全保密意识。

【战备训练工作】　严格落实战备值班制度。组织学习《军分区联合作战值班规范》，严格组织交接班，突出重大节日和敏感期战备工作落实，确保遇有情况迅速反应。组织兵员潜力调查。对全区2镇2街和12家企业进行调查摸底，确定登记3450名预备役人员和930名适龄青年。推进民兵建设转型落实工作。全区基干民兵由原来的1000人压减至800人，队伍结构进行相应调整，突出专业性和常态化，提高民兵专业对口率。抓好应急力量建设。在兴荣海事学校、区住建局、园林局、开发区联通公司各组建1个民兵专业排，组成157人的民兵应急专业连。在集发公司组建90人的"女子民兵应急连"。从统一服装、标志，到配备专业器材工具，人武部先后投入近4万元，聘请专业人员进行授课。组织为期13天的民兵入队、专业训练，高标准完成省军区民兵应急力量建设检查验收。加强实战练兵，组织民兵应急分队、警勤分队参加全区带战术背景应急处突演练及暑期执勤、抗洪救灾等任务。

【征兵工作】　完成新兵的征集任务，针对近年来北戴河区地方适龄青年的就业和上学等实际情况，认真进行兵员潜力调查，搞好宣传发动工作。组织机关干部和专武干部开展征兵宣传进社区、村庄、学校，重点就河北省出台的义务兵优抚新政，制作3000余份征兵宣传材料和征兵宣传板面，举办2场大学生征兵宣传推介会。全区各基层武装部统一开展征兵宣传日，扩大征兵宣传广度和影响，营造“参军入伍即是入学、就业”的良好氛围。坚持把好征兵工作体检关、政审关和审批定兵关，坚持党委集体定兵原则，自觉接受群众监督，推进征兵工作公开化、透明化，完成上级下达的征兵征集任务。

【军地携手共建】 结合北戴河地域特点，发挥桥梁纽带作用，主动协调驻区各部队，参加暑期噪音治理、暑期包路包街检查巡逻支暑执勤工作、街面美化亮化、海滩清理、抗洪抢险救灾行动以及中共十八大期间安保工作，参与“基层建设年”“校官助学”“美化家园”等活动。在“基层建设年”活动中，与驻地海滨镇陆庄村结成帮扶对子，军地携手共同抓好社会主义新农村建设。

（王海涛）

人民防空

【人防工程维护管理】 2012年，抓好人防工程普查维护工作。对人防工程进行重点维修改造，并挂牌标识。对全区人防工程进行全面普查、造册登记。将每个工事地点及出入口制做图片资料，为建立人防工程信息库和制定平战转换措施提供准确依据。做好人防工程防汛防灾工作。与各工程单位签订安全责任状，落实专门负责安全的工程维管员，加大安全检查力度，做到每季度一汇总。加大全区建设项目基本情况及人防工程拆除和报废监管力度。在定期检查和巡视中发现和处理未批先建以及违规拆除人防工程案件3件。全年办理、受理各类项目14项，超额完成收费目标，按收缴易地建设费的8%足额上缴省人防办。

【人口疏散基地建设】 北戴河人防疏散基地工程建设进展顺利，已通过主体验收。重新制定人口疏散方案、人口疏散卡的填制，建立健全接收安置组织、接收安置方案及平战转换机制和应急工作机制。对全区12支人防专业队进行重新整组，登记造册，完善档案资料。

【指挥通信】 2012年，新增安装防空警报器4台、更新1台，及时更新防空警报器档案。做好小型应急指挥车、短波通信系统维修维护，使各项设备处于良好状态。参加全市人防指挥通信业务培训暨拉动演练培训活动。

【法制建设】 做到许可实施主体合法，受理或不予受理出具书面凭证，对材料不齐全的实行一次性告知，严格遵循法定受理、审查程序，在法定或承诺的时限内作出许可决定，规范许可案卷文书制作、存档。强化人防窗口服务职能，规范精减人防审批环节，提高办事效率。组织人员参加省人防办举办的河北省人民防空工程质量监督管理培训班，取得由国家人防工程质量监督站颁发的“人防工程质量监督上岗证”。

【防空知识宣传教育】 以“3·1”国际民防日、“5·12”防灾减灾日和“7·7”警报试鸣日等宣传日为契机，以宣传条幅、宣传单、宣传册、图片、多媒体等形式，向社会多渠道展示人防建设取得成就。购买《防空防灾应急知识手册》4000册，发放到各机关、社区、企事业单位，8个社区成立人防志愿者队伍。督促各初级中学按时开展人防知识教育课程。10月，承办全市初级中学防空防灾应急知识教育辅导员培训会议，在防空防灾应急知识教育师资基本功竞赛中北戴河区二中教师刘卫红、三中教师宣丽分获一等奖和二等奖。征订《中国人民防空》25份，《国防》3份。向区政府、区人武部有关领导和街道武装部以及5个疏散村委会、居委会、学校发放。区人防办李寰被国家人防工程质量监督站聘为讲师，11月应邀在海口培训会上授课，受到听众一致好评。

（吴静环）

城乡建设

综　述

2012年，北戴河区城市建设与管理高效有序，环境优势日益凸显。完成戴河、新河及14条排洪沟截污清淤，依法关停17家涉污企业，严格落实河长、片长、段长、沟（口）长负责制。完成防护林建设一期任务，开展农村清洁、清洁种植和清洁养殖工程。国家级生态区创建顺利通过省级初审，湿地公园被列为国家湿地公园试点。北戴河区被评为“省级环保工作先进单位”。

完善城市基础设施，完成鸽赤路、西海滩路、联峰路东段、东经路、西经路、朝阳路、中海滩路等道路整修完善，对城区10条道路、10个游园、沿海线景观带和环岛、桥梁等8类节点进行亮化提升。实施道路、游园、花海等18项绿化升级工程，北戴河区被评为“全国造林绿化工作先进单位”。

完成联峰山公园、鸽子窝公园等旅游基础设施升级，新建2个旅游咨询服务中心，新增雕塑2个、景观画40余幅。完成火车站商业街外立面景观化改造，保二路获“省十佳风貌街区”荣誉称号。

推行城市综合管理包街机制，全体县级干部和部门单位1800名职工分组，对23条道路实行分包责任制，对环境卫生、社会治安、经营秩序进行全面整治。成立暑期沿海一线工作站，及时为广大游客和群众提供优质服务。充实管理力量，严管旅游市场，旅游环境得到蒙古、俄罗斯等国驻华使节和法国记者的盛赞。

城乡规划

【概况】 2012年，统筹城乡协调发展，严格执行城乡规划法，加大城乡规划编制及管理力度，推进“基层建设年”工作。全年办理市政工程规划6项。审批农村院内建房116户、2.80万平方米，农宅竣工验收176户、3.93万平方米。下达停工通知书85份，下达限期拆除通知书35份，强制拆除4户，拆除违法建筑面积100平方米。跟踪管理已批建设项目5个，对2个未按审批方案建设项目下达责令改正通知书。

【规划编制】 2012年，配合省建设厅组织编制完成《北戴河整治提升规划》《北戴河控制性详细规划》，编制费石庄、东坨头、单庄3个村庄的《北戴河区基层建设年帮扶村村庄环境综合整治规划》。指导赤土山村西侧用地开发，编制《联峰居住小区修建性城市设计》。

【用地规划管理】 2012年，北戴河区谋划怪楼奇园西侧文化艺术片区规划，办理艺文文化艺术产业园、歌华青少年体验中心、同道影视传媒基地等项目选址和规划设计条件，完成戴河镇谢李庄村安置房项目、杨各庄村改造居民安置房二期、北戴河区人民法院审判庭工程等用地规划设计条件，批复19项。办理北部片区保障性住房三期、北戴河火车站改造安置用地、戴河镇谢李庄村安置房用地、亿丰房地产的原交通银行北戴河培训中心改造、天洋房地产的北戴河低碳馆等项目用地规划许可，市规划局共批复11项。完成歌华文化融合创新示范平台项目规划前期工作。办理海北路小学新增用地、秦皇岛市中小学生示范性综合实践基地、省安全厅暑保指挥中心等选址业务5项。

【市政工程规划】 2012年，完成秦皇岛电力公司河东寨变电站选址、北戴河北部污水管网项目选址、公厕新改建项目选址、北戴河北部片区供水管网项目选址、中阿化肥液氨管线北戴河段迁改临时线路，25个地下垃圾收集转运站共6项市政工程完成批复。

【建设项目审查】 2012年，北戴河区规划分局办理河北省公安厅交管局北戴河指挥中心、北戴河燃气用户服务中心、北戴河区2012年保障性安居工程（三期）等20项工程项目的方案审查及上报审批，共计建筑289栋、37.52万平方米，快速审理戴河镇谢李庄村拆迁改造安置房、天洋公司低碳馆等重点项目。完成杨各庄村、拨道洼村返迁安置房、中国环境管理干部学院新校区、北戴河莲蓬俱乐部会所等18个项目（106栋、36.90万平方米）工程规划许可手续办理。办理河北出版集团北戴河文化创意产业研发基地、金海湾旅游度假用房（二期）、北戴河信息技术研发中心（一期）等7个项目（81栋、12.30万平方米）建设工程规划验收。

城乡建设管理

【概况】 2012年，北戴河区全社会固定资产投资完成40.90亿元，增长20.40%，完成全年计划的100.40%。千万元以上在建项目49项，完成投资34亿元，完成市定目标的112.70%。组织实施市重点建设项目4项，完成投资3.10亿元，完成市定目标的108.90%。华贸企业总部区、低碳环保展示中心等项目建成投入使用；喜来登五星级酒店、华贸松石滩国际球会俱乐部、乔庄度假庄园、信息产业园区一期主体完工；北部新城项目杨各庄村和拨道洼村安置房建设顺利；国家文化产业融合创新示范区、戴河综合治理开发、新华创投企业总部基地等项目顺利签约。谋划启动财政优惠政策等重点借暑项目12项，争取到位资金1.23亿元。

【河道清淤】 对戴河、新河及其14条支流和排洪沟进行清淤，总长28.5千米，其中，戴河3802米，新河4100米，支流和排洪沟2.12万米。该工程于4月10日开工，5月底全部完工，清淤26万立方米。在戴河、新河河道内设置8道拦污网，其中戴河沿线6道、新河沿线2道，对河面漂浮物、垃圾等进行有效拦截。

【道路改造】 西海滩路道路改造工程　东起新驼峰路，西至海北路，重点解决该路段路面破损严重、道路排水不畅、雨天积水影响交通等问题，工程于4月初开工，4月29日正式竣工通车，改造道路全长1070米，铺设沥青混凝土机动车道1.66万平方米、调整路缘石2140米。

国花路道路（东段）建设工程　位于怪楼奇园西侧，为北戴河文化艺术园区基础设施配套工程，新修道路长度380米，宽7米，铺设沥青2660平方米，同时沿主路铺设雨水等配套管线，全部工程于4月30日竣工。

海北路北段道路改造工程　是海北路北延伸部分，起点为杨各庄泄洪渠北侧，向北下穿现京哈铁路、津秦客专，终点为北戴河村，道路全长500米。该工程于2011年9月开工，截至2012年6月底，主路路面铺设和泵站施工全部完毕，各段挡墙基本完成，道路投入使用。

鸽赤路车行道大修工程　主要对鸽赤路损坏的道路石材进行修复，工程于4月27日全部竣工，共维修、更换破损剁斧石车行道1200平方米。

联峰路东段（奥运公园段）北侧人行道改造工程　于4月27日竣工，将原有人行道彩色釉面砖改造为人行道烧结砖，新铺装烧结砖人行道2300平方米。

东、西经路（保一路口至乐峰路口）人行道改造工程　主要将东经路、西经路（保一路口至乐峰路口）部分损坏严重彩色釉面砖人行道，改为更美观、耐用的花岗岩人行道。该工程于5月2日开工，6月10日完工，铺装花岗岩人行道3400平方米。

【桥梁维护】 对原G205国道跨戴河桥进行维修加固。维修桥长60米，宽18.50米，铺设混凝土路面1110平方米，同时对桥面和桥栏进行绑筋加固。工程于3月底开工，5月17日完工。

【污水管网建设】 西部及北部片区污水入网二期工程 北起海北路5711工厂家属区，南至戴河镇西古城村，与2007年完成的一期工程衔接。二期工程铺设管道全长4417米，建设东坨头村及古城村提水泵站2座。该工程管道已全线贯通，成功将北戴河火车站及西部周边片区污水收集入网，并输送到秦皇岛市第二污水处理厂。

八号泵站污水管道配套工程 属于北戴河污水管网一部分。管道由崔各庄转盘开始沿剑南路铺设至八号泵站。该工程于4月5日开工，7月2日完工，保证暑期期间污水管网正常运行。

新驼峰路污水入网工程 起点为新驼峰路丁庄路口，与市排水处管道衔接，终点至西海滩路与新驼峰路十字路口西北侧，即281医院东侧与原有污水管道衔接。新铺设管道约1472米，全部为DN800钢筋砼管。该工程于5月10开工，6月25日竣工。

暑期供应站污水入网工程 暑期供应站院内污水并入八号泵站污水管网，院内污水管材采用双壁波纹管，总长289米。同时建化粪池1座（玻璃钢成品化粪池），隔油池1座（砖砌乙型），检查井13座，化粪池接至路边原有污水井为40米砼顶管，6月底竣工。

【雨水系统改造】 包括中海滩路5处入海雨水管道改造工程、西海滩路（老驼峰路南口—新驼峰路口）雨水系统改造工程和朝阳路雨水管网改造工程，共铺设雨水管道1170米，砌筑雨水检查井41座、雨水收水井47座、雨水涵2道、污水井10座，于6月20日竣工。

【景区建设管理】 4月始，对怪楼奇园、联峰山公园、鸽子窝公园、野生动物园、集发观光园、碧螺塔酒吧公园、奥林匹克大道公园、湿地公园、秦皇行宫遗址以及7个海浴场和46个名人别墅等景点进行普查，将普查资料进行归纳、整理登记并存档。共拍摄照片900余张，填写普查表格58张。审批景区内建设项目4个。

【新民居及幸福乡村计划】 2012年，确定车站村、北戴河村、古城村、西坨头村、单庄村5个村为幸福乡村计划建设示范点，争取省市专项资金共计99万元、区级专项资金40万元。古城村新建生态田园广场2个、设备齐全的卫生所2个、村民中心及文化广场各1个；西坨头村新建450平方米的村民广场和1100平方米的新村民中心，该村公用设施基本完备；车站村建成设施完善的村民活动中心、文化广场及医疗卫生室，新建生活垃圾收集站1座，配备垃圾转运车1辆，该村实施商业拆迁安置项目，属北戴河火车站片区改造整体工程，建设欧式风格5层商业楼4栋；北戴河村2011年新建占地2000平方米的村民中心、8000平方米的文化广场，从2012年2月开始进行的戴河河道清淤工作已完成；单庄村村内街道路面全面硬化，并解决家庭旅馆区供水不足、污水处理、路面不平等问题；杨各庄村在建新民居一期工程“4+1”楼型3栋、“5+1”楼型7栋、“6+1”楼型11栋。新建垃圾转运站4座、幼儿园1个、文化娱乐场所1座；谢李庄村建设村级文化活动室1个，道路全部硬化；拨道洼村在建23栋新民居主体已竣工，相关配套设施正在施工；甘各庄村安排专人负责河道及沿岸定期清理工作。

国土资源管理

【土地资源】 全区土地总面积为7290公顷。土壤以棕壤为主，分布着沙质壤土和盐化潮土。农用地3561.52 公顷，占土地总面积的48.85%，其中，耕地面积848.25公顷、园地面积752.86公顷、林地面积1673.93公顷、牧草地为37.31公顷、其他农用地面积249.17公顷；建设用地3189.04公顷，占土地总面积的43.75%，其中，居民点工矿用地2802.05公顷、交通运输用地367.02公顷、水利设施用地19.97公顷；未利用地539.44公顷，占土地总面积的7.40%。其中，未利用土地62.68公顷、其他土地476.76公顷。

【土地登记】 全年办理土地登记7546宗，其中，城镇个人土地初始登记850宗，土地变更登记6500宗，国有土地登记55宗，集体土地使用权登记107宗，商业房屋土地分割登记34宗，完成2个开发地块的土地登记分割许可。

【耕地保护】 北戴河区政府分别与市政府和各镇人民政府签订《耕地保护责任目标责任书》，对耕地保有量、基本农田数量等指标进行量化，明确负责。在市政府历年考核中，北戴河区耕地保有量及基本农田面积均未突破《市级耕地保护目标责任书》所确定目标值。年内，北戴河区国土资源局聘请省规划二院开展基本农田划定工作。北戴河区土地利用总体规划（2010～2020年）确定北戴河区规划期内基本农田保护面积为150公顷，主要集中在京山铁路以北4个村，即蔡各庄村、北戴河村、甘各庄村、苏庄村。

【地籍管理】 至年末，完成22个村集体土地所有权调查登记并上报省检查单位检查。7月，第二次全国土地调查工作成果（城镇部分）通过专家组验收，11月，经最后备案，取得验收报告；10月，二调成果（农村部分）也通过验收，备案成果已报市局最后审核。9月，北戴河区土地利用总体规划（2010～2020年）成果正式完成备案。年内，完成7个项目土地预审并进行网上备案，出具8个项目用地意见。完成土地登记信息采集上报系统建设试点工作、宗地统一编码试点工作，完成2011年年底前128宗地，14个小区支宗入库和北戴河区城镇数据库更新工作。完成2012年土地变更调查、地籍进度汇总、城镇数据汇总工作。

【建设用地管理】 全年完成集体建设用地转用、征收及农用地转用（农村宅基地）总面积94.01公顷，涉及北戴河区太平庄村拆迁改造、车站村拆迁改造、健康中心、海北路延伸、农村宅基地等16个项目,所有急需征地建设工程全部完成用地报批。至年末，供应土地24宗，供应总面积28.72公顷，收取土地出让金13669.69万元。其中，划拨土地2宗，面积1.57公顷；协议出让土地9宗，面积2.68公顷，收取出让金2382.48万元；挂牌出让土地13宗，面积24.47公顷，收取出让金11287.21万元。

【海域管理】 完成2011年度海籍变更调查工作，测量界址点39个，变更4宗海域，全面查清辖区海域使用现状和权属状况，获取真实准确海洋基础信息。初步建立海域使用动态监视监测系统和业务管理系统，完成海洋经济运行监测与评估系统建设，对涉及的393个涉海企事业单位，进行信息采集。妥善解决历史遗留的8宗岩礁养殖用海问题，全部按要求缴纳海域使用金，领取海域使用证。

【土地执法监察】 经国土资源部确认北戴河区违法用地图斑42个，占地15.67公顷，其中耕地0.59公顷。对涉及的42个违法图斑，现2个图斑已经自行整改，立案查处21个图斑，利用“6·30”政策补办1宗占用耕地的违法用地手续，最后违法用地占用耕地面积占新增建设用地占用耕地总面积的比例为2%。全年开展动态巡查300余次，查办各类违法占地案件52件，接举报电话20余次，接待群众咨询、来访280余人次，排查信访案件2起，接待受理信访事项13件，均得到妥善处理。

（李霞、姬晶鹏、刘强、范君峰）

城市管理

【概况】 2012年，北戴河区充实管理力量，严管旅游市场，推行城市综合管理包街机制，全体县级干部和部门单位1800余名职工分组，对23条道路实行分包责任制，对环境卫生、社会治安、经营秩序进行全面整治。成立暑期沿海一线工作站，为广大游客和群众提供优质服务。旅游环境得到改善，受到蒙古人民共和国、俄罗斯等国驻华使节和法国记者的盛赞。

【城管监察】 加大日常管理，采取定点与流动、延时与错时、普通与重点治理相结合等工作措施，对各类违规行为进行突击整治。加大对店外经营、商品外溢、流动商贩、露天烧烤等违规行为管理力度。规范沿街摊位设置及无牌无照双人骑经营管理。开展城市容貌“脏乱”整治活动，全面清理沿街非法小广告，营造整洁有序市容秩序。按照市城管局《2012年暑期扫黄打非专项行动方案》要求，突出重点，开展“扫黄打非”专项行动。加强对城区主要路段非法小广告查处力度，清理非法小广告860余张。

【数字城管】 以数字化城管指挥中心为平台，及时接收市数字化城管监督指挥中心通过内网、电话及“12319”热线分派案件，实现城市管理科学化、精细化、高效化。全年，数字化城管指挥中心受理案件2800余件，办结率99.84%。办理上级部门交办事项及其他部门、群众反映问题1096件。

【市容市貌整治】 2012年，按照市、区两级“脏乱”整治等活动要求，对私搭乱建、乱贴乱画、占道经营、乱设广告牌匾、乱泼乱倒污水、乱堆乱放建筑垃圾等违章行为进行整治，清理乱贴乱画2673处，严管牌匾425块，规范户外摊点1527个，清理车辆乱停乱放1429次。加强沿海沟（口）治理，制定《雨天沿海沙滩保洁管理应急预案》，全面做好281大桥至狼牙桥段18.30千米沿海沙滩和七桥沟、开滦煤矿休养所前雨水管等14个雨水沟（口）的垃圾污物及沙滩垃圾清理工作。

【环境卫生】 道路清扫保洁 购置新型三轮保洁车30辆，更换沿海线、保二路等主要道路三轮车。道路清扫保洁坚持人工保洁与机械化作业相结合。4辆洗地车不间断对联峰路、海宁路、鸽赤路等重点道路进行洗地作业。3辆小清扫车对剑秋路、保二路、沿海线等道路进行机械化清扫，并清捡道路两侧垃圾污物。7月28日、8月4日两次强降雨后，共清理积水、淤泥和树叶垃圾10吨。

沿海沙滩保洁 为确保剑秋路南口至狼牙桥段沿海沙滩干净整洁。7名管理人员每天对保洁员工作情况和管辖区域沙滩白色垃圾和海藻清理等工作进行巡视检查，发现问题及时解决。在原有8名保洁员基础上，增加30名保洁员和1名管理人员，及时清理垃圾和海藻。8月3日强降雨过后，赤土山大桥段沙滩出现大量垃圾，200余名保洁员、2台装载机、11辆运输车对剑秋路南口至狼牙桥段产生的垃圾进行清理，清理垃圾3500余吨。全年清运沿海沙滩垃圾1万余吨、海藻6000余吨。

生活垃圾清运 2012年，戴河镇、海滨镇25个村建设25座生活垃圾收集站，并购置9辆运输车、2辆中转站专用压缩车。在联峰路统计局培训中心西南侧空地、三角地、东一路北口月季园内新建生活垃圾收集站3座。至年末，共有城区生活垃圾收集站43座、农村收集站33座，有生活垃圾散点20余个。每天14辆运输车将城区100余家企事业单位和休疗养院、城区及农村产生的400余吨生活垃圾送108中转站，6辆集装箱车将中转站压缩后的生活垃圾运送到柳村发电厂，全年清运城区生活垃圾14万吨。

公厕管理　4月，对保二路、火车站、草厂西路附近等5座公厕内外墙、地面、蹲位和电路等部位进行改造提升。对城区环卫管辖的30座公厕进行清掏，早5点至晚10点，重点道路和景区周边的23座公厕有专人保洁管理，每天用来苏水、盐酸等消杀药品对公厕内外墙面、地面及便池进行消杀，确保公厕内外干净整洁。

综合维修　维修人员对公厕内损坏的上下水、电路、管件及感应器进行更换。更换果皮箱200余个、维修100余个。对5座生活垃圾收集站围挡墙进行粉刷和油饰。全年大修生活垃圾收集站40余座次；维修保养清运车30余辆。更换108中转站设备，维修压缩机。维修损坏的果皮箱200余个、公厕80座次、垃圾车40辆次、收集站80座次、抢修收集站30座次。

【惠民服务】　在康乐路、海二路、北四路等路段设置36个彩钢瓦便民亭棚、红线界定370个临时地面摊位、设置16个水泥台式摊位，为城区周边果农和部分困难户提供免费摊位和临时经营场所。在红石南路新增设10个商亭，尝试统一经营高档次小吃，打造示范经营品牌。为16家经营户每户免费发放两件印有“守法经营、热情服务”字样的T恤衫，鼓励其文明守法经营。

【城区亮化】　实施景观亮化智能控制系统二期建设项目。在2011年基础上，新建38个亮化终端智能控制点，实现监控亮化设施工作状态，实施远程抄表、电量统计及远程防盗状态报警。实施刘赤路景观亮化提升工程。仿真玫瑰花灯、网状灯、伞形艺术造型相互映衬，使刘赤路夜间呈现出灯光花海、星光点点的亮化效果。对刘赤路、月季园、火车站广场、滨海大道等9处节点亮化景观进行立体式照明打造，营造北戴河夜晚的“花街、花城、花海”。

【打造海滨示范街道】　2012年，对石塘路步行街景观进行整体改造提升。重新铺设绿化草坪3000余平方米。粉刷维修步行街围栏和木栈道约400余平方米，粉刷木凳58个。重新铺设市场东门前道板（石材板）1000平方米。维修维护石塘路喷泉及路灯等公用设施，部分亮化设施改造升级。

【海浴场管理】　2012年，海浴场有工作人员70人，成立沿海临时党支部，有正式党员26人，入党积极分子2人。旅游经营收入870万元。通过公开招标完成沿海木栈道维修粉刷及沿海线更衣室维修改造。更新沙滩太阳伞2600把，设浴场防鲨网1.05万延长米。暑期期间，为中外游客做好事600余件，捡到物品折合人民币60余万元，有42人被区文明办评为“为北戴河添光彩先进个人”，10人被区综治委评为“见义勇为先进个人”，《秦皇岛日报》《秦皇岛晚报》以及《今日报道》等栏目相继刊登和转播先进事迹。海浴场管理处党支部被省委评为“创先争优示范单位”，被市委、市政府评为“文明单位”，被区委、区政府评为“暑期工作先进单位”。

【市政设施管理】　对全区82.20千米城市道路和29.30千米雨水排放设施全面养护维修。维修车行道491平方米，维修人行道2788平方米，维修路缘石1705延长米，维修雨水收水井11座、井箅12个，更换雨水井箅15个、井盖5个，镶嵌蘑菇石5.76平方米，镶大理石板4.50平方米，清掏雨水收水井、检查井3703座次，清运淤泥1987立方米，清掏雨水沟15立方米，粉刷护栏834.30延长米，修补破损车行道浇筑沥青4.50吨。在路政管理工作中，严格控制因施工需要占路、破路等毁坏城市道路设施的审批，对全区城市道路和已批准破路施工区域实行跟踪监督检查，发现损坏的路面及时采取措施进行修复。

【排水管理】　据北戴河区排水管理处统计，北戴河区全年排放污水1186万立方米，日最大排水量12.29万立方米。全年疏通排水管道10.24万延长米，清掏维护检查井1824座，运杂物184立方米，维修检查井68座，更换井盖183个，更换井圈97个。完成7座固定泵站和5座暑期运行泵站安装、检修、调试工作，升级7座泵站数字化排水监控系统，将8号泵站纳入到数字化监控系统之中。

（孙乐、曾文利）

住房保障

【概况】 2012年，北戴河区建筑业呈下滑趋势。全区资质内建筑企业完成总产值2.83亿元，比上年下降11.90%；实现利润总额1225万元，增长20.80%；房屋建筑施工面积8.38万平方米，下降26.80%；竣工面积3.84万平方米，下降48%。

【保障性安居工程建设】 保障性住房三期工程于10月26日正式施工，该工程选址在北戴河开发区南侧，位于金三路以东、规划赤薄西路以北，地处北戴河区北部片区“百亩”经济适用住房小区东部。新建保障性住房174套，总建筑面积8755平方米，其中，廉租房72套、公共租赁住房102套。全部工程预计2013年10月份竣工。同时，加紧保障性住房二期工程建设工作，二期工程共建住宅楼6栋，其中，实物廉租住房2栋、162套；经济适用住房2栋、132套；限价商品住房2栋、132套。全部工程预计2013年7月底竣工交付使用。

【廉租住房】 2012年，推进保障性住房申请受理联动机制，实施一站式服务。建立省、市、区住房保障信息管理系统，促进保障性住房准入、退出的公平公正。至年末，审批合格的廉租住房保障户332户，其中，货币配租214户，实物配租118户。新受理廉租住房申请93户，退出保障家庭33户。全年发放廉租货币补贴55.55万元。保障性住房二期工程分配工作开始启动，2栋162套实物廉租住房于11月16日完成选房工作；经济适用住房2栋132套和2栋132套限价商品住房，也已完成申购报名，预计2013年7月分配入住。

【产权产籍管理】 全年办理产权登记965件，确权面积13.10万平方米；发放“房屋所有权证”960个；完成203套已购公有住房上市交易备案工作，交易面积1.25万平方米；办理房改出售业务4件，出售面积205.07平方米，查找房改档案2206卷次。

【建筑企业管理】 年内，对全区15家建筑企业资质管理台账进行更新整理。15家建筑企业全部通过资质年审，达到合格标准。全区14家建筑施工企业和19家外埠施工企业项目经理部均签订《2012年建设系统安全生产管理目标责任状》。全年，深入施工现场检查300余次，开展全区性安全生产大检查4次和专项治理检查2次，下发隐患整改通知书36份，停工指令书15份。

【招投标管理】 2012年，北戴河区工程建设管理中心监督招投标工程建设项目37项（含绿化15项），其中，公开招标28项，邀请招标9项。招标工程总面积7.70万平方米，其中，绿化工程面积2.13万平方米，其他5.57万平方米，总中标价1.74亿元。结算备案工程100项，结算备案造价1.58亿元。监督检查35个国有投资融资工程项目安全文明施工措施费216.27万元及招标控制价1.19亿元。

【物业管理】 北戴河区现有住宅小区（含老旧住宅片区、休疗养院宿舍区，不含农村小产权住宅区）45个，其中办公及商住、公寓别墅小区11个，总建筑面积180余万平方米，实施物业管理小区23个，占小区总数51.11%，占住宅总面积38%。有8个住宅小区选举产生业主委员会，占小区总数的20%。

【质量监督】 2012年，北戴河区质监站接收市工程质量监督站办理监督注册的建筑工程18项74个单体，建筑面积33.50万平方米，总投资约5亿元。主要有：北戴河火车站改造临街商业房、杨各庄村商业房、拨道洼村安置房（二期）、北部片区保障性安居工程（二期）、北戴河信息技术研发中心工程44号楼、河北外国语职业学院教学主楼及公共租赁住房等工程。参加竣工验收监督的工程7项44个单体，建筑面积约12.50万平方米。出具建设工程质量监督报告32个，建筑面积11.40万平方米，已报市建设局备案。主要项目有：戴河家园工程、市委党校迁建工程、东山宾馆综合楼和健身中心、河北省人大北戴河会议中心、秦皇岛职业技术学院1～7号公寓楼等工程。中国建筑第五工程局有限公司承建的北戴河国际酒店获“河北省2011年度结构优质工程”称号。

【节能监督】 北戴河区加强对建筑节能工作的验收，全年共监督检查在建项目13项，总面积37.15万平方米。验收节能竣工工程4项，总面积3.33万平方米。新型建筑节能材料得到广泛推广和使用。戴河家园工程采用太阳能热水系统和地源热泵技术，被评为“秦皇岛市市级节能示范工程”。

【维护农民工权益】 为保证农民工合法权益，杜绝因拖欠农民工工资引发群体性上访事件发生，年内，对全区建设单位工程款拨付情况和施工单位农民工工资发放情况逐一进行检查，检查次数达120余次。工程管理处成功处置农民工上访事件4起。落实省建设厅农民工实名制“一卡通”工作要求，要求15家建筑企业和26个在建工地全部实行农民工工资“一卡通”，全区覆盖率达100%。

城市绿化

【概况】 2012年，北戴河区围绕“生态型、园林式、国际性旅游休闲度假区”城市定位，精细谋划、科学管理、高效组织，主要实施道路及节点景观提升工程、游园建设及改造提升工程、立体绿化工程、公共绿地完善提高工程、停车场建设工程、基础设施维修工程、城郊绿化及景区完善提高等工程。建城区改造绿地面积11.76万平方米，栽植乔木2.48万株，花灌木1.46万株，球类253株，宿根花卉4.63万平方米、草花36.44万盆、小灌木造型1443.20平方米、野花组合4.22万平方米、竹子400平方米、剑麻392株，草坪7.05万平方米，垂直绿化980株，盆景95个，藤本月季544株、中国地锦1500株。人均园林绿地面积254.27平方米，绿化覆盖率57.29%，人均公共绿地面积53.26平方米、绿地率53.58%。

【绿化工程】 投资854.70万元，对联峰路中段、火车站片区等道路绿地完善提高；对东经路、西经路、沿海路等6条主要道路26个绿地节点景观进行艺术提升；投资427万元，对剑秋路北段、滨海大道、联峰路西段宿根花卉进行更新，对联峰路中段、海宁路北段、西海滩路等绿地补植及踩踏完善；投资64.30万元，实施车站村游园和六座楼游园完善提高工程；投资150万元，实施怪楼艺术片区绿化工程，共栽植早园竹60平方米，宿根花卉1.53万平方米，播种野花组合9380平方米；投资140万元，实施歌华配套游园绿化工程；投资40万元，实施东坨头村、费石庄村绿化工程；投资25万元，对西坨头小区进行绿化完善提高，改造面积2000平方米。

【公园建设】 联峰山公园景观步道改造工程 4月2日开工，6月15日竣工，总投资150万元，包括排水处理、砌筑护坡、改建游览小路，改造厕所给水管线等。修建排水沟760米，导流槽2处，砌筑仿木挡墙280平方米，给水管750米，栽植花灌木200余株，播种野花组合2800余平方米，毛石矸缝内嵌草4100余平方米，植物标牌96个，改造福饮泉，使其成为流动活泉。

宝石路、双石路停车场建设工程　4月2日开工，5月31日竣工，总投资193万元，总改造面积3300平方米，其中，硬化面积2480平方米，增加小车停车位165个（宝石路87个、双石路78个）。

奥林匹克大道公园整体提升改造工程　包括绿化提升和基础设施提升两部分，于4月2日开工，6月15日竣工，总投资572万元，绿化改造面积为6.50万平方米，栽植乔木49株、灌木115株、球类14株、宿根花卉5900平方米、造型20平方米、草坪5.82万平方米、草花700盆、植物标牌123个；清洗浮雕墙、更换桥栏杆、更换围栏1600米、塑胶路面维修91平方米、更换水泵37台、更换电缆5万余延长米、更换电磁阀126个、更换水下灯近500个及园内部分设施维修。

【民间绿化】　庭院绿化全年共栽植油松、银杏、合欢、法桐等各类乔木4200株，栽植紫薇、金银木、丁香、棣棠等花灌木4000株，更换草坪1.10万平方米，更换萱草、景天等地被植物1.62万平方米。全年共计完成植树28.52万株，超出年初15万株植树任务，义务植树尽责率达到98.20%。其中，在城区完成植树20.35万株，义务植树尽责率为97.80%；农村义务植树完成8.17万株，义务植树尽责率为98.70%。

【古树名木保护】　对全区范围内所有古树名木进行复查，确定古树名木保护级别、树龄、树高、冠幅、长势、经纬度、海拔等数据，登记在册并留下相关照片，完善北戴河区古树名木档案资料。北戴河区注册古树名木12107株，其中，单株古树名木305株，古树名木群163个。

（刘丹丹　张春红　党爱丽　李海宁）

公用事业

【供水】　2012年，北戴河供水总公司年供水1448万立方米，水质综合合格率100%、管网水压力合格率100%、维修及时率100%。检修电力设备，清涮水库、平流沉淀池等供水设施，管网工程部门、水表检定部门对全区管网、表井巡查检修。对公司供水设施设备、水厂、氯库等重点单位、重点场所和要害部位实施封闭式管理，安装监控摄像头100余个，确保实时监控，全年实现安全零事故。

年内，南戴河地区被纳入北戴河供水总公司供水范围，为解决北戴河西部及南戴河地区水压低问题，公司积极协调资金，实施暑期应急工程。完成南戴河地区老旧管网改造更新一期工程，更新主干道老旧管道15千米，部分地区水压压力提高，水质得到根本保障。自6月5日起，启动给水专线工程，至6月29日，历时25天完成14.10千米的管网铺设工作，修建西海滩及联峰北路加压泵站2座，有效解决北戴河区西部供水问题。

【供电】　2012年，北戴河地区有营业户数45457户（其中农村用户18702户），年售电量31789万千瓦时。有220千伏变电站1座、110千伏变电站3座。域内供电容量主要由戴河站、赤土山站、海滨站、崔各庄站4座变电站提供。北戴河地区用电多为季节性用电负荷，暑期用电负荷量与其他季节相差较大，2012年暑期最大负荷9.20万千瓦，非暑期期间负荷在3～4万千瓦左右。全年累计供电量完成35285.60万千瓦时，同比增加3740万千瓦时，上升11.86%。累计用电量完成31789万千瓦时，同比增加2924万千瓦时，上升10.13%。2012年，拉动用电量增长的主要原因是居民售电量增长较快，休疗旅游行业，全区新增用电负荷43076千伏安/千瓦。

2012年，冀北电力有限公司投资599.17万元对城中的草厂村、刘庄村及周边丁庄村、陆庄村、河东寨村、大薄荷寨村家庭旅馆聚集区域供电设施进行改造。投资3309.10万元，开工建设重要用户供电电源改造工程，确保重要用户供电安全可靠。10月，投资1196.43万元建设污水泵、原址翻建改造四中配电室。

（王顺兴）

【供气】 秦皇岛市燃气总公司北戴河公司储气能力120立方米，日最大充装量15立方米，负责全区1.20万户居民及各大休、疗养院、所、宾馆、饭店供应任务。2005～2012年北戴河区天然气管道工程投入资金近1亿元，完成建设每小时2000立方米的CNG卸气站1座，中压管网建设62.70千米，低压管网建设88.30千米，覆盖整个北戴河城市区及周边地区。建设各种调压站箱146座，民用户建设12901户，实际点火9689户，完成中纪委监察部北戴河培训中心、深海渔港酒店、浪琴屿酒店等休疗院所、宾馆饭店公建用户69户，日最大供气量为1.80万立方米。2012年，天然气销售284万立方米，比上年增长79.70%，液化气销售931立方米，比上年减少48.60%，销售额1404万元，与上年基本持平。年内，二期惠民工程开发天然气民用户3104户，点交验收中压管线2.10千米、低压管线13.10千米。对北戴河自建工程北京干部休养所、北戴河起士林饭店、湿地公园等19家公福户、28个用气点通气点火。

（高静君）

【供热】 北戴河区有12个供热站、锅炉30台，供热管网98千米，供热面积164万平方米，负责700余栋住宅楼，近2万户居民、区属和驻区40个机关事业单位供暖。年内，完成东山小区、育花路小区、南岭小区800余户居民分户供暖改造工程，改造面积7万平方米，完成外部管网改造7000延长米。11月5日，所有供热站全部按期开始供暖，收缴取暖费1300余万元。

环境保护

【概况】 2012年，北戴河区以生态良性循环、资源合理利用、环境质量良好、城市优美洁净为工作目标，全面推进环保基础设施建设、工业污染治理、城乡环境综合整治、重点生态工程建设和重大项目环评审批等重点工作。全区空气质量全部达到二级标准，其中一级天数达到286天，戴河水质总体达到Ⅲ类功能水体要求，海水浴场水质、噪声环境质量全部达到环境功能区划要求。

【生态村镇建设】 2012年，开展北戴河国家级生态区建设工作，22项创建指标基本达到国家级生态区验收标准，创建工作进入验收申请阶段。制定《北戴河区农村环境综合整治工作实施方案》《北戴河区农村环境连片综合整治示范区项目实施方案》，加快西北部片区污水管网建设工程和8号泵站及配套管网建设工程，戴河沿线火车站、5711家属区、戴河镇政府、集发观光园片区及车站村、古城村、西坨头村等具备条件的单位和村庄全部实现污水入网。力争到2014年年末，实现该片区8个村生活污水全部纳入城市污水管网中统一处理，3个村生活污水实现简易处理，片区生活污水处理率达到80%以上。11月，古城村、西坨头村、刘庄村通过国家级生态村验收。

【生态环境恢复】 推进以生活垃圾集中处置、河道整治、禽养殖场粪便综合利用、农村绿化为重点的农村环境综合整治。实施戴河、新河治理工程。治理戴河3802米、新河1878米、排洪沟17.2千米，在戴河、新河河道内安置拦污网8道。排查沟渠及排水口89个，对戴河、新河沿岸排污口进行封堵，完善污水毛细管网，确保无污水直排入河，累计封堵戴河、新河沿线排污口53个。全区4家规模化养殖场，已全部建立污染源档案。

【海域环境整治】 2月，启动北戴河及相邻地区近岸海域环境综合整治工作。按照《关于下达2012年第一批关停超标排放和落后产能企业计划的通知》要求，4月，区环保局联合区工商局关停无环评审批手续的秦皇岛帝邦建筑材料有限公司和4家清洗珊瑚贝壳作坊。

【节能减排】 严把建设项目审批关控制新污染产生，全年办理建设项目131个，环境影响评价率达到100%。按照《建设项目环境管理名录》要求，编制报告表项目89个、填报登记表42个，验收项目10个。制定《2012年度减排工作计划》，健全节能减排体制机制，全面掌握各企事业单位排污现状及污染物排放总量情况，建立动态管理系统。年内，完成排污申报登记单位70家，新发排污许可证7家，征收排污费33.40万元。鼓励工业企业从源头削减污染，提高资源利用效率，减少或者避免生产、服务和产品使用过程中污染物产生和排放。5711工厂和兰德科技公司通过清洁生产审核验收。

【污染减排】 全区污染物排放总量得到有效削减，全年COD净削减量18.40吨，削减率3%；氨氮削减量3.70吨，削减率3.50%；SO_2净削减量32吨，削减率2.58%；氮氧化物净削减量3.50吨，削减率1.57%，完成市定目标任务。对城区内洗浴、餐饮、企业的1吨以下燃煤锅炉进行治理。城区内各类商业经营性1吨以下小锅炉改用天然气、油、电等清洁燃料，全年取缔燃煤锅炉24台。

【环境监测】 关注敏感地区和重点污染源周边环境质量状况，履行政府监测职能。全年完成环境空气、降尘、功能区噪声、道路交通噪声、区域环境噪声等6个环境要素的环境质量监测。设置监测点位环境空气1个、降尘3个、入海河口水1个、功能区噪声4个、景点噪声7个、道路交通噪声12个、区域环境噪声62个。对疗养院、开发区企业等进行污水监测310家次，出具水监测报告310份。对全区88家企业锅炉进行监测。全年编发《环境质量专报》196期，《海水浴场周报》12期，《噪声半月报》6期。

【生态监察】 实施区域性生态环境监察试点工作，明确近海海域生态保护区、生态城镇建设区、生态农业保育区、生态工业发展区、森林生态系统保护区5大重点监察区域。抓实建设项目、水资源开发利用、森林资源开发利用、生物物种资源开发利用、旅游资源开发利用、农业资源开发、城市与生态工业园区建设7方面生态监察重点内容。建立部门联席会议制度、信息通报制度等8项制度，为生态环境保护工作深入开展奠定基础。

【工业监察】 北戴河区工业企业有31家，每月定期监察，并确定辖区内聚源铝业有限公司、鑫纶化纤有限公司、渤海安全玻璃有限公司、吉马包装彩印有限公司、天业通联有限公司5家企业为重点监管企业。检查企业组织生产情况、污染物排放情况、治污设施运行情况、固体废物处置情况、“三同时”执行情况和生态维护情况，环境监测站开展污染源监督性监测。企业废水全部入污水管网，污染防治设施正常运行，无超标排污和违法排放现象。全年检查工业企业455家次，其中，重点企业195家次，形成现场检查记录455份，清查市审批项目129个，限期验收项目100个，完成验收40个。指导聚源铝业有限公司和兰德科技有限公司检查企业风险源，编制环境应急预案，完善应急救援设备。区重点产生危险废物企业聚源铝业有限公司年产生约0.50吨废酸渣，全部交秦皇岛市抚宁徐山口危险废物处理站处理。

（李明玉）

旅游·度假

综　述

2012年，实施旅游基础设施改造项目，营造优美的城市环境、优质的接待环境和良好的社会环境，高标准提升北戴河旅游品牌综合竞争力，着力打造“宜居宜业宜游，富庶文明和谐”世界名区。华贸松石滩项目（北戴河莲蓬俱乐部）、华贸企业总部区项目（游艇俱乐部）、国际酒店建设项目、北戴河怪楼文化艺术产业园、北戴河乔庄度假庄园等高端精品旅游工程，进一步改善北戴河区旅游环境，完善国际性旅游服务设施和功能，促使北戴河区旅游产业向高端、多元、精品迈进；稳步推进国家旅游综合改革试点工作。按照全市旅游综合改革试点工作总体要求，以改革创新为动力，以服从暑期、服务休疗、高端发展、打造精品为总体要求，依托百项工程建设推进旅游发展方式由低端旅游向中高端旅游转变；旅游产品由观光为主向观光与休闲度假相结合转变、由旺季旅游产品向四季旅游产品转变，从而提高旅游产业附加值，加快北戴河区旅游产业结构转型，实现跨越性发展。

完成北戴河旅游协会换届工作，成立饭店分会、俄罗斯游客接待专业委员会、乡村旅游分会和旅行社分会4个分会，开展旅游饭店星级评定、星级饭店年度复核、旅游行业培训、旅游行业精细化服务活动；强化旅游基础性宣传品制作和质量提升，包装13条精品旅游线路，打造四季皆宜旅游品牌，“请进来”，开展业界洽谈，“走出去”，主动拓展市场；开展访查式执法监督，联合打击深层次违规问题，整治景区周边和暑期包街路段等重点区域秩序，强化旅游安全安排部署，提升旅游安全整治合力，强化旅游安全责任落实，完善应急机制并开展演练，畅通旅游三级投诉举报平台，维护旅游者权益；数字旅游网站内容丰富，更新及时准确，增设信息亭方便游客，提高全区整体服务水平，建立北戴河家庭旅馆群，推广“家庭旅馆住宿管理系统”，举办北戴河“休闲之冬”全国旅游摄影大赛颁奖典礼暨获奖作品展，谋划北戴河“智慧旅游”工作；完成绿道网、乡村旅游示范村等乡村旅游暑期重点项目建设，成立乡村旅游协会，指导行业健康发展。

全年接待游客678.97万人次，其中国内游客675.36万人次、入境游客36048人，分别比上年增长0.32%、0.36%和下降7.19%，其中，接待俄罗斯游客34089人，比上年下降7.83%。辖区内各旅游景区（点）共接待游客497.25万人次，比上年下降0.91%，实现门票收入8206.10万元，比上年增长4.90%。

北戴河婚纱摄影游线路发布会暨旅游婚纱摄影基地启动仪式

（苏丹　周慧）

2012年北戴河区俄罗斯度假区改造项目表

表3

单 位	改造项目	投资（万元）	总投资（万元）
俄罗斯度假区	改造消防、安防设施	300	2270
欧鹏酒店	整体改造三号楼，新建服务台、值班室	800	
石油管道培训中心	绿化提升，锅炉改造	170	
河北省总工会疗养院	新建三星级标准客房楼 1 栋	1000	

2012年北戴河区旅游住宿接待单位改造项目表

表4

单 位	改造项目	投资（万元）	总投资（万元）
全国政协培训中心北戴河管理局	院内围墙、大门、监控设施，按四星级标准装修碧海楼客房	100	20100
国家经贸委建材休养院	按四星级标准改造客房、餐厅、接待大厅	2100	
中国黄金职工培训中心	按四星级标准重建宾馆	2000	
河北省煤矿职工休养院	新建学员楼、学员公寓楼	2100	
河北省财政干部培训中心	按三星级标准改5号办公楼为客房	300	
云海宾馆	改造餐厅、客房	3000	
北京市医药总公司休养所	装修餐厅、客房，改造卫生间	200	
国资委商业北戴河休养院	改造餐厅内部设施、餐厅大厅接待中心	300	
最高人民检察院疗养院	重建疗养院	10000	

2012年北戴河区旅游景区改造项目表

表5

单 位	改造项目	投资（万元）	总投资（万元）
鸽子窝公园	公园景观维修、绿化提升、亮化提升、净化工程、路径改造、基础设施设备改造，增设人性化休闲设施建设；改造卫生间；新建景观桥 1 座	2304	
联峰山公园	新建水景观；北门周边、主要游览道路两侧绿化提升，修缮、改建侧游览小路；道路沿线大树生态保护；在驼峰路南侧新建公园大门、停车场及疏散通道；搬迁殡仪馆；改造公厕及北门至观音寺厕所给水管线	180	
集发农业观光园	改造5座生态星级卫生间，新建景区生态停车场，改造污水管网，整治戴河两岸护堤10.21延长千米，建立消防、安保监控设施设备；更换垃圾桶100个，购置景区环卫洒水车1辆	1980	
秦皇岛野生动物园	改造园区门口广场地面，园区游览路线、游览火车路基、围网电网、孔雀园、草食区厕所；笼养区新建狐猴岛，改造非洲风情园，新建非洲区小火车站	890	

续表5

单　位	改造项目	投资（万元）	总投资（万元）
碧螺塔海上酒吧公园	改造公园大门及广场、步游路、游客服务中心、职工宿舍及办公用房、公园道路指示牌、塔前好运广场地景、海上舞台；新建30套集装箱概念房；装修地下观海演艺厅内室；地下演艺厅顶部新建露天酒吧广场	2730	10433
老虎石海上公园	填沙3万立方米，维护沙滩；改造洗手间；提升改造游客中心；沿海线警示牌、提示牌等提升档次，规范照相摊位，重新设计制作照相取景牌；规范沿海线租圈户经营用库房	1130	
奥林匹克大道公园	完成“同”字雕塑建设；更换草坪7万多平方米，调整部分密集乔灌木；改造园路及木平台、排水系统，维修改造喷泉设施	556	
怪楼奇园	绿化提升怪楼奇园和西部艺术片区连接处；怪楼奇园东部及艺术片区新建围墙620米；新修两条连接怪楼奇园和艺术片区便道；清理北部刘庄村垃圾；新建临时停车场 2 座	663	

旅游项目建设

【概况】 坚持以政府主导、项目拉动、促销带动、管理推动为一体的旅游发展战略，按照城市发展定位谋划包装旅游新项目。全年总投资32303万元实施软硬件建设，推进旅游业持续健康发展。

【AAAA级以上景区整改工作】 制定北戴河区AAAA级景区整改工作方案。7月初，省旅游局规划处专家对全区AAAA级景区进行视察，确定整改工作内容。8月中旬，对整改工作进行复查，对照省局整改要求进行逐条检查，要求不符合整改内容的景区限时完成整改。9月，圆满通过省检查组验收。

（张栋）

旅游行业管理

【概况】 2012年，加强行业从业人员培训、行业标准推广与创建、旅游服务质量提升以及旅游统计分析工作。全区有宾馆、疗养院、招待所等252家，接待床位4万张；家庭旅馆1749家，接待床位6万余张，全区累计接待床位10万余张。

【旅行社管理】 至年末，全区有旅行社45家，其中，分社2家，另有旅行社门市部2家。做好旅行社统计，加强对区内旅行社行业管理，重点对旅行社名称、地点、法人、营业范围变更进行备案登记和检查监督，对旅行社场地变更进行现场实地检查，严格把关，对不符合要求的变更予以整改。做好旅行社责任险投保和监督管理工作，区旅游局用两个月时间对全区旅行社责任险投保情况进行全面检查，旅行社全部按照规定为游客投保责任限额不低于20万元人民币的人身伤亡险，责任险投保范围和保险金额及理赔额度等均符合国家旅游局相关规定要求。

2012年北戴河区旅行社名录

表6

序号	名　称	地　址	电 话	负责人
1	秦皇岛北戴河金山国际旅行社	金山嘴路4号	4041748	王玉珍
2	秦皇岛夏都国际旅行社	海宁路邮政大楼五楼	4041011	王　涛
3	秦皇岛市北戴河金海国际旅行社	保二路中国煤矿疗养院	4041317	张振国
4	秦皇岛海之韵国际旅行社	鸽赤路口污水泵站旁	4045131	张海龙
5	秦皇岛市北戴河区旅行社	草厂西路6–1–5号	4036819	王树中
6	中国青旅集团北戴河基地旅行社	黑石路四号	4046199	王亚林
7	秦皇岛市北戴河联峰旅行社	剑秋路26号	5925044	李可宏
8	秦皇岛市北戴河新东方旅行社	北戴河区刘赤路	4033692	王　可
9	秦皇岛森林商务旅行社	鸽赤路1号	4037778	刘金霞
10	秦皇岛海之旅国际旅行社	海宁路10–3	4040022	管　茁
11	秦皇岛市北戴河悦华旅行社	东经路90号悦华宾馆	4020999	张贵林
12	秦皇岛方舟国际旅行社	北岭一区33–3–101	4038133	任福春
13	秦皇岛市北戴河艾芙旅行社	育花二区51–1–502	4031592	丁艾芙
14	秦皇岛金海岸旅行社	东坡路1号建材院内	8070013	邱植岩
15	秦皇岛市北戴河海韵旅行社	刘庄村	4042199	王　惠
16	秦皇岛市北戴河华夏旅行社	北岭小区55–2–9号	4038311	崔丙申
17	秦皇岛市北戴河大正旅行社	海宁路薄荷花苑老三号楼	4186802	郑永青
18	秦皇岛北戴河卓越旅行社	黑石路（外交部休养所内）	7905351	边　猛
19	秦皇岛北戴河天博国际旅行社	北岭二区70–3–102	7189991	王建军
20	秦皇岛海滨假日国际旅行社	北岭一区63栋19号	4048177	韩登鸿
21	秦皇岛北戴河大航国际海商务旅行社	北戴河区北岭路	4046115	吕雪松
22	秦皇岛渤海旅行社	海宁路80号	4036000	刘东风
23	秦皇岛市北戴河红日旅行社	黑石路同程公寓	5895505	郑立波
24	秦皇岛市北戴河国林旅行社	黑石路3号国林宾馆	4022001	詹利华
25	秦皇岛纵横国际旅行社	海宁路87号	4030077	张　超
26	秦皇岛风景国际旅行社	黑石路（外交部休养所内）	4033040	刘莹华
27	秦皇岛市佳韵国际旅行社	东山小区3–1–201号	4045733	秦新武
28	秦皇岛北戴河鸿天旅行社	刘赤路东侧	4030666	修志华
29	秦皇岛天际国际旅行社	安一路9栋101室	4033328	刘　伟
30	秦皇岛市华奥旅行社	红石路11栋12号	4039202	张绍华
31	秦皇岛市北戴河明珠商务旅行社	联峰北路56号	4668201	姜乃瑶

续表6

序号	名　称	地　址	电 话	负责人
32	秦皇岛北戴河鼎诚国际旅行社	康乐路18-1-201	5921501	林　涛
33	秦皇岛北戴河百益旅行社	鹰角路36号昱晨大酒店	4031278	王立艳
34	秦皇岛景程国际旅行社	单庄村134号	7189990	周瑞申
35	秦皇岛北戴河云海国际旅行社	蓝色港湾—天鹅堡3-422	4038881	段长春
36	秦皇岛市海屿国际旅行社	黑石路同程公寓	5921022	徐　超
37	秦皇岛萱昊咏旅行社	安一路8号吉程大酒店	5927331	姜原盛
38	秦皇岛豪阳国际旅行社	天鹅堡1-201	4032959	关晓风
39	秦皇岛天平国际旅行社	交通疗养院4-7-1	7909135	王振华
40	秦皇岛大金龙国际旅行社	联峰北路刘庄村居委会	4049758	刘志远
41	秦皇岛人合国际旅行社	北戴河区火车站（华盟宾馆内）	4011668	李　栋
42	秦皇岛海洋国际旅行社	北戴河海宁路金福宾馆	7905400	崔　浩
43	秦皇岛畅游国际旅行社	南岭小区6-2-401	4046665	杨琳琳
44	北京易游假期旅行社北戴河分社	刘庄北里11-2号	4038811	李　超
45	秦皇岛宣海国际旅行社	联峰北路9号40栋	4283555	房必元
46	中国铁道部旅行社北戴河分社	剑秋路15号	7935286	刘香满

【星级饭店管理】 年内，北戴河区旅游饭店星级评审委员会（以下简称“星评委”）推广新版国家标准《旅游饭店星级的划分与评定》（GB/T14308-2010），重点做好旅游饭店星级评定工作。对金海酒店、怪楼奇园大酒店、金台度假酒店、起士林大饭店、宣和酒店及国资委商业休养院6家单位进行星级饭店初评工作，通过对申评单位进行现场查看、指导、整改。金海酒店获得国家三星级旅游饭店，正式挂牌。怪楼奇园大酒店、金台度假酒店于7月中旬，通过省星评委验收，获得国家四星级旅游酒店资格。起士林大饭店、宣和酒店正积极申报四星级饭店。至年末，北戴河区星级酒店已达到19家，其中，四星级酒店6家，三星级酒店13家。

2012年北戴河区星级宾馆名录

表7

序号	单 位 名 称	地　址	办公电话	星级
1	海滨花园大酒店	安四路54号	5929001	四星
2	新华假日酒店	安二路2号	4280888	四星
3	幸运国际大酒店	西经路6号	4020555	四星
4	冀北电网公司疗养院	海宁路16号	4662011	四星
5	怪楼奇园大酒店	联峰中路160号	4383555	四星
6	北华园观海酒店	东海滩路1号	4680666	四星
7	北戴河金山宾馆	东三路4号	4260788	三星

续表7

序号	单位名称	地址	办公电话	星级
8	北戴河友谊宾馆	鹰角路1号	4286912	三星
9	悦华宾馆	东经路90号	4020999	三星
10	鸥鹏酒店	滨海大道1号	4021533	三星
11	国林宾馆	老黑石路3号	4022005	三星
12	广电宾馆	联峰路155号	4024729	三星
13	中国煤矿工人疗养院	保二路13号	4041595	三星
14	石油宾馆	东经路副4号	4042951	三星
15	燕山大厦	滨海大道5号	4267818	三星
16	阳光培训中心	安一路10号	4022584	三星
17	海明月宾馆	宝石路	5927333	三星
18	河北省煤矿职工疗养院	老黑石路	5927888	三星
19	金海酒店	金山路	4287666	三星

【精细化服务】 5月，制定《2012年北戴河区旅游行业精细化服务活动实施方案》，下发至辖区内各休疗养院、星级宾馆、旅游景区及旅行社等单位。持续推行《精细化服务基本标准》，举办全区旅游行业精细化服务培训，下发《精细化服务培训指南》。对重点精细化服务单位采取自查申报、上门指导及信息宣传通报等形式细化指导，深化活动开展效果。

【旅游标准化建设】 2012年，北戴河集发农业观光园获市旅游标准化建设示范单位称号。北戴河幸运国际大酒店、北戴河鸽子窝公园和奥林匹克大道公园荣获市旅游标准化建设先进单位称号。北戴河海滨花园大酒店荣获市旅游饭店节能降耗示范单位称号。北戴河海明月宾馆、中国煤矿工人北戴河疗养院、中石油管道局北戴河培训中心和北戴河友谊宾馆4家单位荣获市旅游饭店节能降耗先进单位称号。

【旅游协会换届】 3月6日，北戴河区旅游协会第四届理事会在新华假日酒店召开换届大会，会上同时成立饭店分会、俄罗斯游客接待专业委员会、乡村旅游分会和旅行社分会，105个协会会员单位和94个分会会员单位加入行业组织。协会理事主要来自食、住、行、游、购、娱6个行业单位。为进一步扩大协会会员覆盖面，将所有涉旅行业、涉旅部门以及与旅游业发展相关单位进行综合考虑，旅游院校、旅游产品生产企业以及相关旅游管理部门也纳入行业组织，新一届旅游协会为全区旅游业构建了平等、和谐的发展环境。

（齐翠梅　金琳林）

旅游市场开发

【概况】 2012年，旅游市场开发工作以贯彻“旅游立市”战略为中心，围绕“2012欢乐健康游”旅游年主题，创新促销思路和宣传手段，拓展旅游营销渠道，坚持国际、国内两个市场并举，促进北戴河旅游市场又好又快发展。

【旅游宣传品制作】 设计、制作北戴河旅游资讯形象宣传册、“越千年、北戴河故事”集邮册等宣传资料；对纪念贺年卡、宣传资料袋及台历进行创意、设计、制作；设计制作替替卡项目，创建一种新型文化传播形式，在各个人流密集网点设置展架，旅游信息汇聚并传播。深入贯彻落实全区“北戴河数字旅游”战略，完善和充实旅游网站内容，扩大旅游信息量，发挥北戴河旅游信息网的促销平台作用。

【国际客源市场开发】 4月6日，秦皇岛市第七届中外旅行社经理联谊会在北戴河区召开，区旅游局与黑龙江（同江、富锦、抚远、勤得利、铁力、汤原、集贤湿地、桦南县）8个县市旅游部门达成加强俄罗斯和国内客源深度互动合作，启动《北戴河·东极旅游合作论坛缔约城市》签约仪式，相关县市将建立旅游战略合作机制，在旅游宣传促销、市场开发、旅游项目和旅游人才等方面进行合作。4月25日，参加“2012首届中俄国际旅游（北戴河）交易会”，宣传推介北戴河旅游产品和旅游线路，搭建北戴河区旅游企业与俄罗斯旅游企业之间合作平台，接待俄罗斯伊尔库茨克市、赤塔市旅行商和中外媒体记者共70余人组成的考察团。9月1日，2013俄罗斯客源市场预热会暨雅库兹克HIKARI公司15周年年会在北戴河区举办，俄罗斯雅库特共和国雅库兹克HIKARI公司的40余名旅行商和区内部分涉俄单位参加，会上同HIKARI公司达成加强俄罗斯客源深度互动合作共识，签署《2013年包机协议》。

2012中国北方旅游交易会

【国内客源市场开发】 引导行业单位“走出去、请进来”，多渠道拓展客源市场。“走出去”：组织区内旅游行业近40家单位分赴北京、青岛、太原、上海等重点客源地，参加“首届高铁旅游生态圈合作研讨会”“2012北京国际旅游博览会”“2012中国国内旅游交易会”“2012中国北方旅游交易会”“2012中国国际旅游交易会”等品牌旅游节会活动。会期通过资料发放、视频旅游风光片播放、纪念品派送、有奖问卷调查、现场讲说、行程介绍等方式与民众和旅行商互动、宣传推介。发放旅游宣传品、纪念品5万余份，接待各地旅行商、民众咨询6万余人次，达成客源组接合作意向5万余人次。“请进来”：全区旅游行业接待海内外旅游客商、新闻媒体2000余人次。承办由北戴河区政府和市旅游局主办的“相约秦皇岛·走进北戴河——秦皇岛市第七届中外旅行社经理联谊会”和“品质旅游·合作发展”2012相约北戴河旅游产品推介会，来自东北地区旅游局、海内外500余家旅行商和全国15个省市、200余家旅行商参会；邀请葫芦岛市60余家旅行商、广东省40余家旅行商到北戴河区考察旅游资源环境，洽谈区域协作发展；以“2012运动之春第八届轮滑节”“北戴河第四届情侣狂欢节”、集发民俗庙会等活动为依托，做好信息发布和衔接本外地旅行社；“中国旅游日”期间，围绕“健康生活，欢乐旅游”活动主题，以“爱旅游、爱生活”为宣传口号，分别在海滨汽车站、老虎石海上公园等客流聚集处设立2个旅游咨询服务台，向市民免费发放“中国旅游日”宣传资料，提供旅游咨询。

【旅游产品线路】 年内，北戴河区以打造高端旅游地为目标，以养生、商务、文化、体育等为纽带，重点推介北戴河四季皆宜旅游品牌，重新包装运作13条旅游线路，即滨海览胜游、休闲垂钓游、民俗乡村游、浪漫观鸟游、商务会议游、婚纱摄影游、艺术写生游、康体养生游、体育拓展游、蓝色夏令营、城市博览游、文化博览游、浪漫夜间游。2月底，邀请全国25个省、62个城市百余家老年旅游联合体理事单位及国内各城市龙头旅行商到北戴河，举办“年会暨‘颐养·北戴河’产品发布仪式”，与中国老年旅游联合体达成合作意向，北戴河将成为2012年度中国老年旅游联合体举行大型活动的四大目的地（黄山、张家界、韩国、北戴河）之一；5月5～6日，福建厦门“夕阳红”老年旅游专列800余人大型参观访问团和四川成都800余人旅游专列分别抵达北戴河，此次老年旅游专列成功开行，是北戴河区对淡季旅游产品——康体养生游线路进行宣传推介取得的丰硕成果，由此拉开北戴河旅游与中国老年旅游联合体合作序幕；6月，邀请东北、华北、内蒙古等地区百余家影楼经理人到北戴河区，分别举办“中国婚纱摄影行业（北戴河）海上论坛”和“爱情海岸·度假天堂——2012北戴河旅游婚纱摄影基地发布会”活动，推介婚纱摄影游旅游线路，将婚纱摄影和观光旅游融合起来。

中国老年旅游联合体2011年年会暨“颐养北戴河”活动启动仪式

【媒体宣传促销】 年内，接待“全国记者采风行”记者团体验采访；邀请和配合上海电视台《星尚频道》电视媒体栏目制作北戴河题材旅游节目；接待福建海峡电视台《生活接力棒》节目组到北戴河拍摄旅游专题片；配合《秦皇岛晚报》进行十大景区评选活动，鸽子窝公园“鹰角观日”和联峰山公园“联峰胜境”最终入选“秦皇岛十大景观”；积极参与完成旅游信息工作，向报刊媒体投发署名稿件，扩大宣传范围。

（周默）

旅游市场秩序

【概况】 加强旅游行业安全生产和诚信质量监察管理，健全、完善旅游安全和质量监管网络体系。以宾馆创星、旅行社创强、景区创A、导游创佳为出发点，强化指导、检查和监督，提升旅游安全质量规范化、标准化建设水平。以打击违法、取缔非法为目标，实行访查、约谈等柔性执法举措，开展联合执法，全力打造安全、质量、秩序、和谐旅游环境。

【提升旅游服务品质】 向星级宾馆、旅游景区、旅行社下发“十须知”“十不准”“十做到”文明服务经营规范，创新制定《北戴河区旅游服务品质访查制度及评价（试行）》和“旅游行业服务品质访查评分表”，依照标准以“随团访查”“游客式暗访”“明察评判”等形式对全区星级酒店、旅游景区、旅行社服务质量进行“全接触式”访查，访查报告予以通报。

【优化旅游市场环境】 出台《北戴河旅游业举报制度》《旅行社四统一管理实施办法》和《在全区旅游行业执法及质量监察工作中推行警示诫勉约谈制度的实施意见》，以市场检查、举报查处、暗访调查为线索，推进常规执法检查，联合市综合执法办公室和区公安、工商部门对旅行社办公注册地不符、服务网点违规操作和超范围经营、宾馆“冒用星级称谓和标识”行为进行检查。为防止轻微违规倾向蔓延，对涉嫌单位责任人进行警示约谈，约谈相关单位负责人12人次，清理6件次超范围经营“一日游”行为、7件次“冒用星级”行为，查扣仿冒星级标牌2个，取缔虚假广告12条。做好景区周边及暑期包街路段等区域秩序规范工作，说服教育、劝阻驱散招手揽客、欺诈游客低价入景区等社会闲散人员50余人次，暂扣“出海打鱼”“家庭旅馆”揽客牌子12个，清理招手揽客人员2000余人次；强化旅行社接团处管理，指导规范导游接团事项200余人次，查扣违规导游证32件。

【维护游客权益】 完善《旅游投诉处理规程》，建立《旅游投诉回访制度》，畅通三级投诉举报平台，及时解决游客投诉问题，共接听旅游投诉和咨询电话168件次，转接协办投诉62件次，受理投诉56件次，其中，解决市（区）长热线转办和上级督办件19件，协调游客返程后及网络反映问题2件次，为游客挽回经济损失10万余元，收到投诉单位及个人锦旗、口头及信函表扬23件次，投诉结案率、电话回访率和游客满意率均达到100%。

【创“平安”旅游环境】 推进旅游企业安全承诺制度及安全文化建设工作，开展全员化安全教育和培训，抓好安全生产“三项制度”和应急预案建立与完善工作。制发《旅游安全保障手册》，开展“打非治违”“暑期安全”“双项行动”“消防安全”等旅游专项执法活动，开展综合执法检查，督促、协调解决安全管理机构建立、安全责任制落实、强化软硬件安全保障措施等问题，及时下达责改通知书，跟踪复查完成整改。组织旅游企业开展大型娱乐设施、水上项目、海上救生、动物逃逸、防火施救等应急模拟演练。协调风景国际旅行社因涞水野山坡景区发生洪涝而滞留的37人团队安全返回。督导该区8家景区在《公众责任保险》基础上，将事故赔偿、医疗保险、误工费用等全面纳入保障范围并增加保费及保额，以鸽子窝景区为试点推行“景点人身意外伤害保险”，完善旅游安全机制和抗风险能力。全年出动执法人员1000余人次，执法车辆130余辆次，排查安全隐患问题70余个，实现全年旅游安全平安“零事故”。

【宣传教育】 “3·15”国际消费权益日，开展以“消费·安全”为主题的宣传咨询活动，发放各类宣传资料2000余份。5月23日上午，在新华假日酒店召开“2012年北戴河区规范旅游市场秩序暨旅游安全培训动员大会”，签订“旅游安全目标管理责任书”和“‘平安景区’创建责任书”，聘请“北戴河旅游质量社会监督员”。23～24日，联合安监部门和企业管理公司对行业单位法人、安全管理人员、特种作业人员进行旅游安全、法律法规、应急救援知识教育培训，举行取证和复审考试，安全教育培训及持证率达到100%。6月，制定《旅游局旅游质量监督管理所文明执法服务规范》。

（贾秀红）

乡村旅游

【概况】 2012年，北戴河区实施乡村旅游重点项目建设，推进乡村旅游基础设施提档升级，扩大乡村旅游对外宣传、合力促进家庭旅馆行业规范，提升乡村旅游产业素质。年内，经旅游产业促进中心注册准入家庭旅馆1749家，房间2.60万间，床位6万余张。

【乡村旅游项目建设】 6月底前，总投资约3508万元，建设集生态休闲、观光采摘、文化体验、运动健身等多重功能为一体的乡村旅游网络体系。

北戴河“两线两环”绿道网体系　绿道网总长约72千米，总投资约192万元，包括长约14千米的纵线健身休闲绿道、长约22千米的横线自驾游绿道、长约9千米的东环自驾游绿道和长约14千米的西环自驾游绿道，其中集发生态农业观光园内水上、步行及电瓶车3条绿道长约13千米。

乡村旅游示范村建设　费石庄村生态友好型乡村旅游示范村建设，依托北戴河绿道网建设、借助费石庄村丰富桃林资源和区位优势，将费石庄村打造成为以桃林观光采摘、农家乐经营为特色的生态友好型乡村旅游示范村，一期工程于6月底前完工，总投资494万元；北戴河村徽派水乡风情乡村旅游示范村建设、西古城村以农家乐和观光采摘为特色的乡村旅游示范村建设，项目设计方案初稿已完成，部分农家院外立面改造和内饰提升完成。7月中旬，西古城村农家院推出“乡村旅游文化休闲夜市”，填补北戴河区在乡村旅游休闲夜市方面空白。

集发生态观光园景区基础设施扩建项目 投资约2706万元，项目按照“一轴一带三组团”整体规划布局，完成景区标准化主题改造和戴河水系、室内景观、游乐、民俗项目升级改造等工程。

增设四个乡村旅游游客接待站 项目投资约48万元，在西坨头村、西古城村、陆庄村、刘庄村乡村旅游示范村（点）和家庭旅馆集中片区完善、增设乡村旅游游客接待站。

增设三个乡村旅游娱乐休闲广场 项目投资约68万元，在草厂村、西坨头村、西古城村完善、增设乡村旅游娱乐休闲广场。

【乡村家庭旅馆行业指导】 出台《行业自律公约》《鼓励会员加大网络宣传促销的通知》《做好乡村休闲旅游安全工作的通知》等一系列制度和文件，针对文明服务、诚信经营、确保安全、合理定价、食品卫生等方面做出明确规定。维护经营者权益，组织2000名从业人员培训，提高综合素质。协调卫生等管理部门，为经营户集中办理审批手续。出资20余万元为经营户统一制作公示牌。联合区电视台推出《北戴河家庭旅馆：特色经营客满堂》《北戴河家庭旅馆：特色风格、完善设施吸引游人》等系列报道。借助展会、宣传促销活动、网络、纸媒等各种途径宣传推广乡村旅游产品，营销“北戴河乡村旅游品牌”“北戴河家庭旅馆品牌”。据公安部门数据显示，截至8月，全区乡村旅游家庭旅馆行业游客入住数约占全区旅店业总入住游客数60%，呈上升趋势。全年处理违规事件、受理投诉30余起，乡村旅游家庭旅馆行业投诉纠纷与比上年下降45%。

【河北省四星级农家乡村酒店】 3月，古城村芳泽园假日酒店被评为“河北省四星级农家乡村酒店”，全市3家酒店获评。芳泽园假日酒店采用海洋娱乐型装修风格，是2011年区政府出资1000余万元对253户家庭旅馆实施提升改造工程受益者，改造提升后的芳泽园假日酒店深受游客喜爱，旅馆年收入成倍增长。2012年，有100余家家庭旅馆从外立面改造、内饰装修风格、增配房间物品等入手提升家庭旅馆接待设施，涌现出农家小菜园型、老年公寓型、手工艺品小作坊型、网络宣传促销型、海洋娱乐型、田园休闲型、文化创意型、经典历史型、现代简约型等有代表性特色化家庭旅馆，乡村旅游整体接待水平不断提高，完善的服务设施和特色化家庭旅馆深受游客喜爱。

【乡村旅游分会】 3月，成立北戴河区旅游协会乡村旅游分会。分会以服务会员为宗旨，以引领行业健康发展为目标。吸纳海滨镇家庭旅馆协会、戴河镇乡村旅游协会和各村级协会为会员，实行分级管理、逐层负责模式。截至7月中旬，乡村旅游分会家庭旅馆会员户达1749户，房间2.60万余间，总接待床位6万余张，分别比上年增长7%、24%和30%。

（张康）

旅游信息化工作

【概况】 2012年，北戴河区谋划“智慧旅游”，编写项目规划，制定北戴河“智慧旅游”控制中心建设方案。通过实现“智慧旅游”改善北戴河区整体旅游环境。完善数字旅游网站，开通北戴河旅游协会专版。5月，举办北戴河“休闲之冬”全国旅游摄影大赛，展出获奖作品67幅，拉动北戴河淡季旅游。6月，北戴河区旅游局分别在新浪、网易、腾讯3家知名网站开通官方微博，暑期期间累计发出微博信息214条。

【丰富数字旅游网站】 随时更新网站新闻资讯，对2012年新改造的道路、景区，新增星级宾馆、家庭旅馆内饰提升示范户和部分商家分别进行信息采集、图片拍摄，上传网站。至年底，更新新闻资讯45篇；更新航班、列车、公交等交通信息160余条，新增星级宾馆（疗养院）3家、家庭旅馆30家、其他图片信息300余张。

【增设信息亭】 2012年，在景点沿线原有5个信息亭基础上，在海滨汽车站旅游咨询服务中心、火车站旅游咨询服务中心、农家院游客服务中心新增5个数字旅游信息查询一体机。对15架次航班信息、101次列车信息和40条公交线路等交通信息逐一审核更新。

【建立北戴河家庭旅馆群】 随着家庭旅馆住宿管理系统逐步推广，数字信息办组建“北戴河家庭旅馆群”，有30余户家庭旅馆户加入“北戴河家庭旅馆群”并安装家庭旅馆住宿管理系统，实现房源信息和客源信息共同分享。

（王洪祥）

景区景点

【概况】 北戴河是四季皆宜的海滨旅游休闲胜地，年平均气温12℃，暑期平均气温24℃。21.10千米海岸线沙软潮平，是海水浴、沙浴和日光浴理想的天然场所。辖区内有旅游景区点11个：鸽子窝公园、集发生态农业观光园、秦皇岛野生动物园为国家AAAA级景区，其中集发农业观光园为全国农业旅游示范点；怪楼奇园为国家AAA级景区；联峰山公园、老虎石海上公园为国家AA级景区；奥林匹克大道公园为“全国十大优秀体育公园”；碧螺塔酒吧公园为休闲性酒吧主题的海上夜公园；北戴河博物馆和鸟类博物馆为两个博物馆类的景区，长城号游船为海上观光的一个亮点。

【鸽子窝公园】 鸽子窝公园建于1958年，又称鹰角石公园，占地20余公顷。该园是集自然与人文于一体的旅游景观，是“北戴河老二十四景之一”“爱国主义教育基地”“全国旅游四十佳之一”和“国家风景名胜管理园区”，被列为与泰山、黄山、崂山、衡山和西樵山齐名的观日出最佳地，每逢夏暑清晨，纷至沓来的观日出游客数以万计，甚是壮观。

公园内因地层断裂形成的临海悬崖上，有一块巨石，形似雄鹰屹立，故名鹰角石。该石高20余米，过去常有成群鸽子朝暮相聚或窝于石缝之中，故名鸽子窝。1937年，“公益会”在海边石崖顶端修建了一座凉亭，取名鹰角亭。1954年夏，毛泽东主席到北戴河，并写下《浪淘沙·北戴河》这一不朽诗篇。为深切缅怀毛主席的丰功伟绩，园内敬立高3.20米的毛泽东主席雕像和《浪淘沙·北戴河》诗词碑。1985年，北戴河区借鉴颐和园和避暑山庄长廊的特点，采用透景、借景的方法，在园内东南临海崖顶处，修建一条长50米的望海长廊。长廊建筑面积180平方米，廊内彩绘100多幅传统壁画。长廊南侧建有书阁，专供名人名家及游客题诗作画之用，书阁上悬挂周谷城题写的《书阁》牌匾。书阁的西侧建有碑廊和碑亭，悬挂方毅题写的《碑亭》牌匾。

鸽子窝景区的看点：

虔赏日出 北戴河的鸽子窝公园是华夏九大赏日出胜地之一，在其他地方赏日出一般都在海边平视，只有在鸽子窝公园却是居高临下的观赏，所以是观赏海上日出的最佳之处。此景名鹰亭迎日，已被评为秦皇岛“十佳”美景之一。

静观大海 鸽子窝的第二大胜景就是观大潮，观海潮和看大海的最佳位置就在这鹰角亭上，鹰角亭匾额是1987年全国人大常委会原副委员长胡厥文题写，鸽子窝公园外大潮坪南北有700多米长，呈外口大内口小状态，这里海潮的潮差不大，多在1米之内，深度比较稳定，素有“沙软潮平”之称。特别是海潮退后，海滩上可以见到波痕、雨痕、龟裂、生物洞的沉积物等构造，构成了一幅难得的、由大自然鬼斧神工创造的美丽图画。

观鸟佳地　中国鸟类有1200多种，北戴河就发现了415种，占全国鸟类的34%，占河北省鸟类的43.9%，在中国和日本两国候鸟保护协定中的227种鸟类中，这里就有181种，占协定总数的79.7%，世界上很稀有和濒临灭绝的鸟类在北戴河被多次发现，如：白鹤、遗鸥等等，北戴河鸽子窝公园这块潮坪及周边湿地是鸟类迁徙的必经之地，在春秋两季鸟类迁徙的季节，这块海滩曾出现过几万只鸟类在海空中翱翔的极为壮观的场面。

“灯光秀”展演　2008年鸽子窝公园启动山体大型探照灯亮化工程，增设32台电脑程控大型探照灯亮化设施，推出大型“灯光秀”夜公园项目。采用新型现代科技，利用声、光、电特效组合，编配以毛泽东《浪淘沙·北戴河》为主题的背景音乐，使探照灯的蓝、白、粉、绿等彩色光柱交相辉映。

【碧螺塔酒吧公园】　位于北戴河海滨最东侧（又名小东山），北临旅游码头和鸽子窝公园，南临金山嘴和老虎石海上公园，东临大海，交通极为便利，园内路域树木丛郁，风光秀丽，是集休闲文化、餐饮文化和演艺文化为一体的休闲性酒吧主题公园。

园内主建筑碧螺塔为海滨东山地区最高点，塔高21米，分7层，是世界上独一无二的海螺型螺旋观光塔，登塔远眺“秦皇岛外打渔船”的海上风光尽收眼底，令人心旷神怡。公园三面环海，形似半岛，陆域面积7.07公顷，海域面积1.50平方千米，适宜浮游生物生长，各种鱼、虾、蟹、海参等海洋生物极其丰富，是天然的垂钓宝地。一代伟人邓小平曾到此垂钓，园内有“邓小平钓鱼处”纪念碑。

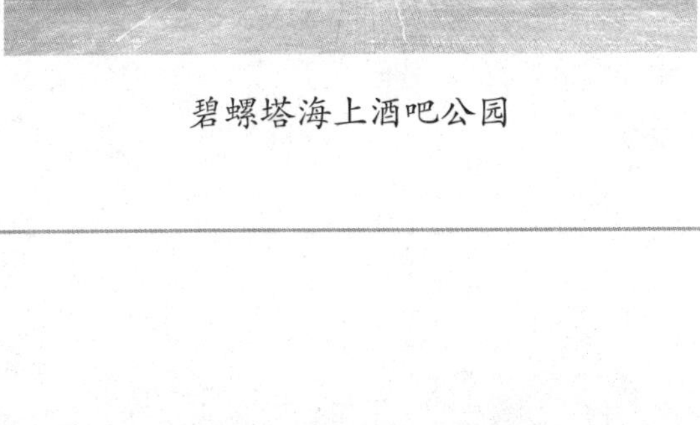

碧螺塔海上酒吧公园

2009年7月，推出大型实景演出《海上生明月》，由著名导演边发吉任总导演。整场演出以自然为依托，以大海礁石为元素，运用声、光、电等高科技手段，以浪漫唯美的表现形式，以现代时尚的表现手法，体现人与自然的和谐相处，创造出天人合一的境界，给人留下气势宏大、场面震撼的艺术享受和唯美的视觉冲击。

【怪楼奇园】　位于北戴河联峰路北侧的百花山上，占地7.39公顷，建筑面积999平方米，建于1991年。该园由著名漫画家华君武亲笔题名，属AA级景区，绿化覆盖率90%以上。景区由怪楼和奇园两部分组成，设置奇景、怪景99处，是北戴河老二十四景之一，有“青年文明号”、河北省“全省旅游景区（点）综合治理达标单位”等美誉。1996年夏，张爱萍将军参观怪楼奇园后，即兴写下“题怪楼”：怪楼却也怪，千姿又百态，飞流下龙宫，夜来放光彩。

【奥林匹克大道公园】　2004年4月，经国家体育总局批准，并征得第29届奥运会组委会奥林匹克公园远景委员会同意，秦皇岛市为迎接第29届北京奥运会，建设滨海大道并冠以“奥林匹克大道”名称，奥林匹克大道位于北戴河旅游度假区的中心地带，南起中海滩的月季园，北至滨海大道的鸽子窝海滩，长3千米、宽90米的步行主体大街，是全国唯一以奥林匹克命名的街道。北戴河区委、区政府决定在奥林匹克大道东侧建设奥林匹克公园。

奥林匹克大道公园建成于2005年5月，面积17.32万平方米。公园的设计以科技奥运、人文奥运、绿色奥运为理念，以休闲健身、旅游观光为特色，通过浮雕墙、雕像、喷泉、历届中国奥运冠军手足印等多种形式展现奥运发展史。

园内建有集速度轮滑、轮滑球、花样轮滑、平地花式等国际标准化轮滑场地和适合不同年龄人群活动的各种球类、棋类等体育休闲配套服务设施。以高25米的巨型抽象海鸥造型为标志性建筑，体现了奥林匹克不断进取、永不满足的奋斗精神，园内建有5674.50平方米的京东第一音乐喷泉。2005年，公园被国家园林协会评为“园林金奖”，成功举办了“米高杯”第21届全国速度轮滑、“米高杯”首届全国少年速度轮滑锦标赛等多项轮滑赛事，成功举办了2008北京奥运会秦皇岛赛区火炬传递圣火回收仪式。

2009年，北戴河区投资1600万元对奥运浮雕墙进行完善，增加第28届、29届奥运会内容。奥林匹克大道公园向世人充分展现百年奥林匹克精神，为居民及游客提供了以奥运为主题的全民健身及休闲娱乐场所。

【老虎石海上公园】 建于1994年（此前为开放式），程思远题写园名，位于著名的北戴河风景区中心，占地总面积3.30万平方米。老虎石在北戴河海滨的中海滩，原是海中的一个近岸礁石，由于海岸抬升而卧踞岸边。组成老虎石的岩石为古元古界混合花岗岩，其三组节理均衡发育，经长期风化剥蚀，易形成形状特异的象形石。此石即因其形状似虎而得名。老虎石又泛指北戴河中海滩一带的礁石群，高低错落，成群而立，巍然壮观。

老虎石海上公园，海水水质优良，环境清幽，自然资源得天独厚，是难得的天然海水浴场。完全具备当今国际海岸旅游的海洋、沙滩、空气、阳光、绿色五大要素。园内设有旅游快艇、脚踏游船、水上球类项目，还设有沙滩排球、沙滩足球，是集参与性、刺激性、文化性于一体的娱乐中心。老虎石西有一座小巧玲珑、颇具情趣的亭子，名曰“望龟亭”。这里还是朝看日出，晚看夕阳日落的佳处。日升时的辉煌壮丽，日落时的熔金耀眼，与大海、青山、街市相映成画。

【联峰山公园】 联峰山公园是北戴河最大的公园，园内有3座松林覆盖的山峰，最高山峰海拔153米，因山势连缀故有联峰之称，山势远眺又似莲蓬，亦称莲蓬山。

联峰山公园是民国8年（1919年），由光绪举人、民国政府代国务总理朱启钤建立的，是秦皇岛地区历史上第一座公园（时称莲花石公园）。1938年的《海滨地方志略》曾集名胜24景，联峰山景区即占14景。自1954年起，这里成为中央领导的暑期办公地。毛泽东、周恩来、刘少奇、朱德、邓小平等老一辈革命家在此留下许多感人故事。

联峰山景区以登山览胜、林中探幽、寻史访踪、氧吧洗肺为特点，是世人瞩目的旅游胜地。公园内有避雨石、瓮石、莲花石、月亮石、狮子石、福地石、试剑石等各有妙趣；古刹“如来寺”“观音寺”“卧佛洞”等古朴壮观；神山景区、百福苑景区、莲花石景区景色迷人。站在主峰望海亭上：早看晨辉染海，晚瞧夕阳西下，南眺沧海，北顾青山，东观市貌，西赏村落，居高鸟瞰，美不胜收。

【北戴河集发生态农业观光园】 集发生态农业观光园隶属于北戴河集发农业综合开发股份有限公司，占地面积100公顷，是一座集观、住、吃、购、玩5大功能为一体的生态农业观光园。该园2002年被评为国家级AAAA农业观光园，2004年被评为“全国农业旅游示范点”，被全国政协等13个部门确定为科技示范、科学引智、科普教育基地。

园内建有世界最长的丝瓜长廊，国内最宽阔的日光温室。植物园可观赏千余种名优花卉，百菜园可感受立体种植、无土栽培等高科技农业的神奇，传统民俗大院再现了二十世纪五六十年代民间生产生活的场景，同时还可在环境独特的农家饭庄品尝原汁原味的农家饭菜。

集发观光园民俗大院占地2.67公顷，包括“院中园”和“室内表演展示”两大部分。“院中园”以雕塑和可参与活动的形式，展现中国北方农村传统的马拉犁杖耕地、播种、收割、拉大据、石匠做活、辘轳井打水等手工业生产加工劳动场景；“室内表演展示”以手工业纺线、织布、缝补、织渔网、打铁、做木工活、推碾子拉磨、漏粉条、腌制咸菜和老式桌椅、板凳、餐具、瓷器等家庭装饰及生产、生活用具演示，展现农产品加工及其他传统的手工业生产劳动场景，为游客提供亲身体验参与劳动的乐趣，并展出大量的二十世纪五十至六十年代传统的生产和生活器具实物。民俗大院墙体绘画了24幅中华民族历代尊老、敬老 “煎尝药汤、卧冰求鲤” 孝子图解，是教育青少年传承文明、树新风，讲科学，促发展的典型事例。

民俗大院汇集中国北方农村传统的主要农业生产劳动和农产品加工生产场景，创造出一种特殊的环境氛围，让人们重返历史的时空，观赏昔日的农家传统生产、生活情景，品味悠久古朴的农村民俗文化，启迪人们在游乐之中，思源思进，承前启后，勇于创新，建设和谐幸福的生活！

【秦皇岛野生动物园】 建于1995年5月，位于秦皇岛森林公园内，距秦皇岛市中心10千米，是目前中国城市中占地面积最大、森林覆盖率最高，自然环境最优美的野生动物园。1993年经国家林业局批准立项建设，1995年7月建成开放，被河北省和秦皇岛市命名为“科普教育基地”。

秦皇岛野生动物园占地334公顷，充分利用林海、绿地为各类野生动物提供休养生息的乐园，模仿各种动物的原生环境，在充分保护和利用现有资源的条件下，将动物分区隔离散放，营造返璞归真、回归自然的氛围，形成人与自然相融的旅游特色。园内主要建有笼养动物区、猛兽区、非洲动物区、猴区、草食动物区、鸟类区、步行游览区7大展区。动物展区建有猩猩馆、鳄鱼馆、小动物馆、象苑、东北虎园、狮园、白虎园、孟加拉虎园、熊园、幼狮园、长颈鹿馆、猴山、动物表演场、鹿苑、孔雀园、雉鸡园、百花园、涉禽湖、游禽湖等动物苑舍，有国家级保护动物和世界珍稀、濒危动物100余种4000余只。游人或与动物直接接触，或乘车穿梭于各类动物生活小区，人在游车上，车在兽中行，十分新奇、刺激。

【北戴河湿地】 2011年3月25日，国家林业局在北纬39° 47′ 58.43″～39° 53′ 40.4″，东经119° 24′ 6.17″～119° 32′ 10.5″，建立了河北北戴河国家湿地公园，湿地公园总面积 306.7公顷，湿地面积164.2公顷。北戴河湿地是国内最大的城市湿地，已发现鸟类20个目61个科的415种（中国鸟类共1329种），其中属国家重点保护动物的有68种。2011年，久违的世界珍禽白鹤、丹顶鹤也开始光临北戴河沿海湿地，被誉为“观鸟的麦加”。每到春天，北戴河成为国内外观鸟爱好者的盛会，来自世界各地的观鸟人也纷纷追随候鸟陆续飞抵秦皇岛。近年来，由于生态环境逐年优化，长期在南方生活的棕背伯劳、在中国罕见的欧洲鸟类“剑行鸟”和世界濒危鸟类小杓鹬都可以见到。

【北戴河博物馆】 博物馆坐落于联峰路东端滨海大道环岛与刘赤路交接处，占地1.20万平方米，建筑面积3750平方米，是以收藏古代艺术品为主的艺术类博物馆。北戴河博物馆拥有中国、日本、朝鲜、韩国及中亚、南亚等国家的古代和现当代艺术品近万件，包括陶瓷、青铜器、漆木器、玉器、石刻、书画、杂项等类。相关专家认为，这些藏品生动形象地反映了亚洲古代文化艺术的发展轨迹。

北戴河博物馆与北戴河区文化局联合举办4项陈列展出，由北戴河区文化局主办的基本陈列“北戴河历史文化展”；由博物馆举办的两个专题陈列：“古代陶瓷艺术展”和“古代青铜艺术展”；引进的特展：“石头的史诗——汉代画像石展”。

【北戴河轮滑博物馆】 北戴河轮滑博物馆是亚洲第一座轮滑专项博物馆。位于北戴河奥林匹克大道公园内，建筑面积约721平方米，2008年8月15日正式对社会免费开放。

北戴河轮滑博物馆展出空间分为中央精美厅、世界近现代轮滑发展史、世界现代轮滑发展简史、中国轮滑发展简史、北戴河轮滑风情、轮滑荣誉堂、轮滑运动分项展厅、多姿多彩的轮滑运动8个陈列厅，以展览鉴赏、体验交流、研究测评、综合服务为宗旨，集权威性、知识性、学术性、互动性于一体，把收藏、展览、研究、测评和宣传教育功能有机结合，形成基本陈列、专题陈列和临时展览互为补充、交相辉映的陈列体系，从多角度、多侧面向公众展示轮滑运动和文化，成为宣传和推广轮滑运动与文化的多功能性综合设施，是全面了解国内外轮滑发展的一个重要窗口。

北戴河轮滑博物馆还负有促进国内轮滑氛围的引导与文化建设，推进公众对轮滑运动的深入了解、加速与国际轮滑发展接轨的重大使命。用丰富的内容为不同层次、不同需求的参观者提供多元化轮滑信息，在展览中充分利用现代高科技手段，以便捷的文化服务为公众提供轮滑文化享受。

该馆收藏近百份珍贵轮滑资料，轮滑展品实物200余件，各类图片500余张。

【秦皇岛鸟类博物馆】 坐落于北戴河海滨鸽赤路，占地面积3.33万平方米，场馆总面积1947.39平方米，展陈面积1650平方米。该馆以收藏鸟类标本为主，多媒体展示鸟类的起源、进化、发展，是集知识性、趣味性于一体的专题科普博物馆。

鸟类博物馆分为3大展区：鸟的世界展区450平方米，湿地与水鸟展区900平方米，4D动感电影体验区100平方米。馆内收藏鸟类标本88种，恐龙骨架化石1架，恐龙蛋化石3组。参观秦皇岛鸟类博物馆人们可以了解到鸟的起源与分布、鸟的飞翔、鸟的生活、神奇的鸟、鸟与人类、湿地、中国湿地、湿地与水鸟等内容。

农业和农村经济

综　述

【概况】 2012年，北戴河区实施生态旅游观光农业关键技术引进与示范等农业科技项目，组织旅游观光蔬菜品种试验，新增蔬菜品种18个。以蔬菜、花卉、苗木为主的设施农业成为种植业主导。加强乡村旅游协会管理，家庭旅馆会员户达到1749户，床位6万余张，分别增长7%、29.70%。及时足额发放各类涉农补贴，农村土地经营权流转率全市领先。组建博泓科技小额贷款公司，发放农村小额贷款2000余万元。推进农村环境综合整治，完成西北部片区污水入网二期、污水8号泵站管线铺设和新驼峰路污水入网工程。全区25个行政村全部建成生活垃圾收集站，在全市率先实现了垃圾收运、处置全覆盖。北部新城杨各庄村、拨道洼村安置房一期分配到户，西坨头村、太平庄村、谢李庄村改造有序推进。扎实开展幸福乡村创建，5个村达到省级幸福乡村示范村标准。

【农村土地承包经营权流转】 强化合同管理，引导土地流转双方依法订立书面合同，防范风险，规范流转形式，合理界定农用地用途，避免因合同订立不规范引发纠纷及上访事件。培训农村土地承包仲裁员60人次，发放土地流转知识问答手册，增强群众对农村土地承包相关政策及法规的认识。利用土地流转网络信息平台发布土地流转相关信息。至年底，全区土地流转总面积326.40公顷，流转率21.80%。

【落实公益事业财政奖补政策】 落实村级公益事业建设“一事一议”财政奖补政策，2012年全区上报一事一议项目12个，总投资额590万元，村级筹资额65.59万元，申请奖补资金174.76万元，项目惠及人口达2.20万人。

【农业产业化】 2012年，实施农业产业化标志性项目5项，总投资4.73亿元，完成投资2.72亿元。乔庄葡萄酒庄园项目总投资约3.20亿元，已完成投资2.20亿元。建设法式风格葡萄酒展示区、文化景区、消费区和会所、花园洋房等，完成酒堡主体建设及外立面、室内装修。农产品批发市场建设项目总投资1.04亿元，完成投资300万元。该项目主要建设标准化封闭式蔬菜交易大厅、暑期蔬菜专供大厅、配菜中心、果品保鲜库和综合办公楼等，完成项目土地平整和通水、通电工作。集发农产品标准化生产示范基地建设项目总投资1200万元，已竣工。建设内容包括新品种引进、节水设施建设、温室大棚建设、购置冷藏车辆以及农户培训。北戴河海鳌之鲜食品加工改扩建项目总投资2000万元，完成投资1980万元，年设计生产能力2000吨，建设主要内容为配套绿色蔬菜种植基地，土建工程、冷库设备等。北戴河龙聚森食品有限公司改扩建项目总投资1700万元，该项目已完工。建设内容为扩建标准型生产车间1300平方米、大型冷库1座、修建150余米参观走廊和休息平台，更新真空定量灌装机1台、真空包装机2台等。

【农民专业合作社】 2012年，新成立北戴河村助民蔬菜种植专业合作社，成员22名，蔬菜种植面积达7.33公顷。至年底，有农民专业合作社10家，社员总数742户，带动农户6000余户。冬清水产农民专业合作社被评为2011年度市级示范社。

【阳光培训工程】 开展农村劳动力阳光培训工程。全年培训农家旅游服务员200名，农作物病虫专业防治员50名，渔业船员76名，水产养殖病害防治员29名，村级动物防疫员45名。

（赵奎元）

种植业

【概况】 2012年，全区农作物的总播种面积为1017公顷，总产量27815吨。其中，玉米392公顷，产量3223吨；水稻53公顷，产量472吨；大豆60公顷，产量240吨；花生74公顷，产量221吨；甘薯18公顷，产量606吨；蔬菜420公顷，产量23053吨。全区农民人均所得10702.61元，同比增长12.20%。

2012年北戴河区农业主要产品生产情况表

表8

指标			合计			海滨镇			戴河镇		
			2012年	2011年	同比±%	2012年	2011年	同比±%	2012年	2011年	同比±%
农作物总播种面积（公顷）			1017	1062	−4.2	16	18	−11.1	1001	1044	−4.1
农作物总产量（吨）			27815	27814	—	134	174	−23	27681	27640	0.1
粮食作物	稻谷	播种面积（公顷）	53	67	−20.9	—	—	—	53	67	−20.9
		单产（公斤/公顷）	8906	8776	1.5	—	—	—	8906	8776	1.5
		总产（吨）	472	588	−19.7	0	0	—	472	588	−19.7
	玉米	播种面积（公顷）	392	411	−11.1	15	16	−6.3	377	425	−11.3
		单产（公斤/公顷）	8222	8791	−6.5	7800	9375	−16.8	8239	8769	−6.0
		总产（吨）	3223	3877	−16.9	117	150	−22.0	3106	3727	−16.7
粮食作物	豆类	播种面积（公顷）	60	38	57.9	1	1	—	59	37	59.5
		单产（公斤/公顷）	4000	4079	−1.9	2000	4000	−50.0	4034	4081	−1.2
		总产（吨）	240	155	54.8	2	4	−50.0	238	151	57.6
	薯类	播种面积（公顷）	18	19	—	1	1	—	17	18	—
		单产（公斤/公顷）	33667	33842	−0.5	15000	20000	−25.0	34765	34611	0.4
		总产（吨）	606	643	−5.8	15	20	−25.0	591	623	−5.1
经济作物	花生	播种面积（公顷）	74	72	2.8	—	—	—	74	72	2.8
		单产（公斤/公顷）	2986	3319	−10.0	—	—	—	2986	3319	−10.0
		总产（吨）	221	239	−7.5	—	—	—	221	239	−7.5
	蔬菜	播种面积（公顷）	420	422	−0.5	—	—	—	420	422	−0.5
		单产（公斤/公顷）	54888	52872	3.8	—	—	—	54888	52872	3.8
		总产（吨）	23053	22312	3.3	—	—	—	23053	22312	3.3

【农资质量监督】 春耕备耕期间对辖区内农资部门购进的种子、农药、化肥等农资进行严格检查，全区春耕备耕共储备玉米种子5200千克、水稻种子540千克、大豆种子380千克、花生种子1475千克、化肥183吨、农药175千克。完成“女拳世锦赛”期间的蔬菜供应，累计供应蔬菜品种35种，供应总量4300余千克，检测总批次700余次，产品检测全部合格。区农牧局对区内农资门市经营的种子、农药、化肥特别是国家明令禁止的5种高剧毒农药进行检查60余次，出动执法人员200余人次，检查农资部门250个（次），未出现伪劣种子、农药、化肥所造成的坑农害农事件。年内，区级蔬菜检测24批次310个样品；市级抽检20个样品和省级抽检10个样品，合格率均在98%以上，全年未发现有农药残留问题。

【设施农业】 2012年，下发《关于发展设施农业的奖励补助办法》，设立专项资金100万元，用于对区内满足相关条件的从事设施蔬菜、设施果品和设施花卉、苗木生产的个人或企业进行奖补。甘各庄村已完成高标准日光温室建造4栋，同时5000平方米温室建造地块已完成平整，朱庄村10栋高标准日光温室建造正在进行土地调整。

【农机管理】 对全区农用拖拉机进行检审，对农用车驾驶员进行培训，共检验拖拉机23台，检查耕地机具60台套，大棚卷帘机40台套，复审培训驾驶员、操作员20人。完成机播面积133.33公顷，机耕670公顷，机灌200公顷，机械植保200公顷。加强农业机械安全检查，查农业生产机具126台套。全年申请农机具购置补贴资金15.95万元，购置大型拖拉机6台，购置田园管理机械14台，喂料机1台，母猪产床20个，卷帘机5个，机动喷雾剂1台。

【“达维”灾害自救】 8月3～4日，全区受到10号台风“达维”的影响出现大范围强降雨过程，农、牧、渔业经济损失约5000万元。北戴河区组织农技人员深入田间地头，了解灾情，指导农民灾后自救，发放宣传单1000份，帮助农民采取田间排水、扶苗培土、追肥改种等补救措施，减轻灾害损失，预防病虫害发生。指导受灾养殖户引种补栏，维修受损圈舍。为防止灾后重大动物疫情发生，对因灾死亡的畜禽全部进行无害化处理，为车站村、北戴河村等重灾村发放消毒药品500千克。

（杨纯彬）

林果业

【概况】 2012年，完成造林任务20公顷，栽植乔灌木3.06万株。育苗面积47公顷，年产成林70.50万株；果树面积374公顷，品种有桃、梨、大樱桃、李子、杏、苹果、草莓、枣、板栗、核桃、葡萄等，全年果品产量达到2108吨；花卉种植面积85公顷，年产盆花190万盆，观赏苗木71万株。全部林业产业总产值达445万元。

2012年北戴河区水果生产情况表

表9　　单位：吨、公顷

	2012年	2011年	2012年比2011年±%
一、园林水果	2108	2945	−28.4
其中：苹果	245	300	−18.3
梨	404	576	−29.9
桃	1249	1746	−28.5

续表9

	2012年	2011年	2012年比2011年±%
葡萄	—	—	—
二、年末果园面积	374	382	−2.1
其中:苹果园	42	45	−6.7
梨园	72	75	−4.0
桃园	164	160	2.5
葡萄园	—	—	—

【果品生产】 2012年，果树种植面积374公顷，品种有桃、梨、大樱桃、李子、杏、苹果、草莓、枣、板栗、核桃、葡萄等，全年果品产量达2108吨。推广大樱桃管理技术，培训果农120人次，甘各庄村、拨道洼村栽植的大樱桃已初现成效。推广使用先进技术防治果树虫害，从中国农科院购买梨小食心虫诱芯5000个，发放给费石庄村、崔各庄村、太平庄村、东坨头村的果农。发放《果树主要栽培树种标准化栽培技术汇编》和《果园生产日志》500本。

【花卉生产】 全区花卉种植面积85公顷，年产盆花190万盆，品种有矮牵牛、萱草、鸢尾、串红、万寿菊、紫松果菊、景天、金山绣线菊、金叶薯、三色槿等。主要用于北戴河区绿化。

【林业重点工程】 实施北戴河及相邻地区近岸海域环境综合治理北戴河区沿海防护林工程。完成造林任务20公顷。其中，农民自主造林14.53公顷，共栽植速生杨1.80万株，成活率达90%；戴河岸绿化工程5.47公顷，采用工程模式施工，在戴河两岸适宜地段栽植柳树、毛白杨、国槐等乔木共0.46万株，灌木紫穗槐0.80万株，经核查验收，成活率达98%。

【林政管理】 2012年，北戴河区林业局依法办理“林木采伐许可证”51份，采伐树木28420株，采伐蓄积5078.95立方米。其中：发放人工商品林抚育间伐许可证2份，采伐树木973株，采伐蓄积169.39立方米；发放人工商品林主伐许可主证8份，采伐树木622株，采伐蓄积108.78立方米；发放人工商品林更新采伐许可证41份，采伐树木26825株，采伐蓄积4800.78立方米。办理木材运输证33份。

【果品安全】 制定《北戴河区林业局2012年果品安全工作实施方案》，监督果品生产中投入品的使用，对果农的用药情况进行随机检查，未发现果农使用高毒高残留农药。集中走访拨道洼村、费石庄村、北戴河村、杨各庄村的农药农资经销店进行“有毒果袋”调查，严防“有毒果袋”流入果园。随机抽取时令水果桃、油桃等9个品种29个样本进行农药残留的检测，检测结果全部合格。

【防控美国白蛾】 制发《北戴河区2012年美国白蛾防治工作实施方案》，与10家有防治任务的成员单位签订防控责任状，组建防治专业队15支。对联峰山林区、沿海线、环城林带、津京林业带、G205国道两侧林地、区内主要道路两侧、海滨林场、铁路林场等区域实施飞机防治，飞防90架次，3000公顷。对25个行政村的四旁树木普遍进行喷药防治，两代期间，地面防治作业面积533.33公顷。

（周红英 张春玲 刘和军）

畜牧业

【概况】 2012年，全区肉、蛋、奶产量分别达到531吨、1248吨和2113吨，分别比上年下降17.30%、11.40%和增长3.50%。生猪存、出栏分别达到2440头和4015头，比上年增长22%和持平；奶牛存栏1076头，与2011年同期持平；肉牛出栏40头，比上年减少50.30%；羊存、出栏分别为843只和1150只，比上年增长20.40%和持平；禽存栏1122万羽（其中蛋鸡存栏1020万羽），禽出栏10.56万羽（其中肉鸡出栏5.48万羽），比上年分别减少27.20%和26.30%。全区2012年畜牧业产值为8676万元，比上年增长21.90%。

2012年北戴河区牧业主要产品生产情况表

表10

	单位	合计			海滨镇			戴河镇		
		2012年	2011年	2012年比2011年±%	2012年	2011年	2012年比2011年±%	2012年	2011年	2012年比2011年±%
一、肉类产量	吨	531	642	−17.3	53	32	65.6	478	610	−21.6
二、当年出售和自宰肉猪	头	3749	4000	−6.3	605	309	95.8	3144	3691	−14.8
猪肉产量	吨	291	302	−3.6	45	23	95.7	246	279	−11.8
三、当年出售和自宰羊	只	1109	1300	−14.7	53	100	—	1056	1200	−12.0
羊肉产量	吨	16	20	−20.0	1	2	−50.0	15	18	−16.7
四、禽肉产量	吨	202	298	−32.2	1	1	—	201	297	−32.3
五、牛奶产量	吨	2113	2042	3.5	200	210	−4.8	1913	1832	4.4
六、绵羊毛产量	吨	0	0	—	0	0	—	0	0	—
七、禽蛋产量	吨	1248	1408	−11.4	95	92	3.3	1153	1316	−12.4
其中：										
一、大牲畜年末存栏	头	1182	1230	−3.9	55	73	−24.7	1127	1157	−2.6
1.牛	头	1095	1100	−0.5	53	69	−23.2	1042	1031	1.1
其中：乳牛	头	1076	1100	−2.2	51	69	−26.1	1025	1031	−0.6
2.马	匹	2340	40	−42.5	—	—	—	23	40	−42.5
3.驴	头	46	60	−23.3	—	1	−100.0	46	59	−22.0
4.骡	头	18	30	−40.0	2	3	−33.3	16	27	—
二、猪年末存栏	头	2440	2000	22.0	474	544	−12.9	1966	1456	35.0
三、羊年末存栏	只	843	700	20.4	96	91	5.5	747	609	22.7
四、家禽年末存栏	羽	105644	145100	−27.2	15105	14802	2.0	90539	130298	−30.5

【品种改良】 引进畜禽良种，实施品种改良。至年底，奶牛冻精人工授精配种665头，使用冻精820支，繁育优种奶牛298头；生猪改良配种667头，累计产仔5921头。全区畜禽优良品种覆盖率达到95%。继2011年际牧牛业开展奶牛DHI测定并获得"河北省奶牛生产性能测定先进奶牛场"称号以来，2012年，际牧牛业每月有120头牛参加DHI测定，300头产奶牛日产鲜奶8吨，平均日单产26.70公斤，奶牛群体的生产性能和繁殖性能均有所提高。

【规模化养殖场建设】 按照《北戴河及相邻地区近海域环境综合治理清洁养殖工程实施方案》要求，全区有13个项目单位（含22个养殖场）实施清洁养殖工程综合整治。项目建设于5月1日开工，至6月30日全部完工投入使用，实际投资577.67万元，建设储粪池22个、5755立方米，污水沉淀池21个、2782.10立方米，化尸池21个、259.10立方米，以及雨污管道1905延长米等粪污贮存处理设施。项目完成后，养殖场污水排污口全部关闭，粪便全部实现以防雨、防渗堆积发酵形式贮存，粪便和污水实现综合利用，功能区明显改善。

【动物性食品质量整治】 开展瘦肉精专项整治活动。出动车辆15辆次、监督检查人员65人次，监督检查生猪养殖场4个、散养户91户，未发现藏匿和使用"瘦肉精"的养殖户以及含"瘦肉精"的饲料产品。完成省农牧局下达的第一批、第二批"瘦肉精"专项监督抽检任务，监督检测猪尿样"瘦肉精"1500批次，其中盐酸克伦特罗、莱克多巴胺和沙丁胺醇各500批次，全部合格。开展10次兽药专项整治行动，未发现违法使用违禁药物、假劣兽药和其他化合物的行为。开展自配料养殖场调查摸底活动，全区有规模养殖场21个，7个蛋鸡养殖场使用自配饲料，日产饲料9吨，其余的14个养殖场使用全价饲料。开展农资打假，出动执法人员56人次，对全区22个规模养殖场的投入品使用情况进行监督检查，未发现违法使用、藏匿违禁兽药行为。加强奶牛饲料管理、做好奶站监管，开展以奶站整治、生鲜乳质量安全监测及打击在生鲜乳中添加违禁物质为重点的专项整治行动。重新审核际牧牛业的生鲜乳收购许可证和生鲜乳准运证，加大生鲜乳检测力度，全年累计检测生鲜乳样品81批次，全部合格。全区没有随意变更交奶企业的奶站和蓄意扰乱生鲜乳收购秩序的企业。加强动物产品质量安全监测。加大"瘦肉精"监测力度，累计出动执法人员369人次，应用"瘦肉精"速检卡检测尿样1725批次，检测猪肉产品52批次，鸡肉23批次、生鲜乳样品81批次、饲料样品4批次，全部合格。完成市农牧局下达的动物产品送样任务，累计送样37批次。

【动物检疫监督】 实施产地检疫，执行出栏动物产地检疫与瘦肉精检测同步制度，全年养殖户产地检疫申报23批次，受理检疫23批次。检疫合格生猪28批次（422头）、肉鸡12批次（5.48万羽）、淘汰蛋鸡20批次（1.51万羽）。监督检查经营动物产品的超市、肉类市场58个次，没发现违法经营行为。开展动物防疫条件达标活动。按照省畜牧兽医局印发的《河北省规模养殖场（养殖小区）动物防疫条件达标活动实施方案》，北戴河区有畜禽规模养殖场养殖小区规模标准的规模养殖场23个，其中，奶牛场2个、养猪场5个、蛋鸡场13个、肉鸡场3个。已经发新版合格证的养殖场5个，18个养殖场下达整改通知书责令整改。全区有3个备案规模养殖场，全部取得动物防疫条件合格证。

【动物重大疫病防治】 实施春、秋两季集中强制免疫行动。累计注射猪瘟疫苗0.29万头份、注射牛羊亚洲I型口蹄疫疫苗0.29万头份、注射猪O型口蹄疫疫苗0.29万头份、注射猪蓝耳病0.29万头份，注射禽流感疫苗23.78万羽份，注射鸡新城疫疫苗25万羽份，均完成应免数的100%。加强规模场和散养户防疫档案建立和二维码动物耳标佩戴工作。17个规模养鸡场、5个规模养猪场和1个规模奶牛场已全部建立规范的免疫档案。共发放猪耳标2600套、牛耳标560套、羊耳标470套。防疫档案建档率、免疫合格证发放率、免疫耳标佩带率均达到100%。按照《2012年秦皇岛市高致病性禽流感和口蹄疫等主要动物疫病监测方案》，监测禽流感和鸡新城疫血清样品40份、猪瘟和O型口蹄疫血清样品40份、亚洲I型口蹄疫血清样品40份，全部符合标准。完成牛羊布病检测1640头份，奶牛结核病检验1360头份，对检测结果不合格的牲畜全部按照相关技术规程进行无害化处理。

（王占明）

水产业

【概况】 全区有海洋捕捞渔船77艘，其中11艘为中型海洋捕捞渔船，66艘为8.80千瓦以下的小型海洋捕捞渔船，总功率1932千瓦，作业类型为刺网和杂渔具，2012年，捕捞总产量669吨。海水养殖户9户，养殖总面积51公顷，养殖品种为海参，养殖船7艘，总功率231.60千瓦，总产量12吨。淡水养殖鱼塘28个，总面积33公顷，养殖品种为鲤鱼、草鱼、鲢鱼，鳙鱼。2012年，总产量为709吨。9月，完成蓬莱19-3油田溢油养殖补偿金发放工作，共发放补偿金合计157.52万元。

2012年北戴河区渔业生产情况表

表11

	单位	合计			海滨镇			戴河镇		
		2012年	2011年	2012年比2011年±%	2012年	2011年	2012年比2011年±%	2012年	2011年	2012年比2011年±%
一、水产品总产量	吨	709	454	56.2	67	391	71.9	37	63	−41.3
其中：海水产量	吨	669	374	78.9	662	371	78.4	7	3	133.3
淡水产量	吨	40	80	−50.0	10	20	−50.0	30	60	−50.0
（一）捕捞产量	吨	657	370	77.6	650	367	77.1	7	3	133.3
其中：鱼	吨	290	179	62.0	287	178	61.2	3	1	200.0
（二）养殖产量	吨	52	84	−38.1	22	24	−8.3	30	60	−50.0
其中：鱼	吨	40	80	−50.0	10	20	−50.0	30	60	−50.0
二、养殖面积	公顷	80	80	—	60	60	—	24	24	—
(一)海水	公顷	51	51	—	51	51	—	—	—	—
(二)淡水	公顷	33	33	—	9	9	—	24	24	—

【渔民联谊会】 4月17日，北戴河区成立渔民联谊会。联谊会由北戴河农牧局发起成立，北戴河边防派出所与海滨镇人民政府指导配合，由北戴河区所有渔业船舶船主参加的公益性社会组织，有会员73人。联谊会宗旨是为全体渔船船主提供一个交流联谊、沟通信息、融会理念的平台，以促进北戴河区海洋渔业和谐稳定。4月25日，举行第一届全体会员大会，会上选举产生名誉理事长1名，理事长1名、副理事长4名、理事4名，秘书长1名。

【增殖放流】 6月14日，北戴河渔政站监督增殖放流100万尾鱼苗，品种为鲢鱼、鳙鱼。放流地点位于戴河集发观光园段。此次放流是"北戴河近岸海域环境整治"项目之一，由市农业局负责实施，北戴河农牧局配合。鲢鱼、鳙鱼均为滤食性鱼类，对改善戴河水质将发挥重要作用。

【渔业安全生产】 开展春季验船，检验营运渔业捕捞船舶77艘、养殖船舶7艘，受检率达100%。举办渔业船员培训班，培训101人次，考试合格率达到100%，渔业船员持证上岗率达到100%，签证率100%。成立以各村为单位的渔船互助小组，编队生产作业。加强渔船间的互帮互助互救能力，渔船编队生产覆盖率达到100%。渔民办理渔业互助保险率达到100%。利用手机移动信息平台发送渔业安全短信60次4800条。全年进行渔船安全检查10次，发现违规渔船7艘，责令其限期整改。

剥扇贝

【水产品质量监督】 在女拳世锦赛前夕，对3家垂钓兼餐饮的鱼塘鱼药饲料仓库进行检查，抽样5份，送市农产品检测中心检验。暑期前，对5户精养鱼塘进行检查，与鱼塘经营者签订《食品安全承诺书》，检查饲料添加品和鱼药仓库，抽样9份，填写检查记录8份。向全区所有鱼塘经营者发放《禁用渔药清单》27份，全区水产品未发现不安全现象。

【海洋伏季休渔制度】 开展"船网分离"专项清理行动，对全区渔船逐艘进行清理，清理网具200余领。按照省伏休领导办公室要求，对在北戴河区停泊的外籍渔船进行检查清点，上报数据。将金山嘴停泊点、黑石窟停泊点的58艘渔船转移到戴河口渔港集中休渔。休渔期间未出现违法捕捞行为。

（孙一新）

水务管理

【概况】 2012年，北戴河区水务局开展防汛抗旱、城市节水、农村饮水、农田水利建设、水政执法、移民等各项工作，全年争取市以上资金380万元，审批水保方案5件，收缴水保费6700元。获"秦皇岛市抢险防汛优秀单位"称号。

【水资源管理】 严格计划用水管理。根据"用水实行总量控制和定额管理相结合的制度"，对全区309个休疗养院、饭店等用水单位进行计划量核定，计划用水覆盖率达到100%。对河北职业技术学院进行水平衡测试，摸清单位内部用水状况，合理用水。目前，辖区内自备井装表率达100%，全年收取水资源费7.20万元，污水处理费4万元，全部及时上缴财政，收缴率达100%。

【水利工程】 戴河、新河水系清淤工程 工程投资926万元，主要采取河道清淤、垃圾清理等措施对部分河道、排水沟进行治理，其中，戴河3802米、新河1878米、14条排洪沟17.25千米。完成清淤18.28万立方米，清理垃圾3.80万立方米。在戴河、新河河道内安置8道拦污网，其中戴河沿线设置6处（戴河村橡胶坝上游、高速引线桥、集发园南门、281老桥、281老桥下游、281新桥各1道），新河沿线2处（G205国道蔡各庄老桥、赤土山大桥各1道），对河面漂浮物和垃圾进行有效拦截。

205游园园林景观恢复工程 工程投资72万元，于6月底竣工。主要建设内容为恢复游园绿地，护坡面绿地，恢复绿化带、乔灌木、宿根花卉及园林小品。

谢李庄新河生产桥工程　工程总投资22万元，在谢李庄村南新河上游，拆除原有生产桥，重建生产桥1座，工程为农用生产桥，重建桥桥宽4.50米，3孔，跨度5米，高度2.70米，桥长为15米，荷载标准为汽-10。

戴河西坨头闸两岸堤防恢复工程　工程投资70万元，主要将西坨头闸两岸上下游毁损堤防进行临时筑砌修复，包括购运土方回填、钉木桩、草袋及编织袋砌筑，对闸门前的垃圾进行清理等。

戴河178段左岸堤防恢复工程　投资1.65万元，主要建设内容是将该段冲毁的土堤进行临时恢复，包括购运土方回填、钉木桩、竹脚手板砌筑、草袋及编织袋砌筑等。

新河二道坝水毁修复工程　投资30万元，主要将该段冲毁的土堤进行临时恢复，包括浆砌石挡墙砌筑、购运土方填筑等。

大薄荷寨片区应急度汛工程　工程总投资约40万元，主要在海宁路小学附近新建30米长暗涵，暗涵采用浆砌石墙身，钢筋混凝土盖板，单孔矩形断面，净宽2.50米，深2米；在大薄荷寨十字路口处新建集水井3眼。

【河道环境整治】　成立河道保洁工作领导小组，组建35人的专业清捞队伍，购置清捞船只15艘，按照《北戴河区河道保洁实施方案》，对戴河7个清捞河段、新河6个清捞河段实行无缝式对接，全线捞漂清理外运作业。对养殖地笼、拦渔网等非法捕鱼设施进行集中清理和收缴。捞漂外运垃圾2000立方米，收缴非法捕鱼设施360余个。

【防汛抗旱】　编印《北戴河防汛抗旱管理工作手册》，落实防汛责任，编发《防汛快报》20期。对区内2条主要河道、5座中型水闸、6座小水库、7条城市排洪沟、4处危房居民区进行多次检查，消除安全隐患。汛期前已完成2吨铅丝，5000条编织袋，500把铁锹，31辆抢险车，6条抢险船只的储备工作，建立10支、900余人的应急抢险队伍。

防汛抢险　1～11月，北戴河区降雨量1188毫米，其中7～8月份降雨量1022.50毫米，高于常年72.30%。汛期内降特大暴雨3次，大暴雨4次，暴雨4次，大雨7次，中雨8次，小雨4次。区防汛指挥部领导多次到防汛办指挥，全区各成员单位全力抢险，动用1次抢险救援车、2次水罐消防车、装载机械30台、运输车辆100辆，共转移群众3219人，紧急解救人员65人，紧急调用防汛编织袋1万条，草袋260条，铁锹30把，镐5把。全年未发生人员伤亡情况。

【移民工作】　开展水库移民核查，全区核定登记的移民212户、500人，分布在两镇23个行政村。其中，海滨镇6个行政村28户60人（包括现役军人1人）；戴河镇17个行政村184户439人（不包括离婚孩子1人），核减2人（死亡）。移民后期扶持资金全部实行“一卡（折）通”的方式发放。全年发放大中型水库移民后期扶持资金30余万元，发放500人（服兵役1人）。

【第一次全国水利普查】　2012年，北戴河区开展全国第一次水利普查活动。按照“在地原则”，以乡（镇）行政村为基本工作单元，对2个乡（镇）所辖的25个行政村共计12个单位进行水利普查表的登记工作。普查阶段全区下发普查表及清查表1182张，收回普查表1182张。普查表填报责任单位582个，个人共计591人。

（杨洪亮）

工 业

综 述

2012年，北戴河区有规模以上工业企业12家，涉及通用设备制造、金属制品、造纸及纸制品业、化学纤维制造业、专业设备制造业5大类，主要产品有机械设备、阀门法兰、型材铝材等。年内，全区规模以上工业企业累计实现增加值33430万元，比上年增长5%；实现利润10289万元，比上年增长427.56%；实现税金4489万元，比上年下降51.29%；产销率94.60%，比上年增长0.40%；全区工业技改投资比上年增加1972万元；综合能源消费量4300吨标准煤，比上年下降7.80%，规模以上工业企业万元增加值能耗为全市最低水平。

年内，兰德科技有限公司获“河北省信息产业与信息化诚信企业”称号，该公司的“太阳能供暖及自动控制系统”项目通过省级科技成果鉴定，属国内领先水平。吉马包装公司被评为市级“2012年度工业企业对标示范企业”。大开电子有限公司、杨氏肠子肉制品有限公司、海鳌之鲜食品加工厂等7家企业列入市级重点扶持的小型微型企业。新港冶金阀门有限公司被评为工业企业对标行动示范企业，兰德科技被评为两化融合示范企业，天洋房地产、富立房地产、东奥淇鑫房地产、燃料销售有限公司4家企业被评为市民营企业20强。金风帆电子科技有限公司董事长李晓波被评为“秦皇岛市第六届创业先锋”，在全市工业和信息化大会受表彰并分获5万元奖励。龙聚森食品有限公司董事长兼总经理李小冬获“第五届创业先锋”称号，明珠房地产董事长于福江、淇鑫房地产董事长刘立辉、天洋房地产副总裁程淑颖等获“市优秀民营企业家”称号。

优化发展环境

召开工业和信息化工作会议，详细分析研究工业运行情况，及时调整部署工业和信息化工作。完善区领导重点联系企业制度，对重点企业逐一走访，发放中小企业发展专项资金，鼓励企业加强技术创新争创名牌产品，诚信经营发展壮大企业。开展“强服务、解难题、帮企业、促增长”主题活动，切实解决中小企业发展中存在的困难和问题，努力实现中小企业“产业、产品和组织结构的三优化”“质量、效益和企业素质的三提高”。指导企业积极申报国家及省、市专项资金支持，为金风帆、龙聚森等企业争取各级资金432万元。帮助鑫龙、鑫融汇2家担保公司行政许可证年检工作，对担保公司做好监管，引导担保机构为北戴河区企业开展融资担保业务。

统计监督

加强对工业企业生产调度、监测。与开发区联合对全区规模以上工业企业进行跟踪调度，及时掌握其运行动态并进行监测分析。加强与市级系统沟通，掌握北戴河区在全市占位，做好工业运行月度统计及行业分析，比较不足，查找问题，及时分析解决，以促进全区工业经济平稳发展。各相关部门相互沟通，及时发现全区工业运行工作中苗头性问题情况，做到及时汇报及时解决。依托区企业服务中心开展人才培训，同时组织企业参加市级有关质量管理、对标、执行力等方面培训，组织企业家参加清华短训，年内，组织培训1260人次。

技改工作

发展高新技术产业、鼓励企业自主创新。区财政预算中列支100万元中小企业发展专项资金，主要用于扶持中小企业技术创新、技术改造、节能减排、对外合作、信息化建设等。2012年，兰德科技自主研发的基于物联网技术港口输煤设备在线监测系统研发及产业化项目获得省级高新技术专项资金支持300万元。

企业减负

为确保减轻企业负担工作顺利开展，北戴河区及时调整充实区减轻企业负担工作领导小组及办公室成员，进一步完善治乱减负工作的各项制度。全年为企业落实优惠政策减免各项税收400万元，办理出口退税321万元；减免企业所得税近50%；免收小型微型企业发票工本费、注册登记费10余万元。

民营经济

2012年，北戴河区民营经济实现持续健康发展，除因对民营企业减负造成的民营税金稍有下降外，各项指标均大幅增长，体现良性循环。民营经济增加值实现254447万元，比上年增长7.90%，占全区GDP的67.50%；实际上缴税金完成64751万元，比上年下降7.10%，占全部财政收入的73.26%；民营从业人员28023人，比上年增长19.08%，占二、三产业从业人员的52.77%；实现出口交货值1736万美元，比上年增长17.90%。其中，年营业收入2000万元以上的规模以上民营企业13家，实现营业收入19亿元，占全区民营经济17.60%；实缴税金2709万元，比上年增长42.65%，占全区民营经济4%。

经济技术开发区

综　　述

2012年，北戴河经济技术开发区引进内资项目28个，到位内资27.28亿元，比上年增长23.40%；实际利用外资3378.20万美元，比上年增长2.20倍；各类企业实现税收5.23亿元,比上年增长1.40%；实现工业增加值3.63亿元，比上年增长16.50%；实现主营业务收入155.57亿元，比上年增长35%；实现固定资产投资11.96亿元，比上年增长30.90%；出口总额完成1736万美元，比上年增长17.90%。

环境建设

推进扩区工作，在控制性规划基础上，注重产业与旅游融合。推进总部大厦建设，初步达成合作协议。完成总部企业服务楼维修，实施污水管网和主要干道路灯维护工程，组织土地集约利用评价成果更新，谋划老海宁路道路修缮及绿化改造工程。打造政策服务平台、金融服务平台和创新服务平台，完善项目代办制，畅通信息机制，协调工商、税务等职能部门上门服务，提高“一条龙”服务水平，解决企业土地、规划遗留问题，协调公交线路和暑期企业车辆通行，帮助企业解难、减负。

招商引资

突出围绕总部经济和文化创意产业，融入沿海发展战略，高强度推进招商引资工作。加强与休疗单位、行业协会等机构的招商网络构建，坚持不懈的瞄准京津地区大企业、大集团，争取在北戴河设立地区总部、分支机构、采购中心和结算中心等；突出山西、内蒙古等地区，连续开展扎实有效的小团组招商活动，积极参加煤炭交易会，引进煤炭销售、运输企业；完善信息沟通机制，借助暑期大企业、大集团到北戴河的契机主动对接，开展上门招商；开展投资环境暨海滨会馆推介会，参加香港、厦门、上海、廊坊等招商活动，加大宣传推介力度，大力开展会议招商；加强“一网五库”建设，提升招商效率；推进商贸企业利用国际资金注资改造，探索利用外资新途径。全年引进金火公司、鑫晟投资、香湾地产、天成化工等总部、商贸和地产企业28家，其中千万元以上企业8家。

主导产业

铁盛贸易、五兴集团、方华集团和天成公司企业总部建设扎实推进，易腾商贸增资扩股，力量能源实现境外融资。艺术家工作室完成迁址，大陆桥广告实现运营，文化创意产业发展平台项目进展顺利，文化产业融合创新示范平台项目达成合作意向，怪楼文化艺术产业园区项目进展顺利，歌华投资完成注册，歌华营地投入使用。国际酒店、乔庄度假庄园、低碳环保展示中心基本完工，华贸企业总部区投入使用，莲蓬俱乐部项目完成12洞球场建设，省信息技术研发中心项目一期完工，48家信息、科研类企业签订入驻协议。获批全省20个服务外包产业基地之一，引进京宁国大软件开发、海洺泰信软件等企业，首批9家企业获得省服务外包企业认证。

工业经济发展

抓准现有企业增长点，开展“挖潜增效”活动，扶优、扶强、扶新，打造主业突出、结构合理、核心竞争力强的快速成长企业。兰德科技与中科院研究所、燕山大学合作研发节能环保产品，成为市两化融合示范企业，显星设备、金邦智业等3家企业获13项国家专利，东奥燃料、天洋地产等4家企业跻身市民营企业20强，聚源铝业、民生电力、金风帆电子等9家企业被列为市重点扶持成长型中小企业，新港阀门获市对标行动示范企业称号，龙聚森被评为市创业先锋，明珠、淇鑫、天洋企业老板获市优秀民营企业家称号。在博硕光电上市迁址、中油沥青技改停产使整体产值减少1.60亿元的情况下，工业产值实现增长，规模以上工业企业增加值比上年增长5%、实现利润增长70.50%，带动整体工业指标逆势上扬。

商贸流通业

综　　述

【概况】　市场环境建设不断完善，旅馆、饭店等服务性行业市场尤为活跃。杨各庄蔬菜批发市场继续带动周边蔬菜种植业发展，保二路、石塘路市场及步行街环境极大地提升全区旅游商贸流通业的规模和档次。全年实现社会消费品零售总额39.24亿元，比上年增长15.10%。随着城乡居民生活水平提高，居民消费升级步伐加快。新型消费需求不断涌现，消费结构升级换代。汽车、电脑等高档商品越来越多进入普通居民消费领域。

【对外贸易】　坚持以“四招”为核心，组团参加香港招商会和“5·18”廊坊国际经贸洽谈会等招商活动，赴内蒙古、山西等地开展小团组“点对点”招商，加快总部经济集聚。全力扶持民营经济发展，聚源铝业、金风帆、兰德科技等9家企业被列为全市第三批重点扶持成长型中小企业。全年注册内资企业28家，引进内资27.28亿元，比上年增长23.40%。实际利用外资达到3378万美元，增长203.50%。一般贸易及三资企业出口创汇总额1736万美元，增长17.90%。

市场建设

【精品街建设】　按照“政府引导、突出特色、项目招商、政策扶持”的原则，采取科学制定规划，合理引进项目，进一步扩展天鹅堡商业街建设成果。引进以北戴河玛丽娜餐饮服务有限公司为主的9家商户（1个公司、8家个体户），并于6月全部开业，得到广大中外游客的认可和好评。

街　景

【“万村千乡”市场工程】　以提升万村千乡市场工程建设质量为主线，重点深化农家店配送和配送中心建设、农家店规范管理建设，推进农村商业网点建设，延伸农村经营网络，建立长效机制，进一步巩固连锁化农家店建设成果，培育新的消费热点和经济增长点。

【市场管理】　做好汛期市场管理，制定《北戴河区商务系统汛期生活必需品及急需物资供应预案》；召开由全区各大型超市参加的暑期防汛抢险和物资供应动员大会，各大超市均制定《暑期防汛供应应急预案》和防汛、供应工作组；联系酒类批发企业和市场经营业主，协商调拨大型车辆，保障汛期车辆到位。做好11种生活必需品、雨衣雨具及成品油的统计工作，确保出现汛情及时进行调运；对各大超市开展汛情突击检查，要求注意人员，用电安全，必要时采取断然措施疏散群众，确保汛期零事故发生。

【便民措施】　编制全区便民市场规划，开

展“百日攻坚”行动，优化农贸市场规划和管理水平，按照“谁主办、谁管理”的原则，全面强化市场主体管理责任，完善制度，促进市场管理规范化、制度化。提升早餐工程质量，注重加强后期管理，积极与两镇两街协调沟通，建设早餐工程达标店，切实达到“便民、卫生、营养、健康”的工作目标。做好家电下乡工作收尾工作，协调、督导相关部门和企业认真总结经验，及时上报相关信息，尽快尽早落实、兑现相关补贴政策，完成家电下乡工作。

商贸行业管理

【酒类市场管理】 加强酒类流通行业管理。按时完成批发证、零售证年检和换证工作。在规范使用酒类流通随附单做到单随货走，单货相符的同时，还加强对酒类零售许可证和“禁止向未成年人售酒”标志的管理。打击经销假冒伪劣酒类商品的行为，以暑期酒类市场整治为重点，在市局执法队的大力支持和帮助下，对保二路、育花路、康乐路和红石路等重点地段进行拉网式排查，严厉查处无证批发、明零暗批和经销无酒类流通随附单等行为，出动车辆64辆次，执法人员230人次，检查大小超市、商店和酒类批发企业110余家，对10户酒类经营者进行立案调查，没收假酒9瓶，罚款1.78万元。对内蒙古厂家生产的不规范“冬虫夏草”酒进行专项检查，对检查出的此类相关酒，采取下架封存和退回的方法处理。

【成品油管理】 区商务局与全区营业的11家加油站签订《2012年北戴河区成品油零售企业守法经营责任状》，强化对散装零卖成品油用户，特别是加强柴油厨灶用户的思想政治和宣传引导工作，强化加油站安保防恐措施和责任追究，确保成品油供应有序平稳。做好汛期成品油供应工作，中石化石油、柴油因市储油库被水淹，全区供油紧张，紧急协调从唐山调入石油、柴油，确保北戴河区每个加油站货源充足，市场供应平稳。

【商贸执法】 采取聘请监督员、加大日常巡查力度与专项行动相结合，加强畜禽屠宰管理工作。对重点区域进行不定期巡查，发现苗头，及时打击。出动巡查车24辆次，组织巡查78人次，对全区各村进行3次全方位、全角落的检查，取缔草厂市场宰杀活鸡摊位，杜绝私屠滥宰现象。协调镇政府与辖区内各村委会，从每个行政村聘请1名屠宰管理义务监督员，定期与监督员联系反馈信息，区内各村没发现有私屠滥宰生猪的行为。制定《北戴河区商务局鲜肉和肉制品安全整顿治理工作方案》，与工商、卫生、质监等部门开展联查，确保肉品品质安全。

（赵文红）

供销合作

【概况】 2012年年底，北戴河区供销合作社有职工122人，其中，离退休职工106人，在职职工16人。现有基层社1个、公司1个、农合联组织1个、农产品批发市场1个，批发市场是北戴河及周边地区农产品主要集散地。

【食盐专营】 2012年，全社购进盐总量473吨，其中食盐405吨；销售盐总量452吨，其中食盐402吨，入口碘盐小包装使用率达到100%。盐政管理，维护市场秩序，积极抓好宣传引导，发放宣传资料4000余份，倡议引导消费者积极参与“食用绿色合格碘盐、抵制食用散装私盐”活动。

【市场管理】 做好节日烟花爆竹市场供应，严把进货源头，抓好运输、储存、批发等各个环节安全。对各网点农家店进行监督、检查，要求其认真落实食品安全法，不经营假冒伪劣商品。在春耕前召开“加强农资管理，保障农民春耕”工作会议，发挥供销社农资经营主渠道作用，确保农资供应充裕、质量可靠。加强北戴河农产品批发市场

经营管理，与车站派出所建立紧密的警企关系，打击欺行霸市行为。把住食品安全关，加大蔬菜检测力度，

【扶持农业】 区社工作人员多次深入到戴河镇苏庄村调研，针对农民的需求，投资1000多元为苏庄村购买4台喷雾器，为果农送去扶持资金1.50万元。

（李艳英）

粮食流通

2012年，转变粮食部门职能，加强粮食市场流通监管，维护全区良好的粮食流通秩序。按照《市区及储备粮管理暂行办法》规定，做好电子测温、防化消杀工作，确保1.20万吨市、区级储备粮数量真实、质量良好和储备安全。暑期期间，筹备特供粮油35个品种260吨，供应商新增50余家。

（张燕生）

烟草专卖管理

【市场营销】 以省产卷烟销售为重点，推进卷烟结构提升、品牌培育、明码实价和终端服务等各项工作，省产烟销量和效益略有增长。至年底，营销部销售卷烟21817.06万支，比上年下降12.36%。实现毛利2360万元，比上年增加116万元，比上年提高5.18%。营销部卷烟单箱销售收入达到2.47万元，比上年提高4915.78元，提升24.81%。一、二类烟销售6017.84万支，销售比重为27.58%，比上年上升49.35%，三类烟销售11437.86件，比重为52.43%，比上年提升15.46%。省产烟销售大幅提升，省产烟销售4012.02万支，比重为18.39%，比上年增长343.40万支。其中，一、二类卷烟销售353.32万支，比上年提升162.62万支，比上年提高85.28%，比重为8.81%。三类卷烟销售982.50万支，较去年同期增加154.66万支，比上年提升18.68%。

推进网上订货工作，全区开业客户347户，网上订货户数达到260户（其中电脑订货191户，手机订货69户），占辖区参访零售户数的75%。从6月开始，与北戴河区农行合作，开始办理卷烟贷记卡，至年底，有173户办理农行贷记卡，其中有126户已经使用农行贷记卡结算。做好零售终端建设服务工作，确定18家经营规模较大、信誉较好的零售户为零售户终端B级功能店客户，目前相关资料已备案，与零售户签订协议书，准备工作基本完成。

【专卖市场管理】 开展“风云”“烈火”等市场专项整治行动4次，与工商部门联合检查1次，暑期突击检查16次，出动执法人员756人次，查处各类涉烟案件42起，查获各类违法卷烟498.10条。加强“天价烟”及过度包装治理，通过与零售户签订销售协议的方式，严格控制单盒卷烟销售价格超过100元的行为，坚决制止对于卷烟过度包装的行为。全年专卖办理新户120户，未发现任何违法违纪行为。

（赵 辉）

交通·通信

交　　通

【概况】　2012年，全区公路通车总里程83.10千米，其中：国道7.11千米，省道38.98千米；农村公路总里程37.01千米，其中，乡道5条，总长8.20千米，村道28.81千米。北戴河区交通运输局被评为市级“文明单位”、区级“创先争优先进基层党组织”、区级“民主评议优秀单位”等荣誉称号。

【公路养护】　全年清扫路面16869千米、42169平方米、清运垃圾691.20立方米，整修内外边坡26.90千米，清理流通边沟34.50千米，维修桥梁5座、607米，完成公路两侧绿化46.09千米，种植乔木1.21万株，灌木8.26万丛。清理拆除不规范交通标志8块，施划标线6247平方米，处理路政案件结案18起。维修五桩488根，坑槽挖补2.46平方千米，绿化管护68.17千米。

重点对北戴河区滨海大道、联峰北路、驼峰路、海北线、北海山线、108线按城市道路标准进行养护，共计45千米，折合面积达130万平方米。区交通运输局所管辖120个可带泥上路路口，加大巡查和管理力度，对重点路段派出专人进行看护，硬化原始路口24个，铺设方砖1200平方米、碎石2400平方米，最大限度减少带泥上路问题发生。

【路政管理】　设立流动应急工作小组，对出现污染路段和问题做出快速反应，以最快速度保证公路路面整洁。巩固和扩大治超成果，年内出动执法人员1500人次，劝返车辆200余辆。与区6家货运源头企业签订责任状，制定源头治理超限超载工作实施方案，对重点货源单位进行定期巡查，加大对非法改装车辆及超限超载运输从业人员处罚力度。

【出租车管理】　年内，有客运出租车453辆，旅游出租车247辆，货运出租车990辆。通过暗访和路面稽查相结合方式，在重点线路、重点地段、重点区域严查“黑车”、小型“面的”、异地营运等违规经营车辆。对辖区7家旅游客运企业实行每周不少于2次的安全例检。在全区出租车行业中开展“情溢旅途”“树标、学标、赶标、创品牌形象”等主题活动，与出租车驾驶员签订诚信经营责任书，为29辆出租车授予“为北戴河添光彩”示范车荣誉称号。开展“打非治违”专项行动。组织5次大规模道路整治专项行动，出动稽查人员400余人次，检查营运车辆350辆次，查处违法违规车辆62辆次。

【彩虹坦途品牌建设】　在原有公路站基础上成立彩虹公路站，组建由18名成员组成的“彩虹使者”团队，进行彩虹坦途品牌内涵、公路法律法规学习、组织开展专题研讨，全面对标“郭娜陆地航空班”，营造“比学赶超”工作局面。暑期期间，省委常委、宣传部部长艾文礼，市委书记王三堂，省交通运输厅副厅长宋晓瑛、杨国华等领导先后到现场指导，对“彩虹坦途”品牌创建工作给予充分肯定和高度赞扬。

【公共汽车村村通】　2012年，随着601路公交车顺利开通，北戴河区成为全市乃至全省率先实现“村村通公交”县区。新开通的601路公交车解决河北外国语学院等2所高校、崔各庄村、丁庄村等7个行政村以及滨海小区等2万余人出行难问题，实现公交全覆盖。区交通运输局积极协调公交公司，调整5路公交线路，新增8辆公交运力，共计配车40辆，加密北戴河火车站至四道桥汽车站快线车线路，确保运营间隔在5～10分钟之间。新开通北戴河火车站至刘庄村、海滨汽车站至鸽子窝公园2条暑期公交专线。

（田 堃）

【北戴河快速路建成通车】 2012年，秦皇岛市西部快速路竣工通车。该路段东起海港区西环路，纵跨北戴河、南戴河、北戴河新区城市组团，全长9.78千米，于2009年10月开工建设。主路双向6车道，辅路为双向4车道，路宽70米。工程建设费用10亿元。是现阶段秦皇岛市规划设计水平最高的城市快速路。

快速路打破了秦皇岛城市道路的多项纪录，第一是桥梁最多的路，9.78千米的道路上有新世纪立交桥、南岭立交桥、崔各庄立交桥、海宁路立交桥、兴凯湖立交桥等外加1座“匝道桥”共计19座桥梁；第二是秦皇岛市城市道路鲜有的立交转体桥，西部快速路与京哈铁路交会，需在铁路上方创建立交桥，为不影响火车正常运行，施工人员在南北两侧修建2个箱梁，下面安装大轴承，预制完成后把2个箱梁旋转对接。在逆时针转体73.40度后，双幅桥面抵达预定位置，原本和铁路平行的桥梁成为跨越京哈铁路的立交转体桥；第三是首创三层立交桥。西部快速路蔡各庄村附近路段以拉槽式从底下通过，上面为G205国道立交桥，再上面是兴凯湖南延工程匝道桥；第四是采用“BT”投资方式，由北京乾元嘉禾投资有限公司与北京市政设计研究院联合体共同投资，联合体在秦皇岛注册了秦皇岛市西龙道路建设发展有限公司并负责施工。这种“BT”投资方式尚属首次。

西部快速路主线设计车速每小时80千米，起终点衔接段设计车速每小时40千米，辅路设计车速每小时40千米。道路净空标准为主路系统5米，辅路系统4.50米，非机动车和行人系统2.50米。道路景观照明设计别致，路灯造型现代，光源选用LED节能环保。

【公路运输】 公路通车总里程83.10千米，有客运出租车453辆，旅游出租车247辆，货运出租车990辆。有公共汽车线路8条，5路、6路、15路、22路、37路、601路汽车在区内运行。全年公路客运量完成229万人次，基本与上年持平；客运周转量完成4122万人公里，比上年增长0.02%；全年公路货运量完成152.7万吨，比上年增长0.30%；公路运输周转量完成3818万吨公里，比上年增长0.30%。

【铁路运输】 北戴河火车站是北京铁路局秦皇岛车务段管辖的二等客运站，有员工130余人，分为客运、行车、售票等班组。2012年，发送旅客296万人次，实现客运收入1.68亿元。北戴河火车站获铁道部和北京铁路局先进车间称号，客运组织员左龙获得北京铁路局“十大杰出青年提名奖”，计划值班员赵新山被评为“2012年北戴河区先进个人”。

津秦客专线北戴河站站房分为两层，首层为进站集散厅、基本站台候车厅和出站厅。二层为候车大厅、进站口及进站天桥。站场由3座站台7条线路的普速车场和2座站台5条线路的高速车场组成。

（赵新山）

邮政业

【概况】 北戴河区邮政局现有职工87人，设市场部、后勤部和综合办公室3个管理部门及金融业务部、函件业务部、分销业务部、海宁路储蓄班、营业公司、发投公司、集邮电子商务班、石塘路支局和车站支局9个经营部门。有邮政电子化支局所5个，代办所1个，储蓄网点2个；邮政投递道段16个；邮政车6辆，城乡邮政信箱筒24个；报刊亭8个；农村投递线路总长约60千米，邮政投递覆盖面积约100平方千米，服务网络遍布全区城乡。年内，被秦皇岛市邮政局评为“2012年度先进单位”称号。

【经营与管理】 北戴河区邮政局业务种类主要包括金融类、邮务类、分销类3大类10余项业务。邮政代办业务目前发展迅速，主要代办业务有代办保险、代收移动、电信、联通话费、代售飞机票、代收水费、代收有线电视费业务和代收营业款等。2012年，实现业务收入1124.85万元，比上年增长7.11%，完成形象进度102.18%，完成收支差额151.52万元，邮务类、分销类2大类别提前2个月完成全年计划指标，创造自建局以来，完成业务收入进度历史最好水平。2012年，全区邮政储蓄余额达到3.40亿元，储额净增5000万元，完成进度121.75%。寄递信件17.98万件，收寄包裹2.06万件；订阅报纸344.85万份，杂志12.99万份；国内汇票1.14万笔；收寄特快邮件2.14万件。全年订送机票219张，代理保险456笔，代理保费金额2301.70万元。物流专业大力发展酒水分销和农资配送业务，全年形成业务收入8.54万元。

【优化服务】 提升职工业务素质和技能水平，开展岗位练兵和英、俄语培训等活动。对海宁路营业厅、海宁路储蓄所、车站支局、发投公司和石塘路支局等网点进行改造和装修，增设营业台席，粉刷信筒。在游客比较集中的鸽子窝公园、集发观光园等景区、重点休疗养院和报刊亭设立邮品代售点16处，进行集邮品销售，免费为游客加盖风景戳。

出台《通信质量服务质量管理考核办法》和《实行社会承诺、首问负责制及责任追究制》等服务制度。推出主要网点全年无休假服务、缺报少刊3日内补投、15日内赔偿等社会承诺，聘请15位社会监督员。全年发出征求意见函5000份，邮政服务社会满意度达到99分。2012年，北戴河局共收到表扬信526封、锦旗2面，被秦皇岛市邮政局评为“2012年度先进单位”称号。

【流动邮局业务】 流动邮局成为北戴河局一大亮点，北戴河区邮局制定暑期上门服务工作安排，成立由市场部和大客户服务部组成的上门服务工作小组，将收寄现场分为销售组、封装组、计费组和运输组4个小组，同时要求全体上门服务人员着装整齐，服务中态度和蔼、言行规范，热情周到。2012年，中纪委监察部北戴河培训中心的首次上门服务，收寄包裹479件，形成业务收入3.30万元。全年流动邮局上门服务70余次，收寄包裹6300件。

（王海涛）

通信业

【中国移动通信集团河北有限公司北戴河分公司】 公司坐落于北戴河区海宁路76号，有员工70人。公司下设综合部、运维部、市场部、集客部4个部门。2012年公司业务收入4312万元，被北戴河区委、区政府授予“暑期工作先进单位”称号；被秦皇岛市总工会授予“先进职工小家”称号；被省公司授予“先进基层工会”称号；被集团公司授予“为民服务先进窗口单位”称号。

北戴河分公司主要经营移动电话通信（包括话音、数据、多媒体等）、IP电话及互联网接入服务等业务，拥有“全球通”“神州行”“动感地带”等著名服务品牌，客户号码段包括“139”“138”“137”“136”“135”“134”和“159”“158”“157”“152”“151”“150”“187”“188、182、181、180（3G专属）”，营业网点数达到90个，城区全部覆盖，各镇和城市区网络室外覆盖率为100%。

公司积极拓展移动信息服务。为客户提供基本话音业务和来电显示、短信息、彩信、飞信、彩铃、139邮箱、WLAN、手机导航、手机上网、手机阅读、手机游戏、手机报等丰富多彩新业务，通过推广集团行业信息化和办公电话、办公宽带、办公助手、集团彩铃、专线、物联网、移动OA、车务通、校信通、气象通、关爱通等重点行业应用业务，使广大客户通过手机即可方便获得丰富的信息服务。

2012年，工程建设工作经历GSM16.2期、GSM17.1期、GSM17.2期、TD5期，新建及搬迁基站总数为49座，工程总量完成进度在全市名列前茅。

汛前共维修基站防水10站次，更换破损配电箱8个。汛期及时维修基站防水5处，基站护坡1处。重点保障区政府、火车站等重要地点通信畅通。新增10处基站防水坎，修筑护坡2处。开展钢管类铁塔全面普查，检查站点88处，无抱杆开裂、倾斜情况，整改铁塔安全问题85处。

（徐　虹）

【中国联合网络通信有限公司北戴河分公司】 2012年，公司有职工109人，其中合同制工人59人、劳务工50人。大专以上学历人员达到90%以上。公司下辖综合部、营销服务部、集团客户部和建维中心；有1个支局：北戴河车站支局；有设备班、线路班、渠道班、营业班、客户服务与投诉班5个班组。全区分布有5个营业厅，20余个代办点。全区交换机总容量5万门，通信基站83个，模块局15个。年内，实现通信业务收入比上年增长12.69%。2012年，联通公司被北戴河区委、区政府评为“暑期工作先进单位”，在北戴河区民主评议行风活动中被评为“先进单位”，位居通信行业之首。

推进渠道建设，深化落实商务客户名单制、网格化营销和营业厅转型。加强社会渠道建设与管理工作，新建沃店2家，与9家合作厅和沃店签订渠道效能提升协议，社会渠道单厅产能得到提高。3G业务社会渠道销售5039户，占发展总量60.78%。2G业务社会渠道销售15746户，占发展总量38.22%。电子渠道完成交易额共计58501笔，收费516.74万元。强力推进新入网客户体验式营销和存量客户维系。

3G重点加强前台流量使用宣传引导和5元200MB流量包产品推介；2G重点加强GPRS卡捆绑销售和5元30MB流量包产品推介。3G户均流量达到115MB，2G户均流量最高达到8MB以上。3G、2G户均流量位居全市前列。

围绕需求强化能力建设。年内共完成投资1900万元，实施工程67项，应急项目18个。光纤化建设持续推进，坚持“光进”与“有条件铜退”并举，完成城区FTTH（光纤到户）改造，新建FTTH234处，启动崔各庄村、河东寨村FTTH薄覆盖工程。新增FTTH端口11328线，新增FTTB（光纤到楼）端口扩容2048线。移动网络能力得到提升，着重提高2G/3G网络覆盖率，年内安装3G基站14个,3G基站累计达到96个；安装2G基站14个，2G基站累计达到83个；室内分布累计36套。解决城市覆盖空洞6个。积极推进热点区域WLAN（无线局域网）建设，新建AP（无线访问节点）56个，覆盖热点11个。针对区域内休疗养院、政府机关进行重点覆盖，新增4个热点。推进传输节点成环工作，完成模块局传输成环工作，综合成环率为100%。实施接入层基站传输成环工作，成环率达到80%，比年初提高20个百分点。全面开展线路整治工作，完成苏庄村、朱庄村、费石庄村、赤土山村、草厂村线路整治，有效降低障碍发生率；加快3G网络升级改造，组织完成26个超忙小区扩容工作，大大提升WCDMA（宽带码分多址）网络性能，全网具备21M高速数据业务能力。完成光缆核查工作，实现验收无保留通过。加强光缆资源管理工作，为光网络资源分配提供准确数据。

装移机一日通完成率60%，比上年同期提升37%。顺利完成暑期通信保障、中共十八大通信保障任务。完善稽核管理工作，明确一级和二级业务稽核和收入稽核、岗位设置、人员和职责，保证资金上缴和营业、稽核、财务三方报表数据统一。全年完成稽核样本37150份，发现差错338份，完成市公司固、G网证件号码不全专项稽核81份，宽带三方专项稽核243份和融合业务G网号码催停标识专项稽核工作，为公司挽回损失2.13万元。加强欠费管理，健全当月欠费催缴工作，加大陈欠催缴力度，年内收缴欠费近百万元。

（杨建华）

【中国电信北戴河分公司】 中国电信北戴河分公司坐落在北戴河海宁路39号，2012年公司有员工30人。分公司经理秦敏喆于2012年3月任职。公司下设政企客户部、渠道服务部、网络维护部、客户服务部4个部门，有2个自有营业厅，14家代理厅，现有CDMA用户2.50万户。2012年共计完成收入1800万元，年增长率28.89%，公司总体运营情况年增长收入超过300万元。

全年增建基站7个，北戴河全区域实现3G无缝覆盖。共完成FTTH光纤入户小区15个。2012年，公司不断做强、做大“天翼”“我的e家”“商务领航”三大客户品牌，满足不同层次客户需求。增设电子缴费点，稳步推进外包建设，增设代办营业网点14个。

（刘昕媛）

金融业

综　　述

2012年，北戴河区金融系统围绕区委、区政府中心工作，进一步深化管理体制和运行机制改革，稳步推进业务创新，加大信贷投入力度，为全区经济平稳较快发展提供有力支持。至年末，全区有银行分行6家，营业网点12家，从业人员210人。银行金融机构各项存款余额80.57亿元，其中城乡居民储蓄存款余额57.98亿元，分别比上年增长4.5%和17.4%。各项贷款余额36.66亿元，增长35.9%。2家保险公司分公司，全年实现保费收入9658.23万元。区内有河北财达证券公司营业部1个，运营状况良好。

银行业

【中国银行股份有限公司秦皇岛市北戴河支行】 2012年，支行实行条线管理，机构设置为对公条线、对私条线，下辖春花路支行、北岭支行2个机构。支行在编职工人数为39人。年内，支行人民币存款余额92341万元，其中，人民币公司存款余额14557万元，人民币储蓄存款余额79017万元，比上年新增8993万元，完成全年任务指标的163.51%，实现净收入2502万元，创历史最高水平。

2012年，支行提高对个人客户进一步细分，提供“一对一”客户经理服务，推动以个人理财为重点的零售银行业务迅猛发展，贵宾客户达到10%,存款余额占全行储蓄存款余额58.23%。

在对公客户上，支行加强与地方政府合作，以财政、社保和行政事业单位为突破口，营销事业单位开户，共开立医保户7户，涉及基本医疗（收入、支出）、公务员医保（收入、支出）、生育医保（收入、支出）、大疾病保险（收入、支出）；预算外账户；非税收入账户，累计沉淀行政事业单位存款6700万元，占对公存款余额50%，余额和新增额市场占比均居当地同业首位。

（王　林）

【中国工商银行股份有限公司秦皇岛市北戴河支行】 2012年，工商银行北戴河支行实现净利润额比上年增长37.70%；人均净利润近200万元，创近年来最好水平。中间业务增收渠道得到有效拓展，全年实现中间业务收入400余万元。各项贷款总额实现较大突破，贷款较年初增长133%，全年累计发放贷款近15亿元，信贷资产流动性进一步增强，信贷资产质量控制基础更加牢固，全年全部法人贷款无逾期、欠息现象，个人贷款不良余额控制在年初水平以下。

年内，支行通过存量客户深度挖潜等措施，抢抓各项存款资源，稳存、增存成效明显。至年末，各项存款余额较年初增加13463万元，全部对公存款任务完成率104%；储蓄存款余额较年初增加6196万元，任务完成率119.40%。

全年累计净增对公结算账户32个，营销对公理财4111万元、个人理财23130万元。累计销售品牌金（含积存）1316克、如意银8280克、各种保险366万元、基金277万元。累计办理信用卡229张、三方存管8个，布放银行通9台、POS机21台。累计营销个人手机银行542户、个人网上银行823户、企业网上银行29户。

（吕　英）

【中国农业银行股份有限公司秦皇岛市北戴河支行】 2012年，农业银行北戴河支行各项存款余额8.83亿元，其中，储蓄存款余额6.83亿元，比年初增加2064万元。对公存款余额2亿元，比年初减少2722万元，各项贷款余额6.45亿元，其中，对公贷款余额4.58亿元，比年初减少1.33亿元；个人贷款余额1.82亿元，较年初减少2584万元。实现中间业务收入663万元，其中投资银行收入399万元；电子银行收入43万元，自助机具收入43万元；银行卡发卡2907张，卡存款余额1.84亿元，卡收入25万元；保险收入31万元。实现拨备前利润2057万元，较2011年同期多完成7万元，拨备后利润2606万元 。

率先在全市把商户二次清分业务作为一项拓宽收入渠道和提升客户依附度的“双赢”工作来抓，从营销维护客户作为切入点，制定全面推进方案，取得北戴河市场建设服务中心管理层大力支持，商户二次清分业务拓展成效凸显。至年末，上线商户170户。

（张学军）

【中国建设银行股份有限公司秦皇岛市北戴河支行】 2012年，建设银行北戴河支行设有综合业务部、综合保卫部、营业室、四中路储蓄所和车站支行，共有干部职工41人。北戴河车站支行于2012年8月16日正式对外营业，开办对公对私所有业务。截至年末，全行一般性存款新增8016万元；其中：个人存款新增9427万元，企业存款减少1411万元；中间业务收入新增1059万元；公司机构贷款新增3.63亿元；小企业贷款新增394万元；个人贷款发放4987万元；办理贴现2.50亿元；实现账面利润2794万元。

(柳春欣)

【交通银行股份有限公司秦皇岛北戴河支行】 交通银行北戴河支行位于北戴河区联峰路163号（石塘路步行街出口），有职员17人。2012年，实现人民币存款余额5.20亿元；对公贷款1.40亿元；私人银行10户；沃德卡净增20张；交银卡净增150张；贷记卡净增卡370张，借记卡有效发卡3000张。

支行主营业务有个人金融业务：个人本外币储蓄、太平洋卡业务、个人信贷业务、个人理财业务，理财产品主要包括：双利理财、得利宝、开放式基金、外汇宝、圆梦宝。公司金融业务：存、贷款，国际结算，信用证，承兑，贴现和保函等中间业务。电子银行业务：网上银行、电话银行、银信通。

（崔 莹）

【商业银行北戴河支行】 商业银行北戴河支行有在职员工33人。2012年，各项存款余额达到10.02亿元，其中，对公4.76亿元，储蓄5.26亿元。贷款余额为4.58亿元，不良贷款率为零。共计办理转账业务6.29万笔80.27亿元，现金业务13.86万笔29.96亿元，出售凭证978笔1.87万元，款项调拨450笔3.68亿元，提出票据交换9783笔9.51亿元，提入票据交换1.39万笔14.14亿元。国库一年来，办理业务预算收入1.29万笔5.90亿元，办理财政拨款2413笔5.88亿元，办理预算收入退库158笔382万元，更正153笔1046万元，均做到手续完备、快捷，无一笔差错、压票、被退回。

（朱 莉）

保险业

【中国人民财产保险股份有限公司北戴河支公司】 2012年，北戴河支公司实现保费收入3080万元，实现利润-326万元。其中商业车险完成保费2092万元，比上年下降25%；企财险完成24.30万元，比上年增长69.90%；家财险完成14.40万元，比上年增长62%；意外险完成26.40万元，与上年持平；责任险完成43.30万元，比上年下降30%；货运险完成56.20万元，比上年下降39%。经过认真分析，利润指标下降的主要原因是：上半年发生几起重大事故，比去年同期多提取未决储备金152万元。

年内，公司出资1万余元，为北戴河区

部分出租车量身定做带有公司宣传标识的座椅座套，成为公司对外宣传的一个窗口。成功打造北戴河区第一个私家车团体黄金客户，北戴河公司于4月25日与中国煤矿工人北戴河疗养院驾驶员协会成功签订保险协议，协议明确规定，凡煤矿疗养院驾驶员协会会员所驾各类车辆，自协议签订之日起均须在人保北戴河公司投保。该单位管理规范，实力雄厚，所属驾驶员协会拥有私家车近百辆，家庭自用车潜力巨大，该协议的签订为公司巩固和提升私家车市场以及为基层单位破解车险业务乏力难题提供参考思路。根据北戴河公司车险与非车险发展极不平衡格局，在业务发展上注重两手抓，巩固城市发展阵地同时，积极开拓农村市场，取得初步成效。二季度，北戴河支公司企财险保费收入12.40万元，家财险收入6.60万元，比上年分别增长195%和29%。北戴河区政府大楼多年来一直都在公司投保，年交保费6万余元，平均赔付率仅为16%，2012年续保之前，业务员经过认真调查，深入挖潜，增加了保险标的，比上年纯增保费2万余元。经多次洽谈，公司与北戴河费石庄村委会签订协议，村委会用公共积累出资，为全村每户村民投保家财险，收取保费2.60万元。自2012年1月1日起，公司确定每月第二周的周三为领导接待日，来访客户由公司经理室成员接待，实现客户满意度最大化。

（陈　忱）

【中国人寿保险股份有限公司北戴河支公司】 2012年，中国人寿保险股份有限公司北戴河支公司全区行业作风建设评比中，保险行业排名第一，连年被市公司评为先进单位，自2007年开始连续被省公司评为“巾帼文明示范岗”。全年实现保费总收入6578.23万元，比上年增长10.07%。长期险新单首年保费2722.20万元，比上年增长12.16%。长期险10年期以上保费505.35万元，比上年增长83.86%。长期险续期保费3717.04万元，比上年增长9.67%。短期险保费139万元，风险型保费占总保费46.32%，投资型保费占总保费29.89%。

北戴河支公司共有员工117人，从业人员持证率100%。下设经理室、个险销售部、银行保险部、团险销售部、客服中心、综合管理部等部门。先后配合政府开设“农村小额意外伤害保险”“老年人意外伤害保险”以及配合国家“三农”政策与中国农业银行、农村信用社开展“小额贷款借款人意外伤害保险”。

（刘佳强）

证券业

【河北财达证券有限责任公司秦皇岛海宁路证券营业部】 经中国证监会批准，海宁路证券营业部于2002年5月正式成立，是北戴河区唯一合规的证券经营机构。营业面积850平方米，现有职工18名，平均年龄32岁，90%员工为大专以上学历。营业部业务范围为证券经纪，投资品种包括：股票、基金、债券、新股申购等，委托方式包括刷卡、电话、网上、热自助及手机。至年底，营业部有客户数8000左右，客户资产近4.50亿元。

（李　伟）

财税管理

财政管理

【概况】 2012年，北戴河区全部财政收入完成88068万元，完成调整预算的100.10%，比上年增长0.40%。其中，中央级收入完成24958万元，完成调整预算的97.60%；省级收入完成9898万元，完成调整预算的98.90%；市级收入完成11018万元，完成调整预算的100.40%；公共财政预算收入完成42194万元，完成调整预算的101.80%，比上年增长0.20%。公共财政预算支出完成73888万元，其中，上级专款支出14544万元，上年结转支出1662万元，区本级支出57682万元，完成调整预算的101.10%，比上年增长1.60%。年内，北戴河区财政局获“省级文明单位”“市级文明单位标兵”“市级创先争优先进集体”“全市财政系统党风廉政建设先进单位”“全市财政系统民主评议工作先进单位”“2012年度民主评议第一名”“2012年市级先进职工之家”等称号。

【财政监管】 推进乡镇财政所标准化建设，投资55万元，对基础设施和设备进行改造更新，率先在全市通过省财政厅验收。落实财政预算信息公开工作，强化预算绩效理念，对区农牧局、科技局专项业务进行绩效评价试点。坚持内外部监督并重原则，开展各类专项资金检查，结合内审工作对历年财政往来账目进行清理规范。扩大专资平台监管范围，全年平台监管项目58项，金额达到3900万元。推进非税收入管理系统建设，坚持依法征收、源头控制、以票管收，全年组织非税收入11048万元。强化国有资产监管，实行资产配置审批制度，共核准新增资产购置157批次，按配置标准核减资金50万元。加强会计教育培训工作，全年举办各类培训12期，参训人员1100余人。完善财政国库集中支付管理制度，整合、优化资金支付流程，规范操作程序。强化投资评审管理，全年审结项目63个，报审金额12843万元，审后确定金额10846万元，净审减率16%。

【财政监督】 开展党政机关公务用车专项治理工作 做好违规车辆处理和所属事业单位公务用车统计工作。对查出的违规车辆，根据省、市要求和新配备规定，提出整改意见，及时上报市公车治理领导小组，为规范公务用车管理打下坚实基础。

加强政府性债务管理工作 在做好全区政府性债务调查基础上，及时统计全区政府债务发生、偿还情况，全面掌握该区银行贷款、地方政府债券及工程性欠款还本付息情况。

做好社保资金审计工作 配合上级审计机关对涉及该区的3大类17项社保资金开展审计检查，认真开展自查，对审计组提出问题及时反馈，迅速整改落实。

开展综合治税工作 按照省、市要求及时制定实施方案、成立领导小组，积极开展商业用房产出租税收专项清查，初步形成“政府领导、财政牵头、信息支撑、齐抓共管”的综合治税工作格局。

开展财政专户清理工作 继续扩大财政专户清理成果，加大工作力度，对照文件逐项核查，撤并专户5个，财政专户由30个减少至25个，达到全部财政专户由国库统一管理目标要求。

【财政为民】 投资2998万元用于改善社会民生，保障供暖管网改造、天然气扩户工程、保障性住房建设、奖补高效设施农业等10件为民实事落实。拨付各类社会保障资金4244万元，严格执行各项社保政策，切实关注、关心弱势群体和困难群众生活。突出教育优先发展战略地位，拨付教育事业资金11790万元，占公共财政预算支出的15.80%。落实免除义务教育阶段学杂费，农村原民办、代课教师养老补助等政策，保障教育基础设施加固改造、校园安保和校车保障等重点工作落实，全区中、小学办学条件得到较大提升。拨付医疗卫生事业资金5907万元，加强基层医疗卫生机构基础设施建设，完善农村三级卫生服务网络和城市社区卫生服务机构，保障基层医疗卫生制度改革的顺利推进和新型农村合作医疗、城乡医疗救助等制度落实，有效推动城乡医疗事业协调发展。拨付文化体育传媒资金1833万元，支持文化旅游产业发展，推进公共文化服务体系示范区创建和旅游服务业综合改革试点工作，为暑期俄语电视节目开播、情侣狂欢节、音乐文化人等文化活动和社区综合文化站、妇女之家等基层文化建设提供资金保障。支持农村各项事业发展，拨付各类强农惠农资金4203万元，同比增长11.70%，粮食直补、农资综合直补、"一事一议"财政奖补、家电下乡、养殖业保险等补贴政策得到全面落实。农村基层党组织建设经费得到足额保障，全区25个行政村实现垃圾集中收集清运，西部及北部片区污水入网二期工程建成投入使用，成功将火车站及西部片区污水收集入网。

【促进经济发展】 落实区域经济发展各项财税政策，大力支持民营经济发展，积极配合相关部门为新冶阀门、金风帆电子、兰德科技等7家企业申请企业发展资金82万元，有力促进中小企业发展壮大。围绕区委、区政府确定的四大经济增长点，多渠道筹措资金，对高端旅游、总部经济、文化创意产业、高新技术、现代服务业继续给予政策优惠和资金扶持，区财政拨付扶持各类企业发展资金3000万元。壮大税源基础，年内，总部经济、创意产业实现税收36980万元，占全部财政收入的42%。推进小额贷款公司试点工作，组建第一家民营小额贷款公司（北戴河区博泓科技小额贷款股份有限公司），抓好放贷资金来源、放贷对象、贷款利率等重点监控和日常动态监管，督促小贷公司完善软硬件及内部制度建设，全年累计发放小额贷款1.25亿元，提高农村金融服务水平，有效缓解民营、个体经济和小企业融资难问题。抓好与省财政厅、市财政局对接，落实周转金1亿元，专项转移支付资金5000万元，提高可支配财力。

（周永勃 周慧敏）

国家税务管理

【概况】 2012年，北戴河区国家税务局税收收入2.80亿元，分别完成市局和区政府下达税收任务的100.05%和112.96%，比上年增收1392万元，增长5.23%。北戴河区国家税务局被评为"2012年度全市国税系统绩效考核先进单位"；被北戴河区委、区政府评为"基层建设年活动先进帮扶单位"；被秦皇岛市国家税务局评为"2012年度优秀领导班子"；办税服务厅被评为"市级巾帼文明岗"。11月，在国家税务局组织的企业所得税业务考试中，北戴河国家税务局两位参考人员分别获全市第二、第三名的成绩，平均成绩位列全市第一。一分局和三分局被评为"2012年度全市国税系统先进单位"。

【税收征管】 2012年，重点税源（年纳税100万元以上企业，共45户）入库收入2.44亿元，占全年总收入的87.15%，同比增收1885万元，增长8.37%。加大对漏征、漏管、脱管户清理力度和对零申报、异常申报和长亏不倒企业纳税评估力度，纳税评估入库税款65.89万元，弥补亏损122.36万元，初步形成信息化、专业化管理模式。组织开展驻区休疗养单位所得税专项整治，补缴所得税款4万元，加收滞纳金1万元，调减企业亏损额745万元。

【依法治税】 开展防范执法风险教育，建立完善执法风险综合防控机制，落实重大税务案件审理、重大税权审议制度。规范税收执法行为，从出口货物退（免）税管理、结构性减税政策落实、企业注销清算税收管理、房地产行业税收管理和代开发票管理等方面进行重点督察，开展一般纳税人注销清查、开发区政策执行情况检查、房地产企业所得税调查和企业减免税调查等工作。

【纳税服务】 利用办税服务网络，发布税收新政策、新流程、新精神、新要求，定期深入企业进行纳税辅导。全年依法减免税款800万元（其中含增值税起征点提高后，为纳税人减免税款400万元），办理出口退税321万元。开展“两个减负”，深化“一窗式”“一站式”服务，对整合、优化和调整、办税业务流程，提高文书审批效率。开通财税库银横向联网，所有纳税人都能进行网上申报。

（宋 望）

地方税务管理

【概况】 北戴河区地方税务局有干部职工80人，下设5个职能科室，5个征收分局、1个税源监控分局和1个稽查局，负责全区6821户纳税户的税收征管工作。连续19年超额完成税收任务，为国家累计征收税款33.70亿元，其中2012年征收税款达4.90亿元。被秦皇岛市地税局授予“实绩优秀单位”荣誉称号。

【税收征管】 2012年，受宏观政策影响，房地产业收入大幅下滑，部分房地产企业税收划转到海港区，税收形势异常严峻，区地税局一方面向管理要税收、向稽查要税收，另一方面，采取四项措施强化征管。即：加强外地施工行业税收管理；加强休疗单位房产税、土地使用税管理；构建综合治税大格局，做到部门联动；不断强化稽查工作。2012年，累计组织收入5.99亿元，其中税收4.90亿元。其他费（金）收入1.09亿元，其中，养老保险费7316万元，失业保险费741万元，残保金174万元，河道费353万元，文化事业建设费75万元，教育费附件1206万元，地方教育费796万元，工会经费239万元。提高依法行政意识，规范执法行为，年内对63人次进行相关责任追究。加强基础数据管理，每月开展征管系统数据信息大排查，促进征管质量提高。全年发现并整改错误数据、补正漏项缺项、清理垃圾信息等8600余条。

【社保费征收】 2012年，区地税局入库基本养老保险7316万元，完成市级任务的122%。其中，单位缴纳4913万元，个人缴纳2403万元；入库失业保险741万元，完成市级任务的151%。

【纳税服务】 抓好税收优惠政策宣传和落实，巩固和完善“一窗式”“一站式”服务模式，抓好延时服务、预约服务、提醒服务等多种实用有效服务方式。投资4万元在征收厅增设传真机和复印机各1台，免费为纳税人接收和复印资料，同时全面推广自助办税终端，实施分类分级和定向定点等有针对性服务，推进信息资源整合和共享，减轻纳税人负担，降低征纳成本。

（戴红梅）

综合管理

发展规划

【国民经济和社会发展计划】 2012年，全区国民经济和社会发展的预期目标：地区生产总值增长14%左右；全社会固定资产投资增长20%；全部财政收入9.20亿元，按可比口径计算增长14.30%；社会消费品零售总额增长17%；城市居民人均可支配收入2.44万元，增长10%；农民人均纯收入1.04万元，增长9%；单位GDP能耗下降2.97%；化学需氧量、二氧化硫和氨氮、氮氧化物排放量分别消减2.20%、3.20%、3.10%和1.50%；城镇登记失业率控制在3.20%以内；人口自然增长率控制在6.30‰以内；居民消费价格涨幅4%左右。

【国民经济和社会发展计划执行情况】 2012年，全区坚持以科学发展为主题，紧紧围绕国家服务业综合改革试点、旅游综合改革试点、创建公共文化服务体系示范区、近岸海域环境综合治理和幸福北戴河建设等重点工作，强力推进高端旅游、总部经济、文化创意、高新技术四大主导产业，全区国民经济和各项社会事业保持快速、健康发展良好态势，较好完成区十四届人大一次会议审议通过的国民经济和社会发展目标。全年完成地区生产总值38.80亿元，增长10.20%；全部财政收入8.80亿元，增长0.40%；全社会固定资产投资40.90亿元，增长20.40%；城市居民人均可支配收入2.49万元，增长12.40%；农民人均纯收入1.07万元，增长12%；社会消费品零售总额38.80亿元，增长15.50%；引进内资27.30亿元，增长23.40%；实际利用外资3378万美元，增长203.50%；一般贸易及三资企业出口总值1736万美元，增长17.90%。

农业经济健康发展 推广农业标准化生产，全年组织农技培训6期、200余人次，发放农业防治、蔬菜高产高效栽培等农业技术资料2000余份。完成女拳世锦赛蔬菜供应工作，安全供应蔬菜4300余千克。强化农业专业合作社建设，全区各类专业合作社达到10家，社员总人数742人，带动农户6000余户。安排涉农专项资金100万元奖补高效设施农业。实施农村清洁生产和农村环境综合整治工程，完成戴河、新河水系清淤截污工程，25个行政村全部建成生活垃圾收集站，在全市率先实现垃圾收运、处置全覆盖。扎实推进幸福乡村建设，西坨头村、太平庄村、谢李庄村改造有序实施，5个村达到省级幸福乡村示范村标准。

工业结构不断优化 全区12家规模以上工业企业完成工业增加值3.30亿元，增长5%。规模以上工业企业综合能源消费量4300吨标准煤，下降7.80%，规模以上工业企业万元增加值能耗为全市最低水平。金风帆、聚源铝业等9家企业被列为全市第三批重点扶持的成长型中小企业。兰德科技自主研发的基于物联网技术港口输煤设备在线监测系统研发及产业化项目获得省级高新技术专项资金支持300万元。

旅游经济更加活跃 全年接待游客678.97万人次，景区景点门票收入8206万元。旅游服务接待水平进一步提高，投资4.50亿元实施鸽子窝公园、联峰山公园等旅游景区改造和欧鹏酒店等休疗单位上档升级工程，新建旅游咨询服务中心2个，新增三星级旅游饭店1家，四星级旅游饭店2家。乡村旅游示范村建设步伐加快，投资1500万元

实施费石庄村旅游步道、桃林观光采摘、农家乐等特色乡村旅游项目。旅游协会作用不断增强，组织召开2012年家庭旅馆从业人员培训会，参训人员达2000余人次，覆盖10余个村。成功举办中国老年旅游联合体年会暨“颐养·北戴河”产品发布仪式和“走进北戴河”旅游促销活动，该区成为2012年度中国老年旅游联合体四大目的地之一。

对外开放步伐加快　全年，批准内资项目28个；引进内资27.30亿元，增长23.40%；实际利用外资3378万美元，增长203.50%；一般贸易及三资企业出口总值1736万美元，增长17.90%。开发区成功获批省服务外包基地，成为全省20个服务外包产业基地之一。总部及文化创意产业快速发展，新引进总部、商贸企业23家。怪楼文化艺术产业园区一期投入使用。总部及文化创意产业实现税收3.70亿元，占全部财政收入的42%。

重点项目扎实推进　全社会固定资产投资完成40.90亿元，增长20.40%，完成全年计划的100.40%。千万元以上在建项目49项，完成投资34亿元，完成市定目标的112.70%。组织实施市重点建设项目4项，完成投资3.10亿元，完成市定目标的108.90%。华贸企业总部区、低碳环保展示中心等项目建成投入使用；喜来登五星级酒店、华贸松石滩国际球会俱乐部、乔庄度假庄园、信息产业园区一期主体完工；北部新城项目杨各庄村和拨道洼村安置房建设顺利；国家文化产业融合创新示范区、戴河综合治理开发、新华创投企业总部基地等项目顺利签约。谋划启动财政优惠政策等重点借暑项目12项，争取到位资金1.23亿元。

财政收入平稳增长　全部财政收入8.80亿元，完成全年调整预算的100.10%，增长0.40%（剔除财源政策性外移等不可比因素后增长23.90%）；公共财政预算收入4.20亿元，完成全年调整预算的101.80%，增长0.20%（剔除财源政策性外移等不可比因素后增长22.60%）。

人民生活水平持续提高　城市、农村住户抽样调查结果显示，城市居民人均可支配收入2.49万元，增长12.40%，完成全年计划的102.20%；农民人均纯收入1.07万元，增长12%，完成全年计划的102.90%。实现社会消费品零售总额38.80亿元，增长15.50%。就业和劳动保障工作持续发展。全年新增就业1668人，完成全年目标任务的111.20%。其中，下岗失业人员再就业855人、就业困难人员（包含“4050”人员）再就业314人，分别完成全年目标任务的106.90%和104.70%。城镇登记失业率控制在3.08%以内。企业养老保险新增覆盖人员1433人，完成全年目标任务的183.70%。失业保险新增参保人员1210人，完成全年目标任务的268.90%。在全省率先引入市场机制创新五保供养模式，在全市率先实现残疾人家庭无障碍改造全覆盖。

各项社会事业繁荣发展　节能减排目标责任制，制定《关于严格执行北戴河区2012年全社会用电控制指标的通知》和《北戴河区2012年规模以上工业企业综合能源消费量控制指标实施方案》，推广节能灯具2.30万支，取缔燃煤锅炉24台，实施古城村污水入网工程，依法关停涉污企业17家，主要污染物排放指标得到有效控制，完成全年各项节能减排目标。实施创新型城区建设，制定2012年建设创新型城市工作实施方案，投资50万元实施农业科技信息服务体系建设、大功率LED灯散热技术及新产品研发等重点科技项目4项。坚持“均衡、特色、精品”思路，提高教育教学水平。2012年，高考省专以上上线率100%，本科上线率59.10%，分别比上年提高0.60%和6%，取得了2005年以来最好成绩，市委、市政府授予该区“推进义务教育均衡发展工作进步奖”。减免城乡中小学生“一费制”费用209万元，资助高中贫困学生35.80万元。投资1400万元实施北戴河中学风雨操场、露天操场和西山小学标准化日托园等基础设施建设。公共文化服务体系示范区创建工作扎实推进。推进文化与旅游融合发展，成功举办情侣狂欢节、音乐文化人、《海上生明月》大型海上实景演出等特色文化活动。开展文化下乡活动，免费放映公益电影300余场。北戴河区被授予河北省“文化产业十强县（区）”称号。推进医药卫生体制改革，农村三级卫生服务网络和城市社区卫生服务机构逐步完善，新农合参合率达到98%。投资210万元实施北戴河医院高干病房和重症监护室改造，暑期医疗保障能力进一步加强。实施餐饮服务行业“明厨亮灶”示范工程，全区食品安全水平得到有效提升。

（王晓青）

重点项目建设

【概况】　2012年北戴河区列入市重点建设项目计划4项，总投资14.85亿元，累计完成投资3.10亿元，完成市定全年目标任务（2.80亿元）的108.90%。

【怪楼文化创意园区】　北戴河怪楼艺术园区位于联峰路中，园区占地10.67公顷，目前已有8家艺术机构、艺术家落户，总投资约13亿元。其中包括中国国家画院北戴河分院、河北画院北戴河分院、蒋世国美术馆、梅墨生艺术馆、王铁艺术馆、秦皇岛歌华营地等。项目建成后，该园区将成为区域性集创作、展览、培训为一体的综合性艺术产业集群，预计可吸纳近千人就业，年销售额将达30亿元至50亿元。至2012年末北戴河区已拥有19座艺术场馆，被游客誉为“博物馆艺术馆之城”。

2012年北戴河区市重点建设项目投资完成情况表

表12　　　　单位：万元

项目名称	总投资	完成投资	项目进展情况	备注
北戴河莲蓬俱乐部项目	30000	26752	目前，18洞的球场建设工程已基本完成，正在进行球场养护；会所外立面和室内机电安装均已完成，正在进行外装修施工。	—
华贸企业总部区二期项目	24500	—	目前一期已完工。二期正在前期规划中。	—
怪楼文化创意园项目	30000	3750	目前，该项目一期工程已经全面推动，已承载中国国家画院北戴河分院、河北画院北戴河分院、梅墨生美术馆、蒋世国美术馆、王铁美术馆、秦皇岛歌华营地等8个项目。	即北戴河文化艺术区项目
北戴河城市创新剧场群项目	64000	—	目前已完成土地出让，正在积极推进前期手续的办理和方案设计。	—

【北戴河环保低碳展示中心】　北戴河环保低碳展示中心作为天洋房地产公司总部，位于北戴河区联峰路以北，北戴河国际酒店西侧，占地面积约0.40公顷，规划总建筑面积约5000平方米，总投资3000万元。项目以绿色、节能、环保、低碳为理念，建筑设计充分考虑人与自然的和谐，大量应用新型节能、环保技术和材料，并与国际尖端的节能、环保设备企业合作，致力于建设北戴河环保低碳精品项目。

国有资产管理

【概况】　2012年，北戴河区国有资产经营公司服从服务于全区经济发展大局，充分发挥职能作用，开展融资、资产管理、处理企业改制遗留问题和市场管理等工作。年内，公司获得“北戴河区直工委系统先进基层党组织”“北戴河区级文明单位”“北戴河区基层建设年先进帮扶单位”“秦皇岛市总工会先进职工之家”等称号。

【融资工作】 2012年，国有资产经营公司完成区旅游开发有限公司2650万元贷款、北戴河区人民医院为贷款主体的5000万元贷款及旅游开发有限公司5000万元新增贷款工作。办理还旧贷新和新增贷款共计12650万元，有效缓解区财政资金压力。

【企业改制】 2012年，原物产总公司、商业总公司并入国有资产经营公司，公司人员由原来的98人增至670人，公司摸清情况，理顺关系，建立人员信息档案台账，为公司财务和人事管理提供依据。在改制企业独生子女奖励金发放过程中，做好统计申报工作，严格审批手续，在最短时间内将独生子女奖励金发放到退休职工手中。为确保国有资产不流失，对所有原商业总公司房产土地实地查看、拍照，移交的15处房产进行租赁，租赁费用73.20万元全部上缴区财政。

【石塘路市场管理】 2012年，石塘路市场接待游客400万人次，营业额3.30亿元，暑期高峰期，日接待游客最高达4万人次，日营业额突破300万元。

（赵鸿雁）

统计管理

【概况】 2012年，北戴河区统计系统工作协调推进，全区统计人员坚持持证上岗。按照上级统一要求，组织全区180余名统计人员（专、兼职）进行业务培训，参加全国统一组织的统计资格上岗考试和全省统计继续教育考试。推进一套表统计改革。做好暑期统计有关工作。完成2011年统计资料及2012年统计月报的编印；全年撰写统计分析15篇；完成第六次全国人口普查收尾工作。区统计局被评为“河北省第六次全国人口普查先进集体”；张东海、王晓永、杨丽君被评为“第六次全国人口普查省级先进个人”；李丽新、刘艺被评为“第六次全国人口普查市级先进个人”。

【统计方法改革】 推进在地统计改革，重点推进一套表统计改革，认真做好工业、商贸、建筑、房地产、劳资、重点服务业专业的一套表改革工作。“四上”（规模以上工业企业、有资质等质的建筑业企业和房地产经营企业、限额以上批零住餐企业和限额以上服务业企业）及联网直报，企业网上直报率达100%。结合省、市加强名录库统计基础规范化工作，健全名录库统计工作。完善信息共享平台，加强局内统计专业之间的交流与沟通。积极完善乡镇街道联网工作。推进统计视频会议系统建设工作。

【区情普查】 协助上级部门客观公正地开展党风廉政情况抽样调查、组织工作满意度等各类社情民意调查；开展人口变动调查、劳动力调查，投入产出调查工作正在有序进行中。在节假日及7月1日至9月1日期间，每天对高速北戴河出口下道车车流量进行监测统计工作，每周写一篇关于车流量统计分析。组织工作人员深入景区进行1000份游客问卷调查，完成《2012年北戴河旅游调查报告》等专题统计（调查）分析报告。

（张 建）

物价管理

【概况】 2012年，北戴河区物价局（北戴河区物价检查所）下设综合办公室、物价管理股、价格认证中心3个科室。有干部职工11人，其中，大专以上学历11人，党员10人。年内，履行物价部门职责，开展价格监督检查、收费管理、价格服务等工作，“12358”价格举报投诉电话受理价格举报咨询54件，解答处理54件，满意率100%。物价检查所被评为“北戴河区暑期工作先进集体”，有2人获“暑期工作先进个人”称号。

【价格监督检查】 开展打击倒卖景区门票专项整治和价格诚信“百日行动”。对机动车停放收费，海滩浴场经营收费，海鲜排档、旅游纪念品、家庭旅馆明码标价等领域进行检查整顿。采取日常巡回检查方式，对主要路段停车收费、餐饮行业明码标价工作进行督导整顿。出动执法人员20人次，现场纠正不按规定明码标价行为近50次。现场发放价格宣传材料1000余份。重点对刘庄红石路、黑石路餐饮、零售行业明码标价情况进行检查整治，检查商业门店150余家，下达责令整改通知近百份。

【收费管理】 对北戴河区公办第一、第二幼儿园收费管理情况进行调研，分析公立幼儿园收费存在问题并提出改进意见。对奇石艺术学校和金通航空培训学校办学成本进行成本监审，核减不合理费用。对“5·19游览参观点免费开放日”门票免费情况实施监督。落实“三类事项”限时办结制，安装《秦皇岛政务管理信息系统》，与政务大厅联网，实现网上审批。

2012年，审验“收费许可证”139个，其中，行政事业性收费许可证89个，经营性收费许可证30个，变更收费许可证48个，注销收费许可证11个，审验收费金额达1.60亿元，审验率达98.40%。调整停车场收费标准。

【价格服务】 年内，受理公安机关委托涉案物品价格鉴证20起，涉案金额16.91万元，较好地配合公安机关办案。组织全区机关事业、休疗、餐饮住宿、医药卫生、商品零售、汽车维修等行业300余名物价员、收费员参加以价格管理、价格监督检查为主要内容的价格监管培训，将其纳入价格预警网络。

（李达）

工商行政管理

【概况】 2012年，北戴河区工商分局以“工作创一流，系统争上游，整体上水平”为目标，维护市场经济秩序，提高监管效能，营造安全和谐消费环境。维护消费者合法权益，全年共接处消费者投诉198起，为消费者挽回经济损失1.20万元。其中，先行赔付3起，赔付金额637元。对有欺诈行为的经营者，处诉转立案17起，立案罚款5.60万元。加强食品安全监管工作，检查食品经营者653户，没收过期或不合格食品75千克（含假鱼片40千克），立案53起，罚款26.44万元。推广落实餐前确认制度。加强安全生产，对无照经营行为立案34起，罚款13.20万元，违法行为全部整改到位。

【企业登记管理】 区工商局积极为企业创造宽松投资环境，培育催生市场主体，支持民间投资以多种形式设立市场主体。坚持非禁即准、非限即许原则，允许经营范围跨多个行业经营，支持和引导民间投资健康发展。

推行个体私营企业零收费注册，登记注册部门，积极拓展个体工商户发展空间。允许符合条件个体工商户实行一人多照。注册登记实行注册资本分期缴付制度。鼓励外地企业到辖区投资创业。

【维护消费者权益】 暑期，区工商分局“12315”指挥中心，执行24小时值班制度，成立4支应急预备队伍，确保接诉后城区内5分钟到场。与区公安分局、物价局等职能部门，建立协调联动机制，公开值班电话，将相关部门负责人、局领导联系方式主动向社会公开，利用张贴消费提示牌、发放宣传材料，在人员密集处悬挂消费提示标语、为饭店制作并免费发放“消费提示型桌牌”等形式，畅通消费者投诉渠道，避免发生消费者投诉无门现象。年内，区工商局接处消费者投诉198起，为消费者挽回经济损失1.20万元。其中，先行赔付3起，赔付金额637元。对有欺诈行为的经营者，处诉转立案17起，立案罚款5.60万元。

【食品安全监管】 多次开展食品安全执法大检查，开展“后进变先进”示范店创建活动，打造海宁路食品安全示范一条街，对从事食品送货批发企业，采用“不落一户、分批培训”方式，切断不合格食品上市流通渠道。加强食品抽检和快检，强化北戴河干制水产品质量监管，派驻执法人员，进驻暑期食品供应站，做好暑期特供食品安全监管。检查食品经营者653户，没收过期或不合格食品75千克（含假鱼片40千克），立案53起，罚款26.44万元。

【落实餐前确认制度】 制作餐前确认公示牌300余块，制作发放专用点菜单7000余本。餐前确认覆盖所有景区周边，经营餐饮个体工商户和规模较小宾疗招单位共300余户。专门成立2支小分队，每天到饭店督导“餐前确认制度”落实。餐饮投诉比往年下降40%。

【暑期市场监管】 加大对各类经济违法行为查处力度。将打击欺客宰客、尾随兜售、商业贿赂、销售不合格商品等严重影响旅游景区形象的违法经营行为作为重点，专门成立招手揽客治理工作领导小组，承担联峰路两侧招手揽客不文明行为治理工作。制定《秦皇岛市北戴河区工商行政管理局旅游市场教育培训工作实施方案》，与600余户经营户签订“守法经营责任书”和“文明服务承诺书”。以行政指导方式约见浴场及周边从事各类服务经营商户和从业人员240余人，以座谈会形式开展“两德”（职业道德、社会公德）教育活动。印制《诚信经营宣传手册》1000本，免费发放给各旅游景区经营者。创新监管思路，依托包街管理，做好办理证照宣传指导工作，方便经营者，使家庭旅馆持照率增加30%。

协调市场主办方，在人员密集的红石路、黑石路、石塘路、东山旅游码头设立公平秤。抽调2辆执法车辆，携带公平秤在景区附近、休疗单位周边、大型购物场所等部位进行巡查，义务为消费者复秤，有效制止缺斤短两行为发生。年内，对欺客宰客违法行为立案11起，责令停业整顿4起，罚款10.70万元。

【安全生产工作】 按照区工商分局制定的“安全生产及打非治违”工作方案要求，每天出动执法人员、车辆到辖区进行检查。年内，对无照经营行为立案34起，罚款13.20万元，违法行为全部整改到位。对205户应该由其他部门负责查处取缔的无照经营行为，进行及时抄报相关部门。

（刘兴春）

质量技术监督

【概况】 2012年，北戴河区质监分局推进食品安全和特种设备安全监察工作，完成河北省地方标准《家庭旅馆接待服务标准》，对区域内在用计量器具进行周期检定。年内，获区“平安建设先进单位”“精神文明先进单位”和“2012年度暑期工作先进单位”等称号。

【食品安全工作】 对全区食品企业开展定期巡查和不定期检查，出动检查人员230人次，检查企业12家，产品30余种。开展打击违法添加非食用物质和滥用食品添加剂专项行动。全区共有食品生产加工企业12家，其中使用添加剂企业5家，未发现滥用食品添加剂和在食品中添加使用非食用物质的违法行为。检查肉制品生产使用单位7家，未发现使用不合格原料肉加工食品、添加非食用物质等违法行为。配合省、市质检部门对食品企业安全抽检41批次，合格37批次，合格率90%，帮助抽检不合格企业查找原因，制定整改措施，确保企业按时限、按要求整改，确保食品企业产品质量。

【特种设备安全监察工作】 全年出动800余人次，监督检查特种设备使用单位169家，检查特种设备791台。其中，锅炉274台、压力容器153台、压力管道6条、起重机械125台、电梯190部、厂内机动车辆29辆、游乐设施31台、客运索道1条、气瓶4195个。现场检查录入率97.63%，重点单位检查率100%、重点设备检查率100%，气瓶充装单位现场检查率100%。全区未发生特种设备安全事故。对辖区内100余家特种设备生产制造单位开展风险排查，下达《特种设备安全监察指令书》32份，全部整改完成。对气体充装站、冷冻厂、景区、医院、超市、火车站、特种设备生产制造单位、危化企业和人员密集场所进行反复巡查，确保不发生危及安全问题。对“五小”企业（小馒头坊、小泡沫厂、小洗衣房、小食品厂、小洗浴）等零散单位进行巡查，实现重点监控单位现场监察率100%，重点监控设备现场监察率100%。在秦皇岛野生动物园和集发观光园组织开展大型游乐设施应急救援演练，取得预期效果。

【标准化工作】 完成河北省地方标准《家庭旅馆接待服务标准》。省质监局组织省标准化研究院等单位有关专家组成审定委员会，对标准进行认真审查和修改，一致审定通过该项省级地方标准。

【计量工作】 对域内在用计量器具进行周期检定，检定各类计量器具550台，周期检定达到100%。配合市计量所对石塘路市场经营者在用的计量器具（电子秤）进行集中检定。检定计量器具200台，维修10台，对检定合格器具张贴合格标记。帮助北戴河医院、北戴河区老金源眼镜店、北戴河区亨得利眼镜店申报“诚信计量自我承诺示范单位”，为企业提供相关资料10余份，完善各项制度7条。

（王晨春）

审计工作

【概况】 2012年，北戴河区实施审计项目23项，收缴罚没收入3100元，纠正不规范资金1.91余万元，提出审计建议15条，提交审计报告及工作报告25篇。

【财政审计】 审计财税部门2个，并延伸审计13个单位、部门预算执行情况及纳税情况。纠正不规范资金1.91余万元，提出审计建议3条。8月25日，区人大常委会听取北戴河区关于2011年度区本级预算执行及其他财政收支情况审计报告，对审计工作给予充分肯定。

【经济责任审计】 2012年，对3名党政领导干部开展离任审计工作，审计资金1480余万元，提出审计建议6条。重点审计领导干部任期内主要经济指标完成情况、财政财务收支、预算内外资金使用等方面，注重对领导干部在廉洁自律等方面进行审计，针对发现的问题，对被审计对象应承担责任作出实事求是界定和客观公正评价，并向被审计单位提出整改意见。

【专项资金审计】 2～4月，区审计局全力配合市审计局对北戴河区社保资金情况进行审计。针对审计中发现的问题，就进一步加强社保保障资金筹集、管理和使用全过程监督，规范业务经办行为、加强信息化建设和加强对各级财政补助资金申报审批拨付管理等提出合理审计建议。8～9月，区审计局会同区财政局、监察局等对乡村垫交税费债务工作进行清理核实，对395万元垫交税费债务进行逐一审计。9月，按照市审计局安排，对“7·21”洪水灾后恢复重建资金物资情况进行审计，重点对灾后重建物资和资金筹集、分配、管理、使用等情况进行全过程跟踪审计，重点关注灾后重建资金安全有效使用和工程质量等问题。

【建设项目审计】 实施对北戴河区2011年竣工的物产总公司业务用房外立面改造工程、戴河综合治理—戴河节点亮化工程、楼体垂直绿化工程、海宁皮革北戴河1条街改造工程、10年大乔木沃土及休闲设施工程、德丰火锅店所在建筑外立面改造工程项目进行复审，并对2012年石塘路步行街改造工程项目进行跟踪审计。

【乡级财政决算审计】 对戴河镇2011年财政决算情况进行审计，针对会计基础工作较薄弱、往来款项清理不及时、未及时缴纳个人所得税等情况提出审计建议2条。

（李伟）

安全生产监督与管理

【概况】 2012年，北戴河区开展“安全生产年”“基层基础建设年”等活动，组织协调区安全生产委员会成员单位开展安全生产领域“打非治违”“安全生产百日大会战”和“决战四十天、迎接十八大”等专项执法行动，全区安全生产形势保持总体稳定。2012年，发生道路交通事故2起，死亡2人，经济损失1400元；发生火灾事故40起，无人员伤亡，经济损失4010元。全区未发生较大以上安全生产事故，完成与市政府签订的安全生产管理目标，获2012年省政府、市政府“安全生产目标管理先进单位”“2012年度安全生产政务信息报送工作先进单位”等称号。

【安全监管】 制发《北戴河区2012年安全生产工作要点》《北戴河区继续深入开展安全生产年活动方案》《2012年北戴河安全生产责任目标管理考核实施细则》等文件，对安全生产单位进行考核，通报考核结果，实行“一票否决”，落实部门监管责任。

【安全执法专项行动】 结合安全生产领域“打非治违”“安全生产百日大会战”和“决战四十天、迎接十八大”等专项执法行动，全区出动执法人员672人次，检查各类企业889家次，查出并整改各类安全隐患132处，对1家未依法取得相关证照而从事非法经营的企业予以取缔。

【安全专项整治】 危险化学品和烟花爆竹安全专项整治 严格执行日巡查制度，暑期期间，采取日巡查和临时抽检方式，对区属加油站和其他危化品从业单位开展全方位不间断安全监管；春节期间加大对烟花爆竹零售摊点检查力度，发放烟花爆竹经营（零售）许可证16份，协调区公安分局、交通局、交警五大队组成执法组，在新G205国道东坨头路口、海宁路与108公路交叉路口设置检查点，对进入该区车辆是否存在非法运输烟花爆竹行为开展专项检查。

道路和水上交通安全专项整治 区公安交警和交通部门重点对客货混装、无证营运、农用车非法载客、超速、超载、疲劳驾驶、酒后驾车等违法行为进行严厉打击。全区6辆危险品运输车和226辆旅游包车全部安装具有记录功能的卫星定位系统。区农牧局重点在金山嘴、黑石窟、省办浴场及狼牙桥等渔船停泊点，打击船舶非法载客行为；区城管局负责做好对游船（艇）经营户宣传工作，强化安全意识，落实游船出海前日检制度。

人员密集场所消防安全专项整治 区公安消防、教育、文化、旅游、商务等执法组重点对休疗养院、星级宾馆、超市、学校、医院、网吧、歌舞厅等人员密集场所进行检查。各街道联合公安派出所对本辖区小门脸、小商店、小洗浴等“九小”单位消防安全进行全面排查，消除各类安全隐患。

建筑工地施工安全专项整治 区住建局对全区32个施工工地进行全面安全检查，责令1家在建工地停工，对1家施工企业给予暂扣安全生产许可证处罚，2012年全区建筑施工零事故。

【行政许可制度】 2012年共发放烟花爆竹经营（零售）许可证16份。联合区公安部门、质量监督检验部门、工商行政管理部门按照职责分工，组织查处非法生产、经营、储存、运输、邮寄烟花爆竹以及非法燃放烟花爆竹行为。

【应急救援工作】 组织消防、质监、教育、旅游等部门参加针对特种设备紧急事故、大型游乐设施故障和人员聚集场所火灾事故紧急疏散的安全应急演练。针对演练过程中发现问题，修改和完善事故应急预案。

【宣传教育】 建立安全生产日报告制度，印发《北戴河区安全生产监管工作手册》和《致全区各企业法人、主要负责人、业主的一封信》，在全区各行业中挑选安全基础扎实、工艺流程先进、管理科学规范的规模以上企业为试点，进行创建安全生产文化示范企业和安全标准化达标建设，确定6家企业为安全文化示范企业。利用电视、短信、条幅等形式开展安全生产法律法规和应急常识宣传活动。

【职业危害防治】 2012年，区安监局与45家企业签订《用人单位职业卫生告知承诺书》，有50家企业完成职业卫生申报备案工作，申报率为91%，备案企业在岗职工人2554人。接触职业病危害人数393人，占职工总人数的18.85%。危害因素集中在噪声、电焊烟尘、汽油、其他粉尘等几个方面。进行职业危害项目申报的企业均已建立劳动者健康档案，并在企业醒目位置设置公告栏，公布有关职业病防治的规章制度、操作规程、职业病危害事故应急救援措施等。

（王子寅）

社会事业

教 育

【概况】 2012年，北戴河区有国办中小学、幼儿园12所，其中，高中1所、初中3所、小学6所、幼儿园2所。在校生7757人，其中，高中生1015人、初中生1565人、小学生3762人、在园幼儿1415人（含小学附属幼儿园）。初中入学率100%，毕业生人数624人，巩固率99.80%；小学入学率、巩固率均为100%；幼儿入园率99.30%。在职教职工1031人，其中，年龄在40岁以下的有732人，占总人数的71%；具有专科学历的260人，本科学历的708人，研究生学历的24人，专任教师学历达标率100%；具有高级职称的107人，中级职称的496人，占专任教师的59.50%。另有秦皇岛广播电视大学北戴河分校1所；教师进修学校1所；青少年校外活动中心1所。民办学校17所，其中，民办幼儿园4所，民办小学2所，各类培训学校11所，在校学生2436人，教职工335人。2012年，全区教育工作坚持以科学发展观为统领，以办人民满意的教育为根本出发点，以打造“四名工程”（名校、名校长、名师、名生）为着眼点，大力推动教育“均衡·特色·精品”发展。

【学前教育】 2011年，蔡各庄小学、育花路小学日托园改造完成并投入使用，西山小学日托园改造工程正在进行。为避免附属幼儿园小学化倾向，从2所省级示范园（一幼、二幼）中选派骨干教师挂职为附属幼儿园园长，向家长作“坚决防止和纠正小学化倾向”专题讲座，安排资深幼教管理人员进行督导检查，促进学前教育整体水平进一步提高。全区3～6周岁适龄幼儿入园率达99.30%，比上年度提高0.20%，学前一年入园率达100%，在规范化幼儿园就读幼儿占接受学前教育幼儿总数的74.50%。

【素质教育】 *学校德育活动* 全面推进经典诵读与校园文化建设、学校德育、学科教育“三结合”，使经典诵读活动覆盖率达到100%。以实验小学和北二中为试点校，将篆刻艺术与经典诵读、书法教育活动相融合。建立“感恩”教育长效机制，在广大师生中积极开展以参与式、互动式为主的爱党、爱国、爱校、爱家、爱岗教育实践活动。

家庭教育工作 完善家庭教育研究室，举办“《知心姐姐》关注孩子心灵成长巡回报告会”，邀请全国著名剧作家张雅文为家长、师生进行家庭教育讲座。举办家长开放日，召开家长经验交流会、开设家庭教育网站，举办家长学校民主评议及评比表彰活动。约有5000余名家长走进各学科课堂听课，写出中肯评价1000余份，提出合理化建议100余条。

科技节、体育节、读书节、艺术节“四节”活动 举办中小学生小论文、小发明、模型竞赛及教师作品征集大赛等各类科技竞赛活动，邀请中国科学院高级工程师陈贺能作科普报告。开展以“建设幸福中国”为主题的征文、讲故事、演讲、绘画等读书教育评比活动。将艺术教育活动常态化，由课堂教学逐步拓展到校本课程、学生社团、校外教育，既重全员参与又重特长生培养。艺术节期间，全区中小学创编优秀表演类节目44个，创作绘画、书法、摄影及各类手工作品等100余类5000余件。开展阳光体育运动，举办“2012年北戴河区中小学生田径运动会”，上好体育室内欣赏课和轮滑校本课

程，发展田径、乒乓球、足球、篮球等传统体育项目，完善体育训练奖励机制。

中小学运动会

以“孝道基地”等品牌活动为载体，成立志愿者服务队，掀起全系统学雷锋、树新风活动热潮；开展建团90周年、儿童节庆祝、中小学生“暑期小卫士志愿者”、纪念建队63周年、喜迎“十八大”系列作品征集等活动，提高广大师生思想素质和各项能力。

加快校外教育发展　依托“青少年校外教育工作联席会”，协同区各有关部门、群众团体共同参与全区青少年校外教育工作协调和指导。区青少年校外活动中心被命名为首批“秦皇岛市科学素质教育基地”，有各类培训班40余个，每期学员近千人。海北路小学、蔡各庄小学、西山小学3所“乡村学校少年宫”充分发挥职能作用，助力素质教育发展。9月初，成立由驻区和区属各教育机构及相关职能部门组成的“北戴河区教育联席会”，充分发挥教育合力，为区域发展培养高素质人才。

在各级各类综合技能素质评比中，全区获奖学生进一步增加，区教育局获秦皇岛市青少年“建设幸福中国”读书教育活动组织优秀奖、2012年秦皇岛市中小学生艺术展演活动优秀组织奖和全民国防知识竞赛活动优秀组织奖。

【成人教育】　2012年，秦皇岛电大北戴河分校招收农业大学网络教育考生100人，其中，本科48人，专科52人；成人高考报名1171人、3565科次，其中，高中起点升本科52人，高中起点升专科557人，专科起点升本科562人。毕业180人，其中，农大毕业30人，面向农村“双带头人”培养工程（中专）毕业150人。办理自考毕业45人。

【基础设施改造与更新】　投资500万元，新建北戴河中学风雨操场；投资393万元，对北戴河中学露天操场进行改造；投资301万元，新建西山小学标准化日托园；投资150万元，用于改造实验室、维修粉刷、防水加固、围墙改造等学校维修工程；投资190万元，改建各校计算机教室和添置“班班通”等多媒体设备，完善高中听力和监控等高考设备，为各中小学、幼儿园更新或添置电教设备、普教仪器、玩教具、体育器材、图书等。

【招生与考试】　完善学校评价、教师评价、学生评价、学科教学评价标准，积极探索学习能力检测方式，建立完善教学质量统一监测机制，实行“区校两级检测相结合、综合与专项检测相结合、区内教研员与区外教学专家联合命题相结合”检测制度，实现“等级+评语”评价方式。中考全区报名544人，有各类升学志愿考生486人。普通高中录取347人。高中上半年学业水平考试报考科次727科次，其中，文化687科次，实践40科次；下半年学业水平考试报考科次5929科次，其中，文化3328科次，实践2601科次。

普通高校招生考试报名411人，文史类考生234人（纯文史168人，艺术文56人，体育文10人）；理工类考生177人（纯理工158人，艺术理12人，体育理7人）。其中，北戴河中学报名394人，实际参加考试392人，录取363人，总录取率为92.60%，本科提前批29人，本科二批17人，本科三批108人，专科189人，单招20人，省专以上上线率100%，本科上线率59.09%，取得2005年以来最好成绩。

【教学改革】　打造特色精品名校　实验小学、育花路小学被命名为市级“经典诵读示范校”；育花路小学和海北路小学被授予“中国轮滑运动示范学校”称号；西山小学和海宁路小学被授予“市艺体教育特色学校”称号；实验小学、北二中和青少年校外活动中心被授予市级“篆刻艺术”试点学校。

课堂教学改革　以“河北省县域基础教育教学改革综合实验项目”研究为载体，借鉴江苏洋思中学、山东杜郎口中学经验，提高课堂教学质量。12月，“河北省县域基础教育教学改革综合实验项目”现场会在北戴河区隆重召开，省项目专家组成员及来自全省12个实验区140余位与会代表听取北戴河区题为《以项目研究为抓手　推动城乡一体区域教育高质量均衡发展》的项目研究工作汇报，并参观区属各中小学、幼儿园，省教育厅副厅长杨勇对北戴河区基础教育教学改革实验项目研究工作给予充分肯定。

【督导评估】　完善《北戴河区中小学校发展性督导评估实施方案》，由督导室、教师进修学校、教育股、仪器站、人事股、教师教育股等相关股室负责人及不同学段骨干教师共同组成北戴河区义务教育阶段教学评估小组，深入全区8所中小学（其中，实验小学连续两年位居优秀行列第一名，为免评单位，直接确定为优秀等级），对各校2012年度教学工作情况进行全面督导评估。

【平安校园建设】　落实领导责任制，建立健全安全制度　聘请专职保安人员31名，在学校重点部位安装视频监控设备和报警装置。开展校内安全大检查，及时发现并整改各类安全隐患。加强消防安全管理，更新或添置消防设备，开展防火知识讲座，火灾疏散演练，组织师生到消防中队参观。全年开展各类教育活动80余次，组织预案演练10余次，师生受训率100%。

校园环境综合整治　全年出动执法车辆25辆次，执法人员120人次，检查大、中、小学校和幼儿园37家，检查各类商店42家，取缔50米周边随意摆摊设点3户。

道路交通安全管理　安排资金64.50万元为学生租用通勤校车，区教育局、交警大队、客运公司、学校分别对驾驶人员进行安全培训，制定《校车安全管理制度》《校车司机安全管理制度》《校车照管人员安全管理制度》，与承租单位、驾驶员签订安全责任书。结合实施“文明交通行动计划”和交通安全教育进学校宣传活动，通过开设交通安全教育课、设置交通安全宣传展板、播放交通安全警示教育片等形式，对中小学幼儿园师生开展交通安全教育。

【教师队伍建设】　开展师德教育，11名教师在师德论坛活动中获市级奖励。完善教师职业道德继续教育、考核评价、奖惩、督导和责任追究等机制，严禁在职教师有偿家教行为。组织校级干部参加省、市级校长研修班培训；通过参与远程培训、开展岗位练兵等方式，推进教师全员培训及骨干教师、青年教师、新教师分层培训。举办专题讲座。开展课题研究，组织区域教研、联片教研、校本教研活动200余次。年内，全区教师获国家级奖励8人次，省级奖励52人次，市级奖励71人次，区级奖励248人次。北戴河中学教师丁伟、北戴河区蔡各庄小学校长赵玉芹被市委、市政府授予“2009～2012年度秦皇岛市劳动模范”称号；北戴河区第一幼儿园教师黄星代表秦皇岛市幼教选手参加“2012年河北省第三届幼儿园教学能手比赛”，荣获三等奖；北戴河区育花路小学美术教师张海岩在河北省中小学美术教师基本功大赛中荣获一等奖。

（杨锦红）

科学技术

【概况】　2012年，北戴河区科技工作以促进科技创新、发展高新技术产业以及贯彻落实“全民科学素质行动计划纲要”为重点，扎实推进创新型城区建设活动，加强科技服务、技术创新和科普工作。全年新增科技立项3个，有10项科研成果获得市级科技进步奖。北戴河区人民政府被市政府评为“创建全国县区科技进步考核工作先进单位”“秦皇岛市科技工作先进集体”称号。

【重点科技项目】 年内，组织实施食用菌无公害标准化生产基地建设、集发农业科技示范园区扩建、科技成果推广示范与技术培训3个重点科技项目。投入资金50万元，项目进展顺利。其中集发农业科技示范园区扩建项目已被列入国家星火计划。

【专利补助】 2011年，北戴河区获取实用新型专利16项，外观设计4项，年内补助专利款1.10万元。

2011年北戴河区授权专利

表13

申请号	授权日	申请日	发明名称	申请人·姓名	申请人邮编	申请人地址	专利类型	申请人类型
2009202173476	2011-2-25	20090925	液动蝶阀在线监测仪	秦皇岛市北戴河兰德科技有限责任公司	066102	北戴河开发区金二路2号	实用新型	企业
2010205152741	2011-3-12	20100830	直立式腕力训练器	河北外国语职业学院	066311	北戴河区南戴河前进路6号	实用新型	大专院校
2010205152493	2011-3-18	20100830	一种股四头肌训练装置	河北外国语职业学院	066311	市北戴河区南戴河前进路6号	实用新型	大专院校
2010201573328	2011-3-18	20100413	暖气炉	张维平	066100	北戴河区滨海小区11栋1单元501室	实用新型	个人
2010205432846	2011-3-12	20100922	旋齿式燃煤筛分机	秦皇岛市民生电力设备有限公司	066100	北戴河区海宁路220号	实用新型	企业
2010205862327	2011-4-25	20101102	插接式电能计量表	赵建军	066100	北戴河区联峰北路90号秦皇岛职业技术学院	实用新型	个人
				陈艳芳		北戴河区联峰北路90号秦皇岛职业技术学院		
2010205861875	2011-4-25	20101102	光机电一体化全自动环保节能家居互联采暖保温装置	陈艳芳	066100	北戴河区联峰北路90号秦皇岛职业技术学院	实用新型	个人
2010202887248	2011-5-11	20100810	滑板训练器	河北外国语职业学院	066311	北戴河区南戴河前进路6号	实用新型	大专院校
2011200524070		20100810	一种小腿三头肌训练装置	河北外国语职业学院	066311	北戴河区南戴河前进路6号	实用新型	大专院校

续表13

申请号	授权日	申请日	发明名称	申请人姓名	申请人邮编	申请人地址	专利类型	申请人类型
2011300703521		20110408	酒盒（红星一号）	秦皇岛金邦智业科技开发有限公司	066100	北戴河区海宁路94号	外观设计	企业
2011300703447		20110408	酒瓶（红星一号红瓷瓶）	秦皇岛金邦智业科技开发有限公司	066100	北戴河区海宁路94号	外观设计	企业
2011300703517		20110408	酒瓶（红星一号蓝瓷瓶）	秦皇岛金邦智业科技开发有限公司	066100	北戴河区海宁路94号	外观设计	企业
2011300703589		20110408	酒瓶（蓝瓶二锅头）	秦皇岛金邦智业科技开发有限公司	066100	北戴河区海宁路94号	外观设计	企业
2011200856023		20110329	多密封单体液压支柱	姜星柱	066002	北戴河开发区金三路7号秦皇岛市显星煤矿机械厂	实用新型	个人
2011302705521		20110814	太阳能电池组件层压机	姜星柱	066002	北戴河开发区金三路7号秦皇岛市显星煤矿机械厂	外观设计	个人
2011200864848		20110329	带连接套的单体液压支柱	姜星柱	066002	北戴河开发区金三路7号秦皇岛市显星煤矿机械厂	实用新型	个人
2011201957017	2011-10-18	20110610	太阳能光伏电池组件层压机	姜星柱	066002	北戴河开发区金三路7号秦皇岛市显星煤矿机械厂	实用新型	个人
201020235580X	2011-10-27	20100624	电动车制动能充电控制器	张庆春	066102	北戴河区蔡各庄村	实用新型	个人
2011201452402		20110501	尿湿自动报警器	苗少辉	066100	北戴河北岭二区41幢2单元302室	实用新型	个人
2011202270596		20110630	一次性餐具清洗布	史丽莉	066100	中国煤矿工人北戴河疗养院	实用新型	个人

【科技特派员】 区科技局联合区委组织部和区人社局共同选派区内包括大学生村官和农村技术能人在内的15名科技特派员。科技特派员开展推广示范项目6项，支持经费10万元，推广新品种16项，新技术5项，推广面积66.67公顷，举办各类农业技术培训班20余次，培训农民700余人，农民增加效益80余万元。

【科技进步奖申报】 年内，10项科研成果获市级科技进步奖，其中，4项获秦皇岛市科技进步二等奖、6项获秦皇岛市科技进步三等奖。

2012年秦皇岛市科技进步二等奖获奖名单

表14

序号	项目名称	主要完成人	主要完成单位	推荐单位
1	肾结核超声、静脉肾盂造影、CT及相关病理的临床应用研究	张亚雄、王剑锋、杨璐、宋晓东、李春晖、孙建新、周妍、党笑坤、赵洋	中国人民解放军北京军区北戴河疗养院	北戴河区科技局
2	北戴河区代谢综合征的防治研究	刘学双、张海滨、康凯燕、王雪欧、孙香云、任力、刘世娟	秦皇岛市北戴河区疾病预防控制中心	北戴河区科技局
3	经皮与血清学胆红素联合检测在新生儿病理性黄疸诊断价值的研究	王淑忠、曹志茹、杨秀娟、刘世娟、彭宗生、张梅、马颖、张红、陈丽萍	秦皇岛市北戴河医院,秦皇岛市北戴河区妇幼保健站	北戴河区科技局
4	学生综合信息管理系统	刘志国、刘向东、刘奎、袁大勇、魏联华、张友全、陈国玉、褚国辉、王全海、张明昭	秦皇岛东软软件有限公司、秦皇岛职业技术学院	北戴河区科技局

2012年秦皇岛市科技进步三等奖获奖名单

表15

序号	项目名称	主要完成人	主要完成单位	推荐单位
1	菱形小切口联合半导体激光治疗前庭大腺囊肿及脓肿的临床研究	张红、王静艳、郭素君、祖迎梅、陈连红、张艳玲、黄秀茹、刘纪强、王淑忠、马颖	秦皇岛市北戴河医院	北戴河区科技局
2	适合秦皇岛市光明扶贫行动的小切口白内障摘除术	张东、杨虹、李兰宇、王宁、秦岭、张亚双、王笃亲	秦皇岛市北戴河医院	北戴河区科技局
3	脑梗死急期伴心衰血压调控对脑血流动力学和心功能动态演变的影响	陈丽萍、李惠珍、崔兆文、曹鑫明、刘启、单睿君、韩雪峰、刘纪强、王淑忠	秦皇岛市北戴河医院	北戴河区科技局
4	北戴河区无症状高脂血症和颈动脉硬化狭窄5408例原因分析	王雪欧、李宏梅、李惠珍、张志华、崔兆文、王剑伟、陈丽萍、肖健、赵彤、张凤琴	秦皇岛市北戴河医院、河北科技师范学院校医院	北戴河区科技局
5	颈动脉斑块的状态及性质与溶血磷脂酸及磷脂水平的关系	李惠珍、刘启、崔兆文、陈丽萍、刘纪强、王雪欧、樊艳辉、杨景奎、兰青	秦皇岛市北戴河医院、中国人民解放军北京军区北戴河疗养院	北戴河区科技局
6	马斯洛理论对疗养院高血压病整体护理模式的干预效果研究	赵颖、龙凤、张英、张晓翠、侯建敏、乔淑芳、高丽红、王鹤、吴旭	中国人民解放军北京军区北戴河疗养院	北戴河区科技局

（田一婧）

文化事业

【概况】 2012年，全区文化事业坚持以文化强区、文化惠民为导向，积极开展各项工作。举办“祥龙迎春”春节联欢晚会、“集发春节庙会”、组织实施“两节”文化活动、开展暑期系列文化活动、组织公益性演出、系列书画作品展等一系列活动。区劳动人民文化宫成功承接国家级、省级等重要政治活动、会议、培训35场次，承接大型公益演出17场、公益摄影书画作品展3次。数字电影厅与全国同步放映数字电影近百场，电影放映队为全区25个行政村免费放映公益电影300余场。

年内，北戴河区文化广电新闻出版（版权）局荣获全省“文化市场管理工作先进集体”、市级“信息工作先进单位”“文化市场管理工作先进单位”“对外宣传工作先进单位”等称号。北戴河区劳动人民文化宫、北戴河区文化馆、北戴河区文物保管所获“文化工作先进集体”称号；戴河镇综合文化站、东山街道东山社区、戴河镇西古城村、西山街道海岳艺术团、海滨镇刘庄村刘海复、陆庄村农家书屋分别获“十佳综合文化站”“十佳文化社区”“十佳文化村庄”“十佳文化团队”“十佳文化热心人”“十佳农家书屋”称号。闫宗学等6人荣获市级“文化工作先进个人”称号。

【文化活动】 举办“祥龙迎春”春节联欢晚会暨春节团拜会，演出精彩节目12个。“集发春节庙会”，设风味小吃类、文艺表演类、游园游戏类、民俗手工类、年货商品类、幸运大抽奖6类项目，吸引全国各地游客3万余人次。开展“北戴河区庆新春送春联、文艺下乡”演出，书法家协会会员现场书写春联。街、镇文化站组织农家趣味运动会、歌曲、象棋比赛等文化活动。暑期期间，组织百余名音乐文化人、美术文化人等活动，邀请俄罗斯太阳世界艺术团演出10余场，做好第四届情侣狂欢节开幕式及文艺演出；在三角地文化广场、政府办公楼广场等地，举办以“浪漫之夏”为主题的街道专场文艺晚会、艾滋病防治宣传等6场次文艺演出活动。大型海上实景演出《海上生明月》，累计演出40余场次，接待中外游客15万人次。

【文艺创作】 编印《北戴河文化地图》《艺术北戴河》《北戴河艺术写生作品集》和《艺术·生活——纤维艺术作品集》等宣传北戴河的文艺作品，《北戴河文化地图》得到市主要领导专门批示表扬。

李春光编著的《北戴河老别墅》获“文艺繁荣奖”暨“文艺精品创作年”优秀作品民俗类一等奖；卢立明编著的《潮过痕迹》获小说类三等奖，孙振彦创作的《七色海》、于红艳创作的《北戴河的柔软时光》、戴红梅创作的《彼岸莲花》获散文类三等奖；徐占明绘制的《海风又报一季春》、赵小杰绘制的《踏雪》、黄文耕绘制的《山水》获国画类三等奖；王俊峰作曲、王久凌作词的歌曲作品《与祖国干杯》获三等奖。

李春光主编的《爱上北戴河》被评为优秀对外宣传品。李春光、李海垠获“对外宣传工作先进个人”称号。

王俊峰在“成才之路”第四届全国未来词曲作家、演唱家研习班评选活动中获演唱二等奖；王俊峰作曲、胡新海作词的音乐作品男声独唱《书香》获河北省第十届燕赵群星奖；卢兆平编舞的作品《清风白莲》获河北省第十届燕赵群星奖。

【文物管理】 对文物使用单位火源管理、管线装配、消防设施有效日期以及是否制定文物安全预案等进行详细检查，及时排除安全隐患；做好近代建筑维修，对维修单位违反规定现象及时下发整改通知；文化遗产日制作宣传展牌、条幅，发放宣传资料，参与群众达万余人；承担《秦皇岛文物志》北戴河部分资料编写及审查工作。

【文化市场管理】　加强对网站和文化市场检查；换发不检验印刷复制企业和出版物经营单位许可证；召开消防会议，组织安全培训；签订《守法经营责任书》。开展扫黄打非治理行动、印刷复制、发行企业集中整治行动，打非治违专项治理行动和噪音治理工作，采取“零点行动”“凌晨行动”“周末行动”等多项措施手段，同时与安监、工商、公安等职能部门，开展大规模联合执法行动4次，出动检查人员60余人次，严厉打击违法违规经营行为。2012年，文广新局出动检查人员800余人次，检查经营场所3200余家次。

【文化创意产业】　北戴河文化产业园项目正式签约　在深圳文博会举行的河北省重点文化产业项目签约仪式上，北戴河区人民政府副区长付红与湖南天舟文化投资有限公司董事长周艺文，就北戴河文化产业园项目正式签约。该项目建成后，预计年销售额在50～80亿元左右，发展艺术品展示、交易、拍卖、动漫制作与展示等产业项目，依托北戴河怪楼奇园，以新童话作品《冒险小王子》为素材改编500集3D动画片、3D影片、动漫游戏等，并以动漫形象为主题，建立一流动漫乐园。

艺术馆开馆并举办作品展　7月13日，河北画院国画美术作品展在北戴河怪楼文化艺术产业园河北画院北戴河创作中心开展，这次展览是展厅使用后的首次展览，集中展示国画院20余位画家精心创作的40多幅精美作品。7月15日，位于北戴河怪楼文化艺术产业园的王铁艺术馆开馆，艺术馆举办以“心系北戴河”为主题的设计作品展览，展出现任中央美术学院建筑学院副院长王铁主持的北戴河14条街景改造的设计作品。7月16日，“梅墨生艺术馆开馆暨造化为师——梅墨生写生作品展”在北戴河怪楼文化艺术产业园开幕，本次展览展出梅墨生近年写生作品70余幅。怪楼文化艺术园区共吸引数万名中外游客和本地市民参观，其中接待省部级领导40余人次，成为北戴河当代文化艺术展示交流中心，新华社、《河北日报》等10余家新闻媒体对园区进行集中报道。

艺术写生基地凸显独特作用　河北农业大学、齐齐哈尔大学艺术学院、北京林业大学动画系、天津美术学院和河北师范大学、天津工业大学、天津科技大学设计学院等10余所高校近2万名师生到该区采风写生，北戴河艺术写生基地办公室编印《北戴河艺术写生作品集》，集中收录、展示13所高等艺术院校160幅写生作品精品。

【公共文化服务体系】　经北戴河区政府常务会议研究通过《关于创建国家公共文化服务体系示范区的实施意见》及《北戴河区创建国家公共文化服务体系示范区支持政策》。会议同时通过文化馆新馆建设项目，决定建设符合国家标准的综合文化馆，以满足该区群众对文化各项需求。

国家督导组检查指导公共文化服务体系示范区创建工作　3月25日，由国家公共文化服务体系示范区创建办专家委员会副秘书长戴珩率领的国家督查组一行，在省文化厅社会处处长王俊海，市委常委、宣传部部长时晓峰，市委常委、北戴河区委书记曹子玉，市政府副秘书长张国强，北戴河区政府区长赵景阳等陪同下先后到戴河镇综合文化站、东山社区文化中心，现场督导检查北戴河区创建国家公共文化服务体系示范区开展情况。国家督查组一行到戴河镇综合文化站，观看戴河镇综合文化站公共文化服务体系示范区创建情况汇报片，重点了解镇、街（村、居）等文化建设、文化信息资源共享工程开展、综合文化站、社区文化活动中心免费开放等，仔细询问设施建设经费投入是否到位、活动开展等相关情况，督察组对北戴河区在完善公共文化设施、提高公共文化服务水平、营造创建氛围、宣传创建工作、动员群众广泛参与等各方面工作予以肯定。

【非物质文化遗产】　年内，申报市级非物质遗产项目1个，市级传承人1个。

（陈清梅）

卫生事业

【概况】 2012年，北戴河区医疗卫生事业以医药卫生体制改革为工作重点，突出抓好卫生民生工程、医疗改革、食品安全问题等重点工作。全区拥有各类卫生事业机构29个，二甲综合性医院1个。其中，社区卫生服务中心1个、乡镇卫生院2个、妇幼保健机构1个、疾病预防控制中心1个、卫生执法监督所1个、执业门诊17个。专业卫生技术人员583人，其中，执业医师183人、执业助理医师16人、注册护士210人。卫生机构床位220张，全部在北戴河医院。年内，区卫生局被河北省爱国卫生运动委员会授予“河北省爱国卫生工作先进集体”称号；北戴河医院被评为省、市、区三级“暑期工作先进单位”和省级“精神文明先进单位”；医院党委被评为区级“优秀基层党组织”；医院工会、共青团和妇委会分别被授予市、区两级“职工之家”“优秀团总支”和“巾帼文明岗”的称号；被市药品监督局评为“暑期药品安全先进单位”。北戴河区妇幼保健站获省级“巾帼文明岗”“文明单位”、区级“三八红旗集体”称号。

【医疗改革】 根据《北戴河区机构编制委员会关于独立设置北戴河区社区卫生服务中心的通知》，独立设置北戴河区社区卫生服务中心，为卫生局下属的财政性资金定额或定项补助经费事业单位，机构规格相当股级，人员编制43名，其中，股长1名，副股长2名。区卫生院不再挂北戴河区社区卫生服务中心牌子。海滨镇卫生院和北戴河区社区卫生服务中心为1个单位2块牌子，实行药品零差率至年末，出售药品22万元，区政府按50%加成率予以补贴18万元。

【医政管理】 加强以电子病历为核心的医院信息化建设、临床重点专科建设和质控组织建设。深化区级医院综合改革试点工作，探索建立医疗费用控制新机制，改进群众就医服务。严厉打击无证行医非法行为。做好征兵体检、助残、老龄卫生工作。按照《乡村医生从业管理条例》，对全区25个行政村的乡医进行管理。每两年进行一次培训与考核，全区乡医中有执业助理医师资格人员8人，执业医师资格人员3人。

【乡村卫生服务一体化建设】 制发实施方案，成立乡村卫生服务一体化管理领导小组。戴河镇卫生院因片区改造被拆除，暂由蔡各庄卫生院承担戴河镇基本公共卫生和医疗服务。海滨镇卫生院和辖区内村卫生室具备乡村卫生服务一体考核评估标准。借力北戴河区基层建设年活动，完成2个空白村、1个帮扶村卫生室建设任务。集体产权村卫生室建设10个村已经开工。

【新型农村合作医疗建设】 2012年，“新农合”覆盖率达到100%，有3.50万人自愿加入合作医疗，参合率为98%。其中，民政部门资助困难户、五保户参加合作医疗1281人，参合率为100%。全区合作医疗筹资总额1015万元。全年住院总费用1925万元。其中，住院补偿2346人次，住院补偿费用879万元；家庭门诊账户补偿人数2.89万人，补偿总金额28.90万元；统筹基金使用率为86.60%。按照省、市有关文件精神，对“新农合”基金继续实行封闭管理；加强家庭账户医药费补偿管理；严格落实域外转诊制度，按照规定审核，未发现利用假病历套取“新农合”基金问题。

【传染病防治】 全年传染病发病234例，区内无传染病爆发、流行，无死亡病例。寄生虫病检测628人，其中，蛔虫感染率为3.18%，蛲虫感染率为0.63%；VCT（艾滋病自愿咨询检测）工作采集血清630份，检出阳性病例1份，已经纳入艾滋病感染者管理；完成高危干预工作1983人次，发放宣传材料2000余份，避孕套1.98万余个，HIV抗体检测296人；结核病转诊48例，追踪24例；生活饮用水抽样检测27份。每月对盐库碘盐检测，碘含量指标均正常。

开展慢性病相关知识科普工作，印制各种宣传材料20余种10万余份；组织“沙滩健步走”“五一轮滑赛”“栈道徒步”“登山比赛”等多种大型健身体育活动；各医疗卫生部门开展35岁以上就诊人员测量血压工作；深入开展口腔卫生、精神卫生工作；对社区居民开展慢性病高危人群筛查工作，共计完成各项调查表格6000余份，建立健康自助检测点10个；全年无烟医疗卫生机构覆盖率达到100%，在医疗系统外开展创建无烟学校、无烟社区活动。

暑期，报告法定传染病92例，其中，流行性腮腺炎14例、流行性出血热0例、手足口46例、肺结核2例、戊肝0例、乙肝6例、丙肝0例、肝炎（未分型）0例、梅毒6例、其他感染性腹泻12例、痢疾3例、猩红热2例、急性出血性结膜炎1例。积极开展外环境监测工作，采集样本216份，O_2检测结果均为阴性；对区医院肠道门诊进行定期督导检查6次，共计监测就诊腹泻病人1713例，便检368例；加强对手足口病的防治工作；组织艾滋病防治大型宣传演出，向观众发放雨伞300把、宣传用扑克牌300副和防病知识手册2000余册。

【计划免疫】 *常规免疫接种* 全年新出生儿童967人，其中，流动儿童319人，完成12种疫苗基础免疫儿童数958人，完成率均在99%以上。城市实行日接种制度，农村实行周接种制度，在常规免疫服务下进行“查漏补种”；免疫接种做到安全注射，无接种事故发生。全区实行一次性注射器接收、分配登记制度，各预防接种门诊均有注射器接收、使用、销毁登记。全区建卡建证儿童数8973人，年内新建卡、证儿童数967人（流动儿童319人），建卡建证率达100%，均录入儿童预防接种信息管理系统。实行“宝贝计划”客户端免疫规划信息管理系统，加强疫苗和冷链管理。无脊髓灰质炎野病毒发生，无脊灰疫苗衍生物二代病例发生；未发生麻疹病例及新生儿破伤风病例。开展儿童入托、入学查验预防接种证工作，对全区所有托幼机构、中小学校医和相关工作人员进行培训，查验入托入学儿童2636人，需要补证9人，已补证9人，应补种疫苗针次335剂次，已补种335剂次。全区所有乡镇均开展预防接种异常反应监测；县级及时审核预防接种反应率100%，及时上报率100%，及时处理反应接种副反应100%；发生疑似预防接种异常反应病14例，均为一般反应，患儿均已治愈。

强化免疫 开展脊髓灰质炎疫苗强化活动和脊髓灰质炎、麻疹疫苗“查漏补种”活动，麻疹疫苗查漏共摸底常住人口7686人，流动人口1743人；脊灰查漏共摸底常住人口2249人，流动人口356人。麻疹需要补种第一剂次6人，需要补种第二剂次4人；脊灰疫苗需要补种第四剂次36名，补种率100%。海滨镇卫生院接管东山街道辖区儿童计划免疫工作，预防接种5534针次，日常计划内疫苗接种率达到100%。开展“2012年度脊灰糖丸强化免疫”第一轮工作，应种830人，实种806人，接种率达97% 。

【妇幼卫生保健】 2012年，北戴河区妇幼保健站购置彩色超声诊断仪、微量元素分析仪、骨密度检测仪、听力筛查仪、视力筛查仪、婴幼儿游泳设施、熏蒸治疗机、多功能艾灸仪、产后康复盆腔炎综合治疗仪、全自动生化仪。4月，计划免疫科迁至妇幼保健站；5月，开展婴儿游泳室项目和中医保健项目；年内，陆续开展儿童421体检项目、儿童听筛、视筛项目、微量元素监测和骨密度监测工作。

孕产妇现状及管理 全年产妇总数714人，系统管理人数637人，管理率89.22%；住院分娩人数714人，分娩率100%；产后访视644人，访视率90.20%。

儿童状况及管理 0～6岁儿童总数4038人。3岁以下系统管理人数1615人，管理率86.80%；集体儿童管理率100%；妇女病普查人数7260人，患病人数512人；儿童入托、再托体检1360人，保育员体检168人。

婚检现状及管理　全年民政局新婚登记640人，婚检562人，婚检率87.81%，其中，患病15人，查出率2.67%。

【北戴河医院】　全年完成门诊人数24.79万人次，同比增长15.90%；住院人数6459人次，同比增长26%；急诊3.24万人次，比上年增长25.20%；120出诊1891次，同比增长4%；门诊抢救429人次，成功率98%；完成手术1604例；全年总收入8099万元，同比增长23%。药品收入为3722万元，比例控制在46%。

完善权力监管，重视行风建设，院党委、纪委在全院范围内层层签订《行风责任状》和《保廉承诺书》，得到各类表扬信12封、锦旗20面、镜匾1面。实施便民措施，成立“8168”投诉服务中心，完成戴河镇和海滨镇20余个村的免费查体和健康咨询工作。

做好暑期服务工作，签订暑期工作责任状，制订各种应急预案，多次进行院内、院外应急预演；暑期前完成高干病房装修和重症监护病房改造等涉暑工程。抽调骨干人员到肠道、急诊和高干病房工作。暑期期间干部病房收治各类保健对象及家属100余名，护送病人转往北京2次，抢救中共中央机关事务管理局北戴河服务局北京医院转诊的脑血管病人2名，为其门诊部灌送氧气14次，处理医疗垃圾44袋，完成各类会议保障9场。

改善就医环境，完成高干病房装修改造以及重症监护病房标准化改造和门诊楼大厅亮化装修改造，购置胎儿四维彩超、动态心电图；莱卡显微镜、眼压计、AB超、血透机、胃镜、五官科鼻钻。为重症监护病房配置进口呼吸机和心电监护仪等医疗设备。对全院信息化系统进行全面更新，实行一卡通就诊及电子病历系统。在多个重点区域设置监护探头和高清摄像头。

选派专业技术人员和护士到三级医院进修学习，各科室业务水平日趋成熟。6项科研结题，均获得市级科技进步三等奖。

【社区医疗】　基本公共卫生服务　至年末，建立城镇居民健康档案1.33万份，建档率41%；建立农村居民健康档案1.39万份，建档率达95%以上。为海滨镇7个行政村348位65岁以上老年人进行免费健康体检，65岁以上老年人体检率达20.40%。做好辖区糖尿病、高血压患者的随访管理工作，建立慢性病患者花名册；开展辖区孕产妇保健工作，免费对67对产妇和新生儿进行访视。组织各类健康教育讲座12次，累计600余人次聆听讲座。

基本医疗服务　推进药品零差价销售工作，累计减收药品利润19.10万元；优化社区卫生服务站布局，在育花路设立社区卫生服务站，方便居民就诊，延长服务站门诊时间，在服务站设立居民自助健康监测点，配备身高体重计、自助电子血压计、体重身体脂肪测量器等设备供免费测量，开展按摩、针灸、拔罐等服务项目，满足居民不同需求。

【食品卫生安全】　落实镇政府、街道办事处食品安全职责和食品企业主体责任，完善食品安全监管责任制和责任追究制，建立食品行业诚信体系。

全年食品安全综合抽检合格率和安全食品市场占有率稳定在94%以上。蔬菜、果品、畜禽、水产品、种植、养殖基地标准化生产普及率达92%以上。蔬菜、果品农残综合抽检合格率达98%以上；畜禽、水产品综合抽检合格率达97%以上,畜禽产品违禁药物检出率不超过1%。严格实施食品生产经营许可，28类食品生产企业、食品流通和餐饮服务企业获证率达100%。建立城市区生猪产品电子监控和追溯体系，生猪产品质量安全综合抽检合格率达98%以上；城市区实现牛羊鸡定点屠宰管理。全年未发生Ⅳ级以上食品安全事故。

（贲志新）

体育事业

【概况】 2012年，北戴河区按照“建设幸福北戴河”的战略要求，贯彻《全民健身条例》，做好全民健身、学校体育、体育健身业管理工作，成功承办第8届轮滑节暨第6届全国少年速度轮滑锦标赛。9月15日，由国家体育总局社体中心、中国轮滑协会主办的中国轮滑运动开展30年表彰大会在浙江海宁隆重举行，区体育局被授予先进单位称号，崔颖被授予优秀工作者称号，王波被授予优秀裁判员称号，胡晓东被授予优秀教练员称号，宋旭东被授予优秀教师称号，王浩宇、谢佳檀、冯敬扬被授予优秀运动员称号。北戴河区体育局2012年再次获“全国全民健身活动先进单位”光荣称号。北戴河轮滑队在第6届全国少年速度轮滑锦标赛中，总获4银2铜和团体总分第5名；2012年7月，分别在苏州和青岛胶南举行的第27届全国速度轮滑场地锦标赛和第11届全国公路轮滑锦标赛上，北戴河轮滑队获1金5银4铜和两个团体总分第八名的好成绩。

【社会体育】 1月21日，在北戴河区政府综合办公楼前举办“庆新春”机关单位趣味运动会，全区20余个单位300余人参加长跑接力等6个项目比赛。8月8日，在奥林匹克大道公园组织丰富多彩的全民健身展示活动，8支展演队伍的330名展演队员向大家展示24式太极拳、花式轮滑等健身内容。11月17日，为庆祝中共十八大胜利召开，同时也为备战市第六届运动会台球比赛选拔运动员，举办北戴河区“动感8桌球会馆杯”台球比赛，全区40余名运动员参加比赛。11月23日，在联峰山公园举行“建设幸福北戴河区直机关冬日健走活动”，全区18个单位230余人参加此次活动。

【学校体育】 北戴河区有市级体育传统项目学校4个（海宁路小学、实验小学、育花路小学、海北路小学），培训网点1个（北二中）。其中，育花路小学、海北路小学、海宁路小学3所学校成为省级传统项目学校。针对田径、足球、篮球、乒乓球等项目训练工作，区体育局深入学校指导检查体育训练工作，与体育教师一起制定训练计划，加强运动员管理，督促学校常年坚持训练，努力提高训练水平；配合青少年活动中心做好乒乓球训练工作，全区青少年乒乓球水平保持在较高水平上；加强对棋院管理，提高棋院教练训练水平和管理能力。

4月12～13日，在奥林匹克大道公园举办“北戴河区中小学生田径运动会”，6所小学、3所中学的234名运动员参加本次运动会39个项目角逐，北二中和海宁路小学分获初中、小学组团体第一名。其中，王羽飞以16＇48"61的成绩打破区中学男子组5000米纪录。王羽飞，现年15岁，7岁起被选入北戴河轮滑队，12岁被选入秦皇岛市体校进行中长跑训练，多次获得秦皇岛市5000米长跑冠军，如今，王羽飞已经完成从秦皇岛市体校到八一长跑队，再到入选国家青年中长跑队，进而备战2014年在南京举行的世界青年奥林匹克运动会。他也是近几年继袁月、张弛两名运动员进入国家轮滑队之后，又一名进入国家队的运动员。

【体育赛事】 在参加全市的传统项目学校比赛中，篮球项目，海宁路小学男队获得第一名、实验小学男队获得第四名；田径项目，海宁路小学获第七名。乒乓球项目，育花路小学女队获第二名，男队获第四名。

足球项目，在参加全市校园足球联赛中，海北路小学获得小学乙组第三名。11月23日，应区体育局邀请，中国足球学校女足全体成员，到育花路小学进行交流指导活动。该区中小学生足球比赛在校园足球比赛基础上水平不断提高，特别是已经举办3届少儿女子足球比赛，走在全市前列。10月10～16日，举办2012年北戴河区职工篮球比赛，全区有8支代表队96名队员参加比赛。

【体育健身业管理】 全区有篮球场13个、

乒乓球台26个、健身路径480件、社会体育指导站12个；体育场地面积21.32万平方米（奥林匹克大道公园17.31万平方米、体育中心9000平方米、老年活动中心1.20万平方米、西山街道5168平方米、东山街道3970平方米、戴河镇8840平方米、海滨镇3190平方米）；体育协会14个，会员1.10万人；体育指导员国家级2人、一级20人、二级20人、三级43人；活动项目有冬泳、乒乓球、象棋、围棋、太极拳、桥牌、体育舞蹈、篮球、轮滑、健走、木兰拳等；体育人口2.84万人（学生7945人、体育协会1.10万人、不固定锻炼人数9455人）。

【第8届轮滑节暨第6届全国少年速度轮滑锦标赛】 4月29～5月1日第8届轮滑节在北戴河奥林匹克大道公园轮滑场举行，此次比赛由国家体育总局社会体育指导中心和中国轮滑协会主办，河北省体育总会、秦皇岛市体育局、北戴河区人民政府承办。北京、天津、浙江、海口等20余个省、市、自治区80余支轮滑代表队500余名运动员参赛，全国各地百余支轮滑协会、团队等参加轮滑节活动。开幕式上,启动阳光体育“轮滑神州”校园活动。将每年的6月6日确定为“中国轮滑日”。胡建国、曾远明、鲍东东、林毅、赵荣福、于立强、赵景阳、陈平8名多年来致力于轮滑事业发展的代表获“中国轮滑运动开展30周年突出贡献奖”。

2012WSX世界轮滑障碍赛——北戴河中国首站于4月29日亮相第8届运动之春北戴河国际轮滑节，瑞士、澳大利亚、法国、意大利、俄罗斯、中国6个国家100余名选手参赛。WSX国际轮滑障碍赛是一项国际新兴项目，北戴河作为中国首站，吸引了国际的关注目光，邀请了曾60余次获得世界平地花式轮滑世界冠军的法国人圣巴斯蒂安担任裁判长，有14名外籍运动员参赛，同时中国台北选手专程组队到北戴河参加比赛。内地选手在本次比赛中也有突出表现，张晓宇在外籍轮滑高手云集的比赛中取得第六名的好成绩。

轮滑节开幕式表演

第6届全国少年速度轮滑锦标赛比赛分为男女甲组、男女乙组、男女丙组6个组别。设有300米个人计时赛、500米计时赛、1000米计时赛、1万米积分淘汰赛和3000米接力赛共26个小项。北京、上海、天津等20余个省区的70余个代表队、400余名运动员参赛。经过3天激烈比拼，北戴河X-TECH轮滑一队获得第五名的好成绩。海宁市队、北戴河X-TECH轮滑队、北京冰雪宝狮莱轮滑俱乐部等8支代表队荣获体育道德风尚奖。

（高洁）

广播电视

【概况】 2012年，北戴河区播发280期专题节目。暑期期间，区广播电视台重新包装制作的19档栏目近100期专题实行全天19个小时全覆盖日播出。《北戴河新闻》《艺术空间》《食·尚》、俄语节目成为观众喜爱的品牌栏目。全年在中央电视台、河北电视台、秦皇岛电视台发稿568篇，位居全市各县区第一名，实现对上报道“十二连冠”；播出政府形象公益宣传短片1600条次；播发通知、通告、标语760条次。年内，区广播电视台被市电视台授予“对上报道突出贡献奖”；被市电台评为“新闻协作先进单位”；被共青团秦皇岛市委授予“优秀青少年维权岗”等称号。

【新闻宣传】 全年《北戴河新闻》播发稿件1673条，固定时长10分钟，分为时政要闻、民生新闻、媒体传真、图片新闻四大板块。围绕突出成就性报道、服务保障暑期工作、旅游动态和旅游经济等方面，开设20个专栏，多角度、多层面反映全区在城市建设、经济建设、党的建设、精神文明建设、关注民生等方面的好做法、好经验。

【对上发稿】 2012年，区广播电视台在市以上媒体发稿568条。其中，中央电视台17条、省电视台136条，市电视台235条、市电台180条，在中央电视台、省电视台发稿位于全市各县区第一名。其中，《北戴河区精心打造俄罗斯游客度假天堂》《甘肃古浪县首批两名尘肺病患者手术成功》《北戴河全民参与提升城区文明指数》等8篇新闻稿件被评为河北好新闻、秦皇岛好新闻等奖项。

2012年春节期间，与中央电视台新闻频道进行实时直播，将北戴河美丽景观展现在全国观众面前，实现区电视台第一次与中央电视台实时对接直播成功。

【专题节目】 2012年推出19档280期专题节目，在完善《今日北戴河》《北戴河大事记》《诗画北戴河》《食·尚》《凝眸北戴河》《奉献北戴河》等15档栏目基础上，新策划推出《文化·创意》电视散文、《健身园》《俄语讲堂》《文化印记·北戴河》4档新栏目。

【俄语节目】 7月9日～8月15日，播出《俄语新闻》19期，《俄罗斯人在北戴河》9期，《俄文旅游公共服务信息》38期，《俄语讲堂》30期。

【公益节目】 2012年，区电视台自主创新策划《北戴河的骄傲》《文明素质·社会担当》《亲近大海·保护环境·热爱家园》等20余个具有北戴河典型符号或名片性的政府形象公益宣传短片，制播《文化印记·北戴河》系列剧，全年制作公益宣传短片约100期，发布公益旅游服务信息1980次。

【中共十八大专题新闻】 中共十八大期间做好电视安全、准时流畅播出。在《北戴河新闻》中开设“喜迎十八大、幸福北戴河”“喜迎十八大、走基层看变化”等5个专栏，播出《北戴河：道路更加畅通 出行更加舒适》《北戴河：保障性住房建设惠民生》等60余个主题性报道。

（赵莹 姜昶鑫）

【河北广电网络集团秦皇岛有限公司北戴河分公司】 河北广电网络集团秦皇岛有限公司北戴河分公司负责北戴河区范围内的有线电视规划、设计、施工、维护和暑期保障等工作，开展有线电视传输基本业务和付费电视、高清电视、数据宽带、视频传输等增值业务。分公司下设办公室、工程部、用户部、技术部4个部门。2012年，北戴河区有线电视城乡居民入网率为93.60%，其中，数字电视用户2.15万户，模拟电视用户6202户。新建管道10千米，铺设干线光缆12.60千米，接入光缆6千米，铺设电缆干线6千米，新建光节点17个，解决部分区域光纤不足的问题。在日常维护基础上，更换各类器件箱40个，网络改造900余户。新增5个政法联网点。为35户居民开通宽带接入。暑期前完成赤土山村新楼区、古城村新楼区、车站燕兴小区、北戴河村新楼区、蔡各庄新楼区等共计1500余户数字化整体转换。

全面实行ISO9000国际质量管理体系，接到“96888”维修派工单5940余起，安装1070余户，服务用户满意率、安装维护满意率和服务及时率均为99%以上，突发事故处理及时率达到100%，用户来电话和电话回访时提出表扬的46次，未发生有效投诉事件。

（吕冬梅）

社会生活

人口与计划生育

【概况】 2012年，全区人口和计划生育工作继续坚持稳定低生育水平，全力打造人口计生宣传特色，投资2.30万元在全区绘制沿街计生宣传墙画，形成村村有亮点。提高出生人口素质，推动统筹人口工作，实现人口计生基本公共服务均等化的总体目标任务。年度考核（2011年10月1日至2012年9月30日），全区出生718人，出生政策符合率96.80%，人口出生率9.50‰，出生统计求实率96%，群众对计生工作满意率98%，综合避孕率91.37%，出生人口性别比98，完成各项重点工作和目标任务。区计生局被秦皇岛市统计局、第六次人口普查领导小组授予“秦皇岛市第六次全国人口普查先进集体”称号，并被评为“市级文明单位”。

【计生措施】 区委、区政府将人口计生工作纳入经济社会发展总体规划，纳入各级领导干部政绩考核指标体系和重大事项督查范围，坚持人口计生工作党政一把手“亲自抓、负总责”制度和“一票否决”制度。区委、区政府与两镇两街、区直部门分别签订《人口计生目标管理责任书》《人口与计划生育综合治理工作目标管理责任书》，制定《关于实行公共决策人口和计划生育初审制度的意见》和《关于进一步加强新时期人口和计划生育工作的意见》。基层计生服务设施建设资金、各项奖励奖扶和优惠政策资金、农村妇女生殖健康检查免费服务资金、流动人口管理服务经费、计生小组长每人每月80元报酬全部纳入财政预算。

【免费生殖健康检查】 开展生殖健康免费服务、季服务活动。考核年度以来，全区25个行政村应接受免费生殖健康检查育龄人数为7948人，已服务7071人，服务率89%。其中，妇科检查人数为5132人，查出疾病547人；乳腺检查6192人，查出疾病802人。在开展正常生殖健康检查免费服务基础上，年内新增尿常规检查，检查人数为575人，查出指标异常56人。开展免费孕前优生健康检查试点工作。2012年，被确定为免费孕前优生健康检查省级试点县区。全年计投入资金4.50万元为100对农村计划怀孕夫妇进行免费“孕前优生健康检查”服务。

【综合治理】 维持较低出生人口性别比例水平。对综合治理相关单位落实目标管理、单项考核、一票否决等措施。区人口计生局与卫生部门联合下发《北戴河区人工终止妊娠管理制度（试行）》，重点抓好各医疗机构B超、药品等关键环节和计划怀孕妇女等重点人群管理。强化区域协作、联合执法、集中整治等措施，每月由区人口计生局、卫生局、公安分局等部门集中开展综合治理联合检查行动。落实关爱女孩各项奖励和优惠政策措施。在医疗卫生机构张贴禁止性标语，开展关于打击非法实施胎儿性别鉴定、选择性别的人工终止妊娠等违法犯罪行为宣传活动。落实有奖举报制度，设立监督举报信箱和电话，提高奖励标准。2012年，全区未发现相关案件，全区出生人口性别比趋于正常。

【行政文明执法】 年内，行政侵权投诉率为零，计生工作群众满意度不断提高。通过政风行风热线及“12356”阳光计生服务热线，加强与社会各界沟通互动，接受办理投诉和群众咨询。严把生育审批，对97对符合条件夫妻二胎生育申请进行集体审批，未发生违规事件。

【城市特殊人群管理】 坚持宣教服务和公共服务均等化，发放宣传品1000余份，普及计生政策法规以及优生优育、生殖保健知识。为流动人口提供与户籍人口同等服务，免费提供避孕药具和妇女健康检查、婚前检查、孕前筛查、优生监测等服务。将石塘路市场按属地管理原则纳入西山街道管理范围，建立流动人口计生协会，成立4个会员小组。

【独生子女奖励优惠政策】 落实农村及城镇无业居民独生子女父母每人每月10元奖励。将农村和城镇无业居民独生子女父母奖金、符合照顾二胎条件自愿不再生育夫妻1000元奖金全部纳入区财政年度预算。2012年，为全区18周岁以下独生子女的5921位农村和城镇无业居民独生子女父母发放奖金。严格计生奖扶政策审核工作，实现奖扶特扶"零误差"。为奖扶对象1118人、特扶对象94人发放资金108.36万元。区、镇两级分别制定出台相关文件，明确在"新农合"、新农保、就业培训、扶贫开发、社会保障、征地补偿、集体收益分配等方面，对计划生育家庭实行优先优惠和政策倾斜。新型农村居民养老保险和城镇居民社会保险中，对符合条件的1157人落实增加基础养老金政策。

【计划生育协会工作】 通过推行人口计生基层群众自治，加快实现人口计生群众工作与行政管理有效衔接。区计生协会开展2次集中培训，指导全区25个行政村制定完善人口计生基层群众自治章程，修订村规民约和诚信计生协议、承诺等文书。至年末，已培树计划生育村居民自治示范点8个，其中省级基层群众自治示范村3个。发挥生育关怀救助金作用，"两节"期间，慰问8户计生贫困家庭、2户流动人口家庭，慰问基层计生工作人员130人，发放慰问金和慰问品共计3.50万元。

【队伍建设】 全局公务员5人，机关工勤1人，下属事业单位工作人员5人，计生协会参照公务员管理人员2人。全区共有34名计生专职干部，225名育龄妇女小组长。实行以"定标准、施考评、争星级、兑奖惩"为主要内容的村计生专干五星级管理模式，强化农村计生人员力量。加强业务培训。举办镇街分管领导培训班4期、知识培训班4期、镇街政法员征费培训班4期、村级人口计生队伍培训10期，累计培训8000余人次。

（李茜）

社会保障

【概况】 2012年，全区人力资源和社会保障工作以"民生为本、人才优先"为工作主线，突出抓好就业促进、社会保障、人事人才、劳动关系调整等重点工作，完成各项工作目标任务，多项业务跻身省、市领先行列。年内，区人力资源和社会保障局被评为"全省就业工作先进集体""全市文明单位标兵""区平安建设先进单位""区三八红旗集体"，局党支部被授予"全省人社系统窗口单位为民服务创先争优基层党组织"称号。局工会被评为"全市先进职工之家"。

【就业再就业工作】 2012年，全区新增就业岗位1609个，完成目标任务的107%；其中，下岗失业人员再就业855人，"4050"人员再就业314人，分别完成目标任务的107%和105%；农村富余劳动力转移就业589人，完成目标任务的117%；全区城镇登记失业率3.08%，低于市定3.50%的控制目标。定期收集和发布企业用工信息，帮助企业解决用工难题。开展"春风行动""再就业援助月""民营企业招聘月""高校毕业生就业服务月"等各类大型专场服务活动。从创业辅导、信息咨询、市场开拓、人才培训等方面，提供全方位、多层次、人性化创业服务，为有技术、有创业愿望的劳动者提供政策和信贷等方面支持。通过小额担保贷款，直接扶持290名失业人员创业，并带动580余名各类人员实现就业。全年培训各类人员825人，其中，就业技能培训775人、创业培训50人。接待咨询1595人次，提供职业指导1536人次，办理求职登记932人，提供就业岗位672个，推荐就业成功375人。开展就业困难人员认定工作。就业困难人员范围涵盖符合条件的“4050”人员、享受城镇低保家庭成员、完全失去土地的农民家庭成员、毕业两年以上未就业的高校毕业生、残疾人等8大类人群。至年末，认定各类就业困难人员1232人。为862名就业困难人员发放社保补贴308万元；为290名创业人员办理贴息小额担保贷款2218万元。通过公益性岗位安置就业困难人员121人。

【养老保险】 全区机关事业养老保险参保覆盖人数6709人。企业养老保险参保覆盖人数14900人，净增1433人。城乡居民社会养老保险参保人数20625人，参保率达93.70%。全区企业职工养老保险、机关事业养老保险、城乡居民养老保险基金征缴分别达到6400万元、6401万元和211万元。继续开展“企业未参保退休人员”纳入基本养老保险等各项补缴工作。为符合补缴条件的408人办理补缴手续，补缴养老金1100万元。企业养老保险稽核首次启用委托中介稽核形式对全区参保人数较多的重点单位进行稽核，查处少报、漏报缴费人员和缴费基数单位14家，少报、漏报金额10余万元，已基本补缴到位。7月1日起，新型农村社会养老保险和城镇居民社会养老保险合并为“北戴河区城乡居民社会养老保险”，为农村参保人员提供更丰富的参保选择。

【医疗保险】 全区城镇职工基本医疗保险参保10573人，基本医疗保险基金征缴3084万元。城镇职工基本医疗保险定点综合医院6家、定点诊所8家、定点零售药店35家，基本满足参保人员就近就医购药的选择权。完成2012年度门诊特殊慢性病评定工作，149人通过审批开始享受门诊特殊慢性病待遇。城镇居民基本医疗保险参保6902人。

【生育保险】 全区生育保险参保7929人，基金征缴105万元。2月20日，北戴河区政府印发《北戴河区城镇职工生育保险暂行办法》，标志着全区生育保险工作全面铺开。生育保险通过与基本医疗保险捆绑缴费实现应保尽保。

【失业保险】 全区新增参保单位32家，新增参保人员1210人。失业保险参保人员达到8206人，失业保险基金征缴达到617万元。累计为50名高校毕业生发放失业补助金15.62万元；为133名失业人员发放失业补助金67.18万元；为1名失业人员发放求职补贴4000元。自2012年1月1日起，领取失业保险金的失业人员纳入城镇职工基本医疗保险和生育保险范畴。职工基本医疗保险、大病补充医疗保险和生育保险费由失业保险基金支付，失业人员个人不缴费。

【劳动关系调整】 开展专项检查、日常巡察和举报专查，检查用人单位213家，涉及劳动者1.50万人。责令补签劳动合同1620份，清退童工2名，对1家严重违法企业进行行政处罚。妥善解决劳动监察案件56起，涉及劳动者2236人，为农民工追讨工资703万元。收到劳动争议仲裁申请58件，立案48件，涉案金额350万元。劳动保障书面年审用人单位78家，确定重点监管单位1家。劳动监察两网化网格划分完成，92家用人单位基本信息和职工花名册已完成采集和信息录入工作。

【工资管理】 1月1日起，机关事业单位工作人员死亡后遗属生活困难补助标准由每人每月330元上调至每人每月380元。根据有关文件，调整审批全区党政机关及参照公务员法管理事业单位公务员津贴补贴标准，同时调整审批区直事业单位在职人员基础绩效工资和退休（退职）人员补贴标准。12月1日起，北戴河区最低工资标准由每月1100元调整为每月1320元。

（张晓华）

民政管理

【概况】 2012年，全区民政系统继续完善健全“为民解困”长效机制，较好完成社保金发放、村镇换届选举、救灾物资发放、拥军优抚、社区建设、殡葬改革等重要工作。为《中华人民共和国政区大典·北戴河卷》提供文字材料近5000千字。安置2011年冬季退役兵31名。区民政局被市老龄委评为“孝亲敬老模范单位”。

【救灾工作】 5月12日，开展以“弘扬减灾文化，提高防灾减灾意识”为主题的宣传活动。发放宣传资料2000余份，张贴条幅、海报300余条。8月，受“达维”洪峰影响，致使全区25个行政村、9个社区严重受灾，受灾人口达到1.57万人，直接经济损失为1.57亿元。区救灾工作领导小组迅速部署应对洪灾，设置安置点24个，及时转移灾民1312人，保障灾民的人身安全，洪灾中未发生伤亡事故。灾后准确核灾、报灾，争取政府支持，投入救灾资金12万元，用于购买救灾物资。同时，联合区慈善协会组织募捐活动，筹得善款17.42万元，下拨救灾资金67.40万元。

【城乡低保工作】 自1月1日起，城市低保标准提高至每人每月380元，农村低保标准提高至每人每年2000元。至年末，全区城市低保324户、567人，农村低保93户、203人，年发低保金193.63万元，月人均补助分别同比增长17.68%和7.63%。为全区低保对象发放21.45万元取暖补贴及26.04万元春节补贴，将特殊困难的92户家庭划入分类施保范围，发放分类施保金7.20万元。

【救助工作】 严格审核、审批制度，简化申报、申办程序，依法提高医疗救助可及、可得程度。尽量加大城乡低保、五保、优抚对象、特困群众等重点困难群体的救助力度。资助439名农村低保、五保对象参加新农村合作医疗，补贴资金2.20万元。为城市低保户申请参保城镇居民医疗保险，实现与“新农合”、城镇居民医疗保险等社会保障制度的有效对接。解决优抚对象医疗救助金26.73万元，救助28人，其中“一站式”救助18人，救助费用2.52万元。临时救助特困人员50人。发放城乡医疗救助金22.76万元、临时救助金5.90万元，使全区城乡困难群众就医问题得到有效解决。落实孤儿保障制度，救助流浪乞讨人员130人。

【五保工作】 制定《北戴河区老龄事业“十二五”发展规划》。全区有五保老人114名，集中供养16人，分散供养98人，分别按照每人每年4100元和5300元的标准发放五保资金66.2万元。严格执行《农村五保供养条例》，规范申请审批程序，将全区“五保”人员信息录入全国最低生活保障信息系统，实现村、镇、区三级层层把关，严格管理。向上级争取建设资金100万元，扶持建设集发生态供养中心，以政府出资、企业提供服务的方式，为集中供养人员提供衣、食、住、医、葬等服务。该中心居住环境、生活设施堪称国内一流，引入市场机制改革传统的五保供养模式在省内属创举。首批五保老人已入驻该中心。

慰问老人

【双拥优抚】 修缮青龙山烈士陵园，为群众提供肃穆整洁的祭祀环境。全区有优抚对象631人。其中，残疾军人69人，在乡老复员军人55人，带病回乡退伍军人2人，参战涉核退役人员69人，“三属”8人，军休干部96人，无军籍职工106人，60周岁农村退役士兵222人，60周岁国家烈士子女4人。按照上级要求提高优抚对象补助标准。2月初，为125名军队离退干部和无军籍退休职工进行健康检查。

“八一”前夕，慰问坦克四大队、武警四支队、消防中队、边防派出所等驻区部队及支署武警和公安干警等13家单位，上门慰问烈属、老复员军人，伤残军人、军队离退休干部142人。赠送价值10万元的慰问品。为符合条件的优抚对象报销医药费2万余元，为个别生活困难的老优抚对象发放生活补贴1万元。5月底，为2011年度16名自谋职业的城镇退役士兵发放一次性经济补助金98.40万元。

【军队离退休干部工作】 全年为军休干部发放工资、各项补贴及福利待遇共计640万余元。做好军休干部房屋补差工作，第一批10名军休干部的房屋补差资金108万元发放到位，完成第二批申请货币补差资金的上报工作。

【地名工作】 完成第二次地名普查任务。为群众出具楼牌号变更命名手续500余人次。向区直和各驻区单位发送关于地名普查资料的函300余份，在大量的信息反馈中做好资料整理、录入存档工作。外出作业出动车辆100余辆次，人员260余人次，共采集11大类60个子类的地名信息543条。为新修道路、桥梁命名。对新建道路桥梁进行调查摸底，通过与有关部门的沟通和实地勘察，制定道路桥梁更、命名方案，更、命名的道路13条，桥梁10座。先后2次召集地名更、命名研讨会，邀请人大代表、政协委员等代表人士参加，征求社会各界的意见和建议，待政府批准后正式实施。

【婚姻登记】 婚姻登记工作在登记制度、办理程序、服务水平、档案管理等方面深入规范。全年办理结婚登记715对，离婚登记209对，补办婚姻登记56对,合格率100%，归档率100%。婚姻登记处被区效能办被评为“三星级服务窗口”。

【基层政权建设】 为加强村委会换届选举的宣传，编印《北戴河区第九届村民委员会选举指导手册》百余册，向镇村发放《关于第九届村委会换届选举工作中一些具体问题的解答》《河北省实施〈村民委员会组织法〉办法》《河北省村民委员会选举办法》等资料1500余份，切实提高工作人员的业务水平和组织指导换届选举工作的能力。在选举期间驻镇办公，全程指导和监督换届选举各阶段、各环节工作，深入各村了解选举动态，及时解决操作过程中的新矛盾、新情况，协助做好换届工作中重大问题和突发事件的研究和处置工作。圆满完成第9届村委会换届选举工作，产生村委会成员81名。进一步强化村务公开和民主管理工作，指导各村建立健全村务监督委员会，组织开展民主议政日活动，推进村级民主监督制度规范建设。

【社区工作】 加强社区基础设施建设，制发《北戴河区城市社区基础设施达标建设实施计划（2012～2014年）》，英才、剑秋路、西山、车站、东经路、平安路6个社区达到标准化社区水平，育花路社区、安居社区达到精品社区水平，每个社区用房基本建有“四室一中心一站”（四室：健身室、棋牌室、图书阅览室、文艺室；一中心：社区事务中心；一站：社区服务站），其中重点建设“一中心”和“一站”。2012年6月至2013年年初，完成英才社区、剑秋路社区办公用房300平方米以上建设任务和育花路社区办公用房1000平方米以上建设任务并投入使用。积极争取市民政局25万元的资金支持，用于建设西山街道老年人日间照料服务中心和剑秋路社区老年人日间照料服务站，促进全区社区居家养老服务体系建设。

【福利事业】 搭建养老服务平台，扶持民办养老服务机构。争取上级养老机构建设资金200余万元，实际带动1500余万元的社会资本直接参与区养老事业建设。在原有和新建的村委会办公区划出养老服务用房及场所，为农村建立居家养老“幸福工程”搭建平台。2012年，全区建成幸福院5所，覆盖11个行政村，受益农村老人1500余人。民政局给予各村兴办幸福院奖补资金物资近10万元。为郭文香老年公寓发放1.20万元运营补贴。落实老年人各项优待政策。全年为80岁以上低保、五保老人发放补助金8280元，为90岁以上老人发放高龄补贴8.64万元；鼓励全区55～80岁老人办理“助老健康御险”，现已有1389人参保；5月底前，投资1300元完成养老信息服务专线网络建设。做好福利企业管理工作。严格督查秦皇岛龙聚森食品有限公司关于安全生产、残疾职工人数、残疾职工待遇等方面工作，为其重新发放福利企业资格证书；为印刷厂职工发放全年生活费44.14万元，为纸箱厂职工发放全年生活费25.69万元、部分退职职工生活费4.28万元；配合计生局补发2010年度福利企业1人的独生子女父母退休奖励金2.40万元。

【民间组织管理】 严格申请审查程序，强化监督管理，加强社会组织市场诚信建设。认真做好社会组织年检工作，取消1个社会团体、1个民办非企业单位的登记资格，对于年检不合格的3个社会团体、3个民办非企业单位给予全区通报批评。区内共有社会团体26个，民办非企业单位27个。

（杨 宇）

残疾人管理

【概况】 全区有残疾人1408人，其中，视力残疾153人，听力残疾89人，言语残疾12人，肢体残疾859人，智力残疾134人，精神残疾72人，多重残疾89人。残联内设康复部、教育就业部、宣文部、组联维权部、办公室，有5人。下设劳动就业服务所，现有9人。

【残疾人就业】 依法做好按比例安排残疾人就业工作。年内，有劳动能力的残疾人就业率达90%以上。与区地税局密切合作，切实做好残疾人就业保障金征管工作，严格履行残疾人按比例就业年审职责。2012年，收缴残疾人保障金174 万元。

【残疾人维稳工作】 三轮车维稳工作是维护稳定的重要因素。协调相关部门，开展对健全人营运、异地残疾人跨区经营的治理工作，把矛盾化解在萌芽状态。4月，落实《关于做好残疾人机动轮椅车燃油补贴工作的通知》，开展残疾人机动轮椅车燃油补贴工作，对47名残疾人发放机动车燃油补贴1.22万元。对城乡无劳动能力残疾人，实行低生活救助，及时、足额将救助款发放到残疾人手中。

【残疾人帮扶】 两节慰问发放慰问金5.25万元；为5名特困精神残疾人发放全市独有的住院补贴2.15万元；实施对重度残疾人、城镇残疾人医疗保险、灵活就业残疾人养老保险三项补贴政策，向331名贫困重度残疾人发放生活补贴39.7万元，为25名城镇三、四级残疾人实施基本医疗保险报销5380元，对30名已参加基本养老保险的城镇残疾人个体工商户给予50%补贴，合计8.38万元。三项政策为全省实施最早、标准最高、覆盖最广的惠及残疾人家庭的政策。

对16名年内考入中高等院校及区外高中的残疾学生和残疾人子女给予一次性资助。为考入北戴河区高中的残疾学生和残疾人子女除免收学费外还减免了教材费、住宿费、宿舍被品费、防疫费。对处于九年义务教育阶段的39名在校残疾学生和残疾人子女减免教辅费。

5月，智力类残疾人生态托养中心与区老年人生态供养中心合并，于集发生态供养中心挂牌成立，现入住残疾人9名。规范残疾人证办理工作，提高办证效率，全年办理第二代残疾人证1408个。配合市残联开展残疾人相亲会，有8名残疾人通过“缘分天空”这个平台实现残疾人交友愿望。

【残疾人康复】 年内，为2名残疾人安装普及型假肢；为6名精神病患者免费提供每人500元的药物补贴；为11名听力残疾人免费发放助听器；为30名盲人进行定向行走培训；为60名残疾人免费发放各式辅助器具；完成低视力患者助视器筛查工作及脑瘫和孤独症儿童的康复训练工作。

【残疾人事业宣传】 利用电视、报刊等新闻媒体加强对残疾人事业的宣传。在《秦皇岛日报》《秦皇岛晚报》和北戴河电视台等媒体上刊登和播放区内残疾人工作动态，营造良好的社会氛围。全年上报残联信息53份。开展“助残日”“爱耳日”“爱眼日”“全国特奥日”等宣传活动。5月，区残联和区肢残人协会组织残疾人工作者、各村（社区）残疾人代表和大学生志愿者53人，到桃林湖景区参加残疾人工作者文化助残暨第22次全国助残日公益活动。

【无障碍设施建设】 在全市首创“残疾人家庭无障碍改造示范区”创建工作，以无障碍改造全覆盖为标准，巩固和扩大无障碍设施建设成果，推进全区无障碍设施建设和改造。通过调查摸底、资金申请、建设招标、组织实施、工程验收等大量细致的工作，以改造规范、残疾人家庭满意为标准，在时间紧、任务重的情况下，对全区50户残疾人家庭实施改造，改造家庭户非常满意。11月1日，全省残疾人家庭无障碍改造现场会在秦皇岛市召开，与会者参观了北戴河区残疾人无障碍改造家庭。

（刘 侠）

镇·街道

北戴河区海滨镇

【概况】 海滨镇位于北戴河区南部，东、南两面环海，地处全区中心繁华地带。北海山线公路横过其境，北宁公路纵贯其间，驼峰路、剑秋路、滨海大道等近20条硬化公路纵横交错，四通八达。辖区总面积9.17平方千米，辖单庄村、赤土山村、刘庄村、草厂村、河东寨村、陆庄村和丁庄村7个行政村。至年末，全镇总户数5690户，人口1.34万人。乡村劳动力8439人，农用地面积147.47公顷，其中耕地面积31公顷，人均占有耕地0.03亩。

2012年，实现全镇农村经济收入51908万元，上缴税金1354万元，农民人均收入5434元。海滨镇党委、政府先后获“市级食品安全示范乡镇”“抗洪抢险先进集体”“区暑期工作先进单位”“平安建设先进单位”等称号。

【农业】 海滨镇农用地以畜牧养殖、果树采摘种植为主。主要农作物有玉米、豆类等。2012年，全镇粮食总产量134吨。畜牧业养殖业主要是牛羊禽类以及特种养殖，各种家禽存栏数为猪474只、牛53头、羊96头、禽类1.51万羽；特种养殖存栏数为貉子2465只、貂2040只、狐狸330只、兔235只。

病虫害防治　坚持“预防为主，综合治理”方针，协同各村做好美国白蛾预测预报，每个村都确定专门监测查访员并对其进行培训，发现幼虫网幕及时摘除。配合区农牧局开展动物疾病防疫，做好疫苗注射。

惠农政策　配合财政部门落实农业综合补贴、粮食直补发放及良种补贴面积核实、落实农业小额贷款贴息发放工作。配合财政部门发放2011年能繁母猪补贴，配合农牧局调查2012年能繁母猪情况。

【社会事业】 民政、残联工作　2012年，全镇有城镇低保对象100人，月发放低保金1.92万元；五保户30人，年发放五保金10.45万元；为4人申请临时救助，发放临时救助金5300元；受理保障性住房申请494户。开展双拥优抚和老龄工作，及时为退役士兵和80岁以上五保户、低保户老人发放生活补助。对所辖7个村299名残疾人进行逐一摸底，统计残疾人劳动技能需求；为辖区内符合要求的99名残疾人发放重度残疾人生活补贴金11.88万元；开展残疾人辅助器具服务项目摸底筛查，为13名肢体、视力、听力残疾人申请无障碍设施改造。

文体、医疗卫生　完善镇、村文化站建设，配备活动设备；成立“群众艺术培训基地”，开展各种文化艺术培训与辅导，提升基层文化质量；依托各村文艺队开展多种文体活动，丰富村民业余生活。“新农合”工作，全镇7个行政村有12979人参合，参合率为97%。送医疗下乡，开展白内障手术义诊，接待咨询80余人次，完成检查50余人次。城乡医疗救助14人次，发放医疗救助款4.51万元。

劳动保障　企业职工养老保险资格认证302人，城乡居民养老保险资格认证1484人，有7867人参加城乡居民社会养老保险；农村劳动力转移272人，办理就业失业登记申请329人，对66名失业人员进行跟踪管理，上报信息308人次，为150名申请“就业困难人员认定”的人员进行初审，为50名已认定的就业困难对象的灵活就业人员申报社会保险补贴；为62名应届高校毕业生进行困难家庭调查认定；完成小额贷款审核157人。

计划生育工作　2012年，全镇有已婚育龄妇女2934人，出生人口147人，出生政策符合率96.60%，统计求实率97%。全镇累计奖扶474人、特扶21人。全镇2000余名符合条件的独生子女父母全部落实每人每月10元独生子女父母奖金，共计24.67万元。3名独生子女父母退休人员领取退休3000元奖励。救助贫困女孩家庭8户，发放救助物品价值950元，为贫困计生家庭送救助金3000元，为流动人口贫困计生家庭送慰问金500元。为122人办理中考加分，为46人办理高考加分。

【基层党建工作】　提升党员干部素质　组织农村党员培训活动50余次，参加人数3000余名；镇领导班子成员撰写调研报告15篇，提出整改意见40余条，解决实际问题30余个。在全镇推行“基层党组织关爱党员、党员服务群众”主题实践活动。结合暑期工作实际，成立家庭旅馆协会党支部和红石路市场党支部，开展以“保暑期、讲诚信、促发展、树形象”为主题的党员经营户模范经营承诺服务暑期活动，为20余户党员市场经营户悬挂“共产党员先锋岗”和“共产党员承诺标示牌”。开展基层建设年活动，加强村党员活动室和文化书屋等活动场所建设。全年转正党员28名，吸纳预备党员7名。

党风廉政建设　2012年开展民主集中决策“三重一大”（重大决策、重要干部任免、重大项目安排、大额度资金使用）相关事项30余项。执行民主集中制，各村成立村务监督委员会，加强村务监督。党务公开、村务公开以及村级财务公开全面推开。482人参加民主议政日活动，提出各种问题、意见、建议19条。年内，共开展农村基层干部反腐倡廉教育培训8次，农村基层干部任前廉政谈话70余次，镇村基层干部谈话73人次，进行村干部民主评议60次，给予1人党内严重警告，1人留党察看处分。

【社会治安综合治理】　司法综治管理工作　推进信访稳定工作。深化领导干部接访责任制，镇党政领导严格履行接访职责，每天在便民中心候访，接待上访群众，“大接访”活动保持常态。严格落实领导干部包村制度，包村领导每周至少下村走访3次，对所包村矛盾纠纷、信访问题和治安问题进行排查，做到对信访案例底数清、状况明；对具有苗头性、倾向性和典型性的问题，做到及时介入，及时化解，确保所包村社会政治稳定，杜绝非正常上访和群体性事件发生。强化信访工作领导干部包案制度，对全镇信访疑难案件进行分析梳理，明确相关镇级责任领导、责任人和村级责任领导、责任人，定措施、定时间、定责任，合力推进“案结事了”“息诉罢访”，化解信访难题。

暑期期间，在重点部位设立5个志愿者服务站，为游客提供咨询服务1万余次，排查隐患10余件。将人员比较集中的草厂村市场，刘庄村红石路、黑石路市场和陆庄市场确定为重点整治场所，增加治安巡逻人员，开设治安岗亭，接通报警电话。完善流动人口登记服务站，各村做到来有登记，去有注销，底数清，情况明，有效遏制犯罪案件发生。

按照区综治办统一部署，在全镇7个行政村建立7个大网格、32个小网格，发展信息员39名。暑期期间，镇综治办工作人员不间断深入各村检查指导暑期网格化建设工作，并做到“九有两统一”（有地点、有设施、有人员、有制度、有机构、有档案、有例会、有记录、有报表以及统一工作专栏、统一档案管理）。按照“谁主管、谁负责”和“属地管理”原则，采取镇领导包村、村干部包户方式，有针对性对重点人员进行转化。同时各村安排治安员在村内进行违法宣传品清理，严格控制违法宣传品入村。

矛盾排查化解工作　成立矛盾纠纷排查领导小组，各村成立调解组织。全镇共有治安员54人，信访信息员47人，民间矛盾调解员168人，入户调解员126人，星火普法户80人。年内，解决矛盾纠纷126件，调解成功率100%。开展送法下乡活动，提高群众法律意识。做好辖区内社区矫正对象、刑释解教人员、两劳人员排查帮教工作并健全档案，无重新违法犯罪现象。

安全生产　进行安全生产专项检查，排查出灭火器未年检22个，用电不规范8处，职工安全防护不到位1处，生产设备隐患1处。

防汛工作　镇政府贮备救生衣20套、对讲机25个、锹镐45把、编织袋200个，抽水机1台，赤土山村、河东寨村、丁庄村各准备机动船3艘，草厂村准备货车3辆，刘庄村准备货车2辆，镇机关组织应急队伍30人，抽调基干民兵150人作为防汛人员。汛期前对辖区内水库、河道、堤坝、村内排水沟等设施进行全面检查，对3个水库溢洪口进行清理，清理丁庄村排水沟100延长米，修砌陆庄村排水沟40延长米。在年内发生的60年一遇的强降雨中，镇、村出动车辆16辆次、防汛人员105人次，转移危房户6户，疏散群众54户，巡查水库3座，协调抽水设备为果农果园排水4.67公顷，保障群众生命财产安全。

防火工作　镇政府与各林区周边村签订防火责任书，各村与本辖区林区周边种植、养殖户签订防火责任状，形成完整防火责任体系。镇政府购置铁锹60把、大扫帚60把、灭火器6个，为每个村配备大扫帚6把、铁锹6把，镇机关和各村还成立义务扑火队和巡逻队，做好林区周边巡查。书写防火宣传标语14条，制作宣传条幅10条，发放森林防火明白纸500份，出动宣传车1辆，宣传防火工作。

【村镇基础设施建设】　环境整治　镇、村投资140万元用于环境卫生整治和绿化，对新驼峰路两侧、新河路南侧等8个重点部位集中整治，清运各类垃圾1.70万余立方米。开展农村环境卫生集中整治行动，清理村内建筑垃圾、柴草共4000立方米，清理丁庄村排水沟垃圾1800立方米，清理陆庄村污水沟800延长米、清淤400立方米，加盖板200延长米，完成绿化遮挡1500延长米，各主要街道粉刷面积4800平方米，新、改建垃圾池38个，新建垃圾转运站5个。对村内主要道路和市场实行承包保洁和全天保洁。

市场管理　对各市场门店和摊位实行画线管理，明确标识物品摆放区域，实行门前三包，暑期期间，增聘8名协管队员，加强对红石路、草厂中路、老驼峰路和联峰路东段市场监管。治理家庭旅馆路边揽客行为，增设14个临时站点，规范家庭旅馆接站。

【村民建房审批】　全年完成建房审批30户；解决各类建房纠纷15起；对赤土山、丁庄、草厂、刘庄、陆庄等村15处违章建筑进行强制拆除，其中砖混类建筑5处，各类临建棚10处，动用装载机、挖掘机20台次，各类运输车辆88辆次，出动人员150人次。

【完成村“两委”班子换届选举】　选举产生村党支部委员42名，其中，妇女委员16人，占总人数38%；委员平均年龄46.10岁；具有大中专以上文化程度委员26人，占总人数62%。选出村委会成员25人，其中，妇女委员9人，占总人数36%，成员平均年龄48.80岁。

【辖村简介】　刘庄村　位于北戴河旅游区中心位置，临山近海，与各休疗养院相接，地理条件优越，村内基础设施完善。全村有1135户2570人，农业用地面积24公顷，其中耕地面积4公顷。2012年，刘庄村总收入1.60亿元，人均收入5081元。村民主要靠旅游为生，从事餐饮、旅馆服务业。村集体收入主要来源于集体企业，集体企业有渤海安全玻璃有限公司、六建、传感器厂等企业。

草厂村　位于北戴河旅游区核心，倚山近海，交通消费便利，地理条件优越，村内基础设施完善。全村有1448户3132人，农业用地面积30.67公顷，无耕地。2012年，草厂村总收入1.48亿元，人均收入5150元。旅游业为主要经济产业，村民主要从事餐饮、旅馆服务业和经商。

陆庄村　位于北戴河旅游区西侧，靠山临海，地理条件优越，新驼峰路贯穿村庄。全村有360户993人。农业用地面积24公顷，其中耕地面积6.33公顷。2012年，陆庄村总收入2980万元，人均收入6042元。村民主要从事种植、养殖、渔业捕捞等农业项目和家庭旅馆业、果品采摘游等旅游服务业。

丁庄村　位于北戴河旅游区西侧，靠山临海，新驼峰路贯穿村庄。全村有577户1505人，农业用地面积45.13公顷,其中耕地面积5.33公顷。2012年，丁庄村总收入2955万元，人均收入5262元。村民收入来源于农业，从事种植、养殖、渔业捕捞等。

河东寨村　位于北戴河旅游区西侧，靠山临海，新驼峰路贯穿村庄。全村有520户1154人，农业用地面积7.40公顷，无耕地。2012年，河东寨村总收入2759万元，人均收入5207元。村民收入来源于农业，从事种植、养殖、渔业捕捞等。

单庄村　位于北戴河旅游区东侧，与各休疗养院毗邻，村内基础设施完善。全村有760户1600人。2012年，单庄村总收入5493万元，人均收入5000元，村集体出资为每位村民办理意外伤害保险及新型合作医疗保险，每月为60岁以上老人发放100～500元生活补助金。村民主要从事餐饮、旅馆服务业、渔业捕捞等。村集体收入主要来源于集体企业五建、东山房地产等企业。

赤土山村　位于北戴河旅游区东侧，滨海大道从村东经过，地理条件优越，村内基础设施完善。全村有890户2450人，农业用地面积23公顷,其中耕地15.33公顷。2012年，赤土山村总收入5414万元，人均收入6416元。村民主要从事旅馆服务业、种植、养殖、渔业捕捞等。

（杨宁）

北戴河区戴河镇

【概况】　戴河镇位于北戴河区西北城乡结合部，北临北戴河火车站，东、西分别与海港区、抚宁县相接；境内京秦、京哈铁路、G205国道、108公路及京沈高速公路经过，交通发达，客运、货运便利，被誉为北戴河区的“北部门户”。下辖18个行政村，1个社区居委会（车站社区居委会），1个家委会（五七一一家属委员会）。镇域总面积3714.20公顷，农用地总面积3640公顷，其中，耕地917.73公顷，园地331.87公顷，林地264.80公顷；水面18.93公顷。共有9234户，常住人口2.32万人，中共党员1544人。

2012年，实现农村经济总收入32054万元，增长3%（除去上年拆迁收入，实际增长11%）；农民人均纯收入6589元，增长11.80%；农业总产值5450万元，增长5.60%；企业总产值14727万元，增长18%。获省级“文明村镇”“河北省百佳综合文化站”、市级“抗洪抢险先进集体”“环保模范镇”、区级“暑期工作先进单位”“优秀科级领导班子”“创先争优先进基层党组织”等荣誉称号。

【产业结构】　以土地流转为前提，依靠科技优化品种结构，发展绿色农业、生态农业、设施农业累计达到267.73公顷；推进“公司+基地+农户”经营模式，发挥集发公司、盛鑫农场、中原园林等龙头企业带动作用，2012年，新发展板栗、核桃、大樱桃等种植面积106.67公顷，带动北部林果业发展；成功引进秦皇岛市首台“农业科技多媒体信息阅览系统”，积极引导农户引进新型农用机械，共购入新型卷帘机23台、田园管理机9台，提高农业机械化作业水平。

发挥集发观光园辐射带动作用，在临近南部城区的崔各庄村、大薄荷寨村、古城村、西坨头村等村积极发展农业观光、果品采摘、农家旅馆、休疗养生等乡村游项目，全年累计接待游客9.90万人次，直接经济收入900万元。

【农业】　*动物防疫*　针对洪灾后部分村庄存在的动物疫情隐患，邀请省、市防疫专家入户指导，及时对人畜饮水进行消毒处理，投放各类防疫药品20千克。同时全力配合区农牧局做好繁殖期母猪疫病保险，完成15起投保任务。

森林病虫害防治　与各村签订“美国白蛾防治工作责任状”，配备防害工具；蔬菜

大棚线虫病害爆发期间，组织科技人员深入北戴河村、朱庄村等共计20个农户家中实地勘察，登记病害受灾面积1公顷，建立台账5册，将损失降到最低。

【项目建设】 北部片区改造项目　结合北部片区整体规划，实施杨各庄村、拨道洼村、车站村3个村住宅和商业安置房建设。截至年末，杨各庄村安置房一期工程已经结束，建成安置房21栋700余套，商业安置房70余栋完工，住宅房与商业安置房总面积7万平方米；拨道洼村建成一期居民安置房23栋，二期安置房主体基本完工，住宅房与商业安置房总面积16万平方米。2个村安置房已于10月份分配，达到每户1房；车站村商业安置房3万平方米已基本完工。

乔庄村葡萄酒堡项目　酒堡主体已竣工，配套景观建设基本完成，正在进行内部装修，培训管理工作人员。

太平庄村、谢李庄村两村整体改造项目　太平庄村95%以上村民户已签订补偿安置协议。谢李庄村基本完成拆迁，已签协议194户，村民安置房已开工11栋，安置面积4万平方米。

【基础设施建设】 投资926万元实施戴河、新河水系清淤工程，完成清淤18.28万立方米。在戴河、新河河道内安置4道拦污网，修筑新河河堤40延长米，解决戴河沿岸污水直排入河现象；投资122万元实施西坨头闸两岸堤防恢复工程；投资55万元完成甘各庄村、朱庄村、崔各庄村3处饮水工程，解决饮水问题；投资约40万元在大薄荷寨村南十字路口处新建雨水收水井3眼，有效缓解大薄荷寨片区汛期排水不畅问题。对主要路段两侧进行绿化美化，在海北路、108公路种植侧柏、荷兰桧、紫叶李、金银木等各种树木1000余株，野花组合3000余株，补种各种树木数百株。

2012年是基层建设年，费石庄村、东坨头村被确定为重点帮扶村，戴河镇对费石庄村内12段、1300余延长米、5000余平方米道路进行硬化，建设400平方米的村“两室”（农村党支部办公室和党员活动室），建设观景台3个、公厕2座、磨盘广场1个、游客休息木屋1个、停车场小市场1个；对东坨头村内23条道路进行硬化，添置路灯33盏，新建260平方米村“两室”，设施配备齐全，村容村貌彻底改善。

【社会事业】 计划生育　至年末，全镇有已婚育龄妇女5370人，当年出生人口293人，符合政策生育率为94.54%。严格落实计生奖扶制度，2012年，累计发放各类奖扶、救助资金75万元，受益群众700余人。

政务服务　增设电子触摸屏等设施，为群众办理各类事项2324件，受到辖区群众一致好评。

财政惠农　做好“一事一议”财政奖补政策，财政奖补资金134.90万元；累计发放粮食直补108.62万元，受理家电下乡、摩托车下乡925台（件），兑付补贴资金25.49万元；发放大中型水库移民扶持资金26.46万元。

村民建房审批　全镇共审批新建、翻建、加建房屋申请221份，验收254份。接到院内违法建筑举报24起，均在第一时间上报至区规划局并协助处理。

【精神文明建设】 以创建国家公共文化服务体系为切入点，推进镇、村公共文化站建设，作为首批“国家公共文化服务体系创建试点单位”顺利迎接国家、省、市督导组检查，东坨头村、费石庄村通过省文化厅验收。积极开展群众文化活动，以点带面，从各村文艺队伍建设入手，定期组织文艺骨干培训。全镇有文艺队伍14支、文化活动队员百余人。在开展村内日常活动同时，参加浪漫之夏、春节联欢等文艺活动30余场。完善图书电子阅览室等文化活动室，古城村、东坨头村利用农家书屋组织村民学习农业技术、文化知识、医疗保健等方面科技知识，带领村民们发展剪纸、书法、水墨画等民间文化。镇文化站还大力开展各项竞赛活动，在古城村广场举办第二届儿童轮滑赛。

【社会保障工作】 围绕镇情实际及“全覆盖、低失业、高和谐”总体目标，开发公益岗位，积极推进劳动保障工作开展。年内实现劳动力转移320余人，初审通过小额担保贷款申请69人，审批办理“就业失业登记证”214件。开展新型农村养老保险、城乡居民养老保险工作，做好新型农村养老保险公示、续保以及城乡居民养老保险认证工作，对3908名企业退休人员及新型农村养老保险参保人员进行认证，认证率达到96.60%。发放拥军优属资金33万余元、老龄补助金3.80万元、五保救助资金35万余元、大病救助资金11万余元、残疾人补贴19.80万元。11月上旬起开展为期5天的保障性住房申报工作，审核上报108户家庭相关材料。

【社会治安综合治理】 信访工作　完善人民调解员制度，在编调解员90人；从车站派出所、海宁路派出所、区社区矫正办公室接收矫正对象90人，有53名矫正人员顺利解矫，在矫对象37人；利用民贸集市开展普法宣传2次，发放《普法星火月刊》及“六五普法宣传材料”宣传册、宣传单等5500余份，全年受理各类矛盾纠纷40起，劝解、劝回部分群众上访35起。

安全生产　成立戴河镇安全生产工作领导小组，检查生产经营企业35家，“八小”（小歌厅、小网吧、小旅馆、小饭店、小商店、小美容店、小足疗、小洗浴）场所140余家（重点是餐饮店和家庭旅馆），针对发现问题或当场提出整改要求，或下达整改意见书限期改正。

防火工作　调整充实戴河镇森林防火工作指挥部成员，完善各项防火应急预案，组织35名防火巡查员实行24小时值班备勤，出动宣传车辆50辆次，发放宣传单3000份，签订防火责任状18份。及时督促各村对联峰山、尖山、马鞍山、青龙山附近100余处可燃物进行清理，消除各类防火隐患80余处，全年未发生火情。

防汛抗旱　汛期及时启动防汛应急预案，疏散人群1119人，未发生伤亡事故。成立灾后重建小组，连夜分赴北戴河、太平庄、车站、拨道洼等村现场指挥，慰问安抚受灾群众，在最短时间内统计灾情并及时上报，最大限度减少群众经济损失。

【完成村“两委”班子换届选举】 2012年初，该镇所辖18个村完成农村“两委”班子换届选举工作。选举村党组织成员89名，村委委员56名、村主任18名。在党组织换届选举中共有14名大学生村官当选为支部副书记，5名大学生村官当选为支部委员。至年末，全镇农村“两委”班子成员119人，其中，35周岁以下29人，占24.37%；36周岁至50周岁48人，占40.34%；51周岁至59周岁37人，占31.09%；60周岁以上5人，占4.20%。大专及以上文化程度40人，占33.61%；高中（中专）文化程度32人，占26.89%；初中及以下文化程度47人，占39.50%。妇女34人，占28.57%。“两委”兼职的26人，跨村担任党组织书记的2人，村书记与村主任一人兼的村7个。

农村党支部（总支）委员89人，其中，35周岁以下25人，占28.09%；36周岁至50周岁33人，占37.08%；51周岁至59周岁28人，占31.46%；60周岁以上3人，占3.37%。大专及以上文化程度37人，占41.57%；高中（中专）文化程度21人，占23.60%；初中及以下文化程度31人，占34.83%。妇女23人，占25.84%。上届支部书记连任9人，新当选7人。

村民委员会委员56人，其中，35周岁以下6人，占10.71%；36周岁至50周岁30人，占53.57%；51周岁至59周岁18人，占32.14%；60周岁以上2人，占3.57%。大专及以上文化程度13人，占23.21%；高中（中专）文化程度15人，占26.79%；初中及以下文化程度28人，占50%。妇女19人，占33.93%。上届村委会主任连任15人，新当选2人。

【辖村简介】 北戴河村　位于戴河镇北部，该村因境内一条戴河穿流而过而得名，距G205国道300米、北戴河火车站500米。是以蔬菜、花卉种植业为主的农业大村。全村987户2390人，占地240公顷，农用地207.93公顷，其中，耕地105.53公顷，园地面积18.67公顷，林地面积83.73公顷。村内现有大棚1000个（占地约33.33公顷），2012年农民人均纯收入1万元，农村经济总收入达4243万元。近年来，通过开展村企、联村共建社会主义新农村，北戴河村发生巨大变化，成为省、市、区建设社会主义新农村典范，先后荣获省级“创建文明生态村先进单位”“绿化先进单位”、全市乡村旅游“十村示范、百村创建”先进村等多种称号。

古城村　位于戴河镇南部，西靠戴河，海北路南北穿村而过，全村457户1007人，村址占地约25.33公顷，农用耕地51.53公顷。2012年，人均纯收入8533元，农村经济总收入966万元，在集发公司带动下，古城村大力开展新民居建设，发展乡村旅游业，是戴河镇社会主义新农村建设市级试点村和河北省省级新民居建设示范村。

车站村　位于戴河镇西部，与北戴河火车站隔G205国道而望，地理位置优越。全村486户1076人，农用耕地面积32.40公顷，村民收入以商业、餐饮业和交通运输业为主，占全村总收入75%，2012年，村经济总收入4480万元，村民人均纯收入1万元。车站村自2002年起开始旧村改造，至年末，拆迁已完成，村建房已完成分配，在全镇新民居建设进程中位居前列。

西坨头村　西临集发观光园区，北临戴河，东靠海北路，紧邻京秦高速引路与海北路交叉口，交通便利。全村254户620人。村址占地面积约20公顷，农用地面积41.53公顷。村民以运输、种植、养殖、经商、外出务工为主要经济来源，现开发农家别墅游、沿河垂钓、联合运输、花卉苗木4大新兴产业。2012年，农民人均纯收入6493元，农村经济总收入684万元。目前建成“5+1”住宅楼24栋，联排别墅117户，全村170户入住新建成小区。

拔道洼村　西临海北路，北临G205国道，东临北戴河开发区、南临费石庄村。全村1085户2607人。村庄范围内有小学1所，中学1所。村址占地约为44公顷，农用地面积175.67公顷。2012年，农村经济总收入1727万元，人均纯收入8500元。拔道洼村大力发展果树生产，被评为省级“宣传文化示范村”“科技兴农示范村”“基层民主政治建设先进单位”，还荣获市级“先进基层党组织”称号。

杨各庄村　地处北戴河西部，西邻北戴河火车站，G205国道穿村而过，全村401户850人。村域面积约66.67公顷（包括河道），农用地面积7.20公顷。2012年，农村经济总收入为591万元，人均收入1.20万元。完成一期安置房分配，经全体村民代表讨论、上级批准，杨各庄村采用自由结组方式，共分配安置房616套。至年末，有三分之一村民迁回新居。二期安置房正在建设中。

太平庄村　位于海北路东侧，村北紧邻京沈高速公路出口，交通便利，全村440户1070人。村庄占地约28公顷，农用地面积100公顷，农业以果树种植为主，其中桃树种植面积约53.33公顷，同时从事养殖、建筑等副业，2012年，农村经济总收入700万元，人均纯收入5514元。村改项目拟在原村址内集中选取8公顷土地用于村民安置，建设“5+1”安置用房7万平方米，安置村民700户（含分户），占地约6公顷；存留土地0.67公顷，用于日后解决分户问题；相关配套设施和集体产业占地1.33公顷。已签订协议300余户，拆除房屋300余户。

蔡各庄村　位于京山铁路北侧，G205国道南侧。全村1250户3860人。全村农用土地237.33公顷，其中耕地156公顷。村民从业以果树种植、经商、务工为主。2012年，农村经济总收入6900万元，人均纯收入5286元。

乔庄村　南邻京沈高速公路引线，北依青龙山，西邻马鞍山，地理位置优越。全村88户197人。村庄民居占地面积4公顷，农用地面积25.87公顷。主导产业为种植业和外出打工。根据全区统一规划，乔庄村葡萄酒庄园项目现已完工。2012年，农村经济总收入135万元，人均纯收入6294元。

朱庄村　位于戴河镇北部，东靠戴河，村址占地约3公顷，耕地面积12.80公顷。全村67户166人。近年来，依托北戴河村资源，朱庄村大力发展乡村旅游业和高科技大棚蔬菜种植，2012年，农村经济总收入217万元，农民人均纯收入8072元。

苏庄村　北临戴河，南距北戴河火车站2千米，东临北戴河村，西与抚宁县交界。全村133户377人。村域6.86公顷，农用地面积49.53公顷。2012年全村农村经济总收入共411万元，人均纯收入6997元。

东坨头村　位于戴河镇南部、海北路东侧，村址占地约10.27公顷，农用地34.07公顷。人口约240户552人。村民收入以个体经商和养殖业为主。2012年，农村经济总收入465万元，全村人均纯收入5499元。

大薄荷寨村　位于戴河镇东部，海宁路西侧，西邻北戴河区政府和秦皇岛职业技术学院，地处北戴河城区扩容区。农用地面积28.80公顷，全村人口867户1946人。2012年，农村经济总收入4141万元，农民人均纯收入5000元。

小薄荷寨村　北临海北路，南临联峰北路，东临大薄荷寨村，西临崔各庄村。全村人口816户1929人。农用地面积152.93公顷。2012年，农村经济总收入为2001万元，农民人均纯收入4919元。

甘各庄村　位于北戴河区北部，南临G205国道，北与抚宁县接壤，东与海港区接壤，西与北戴河村相邻，村域19.96公顷，耕地86.53公顷。全村有人口300户882人。2012年，村集体收入23万元，人均纯收入3995元。

谢李庄村　位于G205国道南侧，京山铁路北侧，地理位置优越。全村232户580人，拥有土地36.13公顷，其中，耕地面积5.33公顷，林地30.67公顷。2012年，村集体收入17.50万元，村民人均纯收入5000元。

费石庄村　位于联峰山北侧，占有优势地理环境，村民以种植果树为主，还有经商、务工、养殖等行业。全村现有281户640人，总占地面积111.67公顷，耕地面积3.33公顷。2012年，农村经济总收入274万元，人均纯收入3431元。

崔各庄村　地处北戴河区中心，位于戴河镇政府东南3.50千米处，南邻108公路和京沈高速公路引线及联峰北路、剑秋路，为城乡交界处。农用地面积169.60公顷，全村847户2444人。村民主要发展家庭旅馆业、小商品经济、种植养殖业等。2012年，农村经济总收入3163万元，人均纯收入4701元。

（李晓卓）

北戴河区东山街道办事处

【概况】　东山街道办事处地处北戴河区东半部，所辖范围海宁路、保二路以东至海宁路与剑南路交点沿剑南路向北以东，辖区面积7.95平方千米。辖育花路社区、东山社区、东经路社区3个社区居委会。根据第六次全国人口普查，街道总户数5821户，人口14095人。

2012年，东山街道办事处被省妇联评为“基层组织建设示范街道”，被市妇联系统评为“五五”普法先进集体，东山社区被省委、省政府命名为“文明社区”。

【社区建设】　东山街道办事处有社区工作人员11名，其中，社区党支部书记、主任、副主任3人，社区居委会委员5人，社区直选3人。年龄构成情况：35岁以上5人，占45%；35岁以下6人，占55%。身份构成情况：公务员2人，事业编制6人，社区居民3人。2012年，育花路社区服务中心迁址到街道老年服务中心，建筑面积1100平方米。东山社区服务中心从350平方米扩建至700平方米。实现一站式办公服务、老年日间照料、居民文化休闲集于一体，达到民政部精品社区和标准化社区标准。3个社区都设有图书室，图书均达到2000册以上。东山社区“金色夕阳”合唱队、育花路社区腰鼓队暑期期间每晚在奥林匹克大道公园演出，社区舞蹈队经常参加各类文体活动。

【社区党建】 2012年，东山街道围绕“创建五个好先进基层党组织、争当五个模范优秀共产党员”主题，创造性地总结提炼出东山社区“一统四联”党建新模式，即根据社区特点，由社区统筹协调辖区各单位，实现公共资源联享、辖区党员联管、社区事务联动、文体活动联欢。“一统四联”党建模式得到省委常委、组织部部长梁滨以及省委创先争优活动办公室、省委巡视组充分肯定并在全省推广。《河北日报》《河北基层组织建设通讯》《河北省创先争优活动简报》等予以刊发，市委书记王三堂，市委常委、区委书记曹子玉等领导均给予肯定。先后接待全省社区党组织书记培训班、中央文献研究室党务考察团、人民日报社入党积极分子培训班、长春经济技术开发区街道社区干部考察团等省内外交流培训人员400人次。

【社会事业】 民政工作 实施“双关爱”活动，对重残户（人）、空巢老人实施关爱帮扶。两节期间，为44户贫困残疾人及时足额发放生活补贴1万元，发放残疾人机动车燃油补贴1560元。为弱势群体发放救助款4.23万元，米面油59份，被褥5套，内衣5件。为部分优抚对象发放米面油6份，现金各500元。发放现役军人优待金9000元。街道有低保户60户113人，1月份起对低保标准进行提标，由原来的每人每月330元提高到每人每月380元；补发2011年低保人员物价补贴9621元；发放低保金31.21万元。分类施保户23户，发放分类施保金1.73万元。发放大病医疗救助款1.59万元，临时救助款2500元，发放取暖补贴3.90万元。发放重残补贴3.70万元。对13户残疾人进行家庭无障碍设施改造。为残疾人发放医疗保险补贴1400元，养老保险补贴7866元。为符合经济适用房申报条件的122户、符合限价房条件的40户进行登记，为48位享有货币配租待遇的居民配租实物住房。

劳动保障工作 街道和社区加入秦皇岛市应急招聘平台并及时发布招聘信息；加强新成长劳动力的管理，调查统计辖区未就业高校毕业生48人，对其宣传就业政策，鼓励自主创业；为27名下岗失业人员办理小额担保贷款申请；认定就业困难人员186人，安置4名就业困难人员，从事社区公益性岗位工作；加强对企业退休人员和城镇居民社会养老保险管理。对辖区企业退休人员和城乡居民社会养老保险待遇享受人员进行领取养老金资格认证。区属企业退休人员认证775人，认证率达到98.40%，为155名市属企业退休人员进行生存认证；城镇居民认证169人，认证率达到99.90%。为11位企业退休人员办理人员信息移交。为31位异地居住在辖区的企业退休人员进行领取养老金资格认证。为13人办理企业退休公示手续；对东山社区和东经路社区51户共162位居民进行人力资源社会保障基本情况问卷调查。

计划生育工作 宣传计划生育政策知识；组织已婚育龄妇女参加生殖健康检查、为贫困女孩送书包等学习用品、发放独生子女父母奖金4.86万元，特别扶助金额7920元；与已婚育龄家庭签订“诚信计生双向承诺书”、开展早教活动，提高计划生育家庭素质。截至2012年9月，街道总人口8180人，已婚育龄妇女1628人。本考核年度出生88人，其中一孩75人，二孩12人，多孩1人，全部为政策内。出生政策符合率100%，统计求实率100%。为66对夫妇办理“第一个子女生育登记卡”，8对夫妇办理“二胎生育证”。

卫生工作 组织保洁人员统一投放鼠药8000袋，降低鼠密度，预防和控制流行性出血热发生。剪除美国白蛾幼虫网目80余个，降低虫口密度。开展蚊蝇消杀，预防和控制各种传染疾病发生。清理乱贴乱画小广告、清理杂草树叶。开展“倡导科学精神、提高全民素质”等群众性科普活动，倡导科学、文明、健康生活方式。举办艾滋病宣传演出，科普进社区——健康知识讲座，以中老年常见疾病及妇女常见疾病为主，开展中老年糖尿病、心脑血管疾病、癌症及关爱女性健康知识讲座。

文体工作　街道以创建国家公共文化服务体系示范区为契机，挖掘社区编创人才排练新节目，加大社区文艺骨干培训力度。组织社区骨干参加文化馆、体育局组织的音响技术培训、舞蹈培训和音乐创作培训，为社区购置电钢琴、舞蹈服装及各种道具等。组织金色年华舞蹈队、合唱队、太极健身队、国画培训班，丰富居民业余生活，获得文化部督导组好评。各社区充分利用社区文化活动中心图书阅览室、康复室、舞蹈排练厅、居民艺术作品展览室、棋牌室、书画摄影创作室、多功能教室等举办舞蹈、合唱、书画、摄影、科普讲座等培训，吸引更多居民参与到文化活动中来。举办2012新春联欢会、文艺骨干慰问驻区武警和消防官兵、秧歌拉街闹元宵、“我是北戴河的骄傲”风采展示暨记者下基层联谊会、“相聚重阳节，喜迎十八大”联欢会等活动。

信访工作　推选7名信访“导航员”，年内辖区未发生越级访案件。街道现有社区服刑人员6人，针对每名矫正对象的犯罪类型、家庭状况、社会关系、个人特点等情况制定具体矫正方案，做到群体管理与个案矫正相结合，帮助解决矫正对象生活中遇到的实际困难。已解除矫正的6名人员，无一人重新犯罪，社会反映良好。社区7名刑释解教人员帮教工作均已得到落实，有效地减少和预防刑释解教人员重新犯罪。

【精神文明建设】　做好2012年“五好”评选和2012年暑期“为北戴河添光彩”活动，居民胡秋玲、张秀芬等被评为暑期工作先进个人。配合区文明办搞好街居学雷锋志愿服务站建设。做好全国文明城创建考核验收准备工作。

【社会治安综合治理】　年内，调整充实综治稳定领导小组。各社区成立综治工作站，街道与各社区主要负责人签订《社会治安综合治理工作责任状》。实行群防群治制度。组织30余名治安巡防员和300余名治安志愿者与警方一起确保暑期期间社会治安秩序稳定。各社区在主要景点路口都设有固定岗位点，平均每天接受游客问询达300人次。做好民间矛盾纠纷排查调处工作。结合网格化管理，通过每个网格工作人员在网格内集中性与经常性入户走访，实现信息掌握准确化，从源头上预防各种社会矛盾发生。做好流动人口排查和重点人监控工作。

【社区居委会简介】　育花路社区　辖区面积4平方千米，户数3670户，人口9332人。

东山社区　辖区面积4.50平方千米，户数1545户，人口3817人。

东经路社区　辖区面积2.50平方千米，户数606户，人口946人。

（李丽玲）

北戴河区西山街道办事处

【概况】　西山街道办事处位于北戴河区西部。所辖范围海宁路以西，联峰北路以南，西海滩路以北，辖区面积14.51平方千米，常住人口1.07万户、2.11万人，辖英才、安居、剑秋路、西山、平安路5个社区居委会及河北外国语职业学院社区家属委员会。2012年，西山街道办事处大力做好基层党组织建设、民情、治安防控、人民武装等工作，完成征兵工作，为部队输送优质兵源8人。丰富为民服务内涵，提升街居文明形象。全年接待群众来访180余人次，办理群众工作要件200件，成功化解和稳控矛盾纠纷95起。西山街道办事处被中共秦皇岛市委评为“先进基层党组织”，被秦皇岛市行政服务中心评为“市级基层政务服务机构建设先进单位”，被秦皇岛市委组织部评为“市级创先争优人民满意服务窗口”，被市统计局评为“秦皇岛市人口普查先进集体”，被市节水办评为“秦皇岛市节水先进单位”，被北戴河区委、区政府评为“暑期工作先进单位”。

【社区建设】 西山街道辖5个社区和1个家属委员会，其中英才、剑秋路社区为直选社区，工作人员10人（党员7人），全部具有高中以上学历。安居、西山、平安路社区工作人员10人（党员8人）是从教师队伍中充实过来的，90%具有大专以上学历。家委会成员3人（党员3人）均为大学以上学历。安居、英才社区办公用房和服务用房均达到300平方米，平安路社区、剑秋路社区办公和服务用房均为240平方米，西山社区为租用200平方米办公用房。

建立和完善服务功能。向社区居民提供政务服务之窗、市民救助、法律咨询、婚育培训、养老托幼、康复娱乐等较全面社区服务系统。动员有特长人员，特别是下岗职工和专业人员加入志愿者和专业者队伍，参与社区服务。组建26支社区志愿者服务队伍，志愿者人数300余人。组织秧歌队、合唱队、舞蹈队、书画组、晨练队等各种队伍，抓好文艺汇演、书画展以及经常性的群众体育活动。利用现有文化书廊、楼院小报、墙报、板报、图书室、图书角，办好各种群众性文化、教育、科普等活动。

【社会事业】 计划生育工作 至年末，辖区有育龄妇女7352人，已婚育龄妇女3844人，年出生190人，符合政策生育率98.95%。全年办理第一个子女生育登记卡160个，再生育审批19个，合格率100%。为落实各项计生奖励政策，2012年审核人员68人；为无业居民独生子女父母发放奖金495人，累计金额2.85万元。开展对独生子女伤残、死亡贫困计生家庭救助活动，年内新增扶助对象8人，为计生特困家庭发放救助金6000元。提供计生优质服务，做好避孕药具发放服务，开展生殖健康免费检查，累计为居民服务316人次。全面推行无工作军人家属计划生育服务管理“一通三”工程，累计审核办理“一通三”服务证64个。进一步深化人口计生宣传教育，在街道显著位置设置计生公益广告牌和标语6块，对辖区373名育龄群众进行零距离宣传走访调查。

英才社区健身操

城管卫生工作 加大辖区卫生清扫力度，每个片区卫生清扫都有专人负责；组织街居干部、志愿者队伍开展卫生死角大清扫活动、清除可视范围小广告；对辖区商户进行走访，切实履行门前“五包”。每周五开展环境卫生大扫除活动；组织辖区内党员志愿者队伍、治安协管员等公益性岗位人员分批分次上路段进行保洁。做好老旧小区物业管理工作，对污水四溢、路灯不亮、自来水管不畅通、噪音扰民等问题，一经发现，争取资金尽快解决，妥善处理北一区55栋污水井外溢，更换潜水管道24延长米，更换自来水管道12延长米，每年4次做好庭院灯维护工作。全年受理民情事件246件，办结率100%，群众满意度100%。

文化体育工作 组建海岳艺术团等13支群众文体队伍，总人数200人以上。举办书画展、摄影展；到敬老院走访慰问；组织党员参观平津纪念馆、科技馆；开展健身操、健步走等文体活动，丰富职工业余生活。

民政工作 落实好低保政策，至年末，低保户人数为123人，全年发放低保金65万元。为3人申请办理临时救助，临时救助人员共计37人，发放临时救助金4.11万元，为11位患大病住院低保家庭申请医疗救助，发放救助金2.30万元。街道、社区及共建单位慰问特困户200余户。履行党员关爱机制，慰问抚恤生病及过世党员。为350名居民办理经济适用房、限价房、廉租住房三类保障性住房初审受理工作。做好双拥工作。辖区有军烈属、老红军、两参人员（参战和参核退伍军人）13人。为6位军烈属发放米面油等慰问品及3000元慰问金，为烈属白秀荣申报门诊医药费用5000余元。关爱老龄人工作。街道现有90岁以上老人41名，年内，帮助3位老人参加老年人书画作品展，为2位老人报名参加老年人歌咏比赛，重阳节期间，为41位老人送去蛋糕。

劳动保障工作　全年为20家企事业单位发布用工信息，提供岗位200余个，为402名就业困难人员进行身份认定，先后受理小额贷款申请67人次，在公益性岗位上安置就业困难人员112名，为7名大学毕业生提供见习岗位。为异地企业退休人员提供领取养老金资格认证65人次，市属、区属企业退休人员领取养老金资格认证1278人次，城镇居民领取基础养老金认证286人次；为下属企业老职工办理“企业未参保退休人员”纳入基本养老保险统筹手续4人次；为278名城镇60岁以上老年居民申请基础养老金，累计发放18万余元。协助办理“就业失业登记证”356人次，认定困难家庭应届高校毕业生3人，对16名失业人员进行领取失业金签到，为40名下岗失业人员申请发放社会保险补贴11.70万元。

残疾人工作　12月，街道残疾人联合会召开换届大会，选举出残联主席、副主席和理事长。为41名重度残疾人办理贫困重度残疾人生活补贴，为39名生活相对困难残疾人申报养老、医疗保险报销补贴，为辖区17位肢体、视力残疾人申报无障碍改造。在元旦、春节等节日，为55名困难残疾人发放慰问金1.20万余元。组织5名残疾人参加残联组织的职业技术培训。

安全防汛　完成辖区内天然气扩户工程缴费审核工作，审核收费1403户。做好安全宣传及防范工作。加强居民防盗、防火、安全生产、食品安全意识，制定安全生产工作实施方案，开展“打非治违”专项行动，深入居民楼检查易燃、易爆危险品，春节前夕开展烟花爆竹安全燃放及存放的宣传及排查活动，年内未发生安全事故。做好防汛工作。修定完善防汛应急预案，严格落实班子成员轮流带班和防汛成员应急值班制度，汛期坚持24小时全天候值班，坚持雨天对解放军281医院桥头、平安路及剑秋路平房区等容易出现险情地段进行走访。8月4日，暴雨造成西山街道辖区内解放军281医院桥头家属院围墙倒塌、积水，街道将11户居民紧急转移并做好安置工作，避免群众生命财产损失。

【精神文明建设】　全年召开工委会、班子碰头会23次，工委班子成员带头讲党课10余次。开展党员干部党风党纪教育，推进党务、政务公开工作。打造1个廉政文化广场和4个廉政文化楼道，在各社区设立学廉倡廉图书角、橱窗，创作并演出廉政文化文艺节目，形成学廉、倡廉浓厚氛围。全面实施居财街代制度，完善集体资金、资产监管方法。将辖区内先进党组织和优秀党员群众事迹集结成册形成《为党旗增辉》一书，组织党员群众参观北戴河重点工程建设、科技馆及革命圣地平津纪念馆，开展清理海滩、治安巡逻等志愿服务活动，举办优秀党员表彰大会暨“七一”文艺汇演，对文明和谐社区创建过程中涌现出的“优秀共产党员”“五好居民”等先进典型进行表彰。开展党员志愿服务活动，设立党员志愿服务岗10个；发放争做文明市民倡议书；组建2支文明巡防队伍，共计30人，开展文明劝导活动。

【社会治安综合治理】　构筑网格化管理平台　构建“街道——社区——网格”三级网格组织体系。完成对网格内的居民构成、特殊群体、流动人口、重要设施等重要数据收集，建成居民管理数据库。调处群体性上访7起，成功化解信访积案2起。排查、化解矛盾隐患95起，未发生上访事件。

抓好治安防范工作　全年收缴违法宣传品光盘31张，纸质违法宣传品162份。在所属社区内建立防范警示教育阵地5个，黑板报8块，图书角5个，警示橱窗6个。做好普法宣传及司法矫正工作，走上街头开展普法宣传2次，接收矫正人员5名、解矫4名，至年末，辖区内有矫正人员18名，每周开展1

次公益劳动及法律法规知识学习，对每名人员情况进行建档立卷管理。

【社区居委会简介】 剑秋路社区　辖区面积0.90平方千米，人口222户4860人。

英才社区　辖区面积2.10平方千米，人口3979户7090人。

安居社区　辖区面积0.51平方千米，人口3636户6447人。

平安路社区　辖区面积7.50平方千米，人口1326户3752人。

西山社区　辖区面积3.70平方千米，人口612户2089人。

河北外国语职业学院家属委员会　面积0.35平方千米，人口742户3077人。

（张婷）

人 物

于明 男，49岁，北戴河人，现任河北工业大学计算机科学与软件学院院长、国际合作与交流处处长、国际教育学院党委书记，精通英语，日语。

曾就读于北戴河小学、北戴河第三中学。

1982年，考上北京邮电学院（北京邮电大学前身）的电信工程专业。2000年，到德国慕尼黑应用科技大学访学；2001年到法国巴黎高等计算机学校讲学，并与之开展项目合作……

1986年，于明进入河北工学院无线电系通信与电子系统专业继续深造，该专业与54所（电子工业部通信测控研究所）测控部联合培养人才，于明的毕业课题是国防科工委的一个项目——军事地图的计算机分析。最终，于明以优秀的成绩通过论文答辩顺利毕业，并谢绝了54所的挽留，离开石家庄，回到位于天津的河北工学院。

1996年，考入北京理工大学信号处理专业攻读博士，博士论文题目与天津市21世纪青年基金的一个项目《基于神经网络图像分类与识别》相关。近期研究方向主要是基于图像识别与语音信号整合的新型媒体接口，包括人像检测、人脸图像识别、语音识别的高效算法。其一生与“图”结缘。

他领衔的实验室是一间专门进行图形图像研究的实验室，该实验室的一项主要工作是进行诸如智能交通系统的研究，对车流量、通过车型、分时段的车流速都可以进行系统分析进而优化交通设计，为城市居民构筑畅达、宜人和共享的交通空间，同时可以进行车牌识别，提高城市公共交通安全。

实验室的另外一项重要研究成果就是基于生物模式识别技术对疲劳驾驶检测进行预警。有资料表明，高速公路发生的交通事故中，有50%以上是由于长时间疲劳驾驶或所见目标单调使司机注意力不集中、甚至打瞌睡等原因造成的。疲劳驾驶严重影响驾驶员的警觉性、应变性及安全驾驶能力。因此，为减少疲劳驾驶而引起的交通事故和保障人们的人身安全，研究有效的方法来检测驾驶员的疲劳状态具有广泛的应用前景。

2002年担任计算机学院与软件学院院长，2012年开始担任国际合作与交流处处长兼国际教育学院党总支书记。

吴晓燕 女，现年56岁，中国煤矿工人北戴河疗养院退休职工。

1997年她患上了肾病，2004年发展为严重的肾衰竭，开始透析治疗。同年6月1日，在北京住院的父亲吴昌荣把她叫去，一是让她看看病，再就是郑重地谈起了身后捐献的事。“当时我爸说他去世后不要给他买墓地，想把遗体、器官都捐了。开始我不能接受，后来他就一点点给我讲道理，说咱们国家的土地资源非常紧张，不能死人占了活人的地儿。再有父亲知道我身体不好，经济条件也不好，没必要给我增加负担。”父亲的心愿让吴晓燕很意外，在北京的病房里，她没有答应父亲。

2005年9月，吴晓燕的肾病有了转机，在中国人民解放军第281医院接受了肾移植手术，使她彻底摆脱肾衰竭带来的痛苦，吴晓燕觉得自己获得了重生。这一次难忘的经历让她在心中彻底理解了父亲的心意——倘若不是这个与父亲有着同样心愿的人捐出了肾脏，自己还将生活在病痛的折磨里，甚至像很多肾衰竭的病人一样，在痛苦中无望地走向生命的终结。

2006年3月，老父亲吴昌荣病重。由于当时秦皇岛市的遗体器官捐献工作还未开始，市红十字会工作人员多方联系后，只为老人找到了接收角膜的机构，待联系到遗体接收站，老人已深度昏迷，无法签订捐献志愿。一个月后，吴昌荣阖然长逝，他的两片角膜被移植给两名眼病患者，成为秦皇岛市器官捐献第一人，对于父亲的选择，吴晓燕把深深的敬意和缅怀留在了心里。

几年过去了，吴晓燕每月坚持服用抗排异的药，身体状况和精神状态都很好。如今儿子已成家立业，儿媳妇又刚生了小孙子。享受着天伦之乐的她无比珍惜眼前这一切，也深深感激那位素不相识的捐献者。她决定，要将这爱的接力棒传递下去，死后捐献遗体、器官，为他人延续生命，为医学研究作出贡献。2012年11月2日下午，吴晓燕在丈夫和儿子的陪伴下来到市红十字会，在捐献志愿书上签了字。心愿达成，她的笑容格外灿烂……

荣誉专版

2012年北戴河区获省部级以上集体荣誉一览表

表16

单位名称	荣誉称号	授予单位	授予时间
北戴河区园林局	全国造绿化工作先进集体	全国绿化委员会	2012
北戴河区体育局	全国轮滑运动先进单位	国家体育总局社会体育指导中心	2012.8
北戴河区体育局	全国全民健身活动先进单位	国家体育总局	2013.1
武警河北总队第四支队	先进司令部	武警河北总队	2012
北戴河区文化广电新闻出版（版权）局	全省文化市场管理工作先进集体	河北省文化厅	2012.12
北戴河区机构编制委员会办公室	2012年河北省中文域名注册管理工作先进集体	河北省机构编制委员会办公室	2012.12
北戴河区人力资源和社会保障局	河北省就业工作先进集体	河北省人民政府	2012.12
北戴河区卫生局	爱国卫生工作先进集体	河北省爱国卫生运动委员会	2012
北戴河医院	2012年度河北省暑期工作先进集体	河北省暑期工作领导小组	2012.8
北戴河区环境保护局	河北省环境保护系统第五届“十佳”环保局	河北省环境保护厅	2012.3
北戴河区供销社	2011年度食盐专营工作模范单位	河北省供销合作总社	2012.4
北戴河区供销社	2012年度食盐专营工作模范单位	河北省供销合作总社	2013.4
河北省公安边防总队海警支队特勤队	五四红旗团支部	河北省公安厅政治部	2012.5
河北省公安边防总队海警支队特勤队	先进基层党支部	中共河北省公安厅委员会	2012.6
河北省公安边防总队海警支队特勤队	先进基层党组织	中共边防管理局委员会	2012.6
河北省公安边防总队海警支队特勤队	2012年度河北省暑期工作先进集体	河北省暑期工作领导小组	2012.8

续表16

单位名称	荣誉称号	授予单位	授予时间
北戴河区委宣传部	河北省文化产业十强县	河北省文化体制改革和发展工作领导小组	2012.10
秦皇岛市公安局北戴河分局	执法规范化建设先进单位	河北省公安厅	2012
秦皇岛市公安局北戴河分局	成绩突出集体	河北省公安厅	2012
秦皇岛市公安局北戴河分局	全省公安机关保密工作先进集体	河北省公安厅	2012
秦皇岛市公安局北戴河分局指挥中心	全省公安机关“应急处突响应工程”建设先进集体	河北省公安厅	2012
北戴河区统计局	第六次全国人口普查先进集体	河北省统计局、河北省第六次全国人口普查领导小组办公室	2012.9
北戴河区东山街道办事处东山社区	河北省2010～2011年度文明社区	中共河北省委 河北省人民政府	2012.8
北戴河区东山街道办事处	文明社区	中共河北省委 河北省人民政府	2012.8
北戴河区发展改革局	政风行风党组（党委）先锋旗单位	河北省工业和信息化厅办公室	2012.4
石塘路市场服务中心	全省为民服务创先争优群众满意窗口	河北省委创先争优活动领导小组	2012.9
北戴河区疾控中心驻费石庄村工作组	全省开展加强基层建设年活动优秀驻村工作组	中共河北省委 河北省人民政府	2012.12
北戴河区住建局驻费石庄村工作组	全省开展加强基层建设年活动优秀驻村工作组	中共河北省委 河北省人民政府	2012.12
北戴河区水务局驻费石庄村工作组	全省开展加强基层建设年活动优秀驻村工作组	中共河北省委 河北省人民政府	2012.12

2012年北戴河区获省部级以上个人荣誉一览表

表17

姓　名	单　位	荣誉称号	授予单位	授予时间
周金捍	北戴河区海滨镇	河北省村党组织和第九届村民委员会换届工作优秀个人	中共河北省委 河北省人民政府	2012.6
赵国祥	北戴河区园林局	全省创先争优优秀共产党员	中共河北省委	2012.6
崔　颖	北戴河区体育局	全国轮滑运动优秀工作者	国家体育总局社会体育指导中心	2012.8
崔　颖	北戴河区体育局	河北省体育总会先进工作者	河北省体育总会	2012
王　波	北戴河区体育局	全国轮滑运动优秀裁判员	国家体育总局社会体育指导中心	2012.8
何　杰	武警河北总队第四支队	十大训练标兵	武警河北总队	2012
王俊峰	北戴河区文化局	第四届全国未来词曲作家、演唱家研习班评选活动中获演唱二等奖	中国音乐家协会	2012.8
卢兆平 邓湛芦 胡新海 王俊峰 吴思强 孙　颖	北戴河区文化局	舞蹈作品《清风白莲》获河北省第十届燕赵群星奖	河北省文化厅	2012.2
孙　刚	北戴河区文化局	音乐作品男声独唱《书香》获河北省第十届燕赵群星奖	河北省文化厅	2012.2
纪秦龙	北戴河区机构编制委员会办公室	2012年政务和公益域名注册管理工作先进工作者	河北省机构编制委员会办公室	2012.12
孙长海	北戴河区信访局	河北省十八大信访维稳工作先进个人	河北省联席会、河北省维稳工作领导小组	2012
陆　忠	北戴河区旅游局	全省开展加强基层建设年活动优秀驻村工作队员	中共河北省委 河北省人民政府	2012.12
左　龙	北戴河火车站	十大杰出青年提名奖	北京铁路局	2012
岳旭光	秦皇岛市公安局北戴河分局北戴河边防派出所	抗洪抢险救灾先进个人	中共河北省委 河北省人民政府	2012
左　鹏	河北省公安边防总队海警支队特勤队	河北省优秀共青团员	中国共产主义青年团河北省委员会	2012.4

续表17

姓　名	单　位	荣誉称号	授予单位	授予时间
董　菲	共青团北戴河区委	河北省“希望工程先进个人”	河北省青少年发展基金会	2012.12
唐凤超	北戴河区委宣传部	河北省第二届志愿服务先进工作者	河北省精神文明建设委员会办公室、河北省志愿服务指导委员会办公室	2012.12
李敬坤	北戴河区委宣传部	在纪念中国人民解放军建军八十五周年全民国防知识竞赛中获一等奖	河北省国防教育办公室	2012.10
张立星	北戴河区人民武装部	优秀人民武装部干部	河北省军区	2012.12
郑玉娟	北戴河公证处	河北省优秀公证员	河北省司法厅	2012.9
杨敬锋	秦皇岛市公安局北戴河分局中海滩派出所	全省优秀派出所所长	河北省公安厅	2012
张东海	北戴河区统计局	河北省第六次全国人口普查先进个人	河北省统计局、河北省第六次全国人口普查领导小组办公室	2012.9
王晓永	北戴河区统计局	河北省第六次全国人口普查先进个人	河北省统计局、河北省第六次全国人口普查领导小组办公室	2012.9
杨丽君	北戴河区统计局	河北省第六次全国人口普查先进个人	河北省统计局、河北省第六次全国人口普查领导小组办公室	2012.9
马　颖	北戴河区地方志办公室	2012年度河北省地方志系统先进个人	河北省地方志办公室	2013.1
李胤秋	北戴河区东山街道办事处	河北省第六次全国人口普查先进个人	河北省统计局、河北省第六次全国人口普查领导小组办公室	2012.9
刘敬波	北戴河区财政局	优秀驻村工作队员	中共河北省委 河北省人民政府	2012.12
陆　忠	北戴河区旅游局	优秀驻村工作队员	中共河北省委 河北省人民政府	2012.12

续表18

2012年北戴河区获市委、市政府集体荣誉一览表

表18

单位名称	荣誉称号	授予单位	授予时间
北戴河区政府	2011年度人大代表建议政协提案办理工作优秀承办单位	秦皇岛市人民政府办公厅	2012.1.12
北戴河区政府	创建全国县区科技进步考核工作先进单位	秦皇岛市人民政府	2012.3
北戴河区政府	2011年度科技（地震）工作先进集体	秦皇岛市人民政府	2012.3
北戴河区海滨镇	抗洪抢险先进集体	秦皇岛市人民政府	2012.8
北戴河区人口和计划生育局	2010～2011年度市级文明单位	中共秦皇岛市委 秦皇岛市人民政府	2012.5
北戴河区人口和计划生育局	2011年度完成人口和计划生育责任目标先进奖	中共秦皇岛市委 秦皇岛市人民政府	2012.3
北戴河区人力资源和社会保障局	2010～2011年度市级文明单位	中共秦皇岛市委	2012.5
北戴河区纪律检查委员会	市级精神文明先进单位	中共秦皇岛市委 秦皇岛市人民政府	2012
北戴河区检察院	2010～2011年度市级文明单位	中共秦皇岛市委 秦皇岛市人民政府	2012.7
北戴河区西山街道办事处	先进基层党组织	中共秦皇岛市委	2012
北戴河区教育局	老干部工作先进集体	中共秦皇岛市委	2012.3
北戴河区财政局	创先争优先进基层党组织	中共秦皇岛市委	2012.6
北戴河区戴河镇	2011年度人口和计划生育工作优秀乡镇（街）奖	中共秦皇岛市委 秦皇岛市人民政府	2012.3
北戴河区戴河镇	抗洪抢险先进集体	中共秦皇岛市委 秦皇岛市人民政府	2012.8
北戴河区东山街道办事处	创先争优先进基层党组织	中共秦皇岛市委	2012.6

2012年北戴河区获市委、市政府个人荣誉一览表

表19

姓名	单 位	荣誉称号	授予单位	授予时间
赵景新	北戴河区委老干部局	老干部工作先进个人	中共秦皇岛市委	2013.3
谌 丽	北戴河区委老干部局	老干部工作先进个人	中共秦皇岛市委	2013.3
陈 敏	北戴河区东山街道办事处	创先争优优秀党务工作者	中共秦皇岛市委	2012.6

附　录

2012年北戴河区环境质量公报

综　述

2012年，北戴河区环境保护工作在区委、区政府的正确领导下，深入贯彻落实科学发展观，紧紧围绕区委、区政府中心工作，以生态良性循环、资源合理利用、环境质量良好、城市优美洁净为工作目标，全面加强环境监督管理，不断强化环保执法力度，着力于解决群众最关心的问题，维护好人民群众的环境权益，确保全区环境质量保持在良好的水平，各项工作取得显著成效。

继2011年实施了沙滩恢复治理工程、沙滩恢复监测区建设工程、海水水质改善工程、西部及北部片区污水入网二期工程等一系列大规模的生态环境治理、环境基础设施建设项目，2012年，又继续实施了西部及北部片区污水入网二期工程、八号泵站管道配套工程、新驼峰路污水入网工程、暑期供应站污水入网工程、北戴河区雨水系统改造一期工程、近岸海域综合治理工程等，使北戴河区整体生态环境建设水平，生态环境质量得到进一步改善。

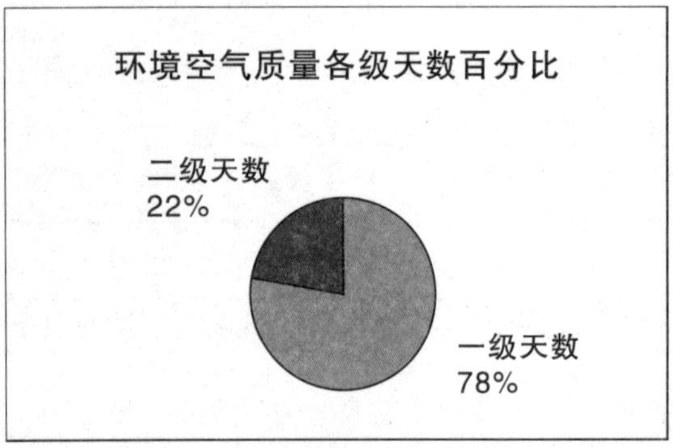

大气环境

【状况】　全年环境空气质量达到《环境空气质量标准》（GB3095－1996）中一级（空气质量优）的天数286天，与去年相比增加8天，占全年的78.35%，空气中首要污染物是二氧化硫。

空气中二氧化硫年平均浓度为0.021毫克/立方米，与去年相比减少0.004毫克/立方米，超过国家环境空气质量一级标准0.05倍；日均值超标率1.91%，比去年下降4.56个百分点。

二氧化氮年平均浓度为0.017毫克/立方米，比去年减少0.006毫克/立方米，符合国家环境空气质量一级标准；日均值未见超标。

可吸入颗粒物年平均浓度为0.039毫克/立方米，比去年减少0.003毫克/立方米，符合国家环境空气质量一级标准；日均值未见超标。

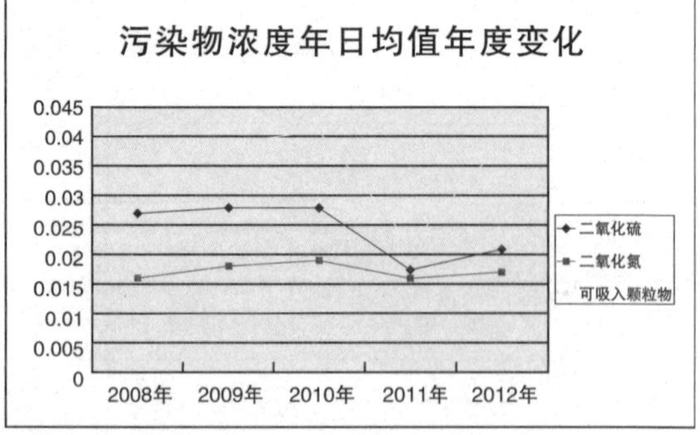

【废气主要污染物排放量】　纳入环境统计的工业企业二氧化硫排放量732.08吨（包括热力公司），氮氧化物排放量167.95吨，烟尘排放量109.71吨。

【行动与措施】　一、继续实施推进北戴河区热电联产集中供热工程。

二、推进天然气进城工程。2012年，新增城市居民天然气用户5630户，已点火使用4240户，公福用户13户；截止到2012年已接通民用用户近12901户，公福用户69户。

三、扎实推进“三尘一烟”专项治理工作，取缔燃煤炉24台。

四、落实《北戴河区新能源规划》工作，积极引导、推广天然气、电能源、太阳能、生物质能等清洁能源应用。

水环境

【状况】　一、海水浴场

2012年监测数据显示，海水浴场水质符合《海水水质标准》（GB3097−1997）中二类标准，达标率100%。

二、戴河

2012年戴河主要水质类别以《地表水环境质量标准》（GB3838−2002）中Ⅲ类水质为主，水质状况良好，总体满足Ⅲ类（指定水体功能）水体功能要求，与上年相比较，戴河流经河段整体水质无明显变化。

戴河主要污染因子五日生化需氧量浓度平均值3.60毫克/升，符合国家地表水Ⅲ类标准（低于标准值0.40毫克/升），比去年升高1.90毫克/升；化学需氧量浓度平均值18.60毫克/升，符合国家地表水Ⅲ类标准（低于标准值1.40毫克/升），比去年升高2.32毫克/升；高锰酸盐指数浓度平均值4.89毫克/升，符合国家地表水Ⅲ类标准（低于标准值1.11毫克/升），比去年升高1.43毫克/升。

戴河三个监测段面，三个水期水体类别百分比

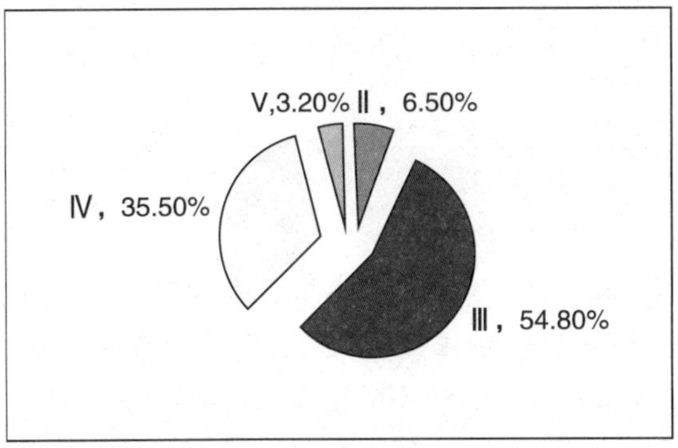

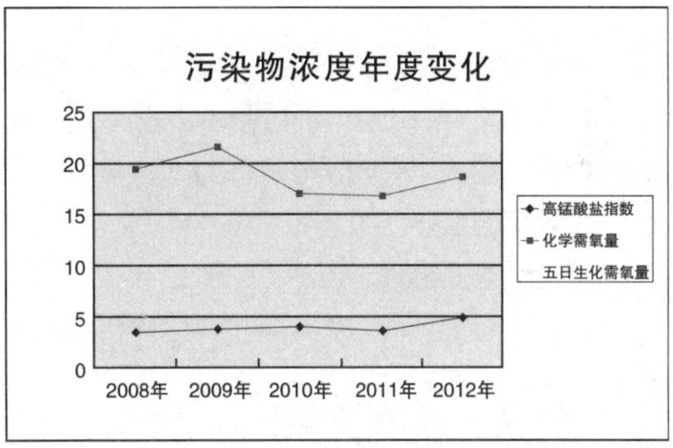

【废水主要污染物排放量】　纳入环境统计的工业企业废水COD排放量1.70吨，氨氮排放量0.30吨。

【行动与措施】　一、西部及北部片区污水入网二期工程

该工程北起海北路5711工厂家属区，南至戴河镇西古城村，与2007年完成的一期工程衔接。二期工程铺设管道全长约4417米，建设东坨头村及古城村提水泵站两座。目前该工程管道已全线贯通，成功将北戴河火车站及西部周边片区污水收集入网，并输送到秦皇岛市第二污水处理厂。

声环境

【状况】　2012年全区声环境质量与去年相比继续保持优级水平。

一、城市区域环境噪声

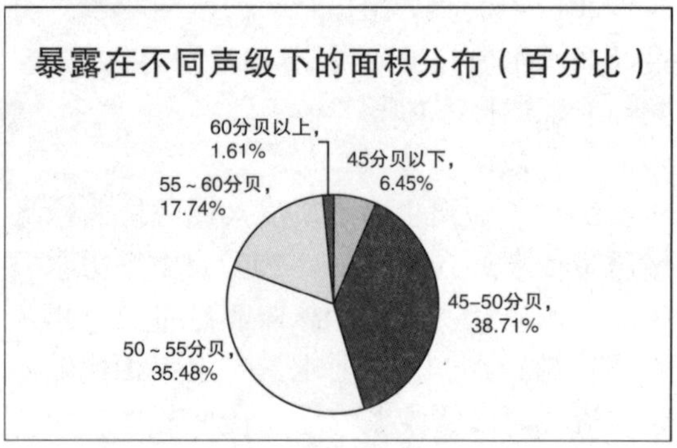

城市区域环境噪声等效声级平均值51.10分贝，比去年降低0.20分贝，城市区域环境噪声质量评价等级为好。

二、道路交通噪声

城市主要交通干线交通噪声等效声级平均值63.80分贝（国家标准70分贝），比去年降低0.20分贝，城市道路交通噪声路段达标率100%，道路交通噪声质量评价等级为好。

【行动与措施】 一、贯彻执行我区6月初下发的《2012年北戴河区暑期噪声污染综合治理实施方案》（北政〔2012〕41号）。

二、噪声监测

对功能区噪声每季度监测一次。监测点设在中直，每次24小时连续监测，共测4次。对城市区域噪声每年秋季监测一次，全区共设59个点位。

三、治理船舶噪声

采取政府赎买，逐步减少船舶拥有量，集中停靠，规定出海作业范围、时间等方式，减轻海上船舶噪声污染。

四、减轻交通噪声

采取禁止机动车鸣笛，严禁农用车进城，设置特殊敏感区禁行限行路段，柏油路面逐步取代水泥路面，绿化带立体种植等方式减轻交通噪声污染。

五、强化施工噪声监管

与相关部门联查建筑工地，采取规定作业时间，向施工工地附近居民公告，增加检查频次，暑期期间建筑工地暂停施工等措施强化施工噪声监管。

六、强化社会噪声管理

加大餐饮业及娱乐业噪声扰民的整治力度，开通“12369”环境信访举报电话，及时对居民区的噪声投诉予以查处，减少社会噪声扰民。

高考、中考期间，为保证为考生营造良好的考试环境，建立24小时值班制度，加大噪声巡查频次。

固体废弃物

【状况】 全区工业企业固体废物产生量为3825吨，全部综合处置利用；医疗废物产生量61吨，按国家规定焚烧处理；全区垃圾产生总量14万吨，送秦皇岛市柳村发电厂无害化处理14万吨，无害化处理率100%。

【行动与措施】 采取对危险废弃物建档、重点监管，集中统一处理等措施，保证环境安全。

城市区实行分离储存、密闭化管理，农村生活垃圾实行定点堆放，统一清运，建筑施工垃圾实行定点准运。

生态环境

【状况】 北戴河是驰名中外的海滨休闲旅游度假区及国家级风景旅游区，2007年北戴河区被命名为国家级生态示范区。

监测数据显示，浴场空气中负离子浓度平均2000～6000个/立方米，西山最高多达14000个/立方米。

区内具有森林、湿地、水生等多种类型的生态系统，各类生态系统结构和功能完善，生物多样性高。

辖区内海岸线23千米，其中沙滩海水浴场7.70千米，相关评价表明、北戴河区浴场沙滩为中国北方最优质沙滩。

区内包括著名的“北戴河湿地”、赤土山中心湿地2个森林公园，森林覆盖率

41.66%。

北戴河鸟类资源丰富，被中外的观鸟爱好者美誉为“观鸟的麦加”。共有鸟类种类20个目61个科的451种，约占全国鸟类资源的34%。其中，候鸟列入《世界濒危野生动植物物种国际贸易公约》的14种，国家一级保护鸟类12种，二级保护鸟类49种。

近岸海域水质良好，生物多样性高。

【措施与行动】 一、继续推进国家级生态区创建工作

2012年继续开展北戴河国家级生态区建设工作，22项创建指标基本达到国家级生态区验收标准。现创建工作已经进入验收申请阶段。

二、继续实施防护林建设和绿满北戴河建设工程

2012年栽植高大乔木0.29万株、花灌木1.54万株、新增绿地3.06公顷，绿化覆盖率57.29%。人均公共绿地53.26平方米。

三、加强农村环境保护，深入开展环境优美小城镇、文明生态村创建工作

1．生态村创建工作

继续开展国家级生态村建设工作，2012年北戴河区申报的古城村、西坨头村、刘庄村3个国家级生态村，通过省环保厅专家组的验收。

2．农村环境综合整治工作

为认真贯彻省、市文件精神，深入落实全市农村环境综合整治工作总体部署，进一步保护和改善农村环境，推动北戴河区幸福乡村步伐，制定《北戴河区农村环境综合整治工作实施方案》，成立领导小组，定期召开农村环境综合整治工作协调会，确保综合整治工作全面有序推进。

3．农村连片整治工作

按照市环保局要求，制定《北戴河区农村环境连片综合整治示范区项目实施方案》，制定项目整治内容及实施计划，并组织实施。结合近岸海域环境综合治理工作的开展，加快片区污水管网改造进程，力争到2014年年底，实现该片区8个村的生活污水全部纳入城市污水管网中统一处理，3个村生活污水实现简易处理，片区生活污水处理率达到80%以上。

环境管理

【污染减排】 继续贯彻落实《国务院关于印发节能减排综合性工作方案的通知》和《秦皇岛市节能减排工作实施意见》的精神，2012年市政府下达北戴河区主要污染物排放总量减排目标是：化学需氧量、氨氮、二氧化硫、氮氧化物四项污染物减排指标在2011年排放量的基础上净削减2.20%、3.10%、2.10%和1.50%。结合北戴河区实际，制定2012年具体减排计划，通过采取管理减排、工程减排、结构减排等措施，深入开展减排宣传，圆满完成了年度减排目标任务。

【建设项目管理】 为了控制新污染的产生，严把审批关，2012年共办理建设项目131个，按照《建设项目环境管理名录》的要求，编制报告表项目89个、填报登记表42个，验收项目10个。

根据秦皇岛市环保局《北戴河及相邻地区近岸海域环境综合整治建设项目环境整治实施方案》具体要求，对北戴河辖区内2007至2012年市环保局审批的所有未验收建设项目进行了清理检查。共清查项目129个，其中，涉水项目61个，非涉水项目68个，限期验收项目100个，已完成验收40个。

【放射、辐射环境管理】 继续加大对放射源和危险固废的管理力度，与全区5家涉源单位签订安全承诺书，定期对各单位进行现场检查，要求各相关单位切实加强放射源管理，完善规章制度，加强安全防范，排除事故隐患，确保万无一失。

节假日及暑期期间坚持每天对涉源单位进行检查，严格执行日报制度。

【循环经济与清洁生产】 继续推进循环经

济发展，开展清洁生产审核工作。鼓励工业企业采取改善管理、综合利用、革新生产工艺等措施，从源头削减污染，提高资源利用效率，减少或者避免生产、服务和产品使用过程中污染物的产生和排放。今年5711工厂和兰德科技公司通过了清洁生产审核验收。

【环境监察】 加强工业企业污染源监管、重点企业环境应急管理、重大信访事件接访与查办，全力化解环境纠纷，实现维稳防控。联合专项行动有关部门加强专项行动宣传，强化环境执法，深入打击环境违法行为，切实保障群众合法权益；建立健全了各部门联席会议制度、案件移送制度、行政执法过错追究制度等，为专项行动提供组织保证和制度保证。深入整治企业环境污染问题，全面核实辖区内所有企业污染物排放情况、污染防治设备及治理效果、污染物排放总量控制和排污许可制度执行情况，着力防范重点企业违法行为，确保污染物达标排放。全年已检查工业企业455次，其中重点企业195次，形成现场检查记录455份。

【噪音治理】 加强噪声管理工作，全方位整治噪声污染。一是摸清底数，对所有产生噪声的设备设施进行排查摸底。对噪声超标的锅炉房鼓、引风机和其他工业设备限期治理，对治理不达标的采取限产直至停产措施。二是加强检查，严肃处理噪声信访。严格限定建筑施工单位的作业时间，每日22：00至次日6：00时段内严禁施工作业，因特殊需要确需在夜间进行连续施工作业的，提前报环保部门审批，经批准并向周围居民公告后，方可施工。三是进入暑期，强化部门信息联络和执勤联动，环保局联合公安、工商、文化等部门继续采取24小时轮班执勤方式开展噪声控制工作，整体取得较好效果。各执勤组结合巡查工作，针对保二路、剑秋路、鸽赤路、东经路、石塘路步行街及周边等路段、重点区域经营单位及游客自发娱乐行为发放宣传单，对存在问题经营单位进行严肃批评教育，对游客进行说服劝阻。针对继续存在违规行为的经营单位，采取联合执法形式予以严惩。共检查68天，纠正违法行为53次，在巡查中发现问题及时处理及时上报，确保了北戴河区主城区声环境安全。

【环境监测】 开展大气、城市噪声、污染源例行常规监测工作。

大气常规监测。测二项，降尘、硫酸盐化速率。硫酸盐化速率测西山、水电部两个点位，降尘测西山、水电部、环保局三个点位，每月一次。共取得监测数据70个。

从六月中旬开始，每三天对戴河水系的入海口、集发采摘园、集发寺庙、集发尼龙坝、戴河村5个断面，新河水系的108公路桥、新河口两个断面进行采样，并对水样的PH、氨氮、化学需氧量等指标进行分析化验，对发现的问题及时上报相关部门，为戴河新河水的治理决策提供了有力的数据支撑。共取得监测数据375个。

对功能区噪声进行监测，每季度监测一次，监测点设在中直，每次24小时连续监测，全年共测4次。对区域噪声进行监测，每年秋季监测一次，全区共设59个点位，每个点位测经纬度，网格覆盖人口总数、噪声等数据。交通噪声另加道路长度、宽度与车流量等数据。

对聚源铝业、吉马包装有限公司等5家市重点企业每月进行采样监测，监测项目包括PH值、氨氮、COD、噪声、锅炉烟尘等。

全年编发各类环境质量报告201期。

【环保投资】 2012年，完成环保投资18080.53万元，占GDP4.75%。

【环境宣传与教育】 2012年以“绿色经济，你参加了吗”为主题，深入到农村、社区、学校、企业，利用多种形式，广泛宣传国家有关环保方针政策和法律法规。通过集中宣传、示范宣传，促使社会各方面力量主动参与到环保工作中来。一是开展多种形式的环境安全教育活动。结合业务工作的开展，向农村、社区、学校、企业赠送环境宣传资料，督促各企业提高环境安全意识，消除环境安全隐患，严格遵守环保法律法规。二是大力开展五绿创建活动。帮助和引导居民从垃圾分捡、节约用水等点滴环保小事做起，自觉选择亲和自然的生活方式，推广绿色文明。三是开展“6 · 5”世界环境日集中宣传。围绕服务暑期、污染减排、生态区创建等重点工作，在老虎石公园开展环保集中宣传，共悬挂条幅5条，设置展牌13块，发放宣传资料2000份，发放宣传购物袋1000个，接受群众咨询13件。

【公众参与】 全年共接办环境信访投诉32件，结案率100%。通过电话反馈回访，群众满意率为100%。

2012年北戴河区
国民经济和社会发展统计公报

2012年，全区上下在区委区政府的正确领导下，深入贯彻落实科学发展观，牢牢把握稳中求进的工作总基调，大力实施“一产抓特色、二产抓提升、三产抓拓展”经济发展战略，全力稳增长、控物价、调结构、惠民生，积极应对错综复杂的国内外经济形势，国民经济发展实现稳中有进，各项社会事业取得新的进步，为全面建成小康社会奠定了坚实基础。

一、综合

初步核算，2012年实现地区生产总值38.10亿元，按可比价格计算比上年增长8%。其中，第一产业实现增加值1.20亿元，增长3.80%；第二产业实现增加值7.20亿元，增长5.90%；第三产业实现增加值29.70亿元，增长8.60%。三次产业之比为3：19：78 。

全年完成财政总收入88068万元，比上年增长0.40%，其中，公共财政预算收入42194万元，比上年增长0.2%。公共财政预算支出57682万元，增长1.60%。

二 、农林牧渔业

农业生产形势平稳。全年粮食播种面积523公顷，比上年减少42公顷；油料播种面积74公顷，比上年增加2公顷。全年粮食、油料类总产量完成4541吨、221吨，肉类产量531吨、禽蛋类产量1248吨，比上年分别下降13.70%、7.50%、17.30%和11.40%；蔬菜产量23053吨、奶类总产量2113吨、水产类产量709吨，分别增长3.30% 、3.50%和56.20%。

加大对农业农村的投入，落实各项惠农政策。全年农村用电量7573万千瓦时，比上年增加1113万千瓦时；年末，农业机械总动力达到18157千瓦，比上年减少506千瓦；农业化肥施用折纯量420吨，比上年减少65吨；农田有效灌溉面积1370公顷。

三、工业和建筑业

工业运行平稳。全年实现全部工业增加值3.90亿元，比上年增长5.10%。其中，规模以上工业企业实现增加值3.30亿元，增长5%；实现利润1亿元，增长427.60%。

建筑业呈下滑趋势。全区资质内建筑企业完成总产值28307万元，比上年下降11.90%；实现利润总额1225万元，增长20.80%；房屋建筑施工面积8.38万平方米，下降26.80%；竣工面积3.84万平方米，下降48%。

四、交通运输、邮电和旅游

全年公路客运量完成229万人次，基本与上年持平；客运周转量完成4122万人公里，增长0.02%；全年公路货运量完成152.70万吨，增长0.30%；公路运输周转量完成3818万吨公里，增长0.30%。

电信邮政行业稳步发展。全年完成邮电通信业务收入11554万元，比上年增长7.80%。互联网年末达到18867台，移动电话达到109371 部，分别增长9%和9.10%。

以旅游综合改革试点为抓手，积极实施旅游基础设施改造项目；强化旅游基础性宣传品制作和质量提升，打造四季皆宜旅游品牌，建立北戴河家庭旅馆群，推广“家庭旅馆住宿管理系统”。2012年，共接待中外游客678.97万人次，比上年增长0.32%，其中，入境游客3.61万人次，下降7.19%；辖区景点门票收入8206万元，增长4.90%，其中区属景点门票收入4492万元，增长8.21%。

五、固定资产投资

全区重点项目建设平稳推进，乔庄度假庄园、北戴河国际酒店等项目主体完工。完成全社会固定资产投资40.90亿元，比上年增长20.40%,其中，固定资产投资完成40.60亿元，增长20.50%。“城镇面貌三年上水平”推动旧村改造，促进了房地产开发投资快速增长，房地产开发投资完成23.40亿元，增长73.90%，占全社会固定资产投资的57.20%；在房地产开发投资中，商品住宅投资21亿元，增长65.70%。

六、国内贸易

消费品市场繁荣活跃。随着城乡居民生活水平提高，居民消费升级步伐加快。新型消费需求不断涌现，消费结构升级换代。汽车、烟、酒等高档商品越来越多进入普通居民消费领域。

市场环境建设不断完善。旅馆、饭店等服务性行业市场尤为活跃。杨各庄蔬菜批发市场继续带动周边蔬菜种植业发展，保二路、石塘路市场及步行街环境极大地提升了全区旅游商贸流通业的规模和档次。全年实现社会消费品零售总额39.24亿元，比上年增长15.10%。

七、内引外联

继续坚持以“四招”为核心，组团参加香港招商会和“518”廊坊国际经贸洽谈会等招商活动，赴内蒙古、山西等地开展小团组“点对点”招商，加快总部经济集聚。全力扶持民营经济发展，聚源铝业、金风帆、兰德科技等9家企业被列为全市第三批重点扶持成长型中小企业。全年注册内资企业28家，累计引进内资272762万元，比上年增长23.40%。实际利用外资达到3378万美元，增长203.50%。一般贸易及三资企业出口创汇总额1736万美元，增长17.90%。

八、金融

金融市场运行平稳。截至年末，全区金融机构各项存款余额80.57亿元，其中城乡居民储蓄存款余额57.98亿元，分别比上年增长4.50%和17.40%。各项贷款余额36.66亿元，增长35.90%。

九、科技和教育

科技工作不断创新。全年共有10项科技成果获市科技进步奖。其中，4项成果获市科技进步二等奖，6项成果获三等奖。组织实施区级科技计划项目11项，其中，应用技术研发项目3项，技术成果示范推广项目8项，投入科技资金50万元。组织申报2012年度市级科技计划项目33项，其中，指导计划项目31项，指令计划项目2项，获市科技资金支持10万元。东山街道东山社区被评为全省科普示范社区，获奖励支持5万元。专利工作不断加强，2012年，专利申请量49项，授权量38项。

以打造“名校、名校长、名师、名生”的教育“四名工程”为着眼点，大力推动教育的“均衡·特色·精品”发展，加快迈入城乡一体的教育高质量均衡发展新阶段。加大城乡学校的标准化、信息化建设步伐，完善基础设施建设。2012年，新建北戴河中学风雨操场及西山小学标准化日托园，对北戴河中学露天操场进行改造；进一步改善了办学条件，更新了教学仪器设备。全区所有中小学校级图书馆均通过了省一级馆认定，各校教学设备现代化水平进一步提升。全区3～6周岁适龄幼儿入园率达99.3%，学前一年入园率达100%，在规范化幼儿园就读幼儿占接受学前教育幼儿总数的74.50%。2012年，北戴河区中、高考各项指标同比去年进一步提高，北戴河中学高考省专以上上线率100%，本科上线率59.10%，取得了2005年以来最好成绩。

十、文化、卫生和体育

深化文化惠民，扎实推进公共文化服务体系建设。做好两镇综合文化站建设，以资源整合的方式，加强“农家书屋”建设，为全区25个行政村添置图书.举办了系列书画摄影作品展。已有秦皇岛歌华营地、河北画院北戴河分院、蒋世国美术馆、梅墨生美术馆和王铁艺术馆5家艺术机构投入运营。2012年成功接待国家级、省级等重要政治活动、会议、培训，承接大型文艺演出17场，阳光大厅举办摄影书画作品展3次。北戴河电影放映队全年在全区25个行政村免费放映公益电影300余场。在文化宫数字电影厅（与全国同步）放映数字电影近百场，极大活跃了全区人民的文化生活。截至年底，全区有线电视模拟用户6202户，有线电视数字用户21489户，入网率共达到93.60%，比上年增长4.40个百分点。

城市每百户居民家庭主要耐用消费品拥有量

表20

消费品名称	单位	数量	消费品名称	单位	数量
微波炉	台	50	摄像机	架	10
电冰箱	台	110	固定电话	部	57
热水器	台	77	移动电话	部	184
洗衣机	台	97	空调器	台	77
彩色电视机	台	137	助力车	辆	60
家用电脑	台	70	摩托车	辆	14
照相机	架	44	家用汽车	辆	34

表2 农村每百户居民家庭主要耐用消费品拥有量

表21

消费品名称	单位	数量	消费品名称	单位	数量
微波炉	台	7	家用电脑	台	27
电冰箱	台	123	照相机	架	13
抽油烟机	台	107	空调机	台	40
热水器	台	133	固定电话	部	70
洗衣机	台	120	移动电话	部	200
彩色电视机	台	153	电动自行车	辆	93
#接入有线电视网	台	140	摩托车	辆	33
影碟机	台	20	汽车（生活用）	辆	17

公共卫生体系进一步健全，医疗服务能力进一步增强。2012年，全区25个行政村共35009人自愿加入新型农村合作医疗，参合率96%。其中，民政部门资助参加合作医疗1281人，参合率为100%。全区合作医疗筹资总额为1015万元。针对老年人保健，实行了65岁及以上老年人登记管理，开展健康危险因素调查，提供疾病预防、自我保健及伤害预防、自救等健康指导，累计建档348人。继续加强传染病防治，开展新生儿访视及儿童保健系统等管理，免费婚前医疗检查291对。

体育事业蓬勃发展。以中国轮滑运动开展30周年及以“‘滑’美呈现、悦享轮滑”为主题的第八届轮滑节为契机，成功承办了系列轮滑品牌活动，有效拓展了本区体育品牌内涵。在2012年7月7日举办的中国体育彩票石家庄电视塔轮滑大赛上，北戴河轮滑队以9金4银1铜的成绩获金牌总数和团体总分双第一的好战绩。年内，成功举办了中小学生轮滑、篮球、足球、乒乓球、象棋、围棋等多项赛事，并组织参加了国家、省、市等各项赛事，有效促进了全区学校体育活动的蓬勃发展。

十一、人口、人民生活和社会保障

全区人口规模得到控制。年末，全区户籍人口68890人，比上年下降0.1%。全年出生人口718人，出生率为9.50‰，自然增长率为4.75‰，符合政策生育率为96.80%。迁入人口989人，迁出人口1314人，人口机械减少325人。

城乡人民生活水平进一步提高。城市居民年人均可支配收入24911元，比上年增长12.40%，人均消费性支出17120元，增长25.30%。农民年人均纯收入10703元，比上年增长12.20%；农民人均生活消费支出6953元，下降12.20%。家庭耐用消费品拥有量继续增加（见表20、表21）。

继续实施更加积极的就业政策，千方百计稳定和增加就业岗位，开展了大规模的就业困难认定，通过开发公益性岗位，认真做好就业帮扶工作，全年新增就业岗位1668个，其中，下岗失业人员再就业855人，“4050”人员实现再就业314人；农村富余劳动力转移就业587人；培训各类人员825人。城镇登记失业率控制在3.08%以内。年末，纳统单位在岗职工13175人，比上年减少 3.70%；纳统单位职工工资总额62664万元，增长14%；在岗职工年平均工资38607元，增长11%。

社会保障体系更加完善。从2012年2月20日起，生育保险全面铺开，通过与基本医疗保险捆绑缴费实现了应保尽保。7月1日起，城镇居民社会养老保险和新型农村社会养老保险制度合并实施，养老保险制度实现城乡一体化。截至年底，全区企业养老保险参保覆盖人数14900人，机关事业养老保险参保覆盖人数6709人，城乡居民社会养老保险参保人数20625人。城镇职工基本医疗保险参保10573人，城镇居民基本医疗保险参保6902人。生育保险参保7929人。失业保险参保人员8206人。全区企业职工养老保险、机关事业养老保险、城乡居民养老保险基金征缴分别达到6400万元、6401万元和211万元；基本医疗保险、生育保险基金征缴分别为3084万元和105万元；失业保险基金征缴达到617万元。

十二、城市建设、环境保护和安全生产

城市环境面貌持续改善，基础设施建设不断加强。完成2012年度近海海域综合治理、西海滩路、海北路北段道路改造及国花路道路(东段)建设等工程，对原205国道跨戴河桥进行维修加固，将原有人行道彩色釉面砖改造为人行道烧结砖，新铺装烧结砖人行道2300平方米。对东、西经路人行道进行改造,共铺装花岗岩人行道3400平方米。建设东坨头村及古城村提水泵站2座。成功将北戴河火车站及西部周边片区污水收集入网，并输送到秦皇岛市第二污水处理厂。继续大力推进保障性安居工程项目建设工作，保障性住房二期工程共建住宅楼6栋。完成东山小区、育花路小区、南岭小区部分居民的分户供暖改造工程，改造面积5万平方米，完成外部管网改造6000延长米。

环境质量进一步提高，环境面貌持续改善。空气质量中PM10、SO_2、NO_2三项指标均达到国家一级标准，环境空气质量优良天数比例达到100%。戴河水质满足Ⅲ类功能水体要求。海水浴场水质达到环境功能区划要求。圆满完成污染减排任务目标，取缔燃煤锅炉24台，创建国家级生态村3个。

安全生产形势总体平稳。坚持“安全第一、预防为主、综合治理”的方针，继续深入开展安全生产年活动，全面提升执法能力，切实将“严、细、深、实、快”的工作要求延伸到安全生产工作实际中，全区安全生产工作取得较好成绩。

注：1.本公报中部分数据为年度初步统计结果,待统计局正式统计年报公布后,即以正式年报数据为准。

2.公报中生产总值、各行业增加值、总产值指标绝对数按当年价格计算，增长速度按可比价格计算。

2012年北戴河区规范性文件一览表

表22

发文机关	文　号	文　件　名　称
区委、区政府	北发〔2012〕1号	关于推进廉政风险防控工作的意见
区委	北发〔2012〕2号	关于开展加强基层建设年活动的实施意见
区委、区政府	北发〔2012〕3号	关于印发《建设文明北戴河实施方案》的通知
区委、区政府	北发〔2012〕4号	关于印发《打好跨越攻坚战，建设幸福北戴河行动纲要的通知（2011～2015年）》
区委、区政府	北发〔2012〕5号	关于印发《北戴河区法制宣传教育第六个五年规划的通知（2011～2015年）》
区委	北发〔2012〕6号	中共北戴河区委2012年工作要点
区委、区政府	北发〔2012〕7号	关于进一步加强农村工作的意见
区委	北发〔2012〕8号	关于进一步加强统一战线工作的若干意见
区委、区政府	北发〔2012〕9号	印发《北戴河区关于着力改善发展环境的实施方案》和《北戴河区关于着力改善生态环境的实施方案》的通知
区委、区政府	北字〔2012〕3号	关于印发《2012年文明北戴河建设年活动实施方案》的通知
区委、区政府	北字〔2012〕4号	关于表彰全区“五五”法制宣传教育先进集体、先进工作者和先进个人的决定
区委、区政府	北字〔2012〕5号	关于印发《北戴河区近岸海域环境综合整治实施方案》的通知
区委、区政府	北字〔2012〕6号	关于表彰2011年度平安建设先进单位、先进个人的决定
区委、区政府	北字〔2012〕7号	关于2011年民主评议结果的通报
区委	北字〔2012〕8号	关于调整第十一届区委常委工作分工的通知
区委	北字〔2012〕12号	关于表彰创先争优先进基层党组织、优秀共产党员、优秀党务工作者的决定
区委、区政府	北字〔2012〕14号	关于印发《北戴河区2012年民主评议工作方案》的通知
区委	北字〔2012〕18号	关于印发《北戴河区党代表大会代表任期制实施办法（试行）》的通知
区委	北字〔2012〕19号	关于2011年度科级领导班子和领导干部考核结果的通报
区委	北字〔2012〕20号	关于调整第十一届区委常委工作分工的通知
区委办、区政府办	北办字〔2012〕1号	关于进一步加强和完善机构编制实名制管理的通知
区委办、区政府办	北办字〔2012〕2号	关于召开全区2012年党风廉政建设和反腐败工作会议的通知

续表22

发文机关	文 号	文 件 名 称
区委办、区政府办	北办字〔2012〕3号	关于进一步加强载客车辆安全管理的通知
区委办、区政府办	北办字〔2012〕4号	关于北戴河区社会治安综合治理委员会更名为北戴河区社会管理综合治理委员会的通知
区委办、区政府办	北办字〔2012〕5号	关于做好“五一”期间有关工作的通知
区委办、区政府办、区纪委	北办字〔2012〕6号	关于进一步加强对全区重点工作联合督查的通知
区委办、区政府办	北办字〔2012〕7号	关于召开全区农村工作会议的通知
区委办、区政府办	北办字〔2012〕8号	转发《北戴河区专项资金治理工作领导小组关于2012年专项资金综合治理工作方案》的通知
区委办	北办字〔2012〕9号	关于印发《北戴河区县级领导班子中党员领导干部同心教育实践深化交友联谊活动的实施方案》的通知
区委办、区政府办	北办字〔2012〕10号	关于提前谋划报送2012年借助暑期项目的通知
区委办、区政府办	北办字〔2012〕11号	关于印发《北戴河区沿海沿河排水沟（口）管理责任分解表》的通知
区委办、区政府办	北办字〔2012〕12号	关于转发秦办字〔2012〕29号文件的通知
区委办、区政府办	北办字〔2012〕13号	关于印发《北戴河区2012年防范和打击非法集资宣传教育工作方案》的通知
区委办、区政府办	北办字〔2012〕14号	关于在全区开展“博爱一日捐”募捐活动的通知
区委办、区政府办	北办字〔2012〕16号	关于开展暑期早间巡查的通知
区委办、区政府办	北办字〔2012〕17号	关于调整区几大家领导班子成员及“法检”两长“十个一”重点工作安排的通知
区委办、区政府办	北办字〔2012〕19号	关于建立实施党政领导干部直接联系农户制度的通知
区委办、区政府办	北办字〔2012〕20号	关于在全区开展“农村农民议政日”活动的通知
区委办、区政府办	北办字〔2012〕22号	关于调整区治理公路超限超载工作领导小组成员及责任分工的通知
区委办、区政府办	北办字〔2012〕23号	关于印发《北戴河区2012年借助暑期争取支持等项责任分解表》的通知
区委办、区政府办	北办字〔2012〕24号	关于转发秦办字〔2012〕40号文件的通知
区委办、区政府办	北办字〔2012〕25号	关于实行公共决策人口和计划生育初审制度的意见
区委办、区政府办	北办字〔2012〕26号	关于上报巡视工作整改落实情况的通知
区委办、区政府办	北办字〔2012〕27号	关于做好暑期工作总结、评先和下步工作谋划的通知
区委办	北办字〔2012〕28号	转发区委组织部《关于在全区各级党代表中广泛开展“双争双促”主题实践活动的实施方案》的通知

续表22

发文机关	文　号	文　件　名　称
区委办、区政府办	北办字〔2012〕29号	关于印发《北戴河区农村环境综合整治工作实施方案》的通知
区委办	北办字〔2012〕30号	关于北戴河区委党史办公室启用印章的通知
区委办、区政府办	北办字〔2012〕31号	关于认真做好今年工作总结和明年工作谋划的通知
区委办	北办字〔2012〕32号	关于做好2013年度党内刊物征订工作的通知
区委办	北办字〔2012〕33号	关于做好2013年度重点党报党刊征订工作的通知
区委办	北办字〔2012〕34号	关于区委农工委更换印章的通知
区委办、区政府办	北办字〔2012〕35号	关于转发秦办字〔2012〕59号文件的通知
区委办	北办字〔2012〕36号	关于2012年度区委常委民主生活会召开前征求意见的通知
区委办、区政府办	北办字〔2012〕37号	关于转发秦办字〔2012〕66号文件的通知
区委办、区政府办	北办发〔2012〕1号	关于印发《北戴河区推进廉政风险防控工作流程》的通知
区委办、区政府办	北办发〔2012〕2号	关于印发《2012年党风廉政建设和反腐败工作任务分工》的通知
区委办、区政府办	北办发〔2012〕3号	关于做好《北戴河年鉴》编纂工作的通知
区委办、区政府办	北办发〔2012〕4号	关于做好2012年厉行节约工作的通知
区委办、区政府办	北办发〔2012〕5号	关于做好驻区休疗单位包村帮扶工作的通知
区政府	北政〔2012〕3号	关于陈小龙等同志职务任免的通知
区政府	北政〔2012〕4号	关于批转区监察局、区人事劳动和社会保障局、区财政局《关于规范机关事业单位临时用工人员管理的实施意见》的通知
区政府	北政〔2012〕5号	关于印发《北戴河区城镇职工生育保险暂行办法》的通知
区政府	北政〔2012〕8号	关于加快推进农村集体土地确权登记发证工作的通知
区政府	北政〔2012〕9号	关于印发《北戴河区农村集体土地确权登记发证工作实施方案》的通知
区政府	北政〔2012〕12号	关于印发《北戴河区创建国家公共文化体系示范区支持政策》的通知
区政府	北政〔2012〕15号	关于印发《北戴河区民兵重点应急专业力量建设实施方案》的通知
区政府	北政〔2012〕16号	关于冯志远等同志任职的报告
区政府	北政〔2012〕19号	关于印发《北戴河区2012年新型农村合作医疗实施方案》的通知
区政府	北政〔2012〕20号	关于建立综合治税大格局的实施意见

续表22

发文机关	文 号	文 件 名 称
区政府	北政〔2012〕21号	关于转发市政府《关于调整行政事业单位住房公积金缴存比例的通知》的通知
区政府	北政〔2012〕22号	关于印发《北戴河区创建慢性非传染性疾病综合防控示范区工作实施方案》的通知
区政府	北政〔2012〕23号	关于印发《北戴河区慢性非传染性疾病综合防控示范区五年工作规划》的通知
区政府	北政〔2012〕24号	关于印发《北戴河区2012年城市环境容貌"脏乱"整治工作方案》的通知
区政府	北政〔2012〕25号	关于批转《北戴河区审计局2011年度区本级预算执行及其他财政收支情况审计工作方案》的通知
区政府	北政〔2012〕27号	关于表彰2011年度安全生产工作先进单位和先进个人的通知
区政府	北政〔2012〕28号	关于印发《开展打击生产经营领域非法违法行为和打击建筑施工领域非法违法行为活动实施方案》的通知
区政府	北政〔2012〕32号	关于赵景阳等同志免职的报告
区政府	北政〔2012〕33号	关于刘学彬等同志任职的报告
区政府	北政〔2012〕35号	关于印发《北戴河区2012年美国白蛾防治工作实施方案》的通知
区政府	北政〔2012〕37号	关于印发《北戴河区海上治安综合整治专项行动工作方案》的通知
区政府	北政〔2012〕38号	关于印发《北戴河区海域油污防控工作应急预案》的通知
区政府	北政〔2012〕39号	关于5路、22路公交车改线有关情况的报告
区政府	北政〔2012〕40号	关于批转《北戴河区审计局关于2012年北戴河区政府投资建设项目审计计划》的通知
区政府	北政〔2012〕42号	关于印发《北戴河区突发环境事件应急预案（修订稿）》的通知
区政府	北政〔2012〕43号	关于印发《北戴河区汛期海域（河流）水上漂浮杂物应急处置工作方案》的通知
区政府	北政〔2012〕47号	关于印发《北戴河区老龄事业发展"十二五"规划》的通知
区政府	北政〔2012〕50号	关于印发《北戴河区供电事故应急预案》的通知
区政府	北政〔2012〕51号	关于印发《北戴河区城市社区基础设施达标建设实施计划（2012—2014年）》的通知
区政府	北政〔2012〕52号	关于加强液化石油气安全管理工作的紧急通知
区政府	北政〔2012〕53号	关于苏万峰等同志职务任免的报告

续表22

发文机关	文　号	文　件　名　称
区政府	北政〔2012〕54号	关于黄建勇等同志职务任免的通知
区政府	北政〔2012〕65号	关于转发市政府《关于印发<秦皇岛市禁止非医学需要鉴定胎儿性别和选择性别终止妊娠管理办法>的通知》的通知
区政府	北政〔2012〕67号	关于印发《北戴河区人口与计划生育救助公益金筹集管理使用暂行办法》的通知
区政府	北政〔2012〕69号	关于印发《北戴河区城乡居民社会养老保险实施办法》的通知
区政府	北政〔2012〕73号	关于印发《北戴河区2011年冬季退役士兵安置方案》的通知
区政府	北政字〔2012〕6号	关于调整粮食直补和农资综合直补工作领导小组的通知
区政府	北政字〔2012〕8号	关于印发《北戴河区农村集体土地确权登记发证工作领导小组办公室职责及人员组成》的通知
区政府	北政字〔2012〕11号	关于成立北戴河区社会保障资金审计协调领导小组的通知
区政府	北政字〔2012〕15号	关于《<北戴河区农田水利建设规划（2010-2020年）>的报告》的批复
区政府	北政字〔2012〕29号	关于集发生态农业观光园旅游开发整体规划的批复
区政府	北政字〔2012〕30号	关于成立2012年高考北戴河考区委员会的通知
区政府	北政字〔2012〕32号	关于调整美国白蛾防治指挥部成员的通知
区政府	北政字〔2012〕33号	关于调整北戴河区停车场收费标准的函
区政府	北政字〔2012〕48号	关于调整区征兵工作领导小组成员的通知
区政府	北政字〔2012〕49号	关于调整北戴河区服务业发展工作领导小组的通知
区政府	北政字〔2012〕53号	关于成立北戴河区人民政府信访事项复查复核委员会的通知
区政府	北政字〔2012〕59号	关于调整森林防火指挥部组成人员的通知
区政府	北政字〔2012〕71号	关于成立北戴河区质量与名牌战略领导小组的通知
区政府办	北政办字〔2012〕1号	关于对行政审批“三类事项”办理情况进行检查的通知
区政府办	北政办字〔2012〕2号	关于2012北戴河区运动之春第八届轮滑节暨中国轮滑运动开展30周年庆典开幕式期间西经路断交的通知
区政府办	北政办字〔2012〕4号	关于准予北戴河暑期环卫车辆通行的函
区政府办	北政办字〔2012〕5号	关于解决205国道与海宁路交叉口车辆通行问题的函

续表22

发文机关	文 号	文 件 名 称
区政府办	北政办〔2012〕1号	关于印发《北戴河区2012年春运工作实施方案》的通知
区政府办	北政办〔2012〕2号	关于转发市政府法制办《关于贯彻执行省人大常委会关于修改部分地方性法规和省政府修改部分规章及规范性文件决定的通知》的通知
区政府办	北政办〔2012〕3号	关于调整区政府领导工作分工的通知
区政府办	北政办〔2012〕4号	关于表彰2011年度政府系统信息工作优胜单位、先进单位及先进个人的决定
区政府办	北政办〔2012〕7号	关于严格执行我区2012年全社会用电控制指标的通知
区政府办	北政办〔2012〕8号	关于印发《北戴河区2012年规模以上工业企业综合能源消费量控制指标实施方案》的通知
区政府办	北政办〔2012〕9号	关于做好2012年全区文书立卷归档工作的通知
区政府办	北政办〔2012〕10号	关于明确部分领域食品安全监管职责分工的通知
区政府办	北政办〔2012〕11号	关于进一步加强政府系统值班工作的通知
区政府办	北政办〔2012〕12号	关于印发《北戴河区集中开展安全生产领域“打非治违”专项行动实施方案》的通知
区政府办	北政办〔2012〕13号	关于进一步明确安全生产监督管理责任的通知
区政府办	北政办〔2012〕14号	关于切实做好2012年防汛工作的通知
区政府办	北政办〔2012〕15号	关于印发《北戴河区丁庄东水库防洪抢险应急预案》等六个小型水库应急预案的通知
区政府办	北政办〔2012〕16号	关于印发《北戴河区进一步加强和规范镇（街）、村（社区）政务服务体系建设的实施方案》的的通知
区政府办	北政办〔2012〕17号	关于印发《北戴河区2012年整治违法排污企业保障群众健康环保专项行动工作方案》的通知
区政府办	北政办〔2012〕18号	关于印发《2011～2015年北戴河区行政机关科级以下公务员培训实施方案》的通知
区政府办	北政办〔2012〕19号	关于表彰2011年政府系统承办人大建议、政协提案工作优秀单位和先进个人的决定
区政府办	北政办〔2012〕20号	关于印发《2012年区政府系统人大代表建议政协提案办理要求》的通知
区政府办	北政办〔2012〕21号	关于调整区政府领导工作分工的通知
区政府办	北政办〔2012〕22号	关于印发《北戴河区2012年深化道路交通秩序综合整治暨道路交通安全大整治专项行动工作实施方案》的通知
区政府办	北政办〔2012〕23号	关于印发《北戴河区集中整治医疗广告类非法出版物专项行动方案》的通知

续表22

发文机关	文　号	文　件　名　称
区政府办	北政办〔2012〕24号	关于印发《北戴河区深入推进消防安全网格化管理工作的实施意见》和《党的十八大消防安全保卫战工作方案》的通知
区政府办	北政办〔2012〕25号	关于印发《北戴河区2012年纠风工作实施意见》的通知
区政府办	北政办〔2012〕27号	关于印发《北戴河区2012年打击传销工作方案》的通知
区政府办	北政办〔2012〕28号	关于进一步完善打击传销工作联席会议制度的通知
区政府办	北政办〔2012〕29号	关于深化基层供销合作社组织体制改革的实施意见
区政府办	北政办〔2012〕30号	关于转发秦皇岛市档案局《关于加强档案管理、数字化外包管理工作的通知》的通知
区政府办	北政办〔2012〕31号	关于转发市政府办公厅《关于贯彻落实省政府办公厅<关于进一步做好突发事件和重要信息报告工作的通知>的通知》的通知
区政府办	北政办〔2012〕33号	关于转发秦皇岛市人民政府办公厅《关于回族等少数民族“开斋节”放假的通知》的通知
区政府办	北政办〔2012〕35号	关于印发《北戴河区开展铁路沿线环境安全专项治理活动实施方案》的通知
区政府办	北政办〔2012〕37号	关于印发《北戴河区2012年环境保护目标管理考核任务分解方案》的通知
区政府办	北政办〔2012〕38号	关于转发区人力资源和社会保障局、区财政局《关于调整城镇职工基本医疗保险参保人员医疗保险待遇的通知》的通知
区政府办	北政办〔2012〕39号	关于印发《北戴河区严厉打击非法生产经营烟花爆竹行动工作方案》的通知
区政府办	北政办〔2012〕40号	关于印发《规范性文件及改善两个环境政策性文件清理工作实施方案》的通知
区政府办	北政办〔2012〕41号	关于印发《深入推进质量兴区和名牌战略实施方案》的通知

目录索引

C

D

E

F

G

H

J

K

L

M

N

P

Q

R

S

T

W

X

Y

Z

图书在版编目（CIP）数据

北戴河年鉴.2013/秦皇岛市北戴河区地方志编纂委员会办公室编.—北京：方志出版社，2014.9

ISBN 978-7-5144-1381-6

Ⅰ.①北… Ⅱ.①秦… Ⅲ.①区（城市）—秦皇岛市—2013—年鉴 Ⅳ.①Z522.23

中国版本图书馆CIP数据核字（2014）第223746号

北戴河年鉴（2013）

编　　者： 秦皇岛市北戴河区地方志编纂委员会办公室

责任编辑： 陈　菁

出 版 人： 冀祥德

出 版 者： 方志出版社

地址：北京市朝阳区潘家园东里9号（国家方志馆4层）

邮编　100021

网址　http://www.fzph.org

发　　行： 方志出版社发行中心

电话（010）67110500

经　　销： 各地新华书店

印　　刷： 秦皇岛市佳泽文化传播有限公司

开　　本： 889×1194　1/6

印　　张： 20

字　　数： 480千

版　　次： 2014年9月第1版　2014年9月第1次印刷

印　　数： 001～500册

ISBN 978-7-5144-1381-6/K·644　**定价：** 100.00元